诚信为本

操守为重

坚持准则

不做假账

——与学习会计的同学共勉

“十二五”职业教育国家规划教材
经全国职业教育教材审定委员会审定
国家级精品资源共享课立项项目配套教材

QIYE CAIWU KUAIJI

企业财务会计

高翠莲 主编
郑红梅 刘润明 副主编

高等教育出版社·北京

内容简介

本书是“十二五”职业教育国家规划教材，同时也是国家级精品资源共享课立项项目配套教材。

本书依据最新《企业会计准则》及会计准则解释公告、相关会计法规制度和税收法规等财经法规，结合高等职业教育的特点和改革与发展的要求编写而成。本书编写以会计的基本理论为基础，着重介绍会计六要素确认、计量的基本原则和企业财务会计核算的基本程序与处理方法；注重理论联系实际；突出高等职业教育的特色。本书进行纸质教材与数字化资源一体化设计，以国家级精品资源共享课立项课程“企业经济业务核算”（http://www.icourses.cn/coursetatic/course_7149.html）建设成果为基础，涵盖了全程教学录像、演示文稿、操作视频、演示动画、典型案例、习题试题、票证单据等一系列教学资源，以利于学生自主学习，提高教学效率和效果。本书使用者可通过访问国家精品开放课程共享平台（爱课程网，http://www.icourse.cn）上的资源共享课“企业经济业务核算”在线学习相关资源，亦可按照书后“郑重声明”页的资源服务提示获取其他资源服务。

本书配有《企业财务会计习题与实训》一书，内容包括各章学习目的和要求、学习重点与难点、同步强化训练。其中，“同步强化训练”包含单项选择题、多项选择题、判断题、简答题、计算分析题等题型。主辅教材配合使用，可极大提高教学效果。

本书可作为高等职业院校会计专业和财经类其他专业的教材，也可作为在职财会人员业务学习、岗位培训教材用书。

图书在版编目（CIP）数据

企业财务会计 / 高翠莲主编. -- 北京 : 高等教育出版社, 2015.2（2016.12 重印）
ISBN 978-7-04-041495-0

Ⅰ. ①企… Ⅱ. ①高… Ⅲ. ①企业管理-财务会计-高等职业教育-教材 Ⅳ. ①F275.2

中国版本图书馆CIP数据核字(2014)第265903号

策划编辑 武君红 责任编辑 武君红 封面设计 王 洋
版式设计 张 楠 责任校对 陈旭颖 责任印制 耿 轩

出版发行 高等教育出版社 社址 北京市西城区德外大街4号 邮政编码 100120
购书热线 010-58581118 咨询电话 400-810-0598
网址 http://www.hep.edu.cn http://www.hep.com.cn
网上订购 http://www.landraco.com http://www.landraco.com.cn

印刷 大厂益利印刷有限公司 开本 787mm×1092mm 1/16 印张 27
字数 610 千字 版次 2015 年 2 月第 1 版 印次 2016 年12月第 3 次印刷
定价 39.80 元

物料号 41495-00

出版说明

教材是教学过程的重要载体，加强教材建设是深化职业教育教学改革的有效途径，推进人才培养模式改革的重要条件，也是推动中高职协调发展的基础性工程，对促进现代职业教育体系建设，切实提高职业教育人才培养质量具有十分重要的作用。

为了认真贯彻《教育部关于“十二五”职业教育教材建设的若干意见》（教职成〔2012〕9号），2012年12月，教育部职业教育与成人教育司启动了“十二五”职业教育国家规划教材（高等职业教育部分）的选题立项工作。作为全国最大的职业教育教材出版基地，我社按照“统筹规划，优化结构，锤炼精品，鼓励创新”的原则，完成了立项选题的论证遴选与申报工作。在教育部职业教育与成人教育司随后组织的选题评审中，由我社申报的1 338种选题被确定为“十二五”职业教育国家规划教材立项选题。现在，这批选题相继完成了编写工作，并由全国职业教育教材审定委员会审定通过后，陆续出版。

这批规划教材中，部分为修订版，其前身多为普通高等教育“十一五”国家级规划教材（高职高专）或普通高等教育“十五”国家级规划教材（高职高专），在高等职业教育教学改革进程中不断吐故纳新，在长期的教学实践中接受检验并修改完善，是“锤炼精品”的基础与传承创新的硕果；部分为新编教材，反映了近年来高职院校教学内容与课程体系改革的成果，并对接新的职业标准和新的产业需求，反映新知识、新技术、新工艺和新方法，具有鲜明的时代特色和职教特色。无论是修订版，还是新编版，我社都将发挥自身在数字化教学资源建设方面的优势，为规划教材开发配备数字化教学资源，实现教材的一体化服务。

这批规划教材立项之时，也是国家职业教育专业教学资源库建设项目及国家精品资源共享课建设项目深入开展之际，而专业、课程、教材之间的紧密联系，无疑为融通教改项目、整合优质资源、打造精品力作奠定了基础。我社作为国家专业教学资源库平台建设和资源运营机构及国家精品开放课程项目组织实施单位，将建设成果以系列教材的形式成功申报立项，并在审定通过后陆续推出。这两个系列的规划教材，具有作者队伍强大、教改基础深厚、示范效应显著、配套资源丰富、纸质教材与在线资源一体化设计的鲜明特点，将是职业教育信息化条件下，扩展教学手段和范围，推动教学方式方法变革的重要媒介与典型代表。

教学改革无止境，精品教材永追求。我社将在今后一到两年内，集中优势力量，全力以赴，出版好、推广好这批规划教材，力促优质教材进校园、精品资源进课堂，从而更好地服务于高等职业教育教学改革，更好地服务于现代职教体系建设，更好地服务于青年成才。

高等教育出版社

二〇一四年七月

iCourse · 数字课程

企业财务会计

主编　高翠莲

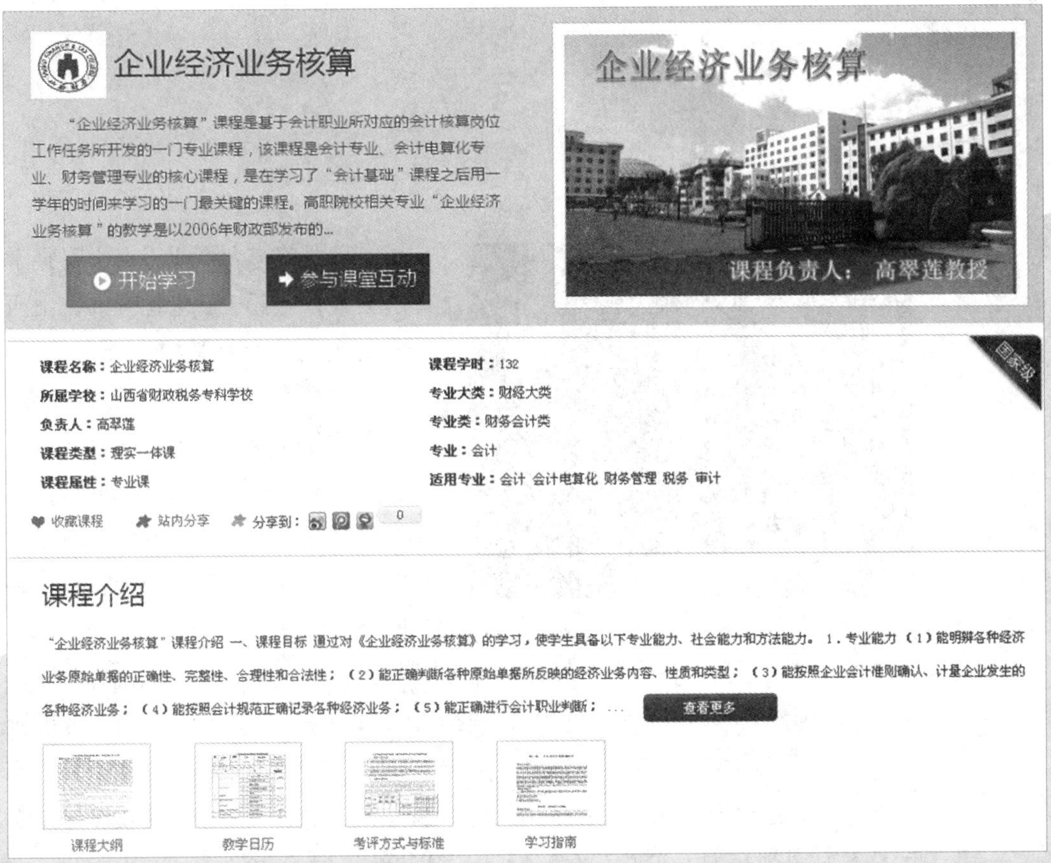

立体化教学资源

爱课程网络学习资源

课程网址：http://www.icourses.cn/coursestatic/course_7149.html

课程资源：教学录像　演示文稿　习题作业　典型案例　媒体素材　学习手册

Abook 网络课程资源

课程网址：http://abook.hep.com.cn/41495

提供结构化数字课程的学习，与教材一体化设计

智能备课系统

提供教学资源，方便教师线下备课使用

主编简介

高翠莲，太原理工大学财经学院会计系主任、硕士生导师，山西省财政税务专科学校会计系主任、教授，拥有会计师、注册会计师、注册税务师专业技术资格。从事会计教学及理论与实践研究28年，主要研究方向为企业财务会计理论与实务。主讲企业财务会计、会计制度设计等10余门会计专业课程。主持完成“企业经济业务核算”国家级精品资源共享课程建设，在国家高等职业教育会计专业教学资源库建设中发挥了重要作用，并主持“出纳业务操作”课程教学资源建设和原创案例库资源建设。出版30万字《企业内部控制方法论》个人专著1部，主编教材30余部，其中主编国家级规划教材5部；主持或参与完成省级科研课题16项；公开发表学术论文30余篇。

2013年入选国家万人计划“特殊支持高层次人才”教学名师；获山西省青年科技奖、山西省教学专家奖、山西省知识女性专业技能奖、山西省优秀教师、山西省模范教师、山西省巾帼建功标兵、山西省“双师型”教学名师、山西省师德标兵、山西省突出贡献奖、山西省科教兴晋突出贡献教授奖；荣立山西省劳动竞赛委员会一等功一次、三等功一次。获国家级教学成果一等奖一项、二等奖一项，山西省教学成果一等奖三项、二等奖一项。

前　言

“企业财务会计”课程是会计专业核心课程。该课程主要讲授如何运用会计核算的专门方法对企业日常发生的经济业务进行确认、计量与报告，以向各有关信息使用者提供合格的对决策有用的信息。本教材是在国家级精品资源共享课程“企业经济业务核算”的基础上，根据最新《企业会计准则》及会计准则解释公告、相关会计法规制度和税收法规等财经法规，结合高等职业教育的特点和改革与发展的要求编写而成的。教材内容按照高等职业教育院校会计专业人才培养方案确定的人才培养目标和就业岗位要求，着重针对中小型企业日常发生的经济业务的确认、计量和报告而设计。

教材在编写过程中遵循以下原则：第一，以《企业会计准则》为依据。本教材所依据的会计规范是财政部2006年2月15日发布的《企业会计准则》和2014年财政部修订和新发布的企业会计准则。第二，以会计的基本理论为基础，着重介绍会计六要素确认、计量的基本原则和企业财务会计报告的编制方法。第三，注重理论联系实际。教材中的例题均选自于中小型企业日常发生的经济业务，紧密联系企业实际工作，而且每一笔经济业务在用文字描述的同时，在教材边白处标注了其实际工作中的业务单据名称。第四，突出高等职业教育的特色。教材充分体现了高等职业教育会计专业的特点，紧紧围绕会计职业能力的要求，深入浅出地阐述了企业经济业务的会计处理方法。第五，配套丰富的立体化教学资源。教材配套全程教学录像、演示文稿、操作视频、演示动画、典型案例、习题试题、票证单据等一系列教学资源，便于教师组织教学和学生课后强化训练和自主测试，以提高教学效率和效果。

本教材由山西省财政税务专科学校会计系主任高翠莲教授组织具有丰富教学和实践经验的教师精心编写而成。高翠莲教授担任主编，负责组织编写工作，并拟定编写提纲和对全书进行总纂；郑红梅、刘润明担任副主编。编写工作具体分工如下：高翠莲教授编写第一章和第十三章；郑红梅副教授编写第四、第五、第十一章；刘润明副教授编写第七、第十四、第十五章；常洁副教授编写第三、第十七章；许香兰副教授编写第六、第十章；李美琴副教授编写第二、第九、第十六章；赵爱萍讲师编写第八、第十二章。本教材不仅适用于高等职业院校会计专业的教学所需，同时也可供企业经济管理人员，尤其是会计人员业务培训和自学之用，可帮助广大财会人员尽快理解和掌握《企业会计准则》的内涵和实际应用方法。

感谢您选用本教材，使用中若发现有不妥之处，敬请广大读者指正，以便我们不断修改和完善。

编者

二〇一五年一月于太原

目　录

第一章

企业财务会计概述

本章知识点

财务会计　财务会计目标　财务会计前提　会计信息质量要求　会计要素　会计计量
财务会计报告构成

本章知识导图

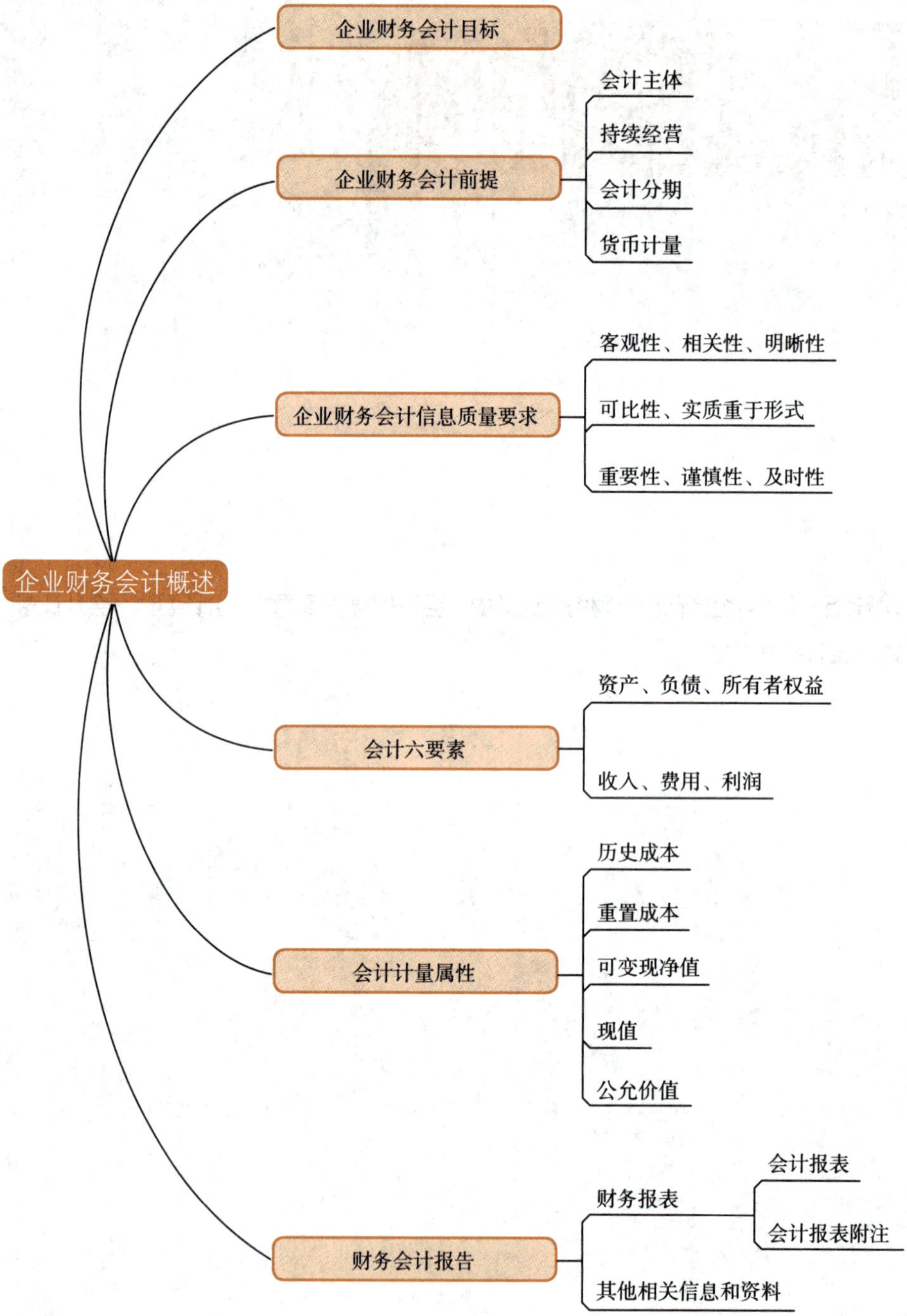
企业财务会计概述
企业财务会计目标
企业财务会计前提
会计主体
持续经营
会计分期
货币计量
企业财务会计信息质量要求
客观性、相关性、明晰性
可比性、实质重于形式
重要性、谨慎性、及时性
会计六要素
资产、负债、所有者权益
收入、费用、利润
会计计量属性
历史成本
重置成本
可变现净值
现值
公允价值
财务会计报告
财务报表
会计报表
会计报表附注
其他相关信息和资料

引　例

凯胜煤业有限公司是国有企业晋煤投资有限公司下属的子公司，财务部门配有6名会计人员，对公司的日常经济业务进行核算。年末，要按照国资委的目标责任要求，对企业管理者进行考核。为拓展业务，企业需要向银行申请5 000万元的贷款，按照银行的要求，提供企业的财务报告。同时，还需要按照税法的要求，按时足额缴纳各种税款。税务部门需要根据企业核算提供的会计资料，核实收入和费用，确定应纳税额。

由上述引例可以看出，企业财务会计必须在特定的前提下，遵循一定的标准，正确地对其财务活动即会计要素进行确认、计量和报告，反映企业管理层受托责任的履行情况，了解信息使用者的需求，提供高质量的会计信息，以便于财务报告使用者作出正确的经济决策。如税务部门要向企业征收税款，征什么税？征多少？怎么征？什么时候征？就需要依赖企业提供的会计核算资料。银行要了解某企业的经营状况如何？可否贷款给申请企业？发放给企业的贷款能否按期收回？这些情况也需要通过企业会计核算提供的信息来判断。

第一节　企业财务会计的目标

本节重点与难点：
企业财务会计目标

企业财务会计的目标是指在一定的客观环境和条件下，企业会计核算所期望达到的结果，也是检查企业会计核算工作质量的标准和依据。长期以来，“受托责任观”与“决策有用观”一直是企业会计核算目标的两大主流观点。“受托责任观”认为，企业会计核算的目标是反映受托者受托经营责任的履行情况，因此，财务会计核算应以提供反映经营业绩的信息为重心，且在反映财务信息时主要强调客观性和可靠性。“决策有用观”认为，企业会计核算的目标是向财务信息的使用者提供有助于他们作出合理的投资、信贷等相关决策的信息，因此，企业会计核算应以提供反映企业现金流动的信息为重心，且在反映财务信息时主要强调相关性和有用性。显然，考察企业财务会计的目标必须与具体的社会环境与经济环境相适应。在资本市场不太发达的情况下，“受托责任观”比较切合实际，它能使企业的会计行为与其经济行为相一致。而在资本市场比较成熟的情况下，“决策有用观”显得更为科学，它能促使财务会计的理论与方法产生质的飞跃。当然，这两种观点实际上是相互联系、相互补充的。财务会计的目标不是固定的、一成不变的，而是随着社会的发展和经济环境的变化而不断发展变化的。

2006 年 2 月 15 日财政部颁布的《企业会计准则——基本准则》中将我国企业财务会计的目标表述为：反映企业管理层受托责任履行情况，有助于财务会计报告使用者作出经济决策。由此，我们可以看出，企业财务会计核算的目标，既要满足会计信息使用者的需要，又要能反映企业管理层受托责任的履行情况。

一、向财务报告使用者提供决策有用的信息

企业编制财务报告的主要目的是为了满足财务报告使用者的信息需要，有助于财务报告使用者作出经济决策。不同的会计信息使用者，对会计信息会有不同的要求，会计目标的实现，要针对会计信息的主要使用者，集中体现其对会计信息共性的要求。

在市场经济条件下，企业信息受到越来越广泛的重视。一般而言，企业会计信息的使用者主要包括：

（一）投资者

企业会计核算信息首先应当满足投资者（包括现有的和潜在的）进行投资决策的需要，即有助于投资者客观评估投资风险与投资报酬，以便对投资方案作出正确的选择。

（二）债权人

银行等金融机构可以借助企业会计核算信息了解债务人的偿债能力，评估信贷风险，以便作出正确的信贷决策。

（三）供应商和客户

与企业有业务往来关系的供货商和购货人可以借助财务会计信息了解企业的生产经营情况，评估商业风险，以便作出正确的商业决策。

（四）政府部门

一国政府对社会经济的管理监督和宏观调控有赖于企业的财务会计信息，因此，财务会计必须满足政府进行宏观经济管理的需要，以保证国家制定出正确的财政政策、税收政策、货币政策、产业政策等宏观经济政策。国家税务机关尤为重视企业的财务会计信息，因为它是征纳税款的基本依据。

（五）企业内部信息使用者

企业管理人员、企业员工及工会组织等企业内部信息使用者，也需要借助会计信息提高企业的内部经营管理水平，加强民主理财。

（六）其他信息使用者

其他信息使用者如保险公司、证券公司、证券交易所、会计师事务所、律师事务所、新闻媒体、社会公众等，均是财务会计信息的主要关注者。

综上分析，尽管企业会计信息使用者使用企业会计核算信息的侧重点不同，但他们有一个共同之处，即都需要了解企业有限资源的利用情况及经营效益的变化情况。

二、反映企业管理层受托责任的履行情况

现代公司制下，企业所有权和经营权相分离，企业管理层是受委托人之托经营管理企业及其各项资产，负有受托责任，即企业管理层所经营管理的企业各项资产均为投资者投入的资本（或者留存收益作为再投资）或者向债权人借入的资金所形成的，企业管理层（财产经营者）有责任妥善保管并合理、有效地运用这些资产，并为投资人创造更多的财富。

因此，财务报告应当如实反映企业管理层受托责任的履行情况，以有助于评价企业的经营管理责任和资源使用的有效性。

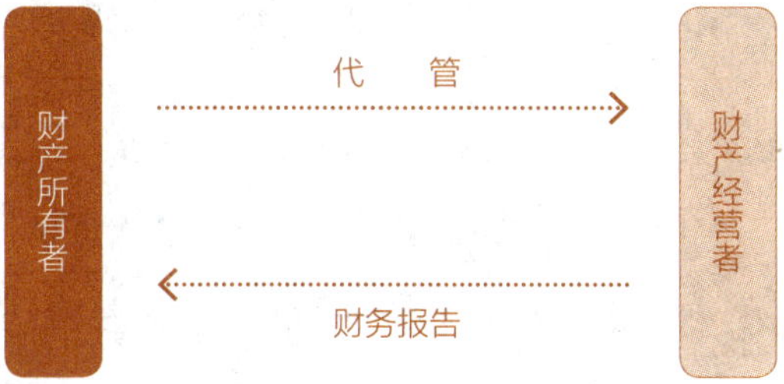

第二节　企业财务会计的前提

本节重点与难点：
企业财务会计前提

企业进行会计核算必须具备相应的前提条件，这是实现企业会计核算目标的基础。企业财务会计核算除应具备包括办公场所、办公设备和核算用财务软件系统等一般性前提条件外，更重要的是必须具备会计核算的理论基础条件。财务会计核算的理论基础条件是假定的，为此称为会计假设。会计假设是指为了保证财务会计工作的正常进行和正确进行会计计量，对会计核算的范围、内容、计量方法、基本程序和方法所作的限定。一般认为会计主体假设、持续经营假设、会计分期假设和货币计量假设是进行会计核算的四个基本前提条件。

一、会计主体假设

会计主体或会计实体是指会计工作为其服务的特定单位或组织。明确会计主体是组织会计工作的前提条件。具备这一前提条件，可将会计核算的范围和内容严格限定在一个独立核算的经济实体内，既不核算投资人本人和财产所有者的经济活动，也不核算其他单位的经济活动。对于企业会计来说，其所核算的只能是企业本身的生产经营活动，企业的会计核算只能站在企业自身的角度来反映经济活动。

典型案例：
会计主体假设

会计主体是随着经济的发展和经济活动组织形式的发展变化而产生的。会计主体观念认为企业的经济活动应独立于企业投资者自身的活动。这就要求企业的会计信息涉及的只是企业主体的活动，即不反映企业投资者或所有者的经济活动；企业的会计记录和财务报表涉及的也只是企业主体的活动，既不核算企业投

资者或所有者的经济活动，也不核算其他企业或其他经济主体的经济活动。企业的会计核算只反映企业经营范围内的经济活动，这样才能正确反映会计主体的资产、负债和所有者权益等情况，才能正确提供反映企业财务状况和经营成果的财务报表，才能提供会计信息使用者所需要的信息资料。也正因为确定了会计核算的范围，企业的投资者、债权人才可以从会计资料中得到有用的会计信息。

在市场经济条件下，国民经济的基层单位，如企业、事业、行政单位，都应作为一个会计主体，但典型的会计主体是企业。法人一定是会计主体，但会计主体不一定具有法人资格，如企业的分支机构、分公司、独立核算部门等，虽不具有法人资格，但可作为独立的主体进行会计核算。

请注意：
会计主体不一定是法律主体，法律主体一定是会计主体。

二、持续经营假设

典型案例：
持续经营假设

持续经营是指会计主体在可以预见的未来，不会面临破产清算，其经济活动是持续正常进行的，企业能按规定的用途使用材料、货币等资产，能够按期收回应收款项，能够按照自己的承诺偿还所承担的债务。因此，会计核算应当以持续、正常的生产经营活动为前提。有了这一前提条件才能使会计在收集并处理不同时期的各项经济业务时使用的程序和方法前后一致，提高会计信息的质量。

请注意：
一旦企业因不能持续经营而宣告破产、清算，则应采用破产清算会计。

三、会计分期假设

会计分期是指把会计主体持续不断的经济活动过程，划分为一定期间相等、首尾相接的阶段，每一阶段称为一个会计期间。划分会计期间，规定了会计核算各会计主体的经济活动过程和结果的起讫日期，使会计可按照会计期间分期记录，计算每个会计期间的收入、费用和利润，确定每个会计期末的资产、负债和所有者权益的数额，向会计信息的使用者提供会计信息。会计期间的划分对于确定会计核算程序和方法具有极为重要的作用。由于有了会计期间，才产生了本期与非本期的区别；由于有了本期与非本期的区别，才产生了权责发生制和收付实现制，才使不同类型的会计主体有了记账的基础。

典型案例：
会计分期假设

会计期间分年度、季度和月份，我国规定以公历每年 1 月 1 日起至 12 月 31 日止，为一个会计年度。

请注意：
各国会计期间并不一致，如美国的会计期间是 10 月 1 日至第二年 9 月 30 日。

四、货币计量假设

货币计量是指对所有会计的对象，采用货币作为统一的尺度进行计量。货币计量这一前提条件为会计核算指定了计量单位。《企业会计准则》规定，会计核算以人民币为记账本位币。业务收支以其他货币为主的企业，也可以选定某种人民币以外的货币作为记账本位币，但编制的财务报表应当折算为人民币进行反映。货币计量还包含的另一层含义是，作为计量单位的货币币值稳定，即当币值本身价值发生波动（波动不大）时，会计核算中可不予考虑，仍按照稳定的币值计量及进行会计处理。

典型案例：
货币计量假设

教学录像：会计假设

四个会计假设中，会计主体假设，使企业会计仅仅核算其自身的经济业务事项，这就界定了会计核算内容的空间范围，划清了本企业与其他方面利益相关者的界限，使会计主体具有核算的独立性，以保护投资者和经营者的利益；通过持续经营假设，使企业的经济业务事项处于一个无终止的可持续经营状态，假定企业可以无限期地经营下去，而不必考虑可能的企业清算或终止，以保证企业可以按照资产、负债和所有者权益的既定状况进行正常的确认、计量和报告；通过会计分期假设，确定会计核算是按照等长的时间段进行，以便定期向财务会计报告的使用者及时提供决策所需的信息；通过货币计量假设，对企业持续经营中某一会计期间的货币资金流（静态的存量和动态的流量）进行确认和计量。

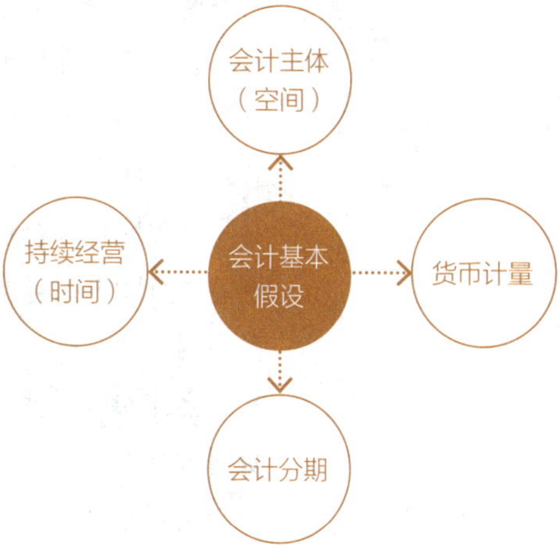

第三节　企业财务会计信息质量要求

本节重点与难点：会计信息质量要求

会计信息作为一种产品和其他产品一样，也应该有它的质量标准，只有符合质量标准的会计信息，才能满足信息使用者决策之需，才能客观、真实地反映受托经营责任的履行情况。高质量的会计信息是信息使用者做出正确决策的基础和保障。我国企业会计基本准则对企业会计核算提供的会计信息提出了八项质量要求，即客观性、相关性、明晰性、可比性、实质重于形式、重要性、谨慎性和及时性。

一、客观性

客观性是指企业应当以实际发生的交易或者事项为依据进行会计确认、计量和报告，如实反映符合确认和计量要求的各项会计要素及其他相关信息，保证会计信息真实可靠、内容完整。

客观性是对会计核算工作的基本要求。会计作为一个信息系统，它所提供的信息是国家宏观经济管理部门、企业内部经营管理及有关方面进行决策的依据。如果会计数据不能真实、客观地反映企业经济活动的实际情况，势必无法满足各有关方面了解企业情况、进行决策的需要，甚至可能导致错误的决策。客观性要求在会计核算的各个阶段必须符合会计真实、客观的要求，会计确认必须以实际发生的交易或事项为依据；会计记录、计量的对象必须是真实的经济业务；财务会计报告必须如实反映情况，不得掩饰等。

客观性包括三层含义：一是会计核算应当真实地反映企业的财务状况和经营成果以及现金流量，保证会计信息的真实性；二是会计核算应当准确反映企业的财务情况，保证会计信息的准确性；三是会计核算应当具有可检验性，即会计信息具有可验证性特征。

二、相关性

相关性是指企业提供的会计信息应当与财务会计报告使用者的经济决策需要相关，有助于财务会计报告使用者对企业过去、现在或者未来的情况作出评价或者预测。

会计的目标就是向有关方面提供会计信息，所提供的会计信息最终必须为其使用者所使用。要充分发挥会计信息的作用，提高会计信息的使用价值，必须使会计核算提供的会计信息与财务报表的使用者对会计信息的要求相关联。如果会计核算的信息不符合财务报表使用者的要求，即使是客观真实地反映了企业经营情况的会计信息，也毫无价值。

会计信息的相关性要求企业会计在收集、加工、处理和传递会计信息的过程中，要考虑财务报表的使用者对会计信息需要的不同特点，确保企业内外有关方面对会计信息的相关需要。相关性并不是要求企业提供的财务报表完全满足所有财务报表使用者的要求。由于不同的财务报表使用者有着不同的需要，事实上，即使再全面的财务会计报告也不可能完全满足所有方面的需要。因此，会计核算的资料，特别是企业向外报送的财务报表只能是提供通用的会计信息。财务报表的使用者通过对通用财务报表中的信息进行加工整理，能够得到其所需要的会计信息，这样的会计信息就可以说符合相关性的要求。

三、明晰性

明晰性是指企业提供的会计信息应当清晰明了，便于财务会计报告使用者理解和使用。企业提供会计信息的目的在于信息的使用，要使用会计信息首先就必须了解会计信息的内涵，弄清会计信息的内容，否则，就谈不上信息的使用。明晰性要求会计核算所提供信息简明、易懂，能够简单明了地反映企业的财务状况和经营成果，并容易为人们所理解。清晰明了的会计信息有利于信息使用者准确、完整地把握会计信息所要说明的内容，从而更好地加以利用。随着我国经济体制改革的不断深入，会计信息的使用者也越来越广泛，不仅包括企业内部管理部门、国家财税部门等，而且还包括社会公众、企业员工等，这就从客观上对会计信息的简明和通俗易懂提出了更高的要求。

四、可比性

可比性原则是指企业提供的会计信息应当具有可比性。同一企业不同时期发生的相同或者相似的交易或者事项，应当采用一致的会计政策，不得随意变更；确需变更的，应当在附注中说明。不同企业发生的相同或者相似的交易或者事项，应当采用规定的会计政策，确保会计信息口径一致、相互可比。

在会计核算中坚持前后期可比，有利于提高会计信息的使用价值。可比性要求同一会计主体在不同时期尽可能采用相同的会计程序和会计处理方法，便于不同会计期间会计信息的纵向比较。同时，可比性要求前后各期保持对比关系，不得随意变更已采用的会计程序和会计处理方法，可以制约和防止会计主体通过会计程序和会计处理方法的变更，在会计核算上弄虚作假，粉饰财务报表。

可比性并不否认企业在必要时，对所采用的会计程序和会计处理方法作适当的变更。当企业的经营情况、经营范围和经营方式，或国家有关政策规定发生重大变化时，企业可以根据实际情况，选择使用更能客观、真实地反映企业经营情况的会计程序和会计处理方法进行会计核算，但必须将变更的理由、情况及影响在财务报表附注中予以说明，以便于会计信息使用者的理解与运用。

可比性要求企业在选择会计处理方法时，应当选择使用国家统一规定的会计处理方法；在编制财务报告时，应当按照国家统一规定的会计指标编报，以便不同企业会计信息的相互可比。可比性是以客观性为基础的。客观、真实地反映企业的经营情况是会计的目标，可比性应当服务和服从于这一目标。这就要求企业选择使用的会计处理方法，应当有利于会计目标的实现，保证客观性目标的实现，不能为了追求可比性，过分强调使用统一的会计处理方法，而使会计核算不能客观、真实地反映实际情况。

五、实质重于形式

实质重于形式是指企业应当按照交易或者事项的经济实质进行会计确认、计量和报告，不应仅以交易或者事项的法律形式为依据。

在实际工作中，交易和事项的实质与它们的法律形式或人为形式的明显外表并不总是一致的。例如，售后回购业务。企业将一项资产销售给另一单位，从形式上看，企业已将法律上的所有权转移给该单位，然而，还存在确保企业继续享受该资产中所包含的未来经济利益的回购协议。在这种情况下，只报告一项销售就不能如实反映所达成的交易。再如，融资租入的固定资产，在租期未满以前，从法律形式上讲，所有权并没有转移给承租人，但是从经济实质上讲，与该项固定资产相关的收益和风险已经转移给承租人，承租人实际上能行使对该项固定资产的控制，因此承租人应该将其视同自有的固定资产，并计提折旧。所以，会计信息要想反映其所拟反映的交易或事项，就必须根据交易或事项的实质和经济现实，而不能仅仅以它们的法律形式进行核算和反映。

请注意：

企业按照销售合同销售商品但又签订了售后回购协议，虽然从法律形式上实现了收入，但如果企业没有将商品所有权上的主要风险和报酬转移给购货方，没有满足收入确认的各项条件，即使签订了商品销售合同或者已将商品交付给购货方，也不应当确认销售收入。

六、重要性

重要性是指企业提供的会计信息应当反映与企业财务状况、经营成果和现金流量等有关的所有重要交易或者事项。在会计核算过程中对交易或事项应当区别其重要程度，采用不同的核算方式。对资产、负债、损益等有较大影响，并进而影响财务会计报告使用者据以做出合理判断的重要会计事项，必须按照规定的会计方法和程序进行处理，并在财务会计报告中予以充分、准确地披露；对于次要的会计事项，在不影响会计信息真实性和不至于误导财务会计报告使用者作出正确判断的前提下，可适当简化处理。

企业将工作重心放在提供反映重要交易或事项的会计信息，能够使会计核算在全面反映企业财务状况和经营成果的基础上，保证重点，有助于加强对经济活动和经营决策有重大影响和有重要意义的关键性问题的核算，达到事半功倍的效果，并有助于简化核算，节约人力、物力，提高会计工作效率。企业提供重要交易或事项的会计信息，首先涉及对经济业务或会计事项的重要性判断的问题，对于不同会计主体和不同经济业务或会计事项来说，重要与不重要是相对的。对某项会计事项判断其是否具有重要性，在很大程度上取决于会计人员的职业判断。

七、谨慎性

谨慎性是指企业对交易或者事项进行会计确认、计量和报告应当保持应有的谨慎，不应高估资产或者收益、低估负债或者费用。

谨慎性又称稳健性，它是针对经济活动中的不确定因素要求人们在会计处理上保持谨慎小心的态度，要充分估计可能发生的风险和损失，尽量少计或不计可能取得的收益，使财务会计报告使用者、决策者提高警惕，以应付纷繁复杂的外部经济环境的变化，把风险损失缩小到或限制在极小的范围内。从谨慎性角度来看，会计在一定程度上核算经营风险，提供反映经营风险的信息，有利于提高企业在市场上的竞争能力。谨慎性包括会计确认、计量、报告等方面的谨慎和稳健。就会计确认来说，要求确认标准建立在稳妥合理的基础上；就会计计量来说，要求会计计量不得高估资产、负债、所有者权益和利润的数额；就财务会计报告来说，要求财务会计报告向会计信息的使用者提供尽可能全面的会计信息，特别是应报告有关可能发生的风险和损失。

八、及时性

及时性是指企业对于已经发生的交易或者事项，应当及时进行会计确认、计量和报告，不得提前或者延后。

任何信息的使用价值不仅要求其真实可靠，还在于必须保证时效，及时将信息提供给使用者使用。特别是在市场经济条件下，市场瞬息万变，企业竞争日趋激烈，各方面对会计信息的及时性要求越来越高。及时性一是要求会计人员及时收集会计信息，即在经济业务发生后，及时收集整理各种原始单据；二是要求及时对会计信息进行加工处理，及时编制财务会计报告；三是要求及时传递会计信息，将编制出的财务会计报告及时传递给会计信息的使用者。

第四节　企业财务会计的确认

本节重点与难点：
企业财务会计核算内容

企业的经济活动内容是纷繁复杂的，为了满足会计进行分类核算、提供各类会计信息的要求，就必须对会计对象进行分类。对会计对象具体内容进行的基本分类，称为会计要素。只有正确理解和认识会计要素，才能正确确认企业发生的经济业务。《企业会计准则——基本准则》第十条规定，企业应当按照交易或者事项的经济特征确定会计要素，会计要素包括资产、负债、所有者权益、收入、费用和利润。因此，会计六要素就是企业财务会计核算的内容，也是企业财务会计确认的基础。

一、会计要素

（一）资产

资产是指企业过去的交易或者事项形成的、由企业拥有或者控制的、预期会给企业带来经济利益的资源。

符合资产定义的资源，在同时满足以下条件时，可确认为资产：

（1）与该资源有关的经济利益很可能流入企业；

（2）该资源的成本或者价值能够可靠地计量。

符合资产定义和资产确认条件的项目，应当列入资产负债表；符合资产定义但不符合资产确认条件的项目，不应当列入资产负债表。

资产具有如下特征：

（1）资产是由过去的交易、事项所形成的。企业过去的交易或者事项包括购买、生产、建造行为或其他交易或者事项。预期在未来发生的交易或者事项不形成资产。也就是说，资产必须是现实的资产，而不能是预计的资产，它是由于过去已经发生的交易、事项所产生的结果。至于未来交易、事项以及未发生的交易、事项所产生的结果，则不属于现在的资产，不得作为资产确认。

（2）资产必须是企业拥有或者控制的。由企业拥有或者控制，是指企业享有某项资源的所有权，或者虽然不享有某项资源的所有权，但该资源能被企业所控制。一般来说，一项资源要作为企业的资产予以确认，对于企业来说要拥有其

议一议：
艾丽制衣公司2010年购入一辆货车，使用期限为10年，2015年2月因事故已不能正常使用，存放在仓库已有半年，这辆汽车是否还应作为公司的固定资产？

所有权，必须归企业所有，也就是企业对该项财产具有产权。对于一些特殊方式形成的资产，企业虽然对其不拥有所有权，但能够实际控制的，如融资租入固定资产，按照实质重于形式的要求，也应当将其作为企业资产予以确认。

（3）资产预期能够给企业带来经济利益。预期会给企业带来经济利益，是指直接或者间接导致现金和现金等价物流入企业的潜力，即资产在未来能够增加流入企业的现金和现金等价物。资产必须具有交换价值和使用价值，没有交换价值和使用价值的物品，不能给企业带来未来效益的，则不作为资产确认。

企业的资产应按流动性分为流动资产和非流动资产两类。

（二）负债

负债是指企业过去的交易或者事项形成的、预期会导致经济利益流出企业的现时义务。现时义务是指企业在现行条件下已承担的义务。未来发生的交易或者事项形成的义务，不属于现时义务，不应当确认为负债。

符合负债定义的义务，在同时满足以下条件时，确认为负债。

（1）与该义务有关的经济利益很可能流出企业；

（2）未来流出的经济利益的金额能够可靠地计量。

符合负债定义和负债确认条件的项目，应当列入资产负债表；符合负债定义，但不符合负债确认条件的项目，不应当列入资产负债表。

议一议：
2015年2月艾丽制衣公司与银行达成了100万元的贷款意向，贷款期为2015年4月1日至2017年3月31日，该笔贷款是否应当列入其2015年2月份资产负债表中的负债项目？

负债具有如下特征：

（1）负债是由于过去的交易、事项所形成的义务。也就是说，企业预期在将来要发生的交易、事项可能产生的债务，不能作为会计上的负债处理。如企业与供货单位签订的购货合同，对此企业就不能将其作为一项负债。

（2）负债是企业承担的现时义务。也就是说，负债是企业应承担的当前责任，企业需要在将来以转移资产或提供劳务加以清偿。

（3）负债预期会导致企业经济利益的流出。负债需要在将来通过转移资产或提供劳务予以清偿。企业负债可用现金进行清偿，也可用商品和其他资产或通过提供劳务进行清偿，无论采取何种形式清偿，都必然引起企业经济利益的流出。

企业的负债按偿还期限长短分为流动负债和非流动负债。

（三）所有者权益

所有者权益是指企业资产扣除负债后由所有者享有的剩余权益。公司的所有者权益又称为股东权益，其金额为资产减去负债后的余额。

所有者权益的来源包括所有者投入的资本、直接计入所有者权益的利得和损失、留存收益等。直接计入所有者权益的利得和损失，是指不应计入当期损益、会导致所有者权益发生增减变动的、与所有者投入资本或者向所有者分配利润无关的利得或者损失。

利得是指由企业非日常活动所形成的、会导致所有者权益增加的、与所有者投入资本无关的经济利益的流入。损失是指由企业非日常活动所发生的、会导致所有者权益减少的、与向所有者分配利润无关的经济利益的流出。

所有者权益具有如下特征：

（1）所有者权益表明企业的产权关系，即企业归谁所有。

（2）所有者权益从数量上等于资产减去负债后的差额。

（3）影响所有者权益变动的因素有三个：一是所有者增资或减资；二是企业实现税后利润或发生亏损；三是企业非日常活动形成的利得和发生的损失。

（4）所有者权益不需要偿还，即使在企业清算时，所有者权益也只有在清偿负债之后才按比例返还给投资人。

所有者权益包括实收资本（或者股本）、资本公积、其他综合收益、盈余公积和未分配利润等。所有者权益金额取决于资产和负债的计量。所有者权益项目应当列入资产负债表。

（四）收入

收入是指企业在日常活动中形成的、会导致所有者权益增加的、与所有者投入资本无关的经济利益的总流入。

收入只有在经济利益很可能流入从而导致企业资产增加或者负债减少，且经济利益的流入额能够可靠计量时才能予以确认。

> 议一议：
> 2015年2月艾丽制衣公司与客户的经济纠纷案已经判决结案，艾丽制衣有限责任公司获得赔偿100万元，已收到入账。该笔赔款是否属于会计要素的收入？为什么？

收入具有如下特征：

（1）收入是企业日常活动中所产生的经济利益的流入，而不是由偶发交易、事项所产生。

（2）收入可能引起资产增加或负债减少。

（3）收入能够导致所有者权益的增加。

（4）收入只包括属于本企业经济利益的流入，不包括为第三者或客户代收的款项，代收款项不会导致所有者权益的增加。

收入是企业持续经营的基本条件，企业要持续经营下去，必须在销售商品或者提供劳务等经营业务中取得收入，以便能够补偿经营活动中的耗费，重新购买商品（或原材料）、支付工资和费用，从而保证生产经营活动的不间断进行。收入是企业获得利润、实现盈利的前提条件。企业只有取得收入，并补偿在生产经营活动中已消耗的各种支出，才能形成利润。

符合收入定义和收入确认条件的项目，应当列入利润表。

（五）费用

费用是指企业在日常活动中发生的、会导致所有者权益减少的、与向所有者分配利润无关的经济利益的总流出。费用只有在经济利益很可能流出从而导致企业资产减少或者负债增加，且经济利益的流出额能够可靠计量时才能予以确认。

费用具有如下特征：

（1）费用是企业经营成果的扣除要素，收入扣除相应的费用后形成一定会计期间的利润。

（2）费用是企业日常活动中所形成的经济利益的流出。企业为生产产品、提供劳务等发生的可归属于产品成本、劳务成本等的费用，应当在确认产品销售收入、劳务收入等时，将已销售产品、已提供劳务的成本等计入当期损益。

（3）企业发生的支出不产生经济利益的，或者即使能够产生经济利益但不符合或者不再符合资产确认条件的，应当在发生时确认为费用，计入当期损益。

（4）企业发生的交易或者事项导致其承担了一项负债而又不确认为一项资产的，应当在发生时确认为费用，计入当期损益。费用还包括销售费用、管理费用和财务费用等期间费用。

符合费用定义和费用确认条件的项目，应当列入利润表。

（六）利润

利润是指企业在一定会计期间的经营成果。

利润具有如下特征：

（1）利润是代表企业在一定会计期间能用货币表现的、最终的和综合的经营成果。

（2）利润包括收入减去费用后的净额、直接计入当期利润的利得和损失等。直接计入当期利润的利得和损失，是指应当计入当期损益、会导致所有者权益发生增减变动的、与所有者投入资本或者向所有者分配利润无关的利得或者损失。

（3）利润金额取决于收入和费用、直接计入当期利润的利得和损失金额的计量。

利润项目应当列入利润表。

请注意：

利润的概念包括营业利润、利润总额和净利润。企业真正追求的利润应是净利润。

二、会计等式

会计等式是指表明各会计要素之间基本关系的恒等式。会计等式也称为会计平衡公式。

（一）资产＝负债＋所有者权益

企业要进行经营活动，必须从投资者和债权人那里取得一定的经营资金或一定的实物，首先得占用一定的资财才能开始生产经营活动，这些资财就形成企业的资产，在会计核算上以货币形式表现并确认为资产。另一方面，这些资产要么来源于债权人，形成企业的负债；要么来源于投资者的资本投资，对于企业来说形成所有者权益。资产和负债与所有者权益，实际上是同一价值运动的两个方面。从数量上来说，资产来源必然等于资产占用。在所有者权益数额一定的情况下，从债权人手中取得多少数额的资金，必然是使资产按同一数额增加。在负债数额一定的情况下，所有者向企业投入多少数额的资金，也必然会使资产按同一数额增加。所以，资产的价值量必然等于负债与所有者权益之和。

企业的生产经营活动就是不断地取得、使用、生产和销售不同资财的过程。从静态来看，企业开始生产经营活动后，在某一时点上总是表现为占用一定的资财，即占用一定的资产。这些资财同样也只能是来源于债权人的债务、来源于所有者的投资或归所有者所有。企业的资产价值总量也仍然等于企业的负债和所有者对企业投资额及其增值额的总和。企业经济活动的发生，只是表现在数量上影响企业资产总额与负债或所有者权益总额的同时增减变化，并不能也不会破坏这一基本的恒等关系。

这一基本平衡关系用公式表示出来，就是会计基本等式，即：

资产 = 负债 + 所有者权益

这一会计等式，表明某一会计主体在某一特定时点所拥有的各种资产及债权人和投资者（即所有者）在企业资产中享有的经济利益。

（二）收入 − 费用 = 利润

企业的目标就是从生产经营活动中获取收入，实现盈利。企业在取得收入的同时，也必然要发生相应的费用。企业通过收入与费用的比较，才能计算确定一定会计期间的盈利水平，确定当期实现的利润总额。利润与收入和费用的关系用公式表示出来，即：

收入 − 费用 = 利润

这一等式表明经营成果与相应会计期间的收入和费用的关系。

（三）资产 = 负债 + 所有者权益 +（收入 − 费用）

企业进行生产经营活动，一方面必须取得收入，另一方面也将伴随着收入的取得发生相应的费用。在某一具体时点上，通过收入和费用的比较，形成企业一定会计期间的利润。作为企业的经营成果，利润的取得表明企业现金流入大于现金流出，表明企业资产总额和净资产的增加。由于企业是其所有者（投资者）投资而创建发展起来的，企业实现的利润也只能属于所有者，因此利润的实现总是表明所有者在企业中的所有者权益数额的增加；反之企业经营亏损，也只能由企业的所有者承担，则表明企业中的所有者权益数额的减少。将上述等式代入“资产 = 负债 + 所有者权益”，则可以得出如下等式：

资产 = 负债 +（所有者权益 + 利润）

　　= 负债 +（所有者权益 + 收入 − 费用）

　　= 负债 + 所有者权益 +（收入 − 费用）

这一等式表明会计主体的财务状况与经营成果之间的相互关系。财务状况表现企业在一定日期资金的来源与占用情况，反映一定日期的资产的存量情况。经营成果则表现企业一定期间净资产的增加（或减少）情况，反映一定期间的资产的增量（或减量）。企业的经营成果这一增量最终要影响企业的财务状况这一存量：企业实现利润，将使企业资产存量增加或负债减少；企业发生亏损，将使企业资产存量减少或负债增加。

三、会计科目

会计科目是为记录各种经济业务而对会计要素按其经济内容或用途作进一步

分类核算的项目。为规范企业的会计核算工作，提高会计信息的可比性、明晰性，便于实行会计信息化管理，《企业会计准则应用指南》统一规定了会计科目及其编号。企业在不违反会计准则中确认、计量和报告规定的前提下，可以根据本单位的实际情况自行增设、分拆、合并会计科目。企业不存在的交易或事项，可以不设置相关会计科目。非金融企业的会计科目按照其反映的经济内容划分为资产类、负债类、所有者权益类、成本类和损益类。现将《企业会计准则》规定的统一会计科目的简化表列示如表 1-1 所示。

表 1-1　　会计科目名称和编号

类别	序号	编号	名称	类别	序号	编号	名称
资产类	1	1001	库存现金	资产类	26	1511	长期股权投资
	2	1002	银行存款		27	1512	长期股权投资减值准备
	3	1012	其他货币资金		28	1521	投资性房地产
	4	1101	交易性金融资产		29	1531	长期应收款
	5	1121	应收票据		30	1532	未实现融资收益
	6	1122	应收账款		31	1601	固定资产
	7	1123	预付账款		32	1602	累计折旧
	8	1131	应收股利		33	1603	固定资产减值准备
	9	1132	应收利息		34	1604	在建工程
	10	1221	其他应收款		35	1605	工程物资
	11	1231	坏账准备		36	1606	固定资产清理
	12	1401	材料采购		37	1621	生产性生物资产
	13	1402	在途物资		38	1622	生产性生物资产累计折旧
	14	1403	原材料		39	1623	公益性生物资产
	15	1404	材料成本差异		40	1631	油气资产
	16	1405	库存商品		41	1632	累计折耗
	17	1406	发出商品		42	1701	无形资产
	18	1407	商品进销差价		43	1702	累计摊销
	19	1408	委托加工物资		44	1703	无形资产减值准备
	20	1411	周转材料		45	1711	商誉
	21	1421	消耗性生物资产		46	1801	长期待摊费用
	22	1471	存货跌价准备		47	1811	递延所得税资产
	23	1501	持有至到期投资		48	1901	待处理财产损溢
	24	1502	持有至到期投资减值准备	负债类	49	2001	短期借款
	25	1503	可供出售金融资产		50	2201	应付票据

续表

类别	序号	编号	名称	类别	序号	编号	名称
负债类	51	2202	应付账款	成本类	73	5001	生产成本
	52	2203	预收账款		74	5101	制造费用
	53	2211	应付职工薪酬		75	5201	劳务成本
	54	2221	应交税费		76	5301	研发支出
	55	2231	应付利息		77	5401	工程施工
	56	2232	应付股利		78	5402	工程结算
	57	2241	其他应付款		79	5403	机械作业
	58	2401	递延收益	损益类	80	6001	主营业务收入
	59	2501	长期借款		81	6051	其他业务收入
	60	2502	应付债券		82	6101	公允价值变动损益
	61	2701	长期应付款		83	6111	投资收益
	62	2702	未确认融资费用		84	6301	营业外收入
	63	2711	专项应付款		85	6401	主营业务成本
	64	2801	预计负债		86	6402	其他业务成本
	65	2901	递延所得税负债		87	6403	营业税金及附加
所有者权益类	66	4001	实收资本		88	6601	销售费用
	67	4002	资本公积		89	6602	管理费用
	68	4101	盈余公积		90	6603	财务费用
	69	4102	一般风险准备		91	6701	资产减值损失
	70	4103	本年利润		92	6711	营业外支出
	71	4104	利润分配		93	6801	所得税费用
	72	4201	库存股		94	6901	以前年度损益调整

第五节　企业财务会计的计量

本节重点与难点：
企业财务会计计量属性

企业在将符合确认条件的会计要素登记入账并列报于会计报表及其附注（又称财务报表，下同）时，必须按照规定的会计计量属性进行计量，正确确定其金额。按照《企业会计准则——基本准则》（2014 年 7 月修订）的规定，企业进行会计计量，可采用历史成本、重置成本、可变现净值、现值和公允价值五种计量属性。

一、历史成本

在历史成本计量下，资产按照购置时支付的现金或者现金等价物的金额，或者按照购置资产时所付出的对价的公允价值计量。负债按照因承担现时义务而实际收到的款项或者资产的金额，或者承担现时义务的合同金额，或者按照日常活动中为偿还负债预期需要支付的现金或者现金等价物的金额计量。

二、重置成本

在重置成本计量下，资产按照现在购买相同或者相似资产所需支付的现金或者现金等价物的金额计量。负债按照现在偿付该项债务所需支付的现金或者现金等价物的金额计量。

三、可变现净值

在可变现净值计量下，资产按照其正常对外销售所能收到现金或者现金等价物的金额扣减该资产至完工时估计将要发生的成本、估计的销售费用以及相关税费后的金额计量。

四、现值

请注意：
企业实务中，对各项资产进行初始计量主要用历史成本，而后续计量主要用重置成本、可变现净值、公允价值和现值。

在现值计量下，资产按照预计从其持续使用和最终处置中所产生的未来净现金流入量的折现金额计量。负债按照预计期限内需要偿还的未来净现金流出量的折现金额计量。

五、公允价值

在公允价值计量下，资产和负债按照市场参与者在计量日发生的有序交易中，出售资产所能收到或转移负债所需支付的价格计量。

本节重点与难点：
企业财务会计报告构成

第六节　企业财务会计报告

一、企业财务会计报告及其编制

企业经济业务核算报告是企业对外提供的反映企业某一特定日期财务状况和某一会计期间经营成果、现金流量等会计信息的文件。根据财务会计报告的定义，财务会计报告具有以下几层含义：一是财务会计报告应当是对外报告，其服务对象主要是投资者、债权人等外部使用者。专门为了内部管理需要的、特定目的编制的报告不属于财务报告的范畴。二是财务会计报告应当综合反映企业的生产经营状况，包括某一时点的财务状况和某一时期的经营成果与现金流量等信息，以勾画出企业财务的整体和全貌。三是财务会计报告必须形成一个系统的文件，不应是零星的或者不完整的信息。

财务会计报告是企业经济业务核算确认与计量的最终结果的体现，投资者等信息使用者主要是通过财务会计报告来了解企业当前的财务状况、经营成果和现金流量等情况，从而预测未来的发展趋势。因此，财务会计报告是向投资者等财务报告使用者提供决策有用信息的媒介和渠道，是沟通投资者、债权人等使用者与企业管理层之间信息的桥梁和纽带。随着我国改革开放的深入和市场经济体制的完善，财务会计报告的作用日益突出，我国《会计法》《公司法》《证券法》等出于保护投资者、债权人等利益的需要，也规定企业应当定期编报财务会计报告。

二、企业财务会计报告的构成

企业财务会计报告包括财务报表和其他应当在财务报告中披露的相关信息和资料。其中，财务报表由会计报表及其附注两部分构成。附注是财务报表的有机组成部分，会计报表至少应当包括资产负债表、利润表、现金流量表和所有者权益变动表等。考虑到小企业规模较小，外部信息需求相对较少，因此，小企业编制的报表可以不包括现金流量表和所有者权益变动表。

（一）资产负债表

资产负债表是反映企业在某一特定日期财务状况的会计报表。企业编制资产负债表的目的是通过如实反映企业的资产、负债和所有者权益情况，从而有助于使用者评价企业资产的质量以及短期偿债能力、长期偿债能力和利润分配能力等。

（二）利润表

利润表是反映企业在一定会计期间的经营成果的会计报表。企业编制利润表的目的是通过如实反映企业实现的收入、发生的费用以及应当计入当期利润的利得和损失的金额及其结余情况，从而有助于使用者分析、评价企业的盈利能力及其构成与质量。

（三）现金流量表

现金流量表是反映企业在一定会计期间的现金和现金等价物流入和流出的会计报表。企业编制现金流量表的目的是通过如实反映企业各项经济活动的现金流入、流出情况，从而有助于使用者评价企业的现金流和资金周转情况。

（四）所有者权益变动表

所有者权益变动表是指反映构成所有者权益各组成部分当期增减变动情况的报表。所有者权益增减变动表全面反映了企业的股东权益在年度内的变化情况，便于会计信息使用者深入分析企业股东权益的增减变化情况，并进而对企业的资本保值、增值情况作出正确判断，从而提供对决策有用的信息。

（五）附注

附注是对在会计报表中列示项目所作的进一步说明，以及未能在这些报表中列示的项目的说明等。企业编制附注的目的是通过对财务报表本身作补充说明，以更加全面、系统地反映企业财务状况、经营成果和现金流量的全貌，从而有助于向使用者提供更为有用的信息，作出更加科学、合理的决策。

财务报表是财务会计报告的核心内容，但是除了财务报表之外，财务会计报告还应当包括其他相关信息，具体可以根据有关法律法规的规定和外部使用者的信息需求而定。如企业可以在财务会计报告中披露其承担的社会责任、对社区的贡献、可持续发展能力等信息，这些信息对于使用者的决策也是相关的，尽管属于非财务信息，无法包括在财务报表中，但是如果有规定或者使用者有需求的，企业应当在财务会计报告中予以披露，有时企业也可以自愿在财务会计报告中披露相关信息。企业财务会计报告的内容如图 1–1 所示。

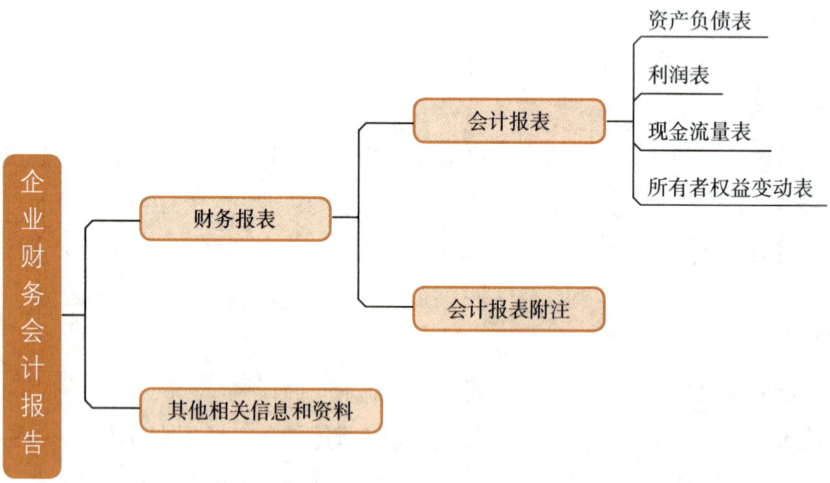

图 1–1　企业财务会计报告的构成

企业会计报表中的资产负债表和利润表格式见表 1–2、表 1–3。

表 1-2

资产负债表

会企 01 表

编制单位：　　　　年　　月　　日　　　　单位：元

资产	期末余额	年初余额	负债和所有者权益（或股东权益）	期末余额	年初余额
流动资产：			流动负债：		
货币资金			短期借款		
以公允价值计量且其变动计入当期损益的金融资产			以公允价值计量且其变动计入当期损益的金融负债		
应收票据			应付票据		
应收账款			应付账款		
预付款项			预收款项		
应收利息			应付职工薪酬		
应收股利			应交税费		
其他应收款			应付利息		
存货			应付股利		
一年内到期的非流动资产			其他应付款		
其他流动资产			一年内到期的非流动负债		
流动资产合计			其他流动负债		
非流动资产：			流动负债合计		
可供出售金融资产			非流动负债：		
持有至到期投资			长期借款		
长期应收款			应付债券		
长期股权投资			长期应付款		
投资性房地产			专项应付款		
固定资产			预计负债		
在建工程			递延收益		
工程物资			递延所得税负债		
固定资产清理			其他非流动负债		
生产性生物资产			非流动负债合计		
油气资产			负债合计		
无形资产			所有者权益（或股东权益）：		
开发支出			实收资本（或股本）		
商誉			资本公积		
长期待摊费用			减：库存股		
递延所得税资产			其他综合收益		
其他非流动资产			盈余公积		
非流动资产合计			未分配利润		
			所有者权益（或股东权益）合计		
资产总计			负债和所有者权益（或股东权益）总计		

表 1-3

利 润 表

会企 02 表

编制单位: 年 月 单位: 元

项目	本期金额	上期金额
一、营业收入		
减: 营业成本		
营业税金及附加		
销售费用		
管理费用		
财务费用		
资产减值损失		
加: 公允价值变动收益(损失以"-"号填列)		
投资收益(损失以"-"号填列)		
其中: 对联营企业和合营企业的投资收益		
二、营业利润(亏损以"-"号填列)		
加: 营业外收入		
减: 营业外支出		
其中: 非流动资产处置损失		
三、利润总额(亏损总额以"-"号填列)		
减: 所得税费用		
四、净利润(净亏损以"-"号填列)		
五、其他综合收益的税后净额		
六、综合收益总额		
七、每股收益		
(一)基本每股收益		
(二)稀释每股收益		

第二章

金融资产的核算

本章知识点

金融资产　金融工具　应收票据　贴现　现金折扣　坏账损失　交易性金融资产　公允价值变动损益　持有至到期投资　账面价值　可供出售金融资产　金融资产减值的迹象

本章技能点

金融资产的确认　贴现实得额的计算　现金折扣的处理　应收账款的核算　交易性金融资产的核算　公允价值变动损益的处理　持有至到期投资的核算　利息调整摊销的核算　可供出售金融资产核算　公允价值变动的核算　金融资产减值的核算

本章知识导图

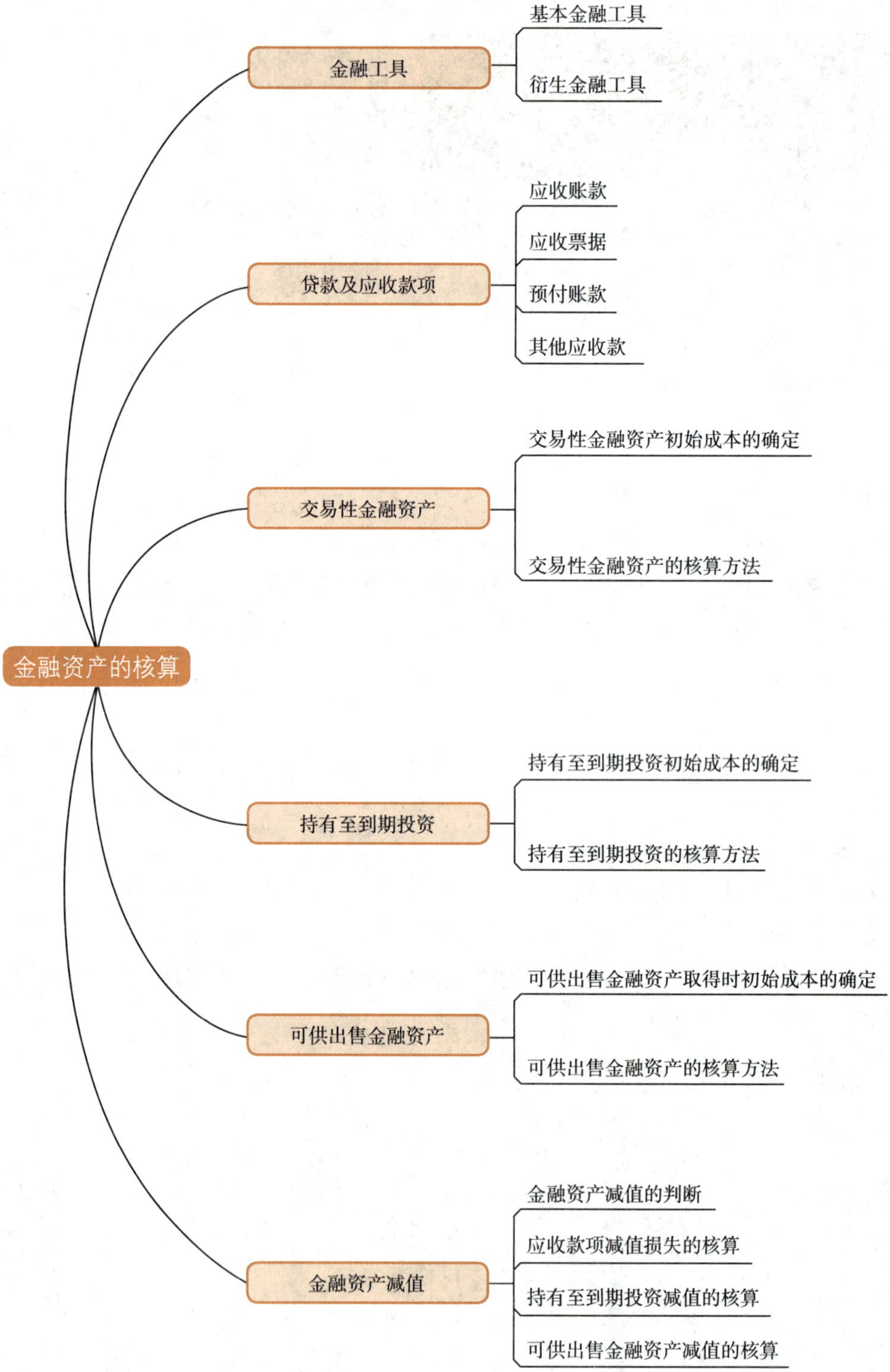
金融资产的核算
金融工具
基本金融工具
衍生金融工具
贷款及应收款项
应收账款
应收票据
预付账款
其他应收款
交易性金融资产
交易性金融资产初始成本的确定
交易性金融资产的核算方法
持有至到期投资
持有至到期投资初始成本的确定
持有至到期投资的核算方法
可供出售金融资产
可供出售金融资产取得时初始成本的确定
可供出售金融资产的核算方法
金融资产减值
金融资产减值的判断
应收款项减值损失的核算
持有至到期投资减值的核算
可供出售金融资产减值的核算

引　例

2014 年 2 月 15 日 A 企业以每股 9.8 元的价格购买了深圳某上市公司 B 公司的股票 1 000 股，作为交易性金融资产。购买时支付手续费 200 元。B 公司 1 月 5 日经股东大会通过并宣布每股派发 0.3 元现金股利，股利支付日为 3 月 2 日。

（1）A 企业为购买 B 公司股票共支付的价款为多少?

（2）支付的全部价款中有多少构成交易性金融资产的初始投资成本?

（1）A 企业支付的全部价款包括：

① 买价：9.8×1 000=9 800（元）。

其中：已宣告而尚未支付的现金股利为 0.3×1 000=300（元）。

② 手续费：200 元。

以上两项共计 10 000 元。

（2）买价中包含的已宣告而尚未支付的现金股利 300 元为购买股票时暂时垫付的资金，3 月 2 日可收回，不计入金融资产的初始投资成本；手续费应计入当期损益，也不构成投资成本。所以，该股票的初始投资成本为 9 800−300=9 500（元）。

第一节　金融资产概述

本节重点与难点：

金融资产的概念

一、金融资产的概念

金融资产是指企业持有的现金、权益工具投资、从其他单位收取现金或其他金融资产的合同权利以及在潜在有利条件下与其他单位交换金融资产或金融负债的合同权利。

金融资产属于金融工具当中的一部分内容。金融工具，是指形成一个企业的金融资产，并形成其他单位的金融负债或权益工具的合同。例如，甲公司发行公司债券则甲公司持有金融负债，同时乙公司进行债券投资，则乙公司拥有金融资产；再如，甲公司发行公司普通股，则甲公司拥有权益工具，同时乙公司进行股权投资，则乙公司拥有金融资产。金融工具分为基本金融工具和衍生金融工具。基本金融工具包括现金、应收款项、应付款项、债券投资、股权投资等。衍生金融工具包括金融期货、金融期权、金融互换、金融远期合同、以净额结算的商品期货等。

一般生产销售企业的金融资产包括下列几项内容：货币资金、应收款项、交易性金融资产、持有至到期投资、可供出售金融资产等。

二、金融资产的分类

企业应当结合自身业务特点、投资策略和风险管理要求，将取得的金融资产在初始确认时分为以下四类：一是以公允价值计量且其变动计入当期损益的金融资产；二是持有至到期投资；三是贷款和应收款项；四是可供出售金融资产。上述分类一经确定，不得随意变更。

（一）以公允价值计量且其变动计入当期损益的金融资产

此类金融资产可进一步分为交易性金融资产和直接指定为以公允价值计量且其变动计入当期损益的金融资产。

1. 交易性金融资产

主要是指企业为了近期内出售而持有的金融资产。比如，企业以赚取差价为目的从二级市场购入的股票、债券、基金等。“交易”通常是指活跃和频繁的买卖行为。企业持有一项金融工具如果经常用于从价格或交易商保证金的短期波动中获利，则该企业持有了一项交易性金融资产，即持有交易性金融资产的目的主要是为了在近期内出售。如企业持有的以短期获利为目的的债券投资、股票投资、基金投资等。

2. 直接指定为以公允价值计量且其变动计入当期损益的金融资产

主要是指企业基于风险管理、战略投资需要等所作的指定。例如，企业将金融资产划分为持有至到期投资，以摊余成本计量，而相关负债却以公允价值计量，指定后通常能提供更相关的信息。

（二）持有至到期投资

持有至到期投资，是指到期日固定、回收金额固定或可确定，且企业有明确意图和能力持有至到期的非衍生金融资产。

企业将金融资产划分为持有至到期投资时，应当注意把握其以下特征：

1. 到期日固定、回收金额固定或可确定

就定义而言，固定或可确定的回收金额和固定的到期日意味着该项合同规定了支付给持有人的款项的金额和日期，如利息和本金的偿付。企业从二级市场上购入的固定利率国债、浮动利率公司债券等，符合持有至到期投资条件的可以划分为持有至到期投资。购入的股权投资因其没有固定的到期日，不符合持有至到期投资条件，不能划分为持有至到期投资。持有至到期投资通常具有长期性质，但期限较短（1 年以内）的债券投资，符合持有至到期投资条件的，也可将其划分为持有至到期投资。

2. 有明确意图持有至到期

“有明确意图持有至到期”是指企业在取得投资时意图就是明确的，除非遇到一些企业所不能控制的、预期不会重复发生且难以合理预计的独立事件，否则将持有至到期。

存在下列情况之一的，表明企业没有明确意图将金融资产投资持有至到期：

（1）持有该金融资产的期限不确定。

（2）发生市场利率变化、流动性需要变化、替代投资机会及其投资收益率变化、融资来源和条件变化、外汇风险变化等情况时，将出售该金融资产。但是，无法控制、预期不会重复发生且难以合理预计的独立事项引起的金融资产出售除外。

（3）该金融资产的发行方可以按照明显低于其摊余成本的金额清偿。

（4）其他表明企业没有明确意图将该金融资产持有至到期的情况。

3. 有能力持有至到期

“有能力持有至到期”是指企业有足够的财务资源，并不受外部因素影响将投资持有至到期。

存在下列情况之一的，表明企业没有能力将具有固定期限的金融资产投资持有至到期：

（1）没有可利用的财务资源持续地为该金融资产投资提供资金支持，以使该金融资产投资持有至到期。

（2）受法律、行政法规的限制，使企业难以将该金融资产持有至到期。

（3）其他表明企业没有能力将具有固定期限的金融资产投资持有至到期的情况。

企业应当在资产负债表日对持有至到期投资的持有意图和能力进行评价。发生变化的，应当将其重分类为可供出售金融资产。

（三）贷款和应收款项

贷款和应收款项，是指在活跃市场中没有报价、回收金额固定或可确定的非衍生金融资产。主要是指金融企业发放的贷款和一般企业销售商品或提供劳务形成的应收款项等债权。

企业所持证券投资基金或类似基金，不应当划分为贷款和应收款项。

划分为贷款和应收款项类的金融资产与划分为持有至到期投资类的金融资产的主要差别在于，前者不是在活跃市场上有报价的金融资产，并且不像持有至到期投资那样在出售或重分类方面受到较多限制。如果某债务工具投资在活跃市场上没有报价，则企业不能将其划分为持有至到期投资。

（四）可供出售金融资产

可供出售金融资产，是指初始确认时即被指定为可供出售的非衍生金融资产，以及除下列各类资产以外的金融资产：

（1）贷款和应收款项；

（2）持有至到期投资；

（3）以公允价值计量且其变动计入当期损益的金融资产。

通常情况下，划分为此类的金融资产应当在活跃市场上有报价，因此，企业从二级市场上购入的有报价的股票、债券和基金等，没有划分为以公允价值计量且其变动计入当期损益的金融资产或持有至到期投资等金融资产的，可归为此类。

企业在金融资产初始确认时对其进行分类后，不得随意变更，具体应按如下规定处理：

（1）企业在初始确认时将某金融资产划分为以公允价值计量且其变动计入当期损益的金融资产后，不能重分类为其他类金融资产；其他类金融资产也不能重分类为以公允价值计量且其变动计入当期损益的金融资产。

（2）持有至到期投资、贷款和应收款项、可供出售金融资产三类金融资产之间也不能随意重分类。

（3）企业因持有意图或能力的改变，使某项投资不再适合划分为持有至到期投资的，应将其重分类为可供出售金融资产。

第二节　应收款项的核算

本节重点与难点：
商业折扣
现金折扣
票据贴现业务

企业的应收款项包括应收账款、应收票据、预付账款、其他应收款及长期应收款等项内容。

一、应收账款的核算

（一）应收账款的概念及内容

应收账款是指企业因对外销售商品、产品和提供劳务等主要经营业务而应向客户收取的货款。应收账款主要包括应收取的货款、代购货方垫付的运杂费、应收取的增值税销项税额等。它不包括各种非主要经营业务而发生的各种应收款项，如职工欠款、存出保证金、应收股利和利息等债权。应收账款是因企业赊销业务而产生的，所以应在赊销成立时确认入账。

（二）应收账款的计价

应收账款的计价，是指确定应收账款的入账金额。通常情况下，应收账款应按从购货方应收的合同或协议价款作为初始确认金额。但企业有时为了及时回笼货款或为了扩大销售量，在销货时往往实行折扣政策，这会影响应收账款的计价。因此，应当在考虑折扣这一因素的基础上，采用一定的方法计算确定应收账款的入账金额。

企业在销售过程中的折扣有商业折扣和现金折扣两种方式。

1. 商业折扣

商业折扣是指在商品交易时为鼓励客户大批量购买而从商品价目单中所列售价的基础上扣减一定的数额，实际上是对商品报价进行的折扣。商业折扣通常以百分比来表示，如5%、10%、15%等。在发生商业折扣的情况下，企业应收账款的入账金额应按扣除商业折扣后的实际售价金额入账。如某企业赊销A产品，产品价目单上标明产品单价为80元，甲顾客购买1 000件，按规定给予10%的商业折扣，则该企业A产品的实际销售单价为72元（80−80×10%），应收账款的入账金额为7.2万元。由于商业折扣一般在交易发生时已确定，所以商业折扣仅仅是确定实际售价的一种手段，不在买卖任何一方的账面上反映，故商业折扣对应收账款入账金额的确认并无实质性的影响。

2. 现金折扣

现金折扣是销售企业为了鼓励客户在一定期限内尽早偿还货款而给予客户的折扣优惠。现金折扣一般用2/10、1/20、n/30等形式来表示。其含义是信用期为30天，在10天内付款给予2%的折扣，在20天内付款给予1%的折扣，在30天内付款无折扣。现金折扣使得企业应收账款的应收数额在规定的付款期内随客户付款时间的不同而有所差异，这就产生了应收账款发生时以什么金额计价入账的问题。对此，会计理论上有两种可供选择的方法：一是总价法；二是净价法。

（1）总价法。总价法是在赊销业务发生时，应收账款和销售收入均以未扣减前的实际售价作为入账价值。如商品的销售价格为1 000元，现金折扣条件为5/10、3/20、n/30，则在赊销成立时，应收账款和销售收入均按1 000元的金额入账。

（2）净价法。净价法是在赊销业务发生时，应收账款和销售收入均按扣除最大的现金折扣后的金额入账。这种方法是将客户取得的现金折扣视为正常现象，认为客户都会提前付款而获得现金折扣。如前例，赊销成立时，应收账款和销售收入均按950（1 000−1 000×5%）元入账。

上述两种方法中，总价法可以较好地反映销售的全过程，但在客户可能享受现金折扣的情况下会高估应收账款和销售收入。如期末结账时，有些应收账款还没有超过折扣期，企业无法确切地知道客户是否会享受现金折扣，如果有一部分可能会享受折扣，而应收账款上并未作反映，从而导致虚增应收账款的余额。净价法则可以避免总价法的不足，但在客户没有享受现金折扣时，由于应收账款上以净额入账，所以必须再查对原销售总额。同时，期末结账时，对于已超过折扣期尚未付款的应收账款，要按客户享受现金折扣进行调整，操作起来比较麻烦。我国会计实务中对应收账款均采用总价法。

（三）应收账款的核算方法

为了反映应收账款的发生及结算情况，企业应设置“应收账款”账户。该账户属于资产类账户，其借方登记企业因销售商品、产品等业务应向客户收取的货款、增值税销项税额及代客户垫付的运杂费；贷方登记已收回或已转作坏账损失的应收账款；期末借方余额表示企业尚未收回的赊销账款，期末贷方余额表示预收的账款。该账户应按客户名称设置明细账进行明细核算。

1. 在没有销售折扣情况下的核算

若没有销售折扣，应收账款按实际发生额入账。在企业赊销商品、产品业务成立时，按应收取的货款及增值税销项税额借记“应收账款”账户，按实际的销售收入贷记“主营业务收入”账户，按应收取的增值税贷记“应交税费——应交增值税（销项税额）”账户；企业代客户垫付运杂费时，借记“应收账款”账户，贷记“银行存款”账户；收回货款、税金及代垫运费时，借记“银行存款”账户，贷记“应收账款”账户。

例 2-1

业务单据：增值税专用发票、托收承付结算凭证回单

艾丽制衣公司赊销产品一批，货款 3 万元，增值税 5 100 元，另公司以银行存款 500 元代购货方垫付运费，已一并向银行办妥托收手续。公司作会计分录如下：

借：应收账款　　35 600
　贷：主营业务收入　　30 000
　　应交税费——应交增值税（销项税额）　　5 100
　　银行存款　　500

业务单据：托收承付结算凭证收款通知

接银行通知，上述托收的款项已全部收妥入账，作会计分录如下：

借：银行存款　　35 600
　贷：应收账款　　35 600

2. 在有商业折扣情况下的核算

若企业销售时有商业折扣，应收账款则应按扣除商业折扣后的余额入账。

例 2-2

业务单据：增值税专用发票

艾丽制衣公司赊销产品 1 000 件给甲企业，按价目表标明的单位售价为 40 元，由于甲企业购买量大，艾丽制衣公司给予 10% 的商业折扣。公司产品的增值税税率为 17%。艾丽制衣公司作会计分录如下：

借：应收账款　　42 120
　贷：主营业务收入　　36 000
　　应交税费——应交增值税（销项税额）　　6 120

3. 在有现金折扣情况下的核算

企业发生赊销业务时，按未扣减现金折扣的销售额作为实际售价入账，借记“应收账款”账户，贷记“主营业务收入”“应交税费——应交增值税（销项税额）”账户。在折扣期内收到款项发生的现金折扣计入当期的财务费用。企业按实际收到款项，借记“银行存款”账户；按发生的现金折扣，借记“财务费用”账户；按应收账款的账面价值，贷记“应收账款”账户。

例 2-3

艾丽制衣公司销售一批产品给乙企业，货款总额为 5 万元，增值税为 8 500 元，付款条件为 2/10，n/20。

业务单据：增值税专用发票

（1）在赊销业务成立时，作会计分录如下：

借：应收账款	58 500	
贷：主营业务收入		50 000
应交税费——应交增值税（销项税额）		8 500

（2）若乙企业在 10 天内付款，作会计分录如下：

业务单据：进账单收账通知联、折扣证明单

借：银行存款	57 500	
财务费用	1 000	
贷：应收账款		58 500

（3）若乙企业在 20 天内付款，则不应给予现金折扣，作会计分录如下：

业务单据：收账通知联

借：银行存款	58 500	
贷：应收账款		58 500

二、应收票据的核算

（一）应收票据的概念及种类

1. 应收票据的概念

应收票据是指企业因销售商品、产品、提供劳务等而收到的已承兑的商业汇票。票据作为一种债权凭证，是一种记载有一定的付款日期、付款地点、付款金额的流通证券，也是一种可以由持票人自由转让给他人的债权凭证，它包括企业持有的未到期兑现的汇票、本票和支票。在我国会计实务中，支票、银行本票、银行汇票均为即期票据，收到这种票据，即可视同收到货币资金，无须将其列为应收票据予以处理。只有商业汇票是一种远期票据，企业取得商业汇票时，只是取得了一项债权。因此，应收票据就是指企业因销售商品、产品而收到的经承兑人承兑的商业汇票。

2. 应收票据的种类

商业汇票可以按不同标准进行分类。

（1）按照票据承兑人的不同，商业汇票可分为银行承兑汇票和商业承兑汇票。承兑是指汇票付款人承诺在汇票到期日支付汇票金额的行为。银行承兑汇票的承兑人是承兑申请人的开户银行，商业承兑汇票的承兑人是付款人。

（2）按照票据是否带息分类，商业汇票可分为带息票据和不带息票据。带息票据是指商业汇票到期时，承兑人除向收款人或被背书人支付票面金额外，还应按票面金额和票据规定的利息率支付自票据生效日起至票据到期日止利息的商业汇票。不带息票据是指商业汇票到期时，承兑人只按票面金额向收款人或被背书人支付款项的票据。

（二）应收票据到期日的确定及应收票据利息的计算

1. 应收票据到期日的确定

商业汇票的持票人在票据到期日可向承兑人收取票据款项。商业汇票自承兑日起生效，其到期日是由票据有效期限的长短来决定的。票据期限的确定一般有按月计算和按日计算两种。

（1）按月计算票据到期日的确定。若应收票据期限按月计算，票据的到期日不考虑各月份实际天数的多少，统一按到期月份的对应日计算。如 2 月 8 日签发的承兑期限为 1 个月的商业汇票，其到期日为 3 月 8 日；同日签发的承兑期限为 3 个月的商业汇票，其到期日为 5 月 8 日。如果签发承兑汇票的日期为某月月末时，不论月份大小，统一以到期月份的最末一天为到期日。如 11 月 30 日签发的承兑期限为 1 个月的商业汇票，其到期日为 12 月 31 日；同日签发的承兑期限为 3 个月的商业汇票，则到期日为次年 2 月 28 日（闰年为 2 月 29 日）。

（2）按日计算票据到期日的确定。若应收票据期限按日计算，票据的到期日不考虑月数，统一按票据的实际日历天数计算。在票据签发承兑日和票据到期日这两天中，只算其中的一天，称为“算头不算尾”或“算尾不算头”。如 3 月 15 日签发的承兑期限为 120 天的商业汇票，到期日的计算为：3 月份剩 16 天，即 31−15=16 天（15 日一天未算进去）。4 月份 30 天、5 月份 31 天、6 月份 30 天、7 月份还需 13 天，即 120−16−30−31−30=13（天）。该票据到期日为 7 月 13 日，13 日这天已计算在内。

2. 应收票据利息的计算

应收票据有带息票据和不带息票据两种。对于带息票据来说，就有一个计算利息的问题，其计算公式为：

应收票据利息＝应收票据面值 × 利率 × 期限

公式中的应收票据面值是指商业汇票记载的金额；利率是指票据所规定的利率，一般以年利率表示；期限是指票据的有效期限，即从票据的承兑日到票据到期日的间隔时间。

（1）票据期限按月计算时，应收票据利息的计算。当票据期限按月计算时，带息票据的利息应按票面金额、票据月数和月利率计算。其计算公式为：

应收票据利息＝应收票据面值 × 利率 × 应收票据月数 /12

例 2-4

一张面值为 10 万元，期限为 3 个月的商业汇票，利率为 6%。其签发日期为 4 月 11 日，则票据到期日为 7 月 11 日。票据到期日的应计利息为：

100 000×6%×3/12=1 500（元）

（2）票据期限按日计算时，应收票据利息的计算。当票据期限按日计算时，带息票据的利息应按票面金额、票据天数和日利率计算。其计算公式为：

应收票据利息＝应收票据面值 × 利率 × 应收票据天数 /360

例 2-5

一张面值为 10 万元、利率为 6%、180 天到期的商业汇票，其签发日期为 3 月 2 日，则到期日为 8 月 29 日。应收票据利息的计算为：

100 000 × 6% × 180/360=3 000（元）

（三）应收票据的核算方法

应收票据的核算主要包括应收票据的取得、到期、贴现转让等内容。为了反映应收票据取得、到期、贴现转让等情况，企业应设置“应收票据”账户。该账户是资产类账户，借方登记企业收到承兑的商业汇票的面值及已计提的利息；贷方登记企业到期收回、贴现的票据款项；期末借方余额表示企业持有的未到期的商业票据的面值及已计提的利息。

1. 应收票据的取得

企业因销售商品、产品等而收到承兑的商业汇票时，应按票据面值，借记“应收票据”账户，贷记“主营业务收入”“应交税费——应交增值税”账户。

例 2-6

艾丽制衣公司向凯盛公司销售产品一批，价款 8 万元，增值税 1.36 万元。双方商定以商业汇票结算。收到凯盛公司交来的商业承兑汇票一张，面值 9.36 万元，期限为 3 个月。作会计分录如下：

业务单据：
增值税专用发票、商业汇票留存联

借：应收票据	93 600	
贷：主营业务收入		80 000
应交税费——应交增值税（销项税额）		13 600

企业收到用于抵付以往应收账款所记欠款的票据时，应按票据面值借记“应收票据”账户，贷记“应收账款”账户。

例 2-7

艾丽制衣公司收到凯盛公司交来的商业承兑汇票一张，面值为 23 400 元，期限为 5 个月，票面利率为 6%，用以抵偿前欠本企业货款 20 000 元和增值税 3 400 元。作会计分录如下：

业务单据：
商业承兑汇票

借：应收票据	23 400	
贷：应收账款		23 400

企业对于应收票据，应在会计期末计提利息。计提时，借记“应收票据”账户，贷记“财务费用”账户。

2. 应收票据到期

（1）应收票据到期收回票款。企业持有的不带息票据的到期值为其票据面值。当商业汇票到期企业如数收到票据承兑人兑付的票面款项时，按实际收到款项借记“银行存款”账户，按票据面值贷记“应收票据”账户。

例 2-8

业务单据：
银行收账通知联

艾丽制衣公司持有凯盛公司交来的面值为 9.36 万元、期限为 3 个月的商业汇票到期，如数收到票款存入银行。作会计分录如下：

借：银行存款　　93 600
　贷：应收票据　　93 600

企业持有的带息商业汇票的到期值为票据面值加上票据到期应计利息。带息商业汇票到期企业收到承兑人兑付的到期值票款时，应按实际收到款项，借记“银行存款”账户；按票据面值及已计提利息，贷记“应收票据”账户；按尚未计提的票据利息，贷记“财务费用”账户。

例 2-9

业务单据：
银行收账通知联

艾丽制衣公司持有凯盛公司交来的面值为 23 400 万元、期限为 5 个月、票面利率为 6% 的商业汇票到期，企业如数收到票据面值 23 400 万元和已计提利息 585 元存入银行。作会计分录如下：

借：银行存款　　23 985
　贷：应收票据　　23 985

（2）应收票据到期退票。一般来说，商业汇票中的银行承兑汇票，其承兑人是银行，承兑银行负有到期无条件付款的责任，使得该种汇票到期无款兑付的可能性极小。商业承兑汇票的承兑人是付款人，该种汇票到期，付款人账户资金不足，银行将托收的汇票退回给收款人，由收付双方自行处理。根据《中华人民共和国票据法》(简称《票据法》) 的规定，汇票到期被拒绝付款的，持票人可以对债务人行使追索权。因此，当企业应收票据到期，付款人无力兑付票款而退票，且付款人不再签发新票据时，应将票据以及应计利息转为应收账款，借记“应收账款”账户，贷记“应收票据”账户。转入“应收账款”核算后，期末不再计提利息，其所包含的利息在有关备查账簿中进行登记，待实际收到时，再冲减收到当期的财务费用。

例 2-10

业务单据：
退回的商业汇票

艾丽制衣公司持有的一张面值为 10 000 元、到期利息为 300 元的商业承兑汇票到期，但付款人账户资金不足，票据由银行退回。收到退回的票据时，作会计分录如下：

借：应收账款　　10 300
　贷：应收票据　　10 300

3. 应收票据贴现

（1）贴现的概念。企业持有的商业汇票在到期前，如果出现资金短缺，可以经背书手续后，向其开户银行申请贴现。贴现就是商业汇票持有者将未到期的商业汇票经背书后送交开户银行，银行受理后从票据到期值中扣除贴现利息后，将余额付给票据持有人的一种融通资金的行为。

（2）应收票据贴现额的计算。贴现企业向银行办理商业汇票贴现时，首先应确定贴现利息和贴现金额（也称贴现净额或贴现实得额）。其计算公式为：

贴现金额 = 票据到期值－贴现利息

贴现利息 = 票据到期值 × 贴现率 × 贴现天数 /360

公式中的贴现率由银行统一规定，一般以年利率表示。贴现天数是指自贴现日起至票据到期前一日止的实际天数，贴现日计入，票据到期日不计入。例如，2 月 5 日（当年 2 月份为 28 天）将 1 月 20 日签发的承兑期限为 60 天，到期日为 3 月 21 日的商业汇票贴现，则贴现天数计算为 44 天，即（2 月份）24 天 +（3 月份）20 天。

例 2-11

艾丽制衣公司将持有的一张 180 天到期、年利率为 6%、面值为 5 万元的商业承兑汇票向银行办理贴现。该汇票出票日为 5 月 6 日，到期日为 11 月 2 日，企业于 7 月 25 日向银行贴现，但尚未计提利息，银行规定贴现率为 7.2%。有关计算如下：

贴现天数 =7+31+30+31+1=100（天）

票据利息 = 50 000 × 6%/360 × 180=1 500（元）

票据到期值 = 50 000+1 500=51 500（元）

贴现利息 = 51 500 × 7.2%/360 × 100=1 030（元）

贴现金额 =51 500－1 030=50 470（元）

（3）应收票据贴现的会计处理。企业持有未到期的商业汇票向银行办理贴现时，按实际收到的贴现款项，借记“银行存款”账户；按贴现票据的面值及已计提利息，贷记“应收票据”或“短期借款”账户；按实际收到的贴现款项与应收票据的账面余额之间的差额，借记或贷记“财务费用”账户。

根据例 2-11 资料，假设票据到期，债务人不能按时还款，根据协议，艾丽制衣公司不负有还款责任，则该公司取得贴现款项时，应作会计分录如下：

业务单据：银行收账通知联、贴现凭证

借：银行存款	50 470	
贷：应收票据		50 000
财务费用		470

如果票据到期，债务人不能按时还款，根据协议，艾丽制衣公司负有还款责任，则应作会计分录如下：

业务单据：银行收账通知联、贴现凭证

借：银行存款	50 470	
贷：短期借款		50 000
财务费用		470

例 2-12

艾丽制衣公司于 4 月 20 日将其客户交来的 3 月 15 日签发承兑面值为 6 万元、期限为 60 天的无息商业承兑汇票一张向银行办理贴现，贴现率为 7.2%，取得的贴现款项已存入银行。有关计算及会计处理如下：

业务单据：银行收账通知联、贴现凭证

贴现天数：24 天

贴现利息：60 000×7.2%÷360×24=288（元）

贴现金额：60 000-288=59 712（元）

借：银行存款　　59 712
　　财务费用　　288
　　贷：应收票据（或短期借款）　　60 000

三、预付账款的核算

（一）预付账款的概念

预付账款是指企业按照购销合同规定预付给供应单位的货款，是企业的一项债权。预付账款应按实际发生额入账。

（二）预付账款的核算方法

为了反映预付账款的发生及结算情况，应设置“预付账款”账户。该账户属于资产类账户，借方登记预付给供应单位的货款及补付的货款；贷方登记收到货物时实际结算的货款及退回多付的款项；期末若为借方余额反映已预付但尚未收到货物的款项，若为贷方余额表示尚未补付给供货单位的款项。该账户应按供应单位名称设置明细账。

企业按合同规定预付购货款时，借记“预付账款”账户，贷记“银行存款”账户；收到货物时，按实际结算款项借记“材料采购”或“原材料”“应交税费——应交增值税”账户，贷记“预付账款”账户；补付货款时，借记“预付账款”账户，贷记“银行存款”账户；收到退回多付货款时，借记“银行存款”账户，贷记“预付账款”账户。

例 2-13

艾丽制衣公司 4 月 8 日按购货合同规定开出转账支票，预付给甲工厂购买材料款 5 万元。作会计分录如下：

业务单据：
转账支票存根、购货合同

借：预付账款——甲工厂　　50 000
　　贷：银行存款　　50 000

4 月 15 日，艾丽制衣公司收到甲工厂发来的货款为 5 万元、增值税为 8 500 元的 A 材料，材料已验收入库。作会计分录如下：

业务单据：
增值税专用发票联、材料入库单

借：原材料——A 材料　　50 000
　　应交税费——应交增值税（进项税额）　　8 500
　　贷：预付账款——甲工厂　　58 500

4 月 18 日，以银行存款支付少付款项 8 500 元。作会计分录如下：

业务单据：
银行付款通知联

借：预付账款——甲工厂　　8 500
　　贷：银行存款　　8 500

若 4 月 19 日，艾丽制衣公司收到甲工厂发来的货款为 4 万元、增值税为 6 800 元的 A 材料，材料已验收入库。作会计分录如下：

借：原材料——A 材料　　40 000
　　应交税费——应交增值税（进项税额）　　6 800
　　贷：预付账款——甲工厂　　46 800

业务单据：增值税专用发票、材料入库单

4 月 20 日，收到银行收账通知，甲工厂退回多付货款 3 200 元。作会计分录如下：

借：银行存款　　3 200
　　贷：预付账款　　3 200

业务单据：银行收账通知联

在会计实务中，如果企业预付账款业务不多时，可以不设“预付账款”账户，将企业预付的购货款并入“应付账款”账户进行核算。预付购货款时，记入“应付账款”账户的借方；收到购货发票账单结算货款时，记入“应付账款”账户的贷方。

四、其他应收款项的核算

（一）其他应收款项的概念

其他应收款是指企业除应收账款、应收票据、预付账款及长期应收款等以外的其他各种应收暂付款项，包括不设置“备用金”账户的企业拨出的备用金、应收的各种赔款与罚款、应向职工收取的各种垫付款项以及已不符合预付账款性质而按规定转入的预付账款等。具体包括：

（1）应收的各种赔款、罚款；

（2）应收的出租包装物的租金；

（3）应向职工收取的各种垫付款项；

（4）备用金；

（5）存出保证金，如租入包装物支付的押金；

（6）预付账款转入；

（7）其他各种应收、暂付款项。

（二）其他应收款的核算方法

为了反映其他应收款的发生及结算情况，企业应设置“其他应收款”账户。企业发生各种应收、暂付款项以及预付账款转入的其他应收款项时，借记“其他应收款”账户，贷记其他有关账户；收回、核销时，借记有关账户，贷记“其他应收款”账户。

例 2-14

艾丽制衣公司以现金 500 元支付借入包装物的押金。应作会计分录如下：

借：其他应收款——存出保证金　　500
　　贷：库存现金　　500

业务单据：现金交款单回单

例 2-15

职工王强违反厂规，处以 100 元的罚款，但尚未收到罚金。应作会计分录如下：

借：其他应收款——王强　　100

业务单据：罚款决议书

贷：营业外收入——罚款收入 100

例 2-16

艾丽制衣公司预付给上海华联公司货款 5 万元，因上海华联公司改变经营范围，已不符合预付账款性质。公司应作会计分录如下：

业务单据：
购货合同、公司会议纪要

借：其他应收款——上海华联公司 50 000

贷：预付账款——上海华联公司 50 000

在其他应收款的核算中，特别需要指出的是备用金的核算。备用金是指财会部门为了满足本单位内部各部门或职工个人日常零星周转用款，而预付给各科室、车间、非独立核算的经营单位及职工个人的款项。备用金采用先领后用、用后报销的做法。根据备用金的预付方式不同，备用金分为定额备用金和非定额备用金两种，不同形式的备用金其会计处理方法也不一样。

1. 定额备用金

定额备用金是指用款部门按定额持有的备用金。其具体做法是：财会部门根据用款部门的实际情况，核定一笔固定金额的备用金，并规定使用范围，预付给用款部门。用款部门使用备用金后，持有效单据到财会部门报账。财会部门审核后，补足用款部门备用金定额。在用款部门不再需用备用金时，将备用金退回给财会部门。

当财会部门向用款部门拨付备用金时，借记“其他应收款——备用金”账户，贷记“库存现金”或“银行存款”账户；用款部门使用备用金后报账时，借记有关账户，贷记“库存现金”或“银行存款”账户；用款部门退回备用金时，借记“库存现金”账户，贷记“其他应收款——备用金”账户。

例 2-17

艾丽制衣公司对后勤部实行定额备用金制度，根据后勤部的实际情况，核定备用金定额为 2 000 元，开出现金支票预付给后勤部。作会计分录如下：

业务单据：
现金支票存根

借：其他应收款——备用金——后勤部 2 000

贷：银行存款 2 000

后勤部持购买办公用品单据向财务部报销 800 元，财务部以现金补足定额。作会计分录如下：

业务单据：
办公用品购买凭证、现金付出凭证

借：管理费用——办公费 800

贷：库存现金 800

若后勤部不再需用备用金，将备用金 2 000 元退回公司财务部。作会计分录如下：

业务单据：
现金缴款单

借：库存现金 2 000

贷：其他应收款——备用金——后勤部 2 000

2. 非定额备用金

非定额备用金是指用款部门或个人不按固定金额持有备用金，而是随用随领，实报实销。其具体做法是：用款部门或职工个人用款前，先填写借款单向财会部门申请领款。财会部门审核后，付款给用款部门或职工个人。用款部门使用后，持有效单据向财会部门报账核销，多退少补。

例 2-18

职工张宏出差预借差旅费 1 000 元，财会部门以现金支付。作会计分录如下：

借：其他应收款——张宏　　1 000

　　贷：库存现金　　1 000

业务单据：差旅费借款单、现金支出单

张宏出差归来，凭差旅费报销凭证报销差旅费 1 500 元。财会部门审核后予以报销，并以现金 500 元补足。作会计分录如下：

借：管理费用　　1 500

　　贷：其他应收款——张宏　　1 000

　　　　库存现金　　500

业务单据：差旅费清单、现金支出凭证

若张宏实际报销 850 元，将多余款 150 元退回财会部门。作会计分录如下：

借：管理费用　　850

　　库存现金　　150

　　贷：其他应收款——张宏　　1 000

业务单据：差旅费清单、现金缴款单

如果企业发生的备用金业务较多，也可单独设置“备用金”账户进行核算。

第三节　交易性金融资产的核算

本节重点与难点：交易性金融资产取得、持有、出售的核算

一、交易性金融资产初始成本的确定

交易性金融资产，应当按照取得时的公允价值作为初始确认金额，相关的交易费用在发生时计入当期损益。如果企业购入的各种股票、债券、基金等，实际支付的价款中包含已宣告但尚未发放的现金股利或已到付息期但尚未领取的债券利息，应当单独确认为应收项目（企业直接指定为以公允价值计量且其变动计入当期损益的金融资产的股票、债券、基金等的计量，同交易性金融资产）。交易性金融资产取得时的初始成本，具体按以下方法确定：

（1）以现金购入的交易性金融资产，按购入时股票、债券、基金等的公允价值作为取得交易性金融资产的初始成本。购买时支付的税金、手续费等相关费用，计入当期损益。但实际支付的价款中包含已宣告但尚未发放的现金股利或已到付息期但尚未领取的债券利息，应当单独核算，不构成交易性金融资产的初始成本。

存入证券公司但尚未进行投资的现金，先作为其他货币资金处理，待实际投

资时，按照购买时取得的交易性金融资产的公允价值减去已宣告但尚未发放的现金股利或已到付息期但尚未领取的债券利息后的余额，作为交易性金融资产的初始成本。

（2）投资者投入的交易性金融资产，按投资各方确认的价值，作为初始成本，但投资各方约定价值不公允的除外。

此外，企业接受债务人以非现金资产抵偿债务方式取得的交易性金融资产，或以应收债权换入的交易性金融资产以及以非货币性资产交换换入的交易性金融资产初始成本的确定见后面有关章节。

二、交易性金融资产的核算方法

为了核算企业购入的作为交易性金融资产的各种股票、债券、基金等，应设置“交易性金融资产”账户。“交易性金融资产”账户核算企业为交易目的所持有的债券投资、股票投资、基金投资等交易性金融资产的公允价值。企业持有的直接指定为以公允价值计量且其变动计入当期损益的金融资产，也在本账户核算。

“交易性金融资产”账户的借方登记企业取得交易性金融资产的公允价值、资产负债表日交易性金融资产的公允价值高于其账面价值的差额等项内容；贷方登记资产负债表日交易性金融资产的公允价值低于其账面价值的差额以及出售交易性金融资产时的账面余额等内容；期末借方余额，反映企业持有的交易性金融资产的公允价值。“交易性金融资产”账户可按交易性金融资产的类别和品种，分别“成本”“公允价值变动”等进行明细核算。

此外，企业还应设置如下几个账户：

（1）“应收股利”账户，核算对外投资应收的现金股利；

（2）“应收利息”账户，核算企业已到期尚未领取的债券利息；

（3）“投资收益”账户，核算企业对外投资所取得的损益或发生的损失。

（一）交易性金融资产取得的核算

1. 企业购入的交易性金融资产

企业取得的各种交易性金融资产，如购入的各种股票、债券、基金等，按其公允价值，借记“交易性金融资产（成本）”账户，按发生的交易费用，借记“投资收益”账户，按已到付息期但尚未领取的利息或已宣告但尚未发放的现金股利，借记“应收利息”或“应收股利”账户，按实际支付的金额，贷记“银行存款”等账户。

例 2-19

艾丽制衣公司 2013 年 3 月 1 日从证券市场上购入凯盛公司的股票 3 万股，每股价格为 8 元，另付税费 300 元，共支付价款 240 300 万元。公司准备随时出售。作会计分录如下：

借：交易性金融资产——成本　　240 000
　　投资收益　　300
　　贷：银行存款　　240 300

业务单据：证券业务交割单、银行付款通知联

假如上例中，凯盛公司股票每股价格为 8 元，其中包含 0.2 元的垫付股利。艾丽制衣公司作会计分录如下：

借：交易性金融资产——成本　　234 000
　　投资收益　　300
　　应收股利　　6 000
　　贷：银行存款　　240 300

例 2-20

艾丽制衣公司 2014 年 7 月 1 日购入凯盛公司 2013 年 8 月 1 日发行的 3 年期债券，作为交易性金融资产，该债券面值总额为 30 万元、年利率 10%，艾丽制衣公司按 35 万元的价格购入，另支付税费等相关费用 1 600 元，该债券利息到期与本金一起偿还。艾丽制衣公司作会计分录如下：

业务单据：证券业务交割单、银行付款通知联

借：交易性金融资产——成本　　350 000
　　投资收益　　1 600
　　贷：银行存款　　351 600

2. 投资者投入的交易性金融资产

投资者投入的交易性金融资产，按照投资各方确定的价值，借记“交易性金融资产——成本”账户，贷记“实收资本”等账户。

（二）持有交易性金融资产期间的现金股利和债券利息

（1）交易性金融资产取得时实际支付的价款中包含的已宣告而尚未发放的现金股利，或已到期尚未领取的利息，在性质上属于购买时垫付的资金，是随着交易性金融资产的取得而取得的一项债权。因此在收到或处置时，应冲减已记录在债权账户中的应收股利或应收利息，一般不确认为投资损益。当实际收到买价中包含的已宣告而尚未领取的现金股利时，借记“银行存款”等账户，贷记“应收股利”“应收利息”账户。

（2）交易性金融资产持有期间所收到的现金股利、利息等收益。交易性金融资产持有期间被投资单位宣告发放的现金股利，或在资产负债表日按分期付息、一次还本债券投资的票面利率计算的利息，借记“应收股利”或“应收利息”账户，贷记“投资收益”账户；实际收到时，借记“银行存款”等账户，贷记“应收股利”或“应收利息”账户。

企业持有股票期间所获得的股票股利，不需要进行账务处理，但应在备查账簿中登记所增加的股份。

例 2-21

艾丽制衣公司收到例 2-19 中的现金股利 6 000 元。作会计分录如下：

业务单据：电子转账收款凭证

借：银行存款　　6 000
　　贷：应收股利　　6 000

例 2-22

凯盛公司 2014 年 5 月 5 日宣告于 6 月 10 日发放股利，每 10 股派 2 股股票股利，每股派 0.1 元的现金股利，艾丽制衣公司持有凯盛公司股票 3 万股。公司作会计分录如下：

业务单据：股利分配公告、股利计算表

① 2014 年 5 月 5 日宣告时：

借：应收股利　　3 000
　　贷：投资收益　　3 000

业务单据：电子转账收款凭证

6 月 10 日收到股利时：

借：银行存款　　3 000
　　贷：应收股利　　3 000

② 分派的股票股利，艾丽制衣公司不作分录，只作备查登记，登记增加凯盛公司股票 6 000 股，由股票股利所得。取得股票股利后股票的每股成本降低。

（三）资产负债表日，交易性金融资产公允价值的变动

资产负债表日，企业应将交易性金融资产公允价值的变动计入当期损益。交易性金融资产的公允价值高于其账面余额的差额，借记“交易性金融资产（公允价值变动）”账户，贷记“公允价值变动损益”账户；公允价值低于其账面余额的差额作相反的会计分录。

例 2-23

艾丽制衣公司持有凯盛公司一项交易性金融资产，该项交易性金融资产的初始成本为 3.9 万元，2013 年 6 月 30 日的公允价值为 5 万元，2013 年 12 月 31 日，该项交易性金融资产的公允价值为 6.2 万元。则艾丽制衣公司应作会计分录如下：

业务单据：证券价值计算表

（1）2013 年 6 月 30 日：

借：交易性金融资产——公允价值变动　　11 000
　　贷：公允价值变动损益　　11 000

业务单据：证券价值计算表

（2）2013 年 12 月 31 日：

借：交易性金融资产——公允价值变动　　12 000
　　贷：公允价值变动损益　　12 000

例 2-24

假设上例中，2013 年 12 月 31 日，该项交易性金融资产的公允价值为 4.1 万元，其他条件不变，则艾丽制衣公司应作会计分录如下：

业务单据：证券价值计算表

借：公允价值变动损益　　9 000
　　贷：交易性金融资产——公允价值变动　　9 000

（四）出售交易性金融资产

出售交易性金融资产，应按实际收到的金额，借记“银行存款”等账户，按

该金融资产的账面余额，贷记“交易性金融资产”账户，按其差额，贷记或借记“投资收益”账户。同时，将原计入该金融资产的公允价值变动转出，借记或贷记“公允价值变动损益”账户，贷记或借记“投资收益”账户。

例 2-25

承例 2-23，假如艾丽制衣公司于 2014 年 2 月 10 日将该项交易性金融资产出售，出售价为 7.4 万元，则艾丽制衣公司应作如下会计分录：

业务单据：电子转账收账通知、证券价值计算表、证券业务交割单

借：银行存款	74 000	
贷：交易性金融资产——成本		39 000
——公允价值变动		23 000
投资收益		12 000
借：公允价值变动损益	23 000	
贷：投资收益		23 000

例 2-26

承例 2-24，假如艾丽制衣公司于 2014 年 2 月 10 日将该项交易性金融资产出售，出售价为 7.5 万元，则公司应作如下会计分录：

业务单据：证券业务交割单、收账通知、股权转让损益计算表

借：银行存款	75 000	
贷：交易性金融资产——成本		39 000
——公允价值变动		2 000
投资收益		34 000

同时，

借：公允价值变动损益	2 000	
贷：投资收益		2 000

因对交易性金融资产期末以公允价值计量，公允价值变动已计入当期损益，因而，期末不再对其计提减值准备。

第四节　持有至到期投资的核算

本节重点与难点：摊余成本实际利率法的应用

一、持有至到期投资初始成本的确定

持有至到期投资在取得时，应按取得时的公允价值和相关交易费用之和作为初始投资成本。相关交易费用包括税金、手续费等费用。取得的债券，其实际支付的价款中含有已到期但尚未领取的利息，作为应收项目单独核算；实际支付的价款中含有尚未到期的利息，构成投资成本，在持有至到期投资中单独核算。

持有至到期投资初始投资成本按以下原则确定：

（1）以现金购入的持有至到期债券投资，按所取得债券的公允价值加上支付的税金、手续费等相关费用减去已到付息期但尚未领取的债券利息，作为初始投资成本。

（2）此外，企业接受的债务人以非现金资产抵偿债务方式取得的长期债权投资，或以应收债权换入的持有至到期债权投资以及以非货币性资产交换换入的持有至到期债权投资见后面有关章节。

二、持有至到期投资的核算方法

为了核算企业购入的划分为持有至到期的债券投资，企业应设置“持有至到期投资”账户。该账户核算企业持有至到期投资的摊余成本。取得债券投资时，按确定的债券投资初始成本登记在借方；收回投资或其他情况减少的投资在贷方登记；本账户期末借方余额，反映企业持有的持有至到期投资的本息和未摊销的利息调整金额。本账户可按持有至到期投资的类别和品种，分别“成本”“利息调整”“应计利息”等进行明细核算。“应收利息”账户，核算企业因债券投资应收取的利息，其借方登记企业购入分期付息、到期还本的债券，以及取得的分期付息的其他债权投资，已到付息期而应收未收的利息，贷方登记实际收到的利息，期末借方余额反映企业尚未收回的债券投资利息。

（一）持有至到期投资取得的核算

企业取得的持有至到期投资，应按该投资的面值，借记“持有至到期投资（成本）”账户；按支付的价款中包含的已到付息期但尚未领取的利息，借记“应收利息”账户；按实际支付的金额，贷记“银行存款”等账户；按其差额，借记或贷记“持有至到期投资（利息调整）”账户。

持有至到期投资为一次还本付息债券投资的，应于资产负债表日按票面利率计算确定的应收未收利息，借记“持有至到期投资（应计利息）”账户；按持有至到期投资摊余成本和实际利率计算确定的利息收入，贷记“投资收益”账户；按其差额，借记或贷记“持有至到期投资（利息调整）”账户。

例 2-27

艾丽制衣公司于 2014 年 1 月 1 日购进凯盛公司于当日发行的面值为 10 万元、2 年期到期还本付息的债券，共支付价款 10.1 万元，其中包括经纪人佣金等费用 1 000 元。根据上述资料，作会计分录如下：

业务单据：证券业务交割单

借：持有至到期投资——成本	100 000	
——利息调整	1 000	
贷：银行存款		101 000

例 2-28

艾丽制衣公司 2014 年 7 月 1 日从证券二级市场购进凯盛公司于 2014 年 1 月 1 日

发行的面值为20万元的2年期债券，该债券票面年利率为10%，到期一次还本付息。共支付价款21万元。此时，支付的价款中包含有应计利息1万元（20×10%÷12×6）。

业务单据：证券业务交割单

根据上述资料，作会计分录如下：

借：持有至到期投资——成本　　200 000

　　　　　　　　——应计利息　　10 000

　贷：银行存款　　210 000

假设该债券为分期付息债券，每半年付息一次，计息日分别为每年6月30日与12月31日。则艾丽制衣公司2014年7月1日的会计分录为：

借：持有至到期投资——成本　　200 000

　　应收利息　　10 000

　　贷：银行存款　　210 000

例2–29

艾丽制衣公司2015年1月1日，以60万元的价格（其中包括5 000元的相关税费）购入于同日发行的5年期到期还本付息的债券，债券年利率8%，债券面值55万元。

艾丽制衣公司将其划分为持有至到期投资核算。公司作会计分录如下：

业务单据：证券业务交割单

借：持有至到期投资——成本　　550 000

　　　　　　　　——利息调整　　50 000

　贷：银行存款　　600 000

（二）持有至到期投资持有期间利息调整及利息收入的核算

1. 持有至到期投资持有期间利息调整的核算

（1）持有至到期投资利息调整应在债券购入后至到期前的期间内摊销。摊销方法采用实际利率法。

（2）持有至到期投资利息调整的摊销，应与确认相关债券利息收入同时进行，调整各期的投资收益。

① 资产负债表日，持有至到期投资为分期付息、一次还本债券投资的，应按票面利率计算确定的应收未收利息，借记“应收利息”账户；按持有至到期投资摊余成本和实际利率计算确定的利息收入，贷记“投资收益”账户；按其差额，借记或贷记“持有至到期投资（利息调整）”账户。

② 持有至到期投资为一次还本付息债券投资的，应于资产负债表日按票面利率计算确定的应收未收利息，借记“持有至到期投资（应计利息）”账户；按持有至到期投资摊余成本和实际利率计算确定的利息收入，贷记“投资收益”账户；按其差额，借记或贷记“持有至到期投资（利息调整）”账户。

2. 持有至到期投资持有期间利息收入的核算

（1）持有至到期投资在持有期间应当按照摊余成本和实际利率计算确认利息收入，计入投资收益。

（2）持有的一次还本付息的债券投资，应计未收利息于确认投资收益时增加投资的账面价值；分期付息的债券投资，应计未收利息于确认投资收益时作为应收利息单独核算，不增加投资的账面价值。

（3）实际收到的分期付息债券投资利息，冲减已计的应收利息；实际收到的一次还本付息债权利息，冲减债券投资的账面价值。

3. 摊余成本的计量及实际利率法的应用

持有至到期投资按照公允价值进行初始计量后，其后续计量不再按照公允价值计量，而是按照持有至到期投资的历史成本进行计量，但必须按照实际利率法，以摊余成本计量。

（1）摊余成本的计量。金融资产的摊余成本是指该金融资产的初始确认金额经下列调整后的结果：① 扣除已偿还的本金；② 加上或减去采用实际利率法将该初始确认金额与到期日金额间的差额进行摊销形成的累计摊销额；③ 扣除已发生的减值损失。

（2）实际利率法。实际利率法，是指按照金融资产的实际利率计算其摊余成本及各期利息收入的方法。实际利率，是指将金融资产在预期存续期间或适用的更短期间内的未来现金流量，折现为该金融资产当前账面价值所使用的利率。实际利率应当在取得持有至到期投资时确定，在该持有至到期投资预期存续期间或适用的更短期间内保持不变。

在确定实际利率时，应当在考虑金融资产所有合同条款（包括提前还款权、看涨期权、类似期权等）的基础上预计未来现金流量，但不应当考虑未来信用损失。

金融资产合同各方之间支付或收取的、属于实际利率组成部分的各项收费、交易费用及溢价或折价等，应当在确定实际利率时予以考虑。金融资产的未来现金流量或存续期间无法可靠预计时，应当采用该金融资产在整个合同期内的合同现金流量。

采用实际利率法在计算实际利率时，如为分期付息债券，应当根据“债券面值 ± 债券利息调整金额 = 债券到期应收本金的贴现值 + 各期收取的债券利息的贴现值”，并采用“插值法”计算得出。

一般工商企业的期限短、不附息应收账款，基于重要性原则，可不按实际利率法确定摊余成本；实际利率与票面利率差别较小的，也可按票面利率计算利息收入，计入投资收益。

例 2-30

2010 年年初，艾丽制衣公司购买了一项债券，剩余年限 5 年，划分为持有至到期投资，公允价值为 90 万元，交易费用为 5 万元，每年按票面利率可收到固定利息 4 万元。该债券在第五年兑付（不能提前兑付）时可得本金 110 万元。

在初始确认时，计算实际利率如下：

$$4\times(1+r)^{-1}+4\times(1+r)^{-2}+\cdots+114\times(1+r)^{-5}=95$$

计算结果：$r \approx 6.96\%$

各年摊余成本的计算如表 2-1 所示。

表 2-1　摊余成本计算表

单位：万元

年份	年初摊余成本 a	利息收益 b=a×r	现金流量 c	年末摊余成本 d=a+b-c
2010	95	6.61	4	97.61
2011	97.61	6.79	4	100.40
2012	100.40	6.99	4	103.39
2013	103.39	7.20	4	106.59
2014	106.59	7.42	4+110	0

注：表中数据保留两位小数，四舍五入。

例 2-31

艾丽制衣公司 2010 年 1 月 1 日以 92 428 元购入凯盛公司于同日发行的 5 年期债券 100 张，该债券票面利率 8%、面值 1 000 元，该债券每年付息一次，最后一年还本金并付最后一次利息。艾丽制衣公司计提利息并按实际利率法对已入账的利息调整进行摊销的会计处理如下：

业务单据：投资协议、证券业务交割单

（1）购入债券时的会计分录：

借：持有至到期投资——成本　100 000

　贷：银行存款　92 428

　　持有至到期投资——利息调整　7 572

（2）年度终了，计算利息并摊销利息调整金额。

采用实际利率法摊销利息调整金额如表 2-2 所示。（实际利率假设为 10%）

表 2-2　债券利息调整摊销表

单位：元

计息日期	应收利息 1	实际利息收入（投资收益） 2	利息调整的摊销 3	未摊销利息调整 4	期末摊余成本 5
	1= 面值 × 票面利率	2= 上一期 5× 实际利率	3=2-1	4= 上一期 4-3	5= 上一期 5+3
2010.1				7 572	92 428
2010.12	8 000	9 243	1 243	6 329	93 671
2011.12	8 000	9 367	1 367	4 962	95 038
2012.12	8 000	9 504	1 504	3 458	96 542
2013.12	8 000	9 654	1 654	1 804	98 196
2014.12	8 000	9 804	1 804	0	100 000
合计	40 000	47 572	7 572	—	—

注：按照公式计算 2014 年 12 月利息收入为 9 819.6 元（98 196 × 10%），差额 15.6 元（9 819.6-9 804），这是由于计算时小数点保留位数造成的，在最后一年调整。

业务单据：利息调整计算表

作会计处理如下：

（第一年）

借：持有至到期投资——利息调整　　1 243

　应收利息　　8 000

　贷：投资收益　　9 243

（三）出售持有至到期投资

出售债券投资，实际取得的价款与其账面价值（包括账面摊余价值或摊余成本、已计入应收利息但尚未收到的分期付息债券利息，以及已计提的减值准备）的差额，确认为收到或处置当期的收益或损失。

出售持有至到期投资，应按实际收到的金额，借记“银行存款”等账户；按其账面余额，贷记“持有至到期投资（成本、利息调整、应计利息）”账户；按已计入应收利息但尚未收到的分期付息债券利息，贷记“应收利息”账户；按其差额，贷记或借记“投资收益”账户。已计提减值准备的，还应同时结转减值准备。

例 2–32

艾丽制衣公司因急需资金，于 2014 年 3 月 15 日将所持凯盛公司债券 1 000 张全部转让，取得转让收入 10.1 万元。因转让时尚未摊销利息调整为 1 500 元（借方余额），因此转让时“持有至到期投资”的账面价值为 10.15 万元（面值 10 万元，利息调整借方余额 1 500 元）。公司作会计处理如下：

业务单据：债券业务交割单、债券投资收益计算表

借：银行存款　　101 000

　投资收益　　500

　贷：持有至到期投资——成本　　100 000

　　　　　　　　　——利息调整　　1 500

（四）到期收回持有至到期投资

持有至到期投资到期时，如果企业持有的是到期一次还本付息的债券，到期时企业可以收回债券面值和利息；如果是分期付息的债券，则到期时企业可以收回债券面值。债券到期时，因利息调整金额已经摊销完毕，“持有至到期投资”账户的余额为债券面值和应计利息，收回债券面值及应计利息时，应借记“银行存款”账户，贷记“持有至到期投资”账户。

例 2–33

艾丽制衣公司持有凯盛公司的某一债券投资到期，该债券为到期一次还本付息债券，到期时“持有至到期投资”账户的账面余额为 12 万元（其中，成本 10 万元，应计利息 2 万元）。艾丽制衣公司应作会计分录如下：

业务单据：收款通知、债券投资本利计算表

借：银行存款　　120 000

　贷：持有至到期投资——成本　　100 000

　　　　　　　　　——应计利息　　20 000

第五节　可供出售金融资产的核算

本节重点与难点：
可供出售金融资产持有、出售的核算

一、可供出售金融资产的概念

可供出售金融资产，是指初始确认时即被指定为可供出售的非衍生金融资产，以及除下列各类资产以外的金融资产：

（1）贷款和应收款项；

（2）持有至到期投资；

（3）以公允价值计量且其变动计入当期损益的金融资产。

比如，企业购入的在活跃市场有报价的股票、债券和基金等，没有划分为以公允价值计量且其变动计入当期损益的金融资产或持有至到期投资等金融资产。

二、可供出售金融资产取得时初始成本的确定

可供出售金融资产取得时的初始成本，应按照取得时可供出售金融资产的公允价值和相关交易费用之和来确定。支付的价款中包含的已到付息期但尚未领取的债券利息或已宣告但尚未发放的现金股利应单独确认为应收项目。交易费用包括支付给代理机构、咨询公司、券商等的手续费和佣金及其他必要支出，不包括债券溢价、折价、融资费用、内部管理成本及其他与交易不直接相关的费用。

三、可供出售金融资产的核算方法

为了核算企业购入的划分为可供出售的金融资产，企业应设置“可供出售金融资产”账户。该账户核算企业持有的可供出售金融资产的公允价值，包括划分为可供出售的股票投资、债券投资等金融资产。本账户按可供出售金融资产的类别和品种，分别“成本”“利息调整”“应计利息”“公允价值变动”等进行明细核算。

可供出售金融资产发生减值的，可以单独设置“可供出售金融资产减值准备”账户。

（一）可供出售金融资产取得的核算

企业取得的可供出售金融资产如果是股票投资的，应按其公允价值与交易费用之和，借记“可供出售金融资产（成本）”账户；按支付的价款中包含的已宣告但尚未发放的现金股利，借记“应收股利”账户；按实际支付的金额，贷记“银行存款”等账户。如果企业取得的可供出售金融资产为债券投资的，应按债券的面值，借记“可供出售金融资产（成本）”账户；按支付的价款中包含的已到付息期但尚未领取的利息，借记“应收利息”账户；按实际支付的金额，贷记“银行存款”等账户；按差额，借记或贷记“可供出售金融资产（利息调整）”

账户。

例 2-34

艾丽制衣公司 2014 年 4 月 1 日，以 65 万元的公允市价（其中包括 4 000 元的代垫股利）购入凯盛公司 2014 年 1 月 1 日发行的股票，另外支付相关税费 5 000 元，艾丽制衣公司将其划分为可供出售金融资产核算。艾丽制衣公司作会计分录如下：

业务单据：证券业务交割单、股利计算表、银行付款凭证

借：可供出售金融资产——成本（650 000-4 000+5 000）651 000
　　应收股利　　4 000
　　贷：银行存款　　655 000

例 2-35

艾丽制衣公司 2014 年 7 月 1 日从证券二级市场购进凯盛公司于 2014 年 1 月 1 日发行的面值为 20 万元的 2 年期债券，该债券票面年利率为 10%，到期一次还本付息。企业将其划分为可供出售金融资产，共支付价款 21 万元。此时，支付的价款中包含应计利息 1 万元（20×10%÷12×6）。

根据上述资料，作会计分录如下：

业务单据：证券业务交割单、债券利息计算表、付款通知单

借：可供出售金融资产——成本　　200 000
　　　　　　　　　　——应计利息　　10 000
　　贷：银行存款　　210 000

假设该债券为分期付息债券，每半年付息一次，计息日分别为每年 6 月 30 日与 12 月 31 日。则购入时的会计分录为：

借：可供出售金融资产——成本　　200 000
　　应收利息　　10 000
　　贷：银行存款　　210 000

例 2-36

艾丽制衣公司 2014 年 1 月 1 日以银行存款 1 035 000 元购入 N 公司当日发行的 3 年期分期付息、一次还本债券作为可供出售金融资产，该债券票面金额为 100 万元、票面利率为 6%，每年 12 月 31 日为付息日。购入债券时，艾丽制衣公司应作如下会计处理：

业务单据：证券业务交割单、付款通知单

借：可供出售金融资产——成本　　1 000 000
　　　　　　　　　　——利息调整　　35 000
　　贷：银行存款　　1 035 000

（二）可供出售金融资产持有期间投资收益的确定

可供出售金融资产持有期间取得的利息或现金股利，应当计入投资收益。

1. 可供出售金融资产为债券投资时

（1）可供出售债券为分期付息、一次还本债券投资的，应按票面利率计算确定的应收未收利息，借记“应收利息”账户；按可供出售债券的摊余成本和实际利率计算确定的利息收入，贷记“投资收益”账户；按其差额，借记或贷记“可供出售金融资产（利息调整）”账户。

（2）可供出售债券为一次还本付息债券投资的，应于资产负债表日按票面利率计算确定的应收未收利息，借记“可供出售金融资产（应计利息）”账户；按可供出售债券的摊余成本和实际利率计算确定的利息收入，贷记“投资收益”账户；按其差额，借记或贷记“可供出售金融资产（利息调整）”账户。

此部分内容的核算比照持有至到期投资，按实际利率法，采用摊余成本计量。

例 2-37

接例 2-36，假定该债券实际利率为 4%，2014 年 12 月 31 日，该债券的市场价格为 1 000 500 元。假定不考虑交易费用和其他因素。

2014 年 12 月 31 日，反映收到债券利息和投资收益，并确认公允价值变动。

借：银行存款　（1 000 000×6%=）60 000

　　贷：投资收益　（1 035 000×4%=）41 400

　　　　可供出售金融资产——利息调整　（60 000-41 400=）18 600

同时，计算公允价值的变动：1 035 000-18 600-1 000 500=15 900（元）

借：其他综合收益　15 900

　　贷：可供出售金融资产——公允价值变动　15 900

议一议：
可供出售金融资产债券投资期末如何计量？是采用公允价值计量还是摊余成本计量？

2. 可供出售金融资产为股票投资时

可供出售金融资产为股票投资的，可供出售金融资产应按公允价值计量，其公允价值变动计入其他综合收益。可供出售金融资产的公允价值高于其账面余额的差额，借记“可供出售金融资产（公允价值变动）”账户，贷记“其他综合收益”账户；可供出售金融资产的公允价值低于其账面余额的差额作相反的会计分录。

例 2-38

艾丽制衣公司发生以下交易，相关资料如下：

单位：万元

日期	投资类型	交易	公允价值		
			2013 年 3 月 31 日	2013 年 12 月 31 日	2014 年 12 月 31 日
2013 年 3 月 31 日	丙公司普通股（占其股份比例 3%）	购买	300	295	270

艾丽制衣公司打算持有丙公司普通股以实现长期增值和收益。因为艾丽制衣公司的股份比例不足以对丙公司的管理施加重大影响，且艾丽制衣公司持有该股票的时间长短并不确定，因此将对丙公司的股票投资划分为可供出售金融资产。根据企业会计准则，对丙公司的股票投资因公允价值变动产生的利得或损失计入其他综合收益。

2013 年 3 月 31 日，购入丙公司股票时假定另外支付了交易费用 10 000 元。初始确认为可供出售金融资产，应按其公允价值和相关交易费用之和计量。艾丽制衣公司作会计分录如下：

借：可供出售金融资产——成本　3 010 000

　　贷：银行存款　3 010 000

业务单据：
证券交易交割单、银行付款凭证

2013年12月31日对丙公司的股票初始投资成本超过其公允价值。但公司打算继续持有。根据准则，应对可供出售金融资产以公允价值进行后续计量，公允价值变动形成的利得或损失应先计入其他综合收益。因此应将未实现的公允价值变动6万元记入“其他综合收益”账户。

业务单据：证券价值计算表

2013年12月31日，艾丽制衣公司应作如下会计分录：

借：其他综合收益 （3 010 000−2 950 000）60 000

　贷：可供出售金融资产——公允价值变动 60 000

业务单据：证券价值计算表

2014年12月31日，艾丽制衣公司作如下会计分录：

借：其他综合收益 250 000

　贷：可供出售金融资产——公允价值变动 250 000

（三）出售可供出售金融资产

出售可供出售金融资产时，应将取得的价款与该金融资产账面价值之间的差额，计入投资损益；同时，将原直接计入所有者权益的公允价值变动累计额对应处置部分的金额转出，计入投资损益。

出售可供出售的金融资产，应按实际收到的金额，借记“银行存款”等账户；按其账面余额，贷记“可供出售金融资产（成本、公允价值变动、利息调整、应计利息）”账户；按应从所有者权益中转出的公允价值累计变动额，借记或贷记“其他综合收益”账户；按其差额，贷记或借记“投资收益”账户。

例2-39

承例2-38，假设艾丽制衣公司于2015年3月5日将上述划分为可供出售金融资产的股票出售，出售所得价款为360万元，则公司应作如下会计分录：

业务单据：证券交易交割单、收账通知

借：银行存款 3 600 000

　可供出售金融资产——公允价值变动 310 000

　贷：可供出售金融资产——成本 3 010 000

　　其他综合收益 310 000

　　投资收益 590 000

（四）将持有至到期投资重分类为可供出售金融资产

根据《企业会计准则》规定，企业将尚未到期的某项持有至到期投资在本会计年度内重分类为可供出售金融资产，其金额相对于该类投资在重分类前的总额较大时，应当将该类投资的剩余部分重分类为可供出售金融资产，且在本会计年度及以后两个完整的会计年度内不得再将该金融资产划分为持有至到期投资。

将持有至到期投资重分类为可供出售金融资产的，应在重分类日按其公允价值，借记“可供出售金融资产”账户；按其账面余额，贷记“持有至到期投资（成本、利息调整、应计利息）”账户；按其差额，贷记或借记“其他综合收益”账户。已计提减值准备的，还应同时结转减值准备。

第六节　金融资产减值的核算

本节重点与难点：

坏账准备的核算

一、金融资产减值的判断

企业应当在资产负债表日对以公允价值计量且其变动计入当期损益的金融资产以外的金融资产的账面价值进行检查，有客观证据表明该金融资产发生减值的，应当计提减值准备。表明金融资产发生减值的客观证据，是指金融资产初始确认后实际发生的、对该金融资产的预计未来现金流量有影响，且企业能够对该影响进行可靠计量的事项。金融资产发生减值的客观证据，包括下列各项：

（1）发行方或债务人发生严重财务困难；

（2）债务人违反了合同条款，如偿付利息或本金发生违约或逾期等；

（3）债权人出于经济或法律等方面因素的考虑，对发生财务困难的债务人作出让步；

（4）债务人很可能倒闭或进行其他财务重组；

（5）因发行方发生重大财务困难，该金融资产无法在活跃市场继续交易；

（6）无法辨认一组金融资产中的某项资产的现金流量是否已经减少，但根据公开的数据对其进行总体评价后发现，该组金融资产自初始确认以来的预计未来现金流量确已减少且可计量，如该组金融资产的债务人支付能力逐步恶化，或债务人所在国家或地区失业率提高、担保物在其所在地区的价格明显下降、所处行业不景气等；

（7）债务人经营所处的技术、市场、经济或法律环境等发生重大不利变化，使权益工具投资人可能无法收回投资成本；

（8）权益工具投资的公允价值发生严重或非暂时性下跌；

（9）其他表明金融资产发生减值的客观证据。

二、应收款项减值损失的核算

企业的应收款项会由于债务人财务困难等原因而无法收回，这部分无法收回的应收款项成为企业的一项损失，称为坏账。企业因坏账而产生的损失，称为坏账损失。

（一）应收款项减值损失的核算方法

企业对应收款项减值损失的核算，按照现行企业会计准则规定采用备抵法。

备抵法是指采用一定的方法按期（至少每年年末）估计应收款项减值损失，提取坏账准备并转作当期费用。实际发生减值损失时，直接冲减已计提坏账准备，同时转销相应的应收款项余额的一种处理方法。

在备抵法下，因为每期提取的坏账准备只是一个估计数，不可能知道具体哪一笔应收款项不能收回，所以不能直接冲销“应收账款”等账户，需单独设置一个“坏账准备”账户，专门用来反映坏账准备的提取额以及应收款项减值损失的实际情况。

“坏账准备”账户是“应收账款”“应收票据”等账户的抵减调整账户，其贷方登记坏账准备的提取额和已确认并转销的减值损失重新收回的金额；借方登记发生的应收款项减值损失额；余额若在贷方，表示已经提取但尚未转销的坏账准备额，余额若在借方，表示减值损失的发生额大于提取的坏账准备额。

备抵法下有关的会计处理如下：

（1）企业每期估计减值损失，提取坏账准备时，应按计提数，借记“资产减值损失”账户，贷记“坏账准备”账户。

（2）发生坏账时，按实际发生的坏账数额，借记“坏账准备”账户，贷记“应收账款”“应收票据”等账户。

（3）若已确认为坏账的应收款项重新收回时，根据收回的数额，借记“应收账款”“应收票据”等账户，贷记“坏账准备”账户；同时，借记“银行存款”账户，贷记“应收账款”“应收票据”等账户。

对于已确认并转销的应收款项以后又收回的，也可以按照实际收回的金额，借记“银行存款”账户，贷记“坏账准备”账户。

（二）应收款项减值损失的计量

在备抵法下，企业每期期末要进行应收款项减值损失的测试，具体测试方法分为以下两种情况：

1. 单项金额重大的应收款项

对于单项金额重大的应收款项，应当单独进行减值测试。有客观证据表明其发生了减值的，应当根据其未来现金流量现值低于其账面价值的差额，确认减值损失，计提坏账准备。

2. 单项金额非重大的应收款项

对于单项金额非重大的应收款项可以单独进行减值测试，确定减值损失，计提坏账准备；也可以与经单独测试后未减值的应收款项一起按类似信用风险特征划分为若干组合，再按这些应收款项组合在资产负债表日余额的一定比例计算确定减值损失，计提坏账准备。根据应收款项组合余额的一定比例计算确定的坏账准备，应当反映各项目实际发生的减值损失，即各项组合的账面价值超过其未来现金流量现值的金额。

短期应收款项的预计未来现金流量与其现值相差很小的，在确定相关减值损失时，可不对其预计未来现金流量进行折现。

3. 坏账准备计提比例的确定

企业应当根据以前年度与之相同或相类似的、具有类似信用风险特征的应收款项组合的实际损失率为基础，结合现时情况确定本期各项组合计提坏账准备的比例，据此计算本期应计提的坏账准备。

（三）计提坏账准备的方法

企业每期期末，应对每一项应收款项的账面余额进行检查，进行减值测试，如果有客观证据表明发生了减值，则应确认应收款项减值损失，计入当期损益，并计提坏账准备。计提坏账准备时，应注意以下几点：

（1）第一次提取坏账准备时，计提坏账准备的数额，应根据测试的减值金额确定。

（2）第二次计提坏账准备时，会计期末测试的减值损失金额与“坏账准备”账户的余额有差异时，应对“坏账准备”账户的余额进行调整，使调整后的“坏账准备”账户的贷方余额与测试的减值损失金额一致。调整各期“坏账准备”账户的期末余额时，有以下三种情况：

① 调整前的“坏账准备”账户为借方余额，该余额表明本期实际发生的坏账大于上期估计的坏账的差额，这时应以本期估计的坏账加上调整前“坏账准备”账户的借方余额作为计提坏账准备的数额。

② 调整前的“坏账准备”账户为贷方余额，而且该贷方余额小于本期测试的减值损失额，这时应以“坏账准备”账户贷方余额小于本期估计坏账数额的差额作为计提坏账准备的数额。

③ 调整前的“坏账准备”账户为贷方余额，而且该贷方余额大于本期测定的减值金额，这时应以“坏账准备”账户贷方余额大于本期测定的减值金额的差额冲减多计提的坏账准备数额。

企业可选用的应收款项减值损失估计方法有：个别认定法、应收款项余额百分比法、账龄分析法。

1. 应收款项余额百分比法

例 2–40

艾丽制衣公司采用“应收款项余额百分比法”计提坏账准备，坏账准备的提取比例为 5%，具体资料如下：

（1）该企业从 2011 年开始计提坏账准备，该年年末应收账款余额为 200 000 元。

（2）2012 年年末应收账款余额为 240 000 元，2012 年未发生坏账损失。

（3）2013 年 4 月，艾丽制衣公司一客户华生公司陷入财务困境。经确认，该客户原欠艾丽制衣公司货款 15 000 元，认定为坏账损失。

（4）2013 年年末应收账款余额为 220 000 元。

（5）2014 年 6 月，上述已核销的华生公司的坏账又收回 10 000 元。

（6）2014 年年末应收账款余额为 250 000 元。

业务单据：坏账损失计算表

艾丽制衣公司有关会计处理如下：

（1）2011 年年末计算应计提坏账准备金额：200 000 × 5%=10 000（元）。

作会计分录如下：

借：资产减值损失　　10 000

贷：坏账准备 10 000

（2）2012 年年末计算应计提坏账准备金额：240 000×5%-10 000=2 000（元）。

作会计分录如下：

借：资产减值损失 2 000

贷：坏账准备 2 000

（3）2013 年 4 月发生的华生公司应收账款确认为坏账损失时：

借：坏账准备 15 000

贷：应收账款——华生公司 15 000

（4）2013 年年末计算应计提坏账准备金额：220 000×5%-12 000+15 000=14 000（元）。

作会计分录如下：

借：资产减值损失 14 000

贷：坏账准备 14 000

（5）2014 年 6 月收回已核销的坏账时：

借：应收账款——华生公司 10 000

贷：坏账准备 10 000

同时，

借：银行存款 10 000

贷：应收账款——华生公司 10 000

（6）2014 年年末计算应计提坏账准备金额：250 000×5%-（11 000+10 000）=-8 500（元）。

作会计分录如下：

借：坏账准备 8 500

贷：资产减值损失 8 500

注：2014 年年末坏账准备实际计提数是负数，应作冲销分录。

2. 账龄分析法

账龄分析法是根据应收款项账龄的长短，来确定减值损失金额的一种方法。账龄是指客户所欠账款超过结算期的时间。虽然应收款项能否回收的程度与账龄长短并无直接关系，但从一般意义上讲，账龄越长，账款收不回的可能性越大。

采用账龄分析法，一般是列出“应收款项账龄分析表”，将所有应收款项按账龄的长短分段排列，然后分段确定坏账损失比例，分段估算坏账损失，把各段估算出来的坏账损失相加后即确定为本期应估计的坏账损失总额和坏账准备金额。

下面举例说明账龄分析法的应用。

例 2-41

艾丽制衣公司通过分析 2014 年 12 月 31 日各客户的应收账款和预收账款明细账，编制“应收款项账龄分析表”，见表 2-3。

表 2-3　　　应收款项账龄分析表

2014 年 12 月 31 日　　　单位：元

顾客名称	账面余额	未到期	拖欠情况（天）					
			1～30	31～60	61～90	91～120	121～180	破产或追诉中
A	30 000	20 000	10 000					
B	34 700	34 700						
C	11 000			6 000	5 000			
D	58 000	8 000				50 000		
E	10 600					4 000	6 600	
F	5 700							5 700
合计	150 000	62 700	10 000	6 000	5 000	54 000	6 600	5 700

根据历史资料和有关变化条件，为上述各账龄区间分别估计坏账比例，然后编制“坏账损失估计表”，见表 2-4。

表 2-4　　　坏账损失估计表

2014 年 12 月 31 日　　　金额单位：元

拖欠情况	应收账款金额	估计坏账损失率	估计坏账损失金额
未到期	62 700	0.5%	313.50
过期 1～30 天	10 000	1%	100
过期 31～60 天	6 000	2%	120
过期 61～90 天	5 000	5%	250
过期 91～120 天	54 000	10%	5 400
过期 121～180 天	6 600	25%	1 650
破产或追诉中	5 700	60%	3 420
合计	150 000	—	11 253.50

表 2-4 中，11 253.50 元即为应收款项 15 万元估计的坏账损失总额。如果该企业是首次估计坏账损失，那么本期应提取的坏账准备为 11 253.50 元。如果是连续提取，各期估计的坏账损失应同账面原有的坏账准备进行比较，如有差异应进行调整，使估计的坏账损失数额与“坏账准备”账户余额一致。

应收账款账龄分析法具有简便、实用的优点。由于考虑了账龄因素，因而计算结果比较合理，能够直接体现应收款项的预计可实现价值。

三、持有至到期投资减值的核算

企业应当在资产负债表日对持有至到期投资的账面价值进行检查，有客观证据表明该金融资产发生减值的，应当计提减值准备。持有至到期投资发生减值时，应当将该持有至到期投资的账面价值减记至预计未来现金流量现值，并将减记的金额确认为资产减值损失，计入当期损益，借记“资产减值损失”账户，贷记“持有至到期投资减值准备”账户。预计未来现金流量现值，可以按照该持有至到期投资初始确定的实际利率折现，也可以采用合同规定的现行实际利率折现计算。

持有至到期投资确认减值损失后，如有客观证据表明该金融资产价值得以恢复，且客观上与确认该损失后发生的事项有关，原确认的减值损失应当予以转回，计入当期损益。但是，该转回后的账面价值不应超过假定不计提减值准备情况下的该持有至到期投资在转回日的摊余成本。

四、可供出售金融资产减值的核算

企业应当在资产负债表日对可供出售金融资产的账面价值进行检查，有客观证据表明该金融资产发生减值的，应当进行会计核算。可供出售金融资产发生减值的，企业可以设置“可供出售金融资产减值准备”账户；也可以不设置该账户，而将其减值损失通过“可供出售金融资产——公允价值变动”账户来核算。

分析判断可供出售金融资产是否发生减值，应当注重该金融资产公允价值是否持续下降。通常情况下，如果可供出售金融资产的公允价值发生较大幅度下降，或在综合考虑各种相关因素后，预期这种下降趋势属于非暂时性的，可以认定该可供出售金融资产已发生减值，应当确认减值损失。确定可供出售金融资产发生减值的，按应减记的金额，借记“资产减值损失”账户；按应从所有者权益中转出原计入其他综合收益的累计损失金额，贷记“其他综合收益”账户；按其差额，贷记“可供出售金融资产（公允价值变动）”账户。

对于已确认减值损失的可供出售金融资产，在随后会计期间内公允价值已上升且客观上与确认原减值损失事项有关的，应按原确认的减值损失，借记“可供出售金融资产（公允价值变动）”账户，贷记“资产减值损失”账户；但可供出售金融资产为股票等权益工具投资的（不含在活跃市场上没有报价、公允价值不能可靠计量的权益工具投资），借记“可供出售金融资产（公允价值变动）”账户，贷记“其他综合收益”账户。

例 2-42

业务单据：
公司会议决议、资产减值计算表

艾丽制衣公司持有凯盛公司一项股票投资，公司将其划分为可供出售金融资产，该股票投资近年来连续发生减值，2014 年 12 月 31 日的账面价值为 15 万元，公允价值为 12 万元，艾丽制衣公司判断该股票投资发生了非暂时性损失，减值损失为 3 万元，原计入资本公积的累计损失为 5 000 元。公司应作如下会计分录：

借：资产减值损失　　35 000
　贷：其他综合收益　　5 000
　　可供出售金融资产——公允价值变动　　30 000

习题试题：
金融资产的核算

第三章

存货的核算

本章知识点

存货的内容　存货的确认　可变现净值　材料实际成本　材料计划成本
材料成本差异　周转材料　一次摊销法　存货盘盈　存货盘亏

本章技能点

原材料实际成本计价的核算　原材料计划成本计价的核算
材料成本差异率的计算　材料成本差异的分摊　材料成本差异的结转
周转材料的核算　存货清查的核算

本章知识导图

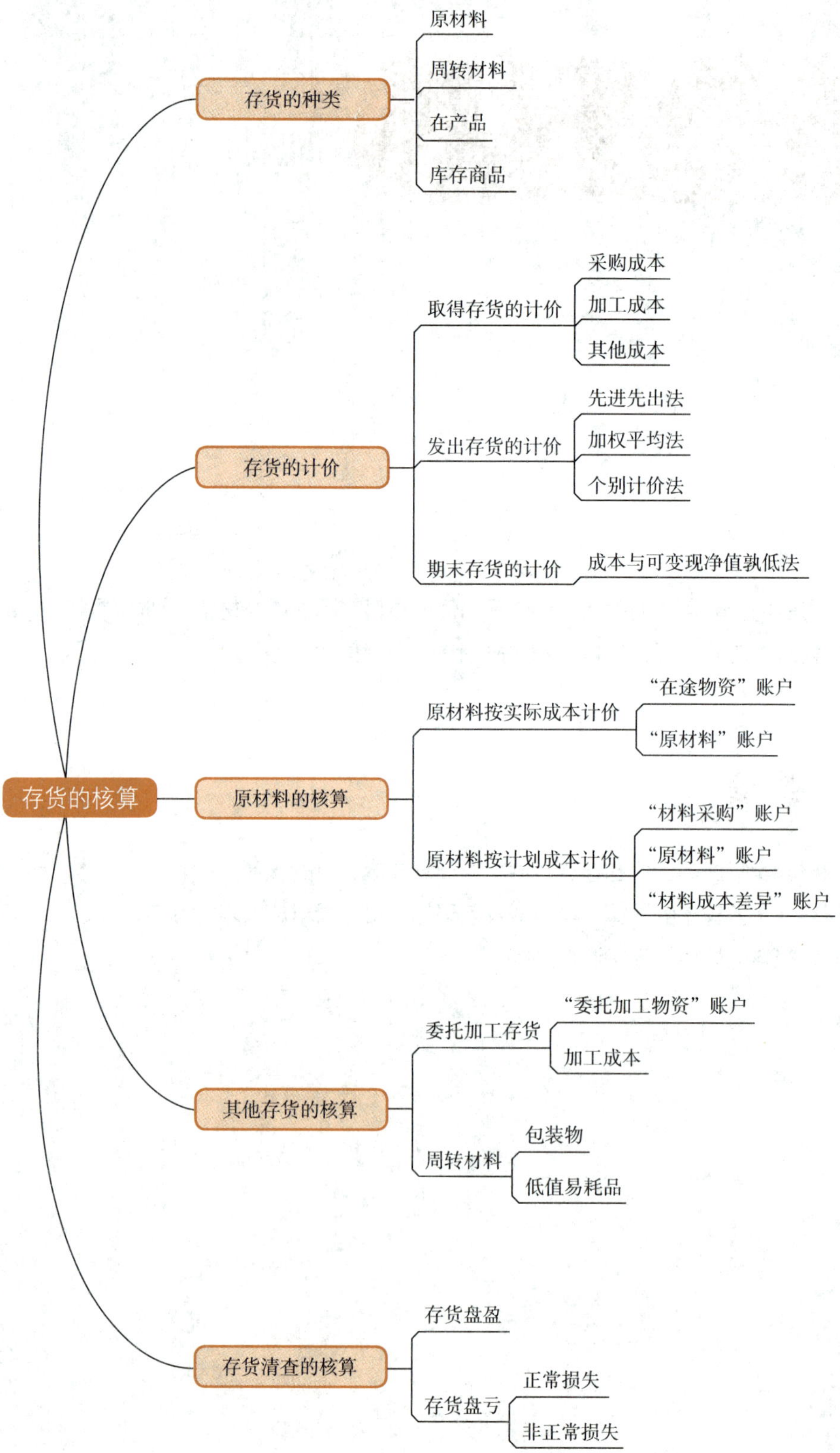
存货的核算
存货的种类
原材料
周转材料
在产品
库存商品
存货的计价
取得存货的计价
采购成本
加工成本
其他成本
发出存货的计价
先进先出法
加权平均法
个别计价法
期末存货的计价
成本与可变现净值孰低法
原材料的核算
原材料按实际成本计价
“在途物资”账户
“原材料”账户
原材料按计划成本计价
“材料采购”账户
“原材料”账户
“材料成本差异”账户
其他存货的核算
委托加工存货
“委托加工物资”账户
加工成本
周转材料
包装物
低值易耗品
存货清查的核算
存货盘盈
存货盘亏
正常损失
非正常损失

引　例

艾丽制衣公司是一家生产男女各式服装等产品的制衣公司。为了生产、销售各式服装，公司采购了大量为生产服装所需要的各种规格、型号、质地、种类的布料等原材料，衬布、丝带、拉链、纽扣等辅助材料，包装盒、包装袋等包装物和造型模具等价值低、容易损耗的各式模具、工具和用具等；同时，为适应市场的需要还生产出大量的各式应季服装产品。为了保证服装产品生产销售的顺利进行，艾丽制衣公司应如何对不同质地规格的布料、辅料，不同用途的工具、用具及不同型号的产品入库、出库、库存、盘点等情况进行系统的分类、计价、核算和监督，才能满足企业管理及其他相关管理的需求？

艾丽制衣公司为了生产和销售而储存的上述布料、辅料、包装物、一般工具/用具、产品等在会计上称为“存货”。由于存货种类繁多，并且性质、用途不尽相同，管理上需要分类进行储存核算才能满足生产、销售的需要。因此，会计人员为了对不同类别的存货进行核算和监督，必须理解存货的含义和分类，了解存货在取得、发出和结存各环节的不同计价方法及成本计算，理解并掌握存货在不同管理特点下的不同计价核算方法以及盘点存货出现账实不符的会计处理方法，同时理解存货核算对于计算和报告企业的经营成果和财务状况所产生的影响。正确核算存货，是企业正确计量资产损益的前提。

第一节　存货概述

本节重点与难点：

存货的确认

一、存货的概念

存货是指企业在日常活动中持有以备出售的产成品或商品、处在生产过程中的在产品、在生产过程或提供劳务过程中耗用的材料和物料等。企业的存货通常包括各类材料、包装物、低值易耗品、委托加工物资、商品、在产品、半成品、产成品以及委托代销商品等。如艾丽制衣公司储存的准备出售的服装产品，处在生产过程中的未完工的上衣、裤子等在产品，各种准备耗用的布料、布衬、拉链、纽扣、服装定型模版、裁剪用具等均是该公司的存货。

存货是制造业等各类企业资产的一个重要组成项目，企业没有存货就无法经营。由于存货在企业生产经营过程中，不断处于销售、耗用和重置之中，所以正常经营状态下存货储存时间也不会很长，一般情况下，企业存货大多在一年之内被出售或者被消耗，因此存货属于流动资产。在大多数企业中，存货在流动资产中占有很大比重，是流动资产的重要组成部分。

请注意：
企业为建造固定资产等各项工程而储备的各种材料，虽然同属于材料，但是用于建造固定资产等各项工程，其价值分次进行转移，并不符合存货的定义，因此不能作为企业的存货进行核算。

二、存货确认的条件

符合存货定义的资产项目，要在资产负债表中作为存货予以确认，还必须符合以下确认条件：

（一）该存货包含的经济利益很可能流入企业

资产最重要的特征是预期会给企业带来经济利益。如果某一项目预期不能给企业带来经济利益，就不能确认为企业的资产。存货是企业的一项重要的流动资产，因此，对存货的确认，关键是要判断是否很可能给企业带来经济利益或所包含的经济利益是否很可能流入企业。通常，存货的所有权是存货包含的经济利益很可能流入企业的一个重要标志。凡是盘存日所有权已属于企业，无论企业是否收到或持有该存货项目，均应作为企业的存货；反之，如果在盘存日没有取得所有权，即使存放在企业，也不能作为本企业的存货。例如，艾丽制衣公司根据销售合同已经售出的服装，所有权已经转移给购货方，即使该服装尚未离开艾丽制衣公司，因其所含经济利益已不能够流入艾丽制衣公司，因而不能再作为该公司的存货核算。总之，企业在判断存货所含经济利益能否流入企业时，通常应考虑该项存货所有权的归属。

议一议：
购进在途存货、展览会上的存货、委托代销商品、租入的一般工具材料、出租的包装物材料是否确认为企业的存货？

（二）该存货的成本能够可靠地计量

成本能够可靠地计量是资产确认的一项基本条件。存货作为企业资产的组成部分，要予以确认也必须能够对其成本进行可靠的计量。存货的成本能够可靠地计量必须以取得确凿、可靠的证据为依据，并且具有可验证性。如果存货成本不能可靠地计量，则不能确认为存货。

典型案例：
美国法尔莫公司存货造假对我们的启示

三、存货的内容

由于存货的种类很多，并且不同存货的特点和管理要求各不相同。因此，为了反映存货的组成内容，做好存货的核算工作，加强存货管理，提供有用的会计信息，需要对存货按照性质、经济用途的不同进行适当的分类。存货按内容分为以下八类。

（一）原材料

原材料，是指企业在生产过程中经加工改变其形态或性质并构成产品主要实体的各种原料及主要材料、辅助材料、燃料、修理用备件（备品备件）、包装材料、外购半成品（外购件）等。

（二）在产品

在产品，是指企业正在制造尚未完工的生产物，包括正在各个生产工序加工的产品和已加工完毕但尚未检验或已检验但尚未办理入库手续的产品。

（三）半成品

半成品，是指经过一定生产过程并已检验合格交付半成品仓库保管，但尚未制造完工成为产成品，仍需进一步加工的中间产品。

请注意：企业接收来料加工制造的代制品和为外单位加工修理的代修品，制造和修理完成验收入库后，应视同企业的产成品。

（四）产成品

产成品，是指工业企业已经完成全部生产过程并已验收入库，可以按照合同规定的条件送交订货单位，或者可以作为商品对外销售的产品。

（五）商品

商品，是指商品流通企业外购或委托加工完成验收入库用于销售的各种商品。

（六）包装物

包装物，是指为了包装本企业的商品而储备的各种包装容器，如桶、箱、瓶、坛、袋等，其主要作用是盛装、装潢产品或商品。

请注意：包装物和低值易耗品构成了企业的周转材料。周转材料是指企业能够多次使用，不符合固定资产定义，逐渐转移其价值但仍保持原有形态，不确认为固定资产的材料。

（七）低值易耗品

低值易耗品，是指不能作为固定资产核算的各种用具物品，如工具、管理用具、玻璃器皿、劳动保护用品以及在经营过程中周转使用的容器等。其特点是单位价值较低，或使用期限相对于固定资产较短，在使用过程中保持其原有实物形态基本不变。

（八）委托代销商品

委托代销商品，是指企业委托其他单位代销的商品。

第二节　存货的计价

本节重点与难点：外购存货成本构成、发出存货成本计价方法、期末存货计价方法

一、存货取得的计价

存货应当按照成本进行初始计量，即以其取得成本入账。存货成本包括采购成本、加工成本和其他成本。不同类别的存货，其成本构成内容不同。原材料、商品、低值易耗品等通过购买而取得的存货，其成本由采购成本构成；产成品、在产品、半成品、委托加工物资等通过进一步加工而取得的存货，其成本由采购成本、加工成本以及使存货达到目前场所和状态所发生的其他成本构成。

（一）外购存货的计价

外购的存货，其成本由采购成本构成。存货的采购成本包括购买价款、相关税费、运输费、装卸费、保险费以及其他可直接归属于存货采购的费用。具

请注意：
商品流通企业在采购商品过程中发生的运输费、装卸费、保险费以及其他可归属于商品采购成本的进货费用等，应当计入商品采购成本，也可以先进行归集，期末根据所购商品的存销情况进行分摊。对于已售商品的进货费用，计入当期损益；对于未售商品的进货费用，计入期末存货成本。若企业采购商品的进货费用金额较小，也可以在发生时直接计入当期损益。

体包括：

（1）购买价款，是指企业购入的材料或商品的发票账单上列明的价款，但不包括按规定可以抵扣的增值税税额。

（2）运杂费，包括运输费、装卸费、保险费、包装费、仓储费等，但不包括按规定可以抵扣的增值税税额。

（3）运输途中的合理损耗，是指商品在运输过程中，因商品性质、自然条件及技术设备等因素，所发生的自然或不可避免的零星、撒落、溢渗、漏失、飞扬、磅差、水分减量、挥发等损耗，其金额计入验收入库存货的采购成本中，由入库存货承担，相应地提高了入库存货的单位成本。

（4）入库前的挑选整理费用，主要包括挑选整理中发生的工、费支出和必要的损耗，并扣除回收的下脚废料价值。

（5）相关税费，是指企业购买存货发生的进口关税、消费税、资源税和不能抵扣的增值税进项税额以及相应的教育费附加等应计入存货采购成本的税费。

上述第（1）项应当直接计入外购存货的实际成本，第（2）、（3）、（4）、（5）项，凡是能够分清的，可以直接计入各种外购存货的实际成本，不能分清的，应当按照存货的买价或重量等比例，分摊计入各种存货的采购成本。

请注意：
为特定客户设计产品所发生的、可直接确定的设计费用应计入存货的成本；除此之外，企业发生的产品设计费用应计入当期损益。

（二）自制存货的计价

自制的存货，其成本由采购成本、加工成本以及使存货达到目前场所和状态发生的其他成本构成。

（1）加工成本，是指在存货加工过程中发生的追加费用，包括直接人工以及按照一定方法分配的制造费用。

（2）其他成本，是指除采购成本、加工成本以外的，使存货达到目前场所和状态所发生的其他支出。

请注意：
企业发生的下列费用应当在发生时确认为当期损益，不计入存货成本：一是非正常消耗的直接材料、直接人工和制造费用；二是仓储费用（不包括在生产过程中为达到下一个生产阶段所必需的费用）；三是不能归属于使存货达到目前场所和状态的其他支出。

（三）委托外单位加工完成存货的计价

委托外单位加工完成的存货成本，包括实际耗用的原材料或者半成品、加工费、装卸费、保险费、委托加工的往返运输费等费用（不包括可以抵扣的增值税）以及按规定应计入成本的税费。

（四）投资者投入存货的计价

投资者投入的存货成本，应当按照投资合同或协议约定的价值确定，但合同或协议约定价值不公允的除外。

（五）盘盈存货的计价

盘盈的存货成本，按照该存货的公允价值确定。

企业接受的债务人以非现金资产抵偿债务方式取得的存货以及通过非货币性资产交换换入的存货的成本在本教材相关章节中介绍。

二、存货发出的计价

日常工作中，企业发出的存货，可以按实际成本核算，也可以按计划成本或售价核算。如采用计划成本或售价核算，会计期末应调整为按实际成本核算。这里主要介绍发出存货按实际成本核算的计价方法。

发出存货按实际成本核算的计价方法包括先进先出法、加权平均法和个别计价法，商品流通企业还可以采用毛利率法。企业应当根据各类存货的实物流转方式、企业管理的要求、存货的性质等实际情况，合理地选择、确定发出存货成本的计价方法，以及当期发出存货的实际成本。对于性质和用途相似的存货，应当采用相同的成本计算方法确定发出存货的成本。

（一）先进先出法

先进先出法是以先购入的存货应先发出（销售或耗用）这样一种存货实物流动假设为前提，对发出存货进行计价的方法。采用这种计价方法，先购入的存货成本在后购入存货成本之前转出，据此确定发出存货和期末存货的成本。

采用这种计价方法，收入存货时要逐笔登记每一批存货的数量、单价和金额；发出存货时，按照先进先出的原则确定单价，逐笔登记存货的发出金额和结存金额。具体做法是：先按第一批入库存货的单价计算发出存货的成本，领发完毕后再按第二批入库存货的单价计算，以此类推。若领发的存货属于前后两批入库的，单价又不相同，就分别用两个单价计算。

例 3-1

艾丽制衣公司羊毛存货按实际成本核算，2014 年 7 月羊毛存货购入、领用、结存资料如表 3-1 所示。

表 3-1 存货明细账

计价单位：元
计量单位：千克
最高存量：
最低存量：

存货类别：
存货编号：
存货名称及规格：羊毛

2014 年		凭证	摘要	收入			发出			结存		
月	日	编号		数量	单价	金额	数量	单价	金额	数量	单价	金额
7	1	（略）	期初余额							400	800	320 000
	10		购入	100	820	82 000				500		
	11		发出				410			90		
	18		购入	100	900	90 000				190		
	20		发出				80			110		
	23		购入	150	920	138 000				260		
	31		本月发生额及月末余额	350		310 000	490			260		

7 月 11 日发出羊毛的实际成本：800×400+820×10=328 200（元）

7 月 20 日发出羊毛的实际成本：820×80=65 600（元）

7 月发出羊毛的实际成本：328 200+65 600=393 800（元）

7 月末结存羊毛的实际成本：320 000+310 000−393 800=236 200（元）

典型案例：
郑百文公司任意改变存货计价方法对财务信息产生的影响

采用先进先出法，可以在每次收、发存货的同时结转成本，存货核算可分散在日常进行，从而减少月末核算工作量，有利于核算工作的均衡，同时，期末存货成本较接近现行的市场价值，企业不能随意挑选存货计价以调整当期利润。但是，在存货收发业务较频繁且单价经常变动的情况下，企业存货计价的工作量较大。另外，当物价上涨时，会高估企业当期利润；反之，会低估企业当期利润。一般而言，经营活动受存货形态影响较大或存货容易腐烂变质的企业可采用先进先出法。

（二）加权平均法

在企业实务中，加权平均法包括全月一次加权平均法和移动加权平均法两种。

1. 全月一次加权平均法

全月一次加权平均法，是指以月初存货数量加上本月全部进货数量作为权数，去除月初存货成本加上本月全部进货成本，计算出存货的加权平均单位成本，以此为基础计算本月发出存货的实际成本和期末存货成本的一种方法。具体计算方法如下：

$$\text{存货加权平均单位成本}=\frac{\text{月初库存存货的实际成本}+\sum\text{本月各批存货的实际单位成本}\times\text{本月各批存货的进货数量}}{\text{月初库存存货数量}+\text{本月各批进货数量之和}}$$

本月发出存货的成本＝本月发出存货的数量×存货加权平均单位成本

本月月末库存存货成本＝月末库存存货的数量×存货加权平均单位成本

如果计算出的加权平均单价不是整数，就要将小数点后数字四舍五入，为了保持账面数字之间的平衡关系，可以采用倒挤成本法计算发出存货的成本，即：

本月月末库存存货成本＝月末库存存货的数量×存货加权平均单位成本

本月发出存货成本＝月初库存存货成本＋本月收入存货成本－月末库存存货成本

以例 3-1 艾丽制衣公司羊毛存货明细账为例，采用全月一次加权平均法计算 7 月羊毛成本如下：

$$\text{7 月羊毛存货的加权平均单价}=\frac{320\ 000+310\ 000}{400+350}=840\text{（元/千克）}$$

本月发出羊毛成本 =840×490=411 600（元）

月末库存羊毛成本 =840×260=218 400（元）

采用全月一次加权平均法，只在月末一次计算加权平均单价，平时工作量不大，计算方法较简单；在物价上涨或下跌时，对存货成本的分摊较为折中；企业不能任意挑选进货成本以调整当期利润。但是，这种方法只有在期末才能计算出加权平均单价，从而确定发出存货成本和结存存货成本，平时无法从账上提供发出和结存存货的单价和金额，不利于对存货加强日常管理；而且，期末核算工作量较大。因此，这种方法只适用于存货品种较少，而且前后收入存货单位成本相差较大的企业采用。

2. 移动加权平均法

移动加权平均法是指以本次进货的成本加上原有库存存货的成本，除以本次进货数量加上原有库存存货的数量，据以计算加权平均单位成本，作为计算发出存货成本依据的一种方法。具体计算方法如下：

$$\text{存货加权平均单位成本}=\frac{\text{原有库存存货的实际成本}+\text{本次进货的实际成本}}{\text{原有库存存货的数量}+\text{本次进货的数量}}$$

本次发出存货的成本＝本次发出存货的数量 × 本次发出存货前存货的加权平均单位成本

月末库存存货成本＝月末库存存货数量 × 本月月末存货加权平均单位成本

仍以例 3-1 艾丽制衣公司羊毛存货明细账为例，采用移动加权平均法计算 7 月该羊毛成本如下：

第一批收入羊毛后的加权平均单价 =（320 000+82 000）/（400+100）
=804（元 / 千克）

第一批发出羊毛的实际成本 =804×410=329 640（元）

第一批羊毛发出后结存羊毛的实际成本 =804×90=72 360（元）

第二批收入羊毛后的加权平均单价 =（72 360+90 000）/（90+100）
=854.53（元 / 千克）

第二批发出羊毛的实际成本 =854.53×80=68 362.4（元）

第二批羊毛发出后结存羊毛的实际成本 =854.53×110=93 998.3（元）

第三批收入羊毛后的加权平均单价 =（93 998.3+138 000）/（110+150）
=892.30（元 / 千克）

本月发出羊毛的实际成本 =329 640+68 362.4=398 002.4（元）

月末结存羊毛的实际成本 =892.30×260 =231 998（元）

移动加权平均法的优点在于存货发出时，可以随时转账，便于加强存货的日常管理；大量核算工作分散在平时进行，减轻了月末工作；而且计算结果较客观，企业也不能任意挑选存货计价以调整当前利润。但是，由于每次收入存货都要重新计算一次加权平均单价，所以计算工作量较大。

（三）个别计价法

个别计价法，也称个别认定法、具体辨认法、分批实际法，采用这一方法是假定存货具体项目的实物流转与成本流转相一致，按照各种存货逐一辨认各批发出存货和期末存货所属的购进批别或生产批别，分别按其购入或生产时所确定的单位生产成本作为计算各批发出存货和期末存货的成本。

议一议：

存货发出计价法的选择对财务报表的影响表现在哪些方面？结合例 3-1，如果你是公司总经理，决定当年发行新股，为了吸引投资者，你会采取何种存货发出的计价方法？

采用这种方法所确定的发出存货成本符合实际情况，期末结存存货成本的计算较为真实，而且可以随时结转成本。但是，采用这种方法要求具备必要的条件：存货项目必须是可以辨别认定的；必须有详细的记录，据以了解每一个别存货或每批存货项目的收入、发出、结存情况。因而，实务操作的工作量繁重，困难较大。

个别计价法适用于容易识别、存货品种数量不多、单位成本较高的存货，如房产、船舶、飞机、重型设备、珠宝、名画等贵重物品；能够分清批次、整批进整批出的存货也可以采用这种方法；对于不能替代使用的存货、为特定项目专门购入或制造的存货以及提供的劳务费，通常采用个别计价法确定发出存货的成本。

（四）毛利率法

对于商品流通企业，发出商品存货的计价方法除以上计价方法外，还可以采用毛利率法，即根据估计的毛利率和本期实际销售额匡算出本期销售毛利，并据以计算发出商品成本和期末商品成本的方法。毛利率可根据上期实际、本期计划或近期实际销售额和利润进行估计。有关计算公式为：

商品销售毛利 = 商品销售净额 × 毛利率

商品销售成本 = 商品销售净额 − 商品销售毛利

期末商品成本 = 期初商品成本 + 本期购进成本 − 本期销售成本

其中：

商品销售净额 = 商品销售收入 − 销售折让

毛利率法是商品流通企业，尤其是商品批发流通企业常用的计算本期和期末库存商品成本的方法。

例 3-2

艾丽制衣公司 2014 年 7 月 1 日棉布类商品库存 24 万元，本月购进 86 万元，本月销售收入 125 万元，发生的销售折让 6.25 万元。上月该类商品的毛利率为 20%。

本月销售净额 =1 250 000−62 500=1 187 500（元）

本月销售毛利 =1 187 500×20%=237 500（元）

本月销售成本 =1 187 500−237 500=950 000（元）

由于毛利率本身是估计的，且通常按商品大类计算，所以其计算结果往往不准确，为此，一般应在每季度末用前述存货发出计价的其他方法进行调整。

三、期末存货的计价

存货的初始计量虽然以成本入账，但存货进入企业后可能发生毁损、陈旧或价格下跌，因此，在会计期末，存货的价值并不一定按成本记录，而是应按成本与可变现净值孰低计量。

（一）成本与可变现净值孰低法

成本与可变现净值孰低法，是指期末存货按照成本与可变现净值两者之中较低者计价的方法，即当成本低于可变现净值时，期末存货按成本计价；当成本高于可变现净值时，期末存货按可变现净值计价。

这里所指的成本是指期末存货的实际成本。如企业在存货成本的日常核算中采用计划成本法、售价金额核算法等简化核算方法，则成本应为调整后的实际成本。

想一想： 期末对存货采用成本与可变现净值孰低法计价体现了会计核算的什么信息质量要求？

（二）存货可变现净值的确定

可变现净值是指日常活动中，存货的估计售价减去至完工时估计将要发生的成本、估计的销售费用以及相关税费后的金额。具体确定方法如下：

（1）产成品、商品和用于出售的原材料等直接用于出售的存货，其可变现净值根据在日常活动中，以存货的估计售价减去估计的销售费用和相关税费后的金额确定。

为执行销售合同或者劳务合同而持有的存货，其可变现净值应当以合同价格为基础。企业持有存货的数量多于销售合同订购数量的，超出部分的存货的可变现净值应当以一般销售价格为基础计算。

例 3-3

2014 年 7 月 31 日，艾丽制衣公司男士西装商品的账面成本为 100 万元，估计售价为 80 万元，估计的销售费用及相关税金为 2 万元，则该月月末男士西装商品的价值为：

男士西装商品可变现净值 = 男士西装的估计售价 − 估计的销售费用及相关税费 =800 000−20 000=780 000（元）

男士西装商品的账面成本为 100 万元，由于 7 月末男士西装商品的可变现净值低于其账面成本，所以，该月月末男士西装商品应以可变现净值 78 万元计量。

请注意： 会计期末，运用成本与可变现净值孰低原则对商品存货进行计量，在确定商品存货的可变现净值时，不存在"至完工估计将要发生的成本"的问题，而是直接以估计售价减去估计的销售费用和相关税费后的金额确定。

（2）用于生产的材料、在产品或自制半成品等需要加工的存货，其可变现净值根据在日常活动中，以存货的估计售价减去至完工时估计将要发生的成本、估计的销售费用以及相关税费后的金额确定。

如果属于按订单生产，则应按协议价而不是估计售价确定可变现净值。

具体来说，对于用于生产而持有的材料等存货，按以下原则处理：

第一，对于用于生产而持有的材料等存货，如果用其生产的产成品的可变现净值预计高于成本，则该材料等存货应当按照成本计量。

例 3-4

2014 年 7 月 31 日，艾丽制衣公司氨纶布料的账面实际成本为 35 万元，市场购买价格为 30 万元，假设不发生其他购买费用；用氨纶布料生产的连衣裙的可变现净值高于成本。确定 2014 年 7 月 31 日氨纶布料价值的过程如下：

根据上述资料可知，2014 年 7 月 31 日氨纶布料的账面实际成本高于其市场价格，但是由于用其生产的产成品连衣裙的可变现净值高于其成本，也就是用该布料生产的最终产品此时并没有发生价值减损，因而，在这种情况下，即使氨纶布料账面实际成本已高于市场价格，在 2014 年 7 月 31 日仍应按 35 万元计量氨纶布料。

第二，对于用于生产而持有的材料，如果材料价格的下降等原因表明产成品的可变现净值低于成本，则该材料应当按可变现净值计量。

例 3-5

2014 年 7 月 31 日，艾丽制衣公司涤棉面料的账面实际成本为 11 万元，市场购买价格为 10 万元，假设不发生其他购买费用；由于涤棉价格下降，市场上用涤棉面料生产的睡衣的售价也由 29 万元下降为 26 万元，将涤棉加工成睡衣尚需投入 16 万元，估计销售费用及税费为 1 万元。则确定 2014 年 7 月 31 日涤棉面料的价值为：

第一步，计算用涤棉面料生产的睡衣的可变现净值：

睡衣的可变现净值 = 睡衣估计售价 − 估计销售费用及税费

=260 000−10 000=250 000（元）

第二步，将用涤棉生产的睡衣可变现净值与其成本进行比较：

睡衣的可变现净值为 25 万元，低于其成本 27 万元，即涤棉价格的下降表明睡衣的可变现净值低于成本，因此涤棉应当按可变现净值计量。

第三步，计算涤棉的可变现净值，并确定其期末价值：

涤棉的可变现净值 = 睡衣的售价金额 − 将涤棉加工成睡衣尚需投入的成本 − 估计销售费用及税费

=260 000−160 000−10 000

=90 000（元）

涤棉的可变现净值为 9 万元，低于其成本 11 万元，因此，2014 年 7 月 31 日涤棉的价值应为其可变现净值 9 万元。

请注意： 会计期末，在运用成本与可变现净值孰低原则对材料存货进行计量时，需要考虑材料的用途：对用于生产而持有的材料等，则应当将其与所生产的产成品的期末价值减损情况联系起来；对用于出售的材料等，则只需要将材料的成本与根据材料本身的估计售价确定的可变现净值相比即可。

（三）存货跌价准备的核算

当有迹象表明存货发生减值时，企业应于期末计算存货的可变现净值，并将可变现净值低于成本的金额通过设置“存货跌价准备”账户反映。该账户贷方反映计提或补提的存货跌价准备；借方反映转回或结转的存货跌价准备；若有余额，通常在贷方，反映期末结存存货成本高于其可变现净值的金额。

计提或补提存货跌价准备时，借记“资产减值损失”账户，贷记“存货跌价准备”账户；企业应在每一会计期末，比较成本与可变现净值并计算出应计提的存货跌价准备，再与已提数进行比较。若应提数大于已提数，应予补提；反之，应将已提数大于应提数之间的差额冲销已提数。当以前减记存货价值的影响因素已经消失，使得已计提跌价准备的存货的价值又得以恢复的，其冲减的跌价准备金额，应以“存货跌价准备”账户的余额为限冲减至零。对于已售存货，应当将其成本结转为当期损益，相应的存货跌价准备也应当予以结转。

例 3-6

艾丽制衣公司从 2011 年开始采用成本与可变现净值孰低法对存货进行期末计价。有关衬衣商品的各年资料如表 3-2 所示。

表 3-2　存货（衬衣）年末计价表

单位：元

项目＼年份	2011 年年末	2012 年年末	2013 年年末	2014 年年末
账面实际成本	30 000	38 000	22 000	35 000
可变现净值	25 000	30 000	20 000	36 000
存货跌价准备	5 000	8 000	2 000	0

审核：　　制单：

则艾丽制衣公司根据表 3-2 存货（衬衣）年末计价表作会计分录如下：

2011 年年末，计提衬衣商品的存货跌价准备为：

30 000-25 000=5 000（元）

借：资产减值损失——存货　　5 000

　　贷：存货跌价准备——衬衣　　5 000

2012 年年末，补提衬衣商品的存货跌价准备为：

38 000-30 000-5 000=3 000（元）

借：资产减值损失——存货　　3 000

　　贷：存货跌价准备——衬衣　　3 000

2013 年年末，转回已计提的衬衣商品的存货跌价准备为：

（5 000+3 000）-（22 000-20 000）=6 000（元）

借：存货跌价准备——衬衣　　6 000

　　贷：资产减值损失——存货　　6 000

2014 年年末，转回已不存在跌价的衬衣商品的存货跌价准备为：

（5 000+3 000）-6 000=2 000（元）

借：存货跌价准备——衬衣　　2 000

　　贷：资产减值损失——存货　　2 000

业务单据：
存货年末计价表

请注意：
企业通常应当按照单个存货项目计提存货跌价准备。对于数量繁多、单价较低的存货，可以按照存货类别计提存货跌价准备。与在同一地区生产和销售的产品系列相关、具有相同或类似最终用途或目的，且难以与其他项目分开计量的存货，可以合并计提存货跌价准备。

第三节　原材料按实际成本计价的核算

本节重点与难点：
原材料按计划成本计价的核算

一、账户设置

原材料按实际成本计价的收发核算，是指每种材料的收发与结存，不论是总分类核算，还是明细分类核算，都要按实际单位成本进行计价。

账证表：
原材料、在途物资总账、明细账

（一）“原材料”账户

该账户属于资产类账户，用以核算企业库存各种原材料的实际成本。其借方登记外购、自制、委托外单位加工完成、盘盈等原因增加的原材料的实际成本；贷方登记领用、发出加工、对外销售、盘亏等原因减少的原材料实际成本；期末借方余额反映库存原材料的实际成本。该账户应按材料的保管地点、类别、品种和规格设置材料明细账（或材料卡片）。原材料明细账根据收料凭证和发料凭证逐笔登记。

（二）“在途物资”账户

该账户属于资产类账户，用以核算企业采用实际成本进行材料等物资日常核算、价款已付尚未验收入库的在途物资的采购成本。该账户借方登记购入在途物资的实际成本；贷方登记验收入库在途物资的实际成本；期末借方余额反映购入但尚未到达或尚未验收入库的在途物资的实际成本。该账户按照供应单位和物资品种设置明细账，进行明细分类核算。

二、原材料购进的核算

（一）一般购进原材料的核算

对于企业购进的原材料，由于材料采购地点和结算方式的不同，材料入库时间和货款支付时间不一定相同，存在以下几种情况：

动画：
材料购进付款流程

1. 结算凭证与材料同时到达

企业已根据结算凭证、发票账单、收料单等凭证支付了货款和运杂费，或者开出并承兑了商业汇票，按应计入原材料成本的金额，借记“原材料”账户；按专用发票上注明的可抵扣增值税税额，借记“应交税费——应交增值税（进项税额）”账户；按实际支付的价款，贷记“银行存款”“其他货币资金”等账户，若尚未支付，则贷记“应付账款”或“应付票据”账户。

业务单据：
增值税专用发票、收料单、民生银行付款水单

例 3-7

艾丽制衣公司 2014 年 7 月 10 日购入衬布一批，货款 10 万元，增值税专用发票上注明的增值税为 17 000 元，发票等结算凭证同时收到，款项已通过民生银行支付。该批衬布也已验收入库。作会计分录如下：

借：原材料——衬布　　100 000
　　应交税费——应交增值税（进项税额）　　17 000
　　贷：银行存款——民生银行　　117 000

请注意：
按实际成本计价核算的原材料，在结算凭证与材料同时到达的情况下，由于购进的同时原材料也验收入库，因此，不需通过“在途物资”账户来核算购进的原材料。

2. 先收到结算凭证进行结算，后收到材料验收入库

企业收到结算凭证，并支付货款或开出并承兑商业汇票，但材料尚未到达或尚未验收入库，应根据结算凭证上列示的材料物资的实际成本，借记“在途物资”账户，按专用发票上注明的可抵扣增值税税额，借记“应交税费——应交增值税（进项税额）”账户，根据不同的结算方式，贷记“银行存款”“应付票

据”“应付账款”等账户；待材料到达、验收入库后，再根据收料单，借记“原材料”账户，贷记“在途物资”账户。

例 3-8

艾丽制衣公司 2014 年 7 月 18 日向虹宜公司采购细纱一批，价款 20 万元，增值税专用发票上注明的进项税额为 34 000 元，发票等结算凭证已经到达，货款已经通过银行支付，但材料尚未到达。作会计分录如下：

借：在途物资——虹宜公司——细纱　200 000

　　应交税费——应交增值税（进项税额）　34 000

　　贷：银行存款——民生银行　234 000

业务单据：增值税专用发票、民生银行付款水单

若该批细纱在 2014 年 7 月 22 日到达，并验收入库。作会计分录如下：

借：原材料——细纱　200 000

　　贷：在途物资——虹宜公司——细纱　200 000

业务单据：收料单

3. 材料先到达验收入库，结算凭证尚未收到

企业先收到材料验收入库后，由于一般在短时间内（同一月份）结算凭证就可能到达，因此，为了简化核算手续，平时在验收入库材料时，可以暂不进行总分类核算，只将收到的材料登记明细分类账，待收到结算凭证时，比照材料和结算凭证同时收到的情况进行相应核算。

如果企业在先收到材料验收入库后，月末结算凭证仍未收到的情况下，为如实反映已收到的材料，应先按暂估价，借记“原材料”账户，贷记“应付账款——暂估应付账款”账户；下月月初，做相反的会计处理，予以转回，并在收到结算凭证时，按材料和结算凭证同时收到进行相应核算。

想一想：为什么月末要按暂估价入账，下月要转回？

例 3-9

艾丽制衣公司 2014 年 7 月 20 日购入的修理用备件螺丝一批已验收入库，但其结算凭证至月末尚未到达，货款未付。根据供货合同估价 57 000 元入账。作会计分录如下。

2014 年 7 月 31 日：

借：原材料——修理用备件——螺丝　57 000

　　贷：应付账款——暂估应付账款　57 000

业务单据：收料单

2014 年 8 月 1 日：

借：应付账款——暂估应付账款　57 000

　　贷：原材料——修理用备件——螺丝　57 000

或：

借：原材料——修理用备件——螺丝　[57 000]

　　贷：应付账款——暂估应付账款　[57 000]

（二）预付款原材料的核算

企业采用预付款的方式采购材料时，应按实际预付金额，借记“预付账款”或“应付账款”账户，贷记“银行存款”账户等；收到材料并验收入库后，按

材料的实际成本，借记“原材料”账户，按专用发票上注明的增值税税额，借记“应交税费——应交增值税（进项税额）”账户，按结算凭证上注明的应付金额，贷记“预付账款”或“应付账款”账户；预付货款不足而补付货款时，按补付金额，借记“预付账款”或“应付账款”账户，贷记“银行存款”账户等；退回多付的货款时，借记“银行存款”账户等，贷记“预付账款”或“应付账款”账户等。

例 3-10

艾丽制衣公司 2014 年 7 月 12 日根据合同规定，以银行存款向本地丽影公司预付货款 10 万元采购一批粗纱。7 月 25 日该批粗纱收到并验收入库，增值税专用发票上列示价款 20 万元，增值税税额 34 000 元，于 7 月 26 日通过浦发银行网银补付余款。则作会计分录如下：

业务单据：浦发银行付款水单

2014 年 7 月 12 日预付货款时：

借：预付账款——丽影公司	100 000	
贷：银行存款——浦发银行		100 000

业务单据：增值税专用发票、收料单

2014 年 7 月 25 日收到结算凭证，并验收粗纱入库时：

借：原材料——粗纱	200 000	
应交税费——应交增值税（进项税额）	34 000	
贷：预付账款——丽影公司		234 000

业务单据：浦发银行付款水单

2014 年 7 月 26 日补付货款时：

借：预付账款——丽影公司	134 000	
贷：银行存款——浦发银行		134 000

（三）购进材料溢余或短缺的核算

企业外购原材料可能发生溢余或短缺，如果实际验收入库的原材料数量大于购买凭证中所记载的原材料数量，称为购进原材料溢余；如果实际验收入库的原材料数量小于购买凭证中所记载的原材料数量，称为购进原材料短缺。购进原材料发生溢余或短缺时，应及时查明原因作出处理，并根据不同的处理结果分别予以核算。

1. 购进材料短缺的核算

企业购进原材料发生短缺，应根据不同的原因和处理结果分别入账核算。

第一，定额内合理损耗，按其实际成本计入入库原材料成本；超定额损耗，将其实际成本及应负担的进项税中由保险公司、运输部门或其他过失人赔偿后尚不能弥补的部分作为期间费用记入“管理费用”账户。

第二，购进原材料发生的非常损失（自然灾害损失），将其实际成本及应负担的进项税中由保险公司赔偿后尚不能弥补的部分作为损失记入“营业外支出”账户。

发生购进原材料短缺，尚未查明原因或作出处理之前，一般先按短缺原材料的实际成本记入“待处理财产损溢”账户的借方，即借记“待处理财产损溢”账户，贷记“在途物资”等账户；待查明原因作出处理后，再转入有关账户，借记“管理费用”“营业外支出”等账户，贷记“待处理财产损溢”等账户。

例 3-11

艾丽制衣公司 2014 年 7 月 10 日从华海公司购进毛线 1 000 千克，每千克不含税单价 100 元，增值税专用发票上注明的增值税为 17 000 元；每千克运费 10 元，运费增值税专用发票上注明的增值税为 1 100 元，运输保险费共计 1 000 元。货款及运杂费已通过民生网银支付。7 月 16 日原材料到达，验收入库的毛线合格品为 900 千克，50 千克残损，另 50 千克缺少，原因待查。

7 月 10 日付款时：

购进毛线的实际成本 =（100+10）×1 000+1 000=111 000（元）

购进毛线的进项税额 =17 000+1 100=18 100（元）

借：在途物资——华海公司——毛线　　111 000

　　应交税费——应交增值税（进项税额）　　18 100

　　贷：银行存款——民生银行　　129 100

业务单据： 增值税专用发票、民生银行付款水单

7 月 16 日毛线验收入库时：

毛线的单位实际成本 =（111 000/1 000）=111（元 / 千克）

毛线的单位进项税额 =（18 100/1 000）=18.1（元 / 千克）

入库毛线的实际成本 =900×111=99 900（元）

短缺毛线的实际成本 =100×111=11 100（元）

借：原材料——毛线　　99 900

　　待处理财产损溢——待处理流动资产损溢——毛线　　11 100

　　贷：在途物资——华海公司——毛线　　111 000

业务单据： 收料单、购进溢余短缺报告单

7 月 28 日查明原因，50 千克毛线残损是由运输部门的责任造成，已由运输部门负责修复后作为合格品入库；另外 50 千克短少是本单位在提货以后、验收入库之前被盗所致。中财保险公司已按规定同意赔偿 5 000 元，但赔款尚未收到。

修复后毛线的实际成本 =50×111=5 550（元）

被盗毛线的实际成本 =50×111=5 550（元）

被盗毛线的进项税额 =50×18.1=905（元）

被盗毛线的实际损失 =5 550+905-5 000=1 455（元）

借：原材料——毛线　　5 550

　　其他应收款——中财保险公司　　5 000

　　管理费用——财产损失　　1 455

　　贷：待处理财产损溢——待处理流动资产损溢——毛线　　11 100

　　　　应交税费——应交增值税（进项税额转出）　　905

业务单据： 收料单、中财理赔认定书、财产溢余短缺审批单

2. 购进材料溢余的核算

企业购进材料发生溢余时，未查明原因的溢余材料按实收材料的实际成本，借记“原材料”账户，按购进凭证上记载的材料实际成本，贷记“在途物资”账户，按溢余数的实际成本，贷记“待处理财产损溢”账户；待查明原因作出处理后，再转入“管理费用”等有关账户。

三、原材料发出的核算

由于企业日常发出材料频繁，为了简化日常核算工作，平时一般只登记材料明细分类账，反映各种材料的收发和结存情况，月末根据实际成本计价的“领料单”或“限额领料单”等发料凭证，按领用部门和用途，汇总编制“发料凭证汇总表”，据以编制记账凭证，一次登记总分类账。

企业材料领用单位、用途不同，其发出材料的去向不相一致，故核算时应根据材料用途和领料单位，分别记入有关部门账户。属于生产车间领用直接用于产品生产的，借记“生产成本”账户；用于车间一般耗用的非直接材料，记入“制造费用”账户；属于企业管理部门耗用的材料，记入“管理费用”账户；属于企业销售机构耗用的材料，记入“销售费用”账户；属于建造工程耗用的材料，记入“在建工程”账户；属于福利部门领用的材料，记入“应付职工薪酬”账户等。

例 3-12

艾丽制衣公司 2014 年 7 月 31 日根据各有关部门发出材料凭证汇总编制“发料凭证汇总表”，见表 3-3。

表 3-3　发料凭证汇总表

2014 年 7 月　　单位：元

应贷科目 / 应借科目	原材料				合计
	原料及主要材料	辅助材料	燃料	修理用备件	
生产成本	540 000				540 000
制造费用		35 000	3 200		38 200
管理费用		46 000		560	46 560
销售费用		60 000			60 000
合计	540 000	141 000	3 200	560	684 760

审核：　　制单：

业务单据：发料凭证汇总表

根据表 3-3 发料凭证汇总表，作会计分录如下：

借：生产成本　540 000
　　制造费用　38 200
　　管理费用　46 560
　　销售费用　60 000
　　贷：原材料——原料及主要材料　540 000
　　　　　　——辅助材料　141 000
　　　　　　——燃料　3 200
　　　　　　——修理用备件　560

请注意：

发出材料实际成本的确定，可以由企业从前述先进先出法、月末全月一次加权平均法、移动加权平均法、个别计价法等方法中选择。计价方法一经确定，不得随意变更。如需变更，应在财务报表附注中予以说明。

第四节　原材料按计划成本计价的核算

本节重点与难点：

原材料按计划成本计价的核算、材料成本差异率的计算

一、账户设置

原材料按计划成本计价方法进行日常收发的核算，其特点是：从原材料的收发凭证到明细分类账和总分类账，全部按计划成本计价。原材料的实际成本与计划成本的差异通过“材料成本差异”账户核算。入库材料的计划单位成本应尽可能接近实际，除特殊情况外，计划单位成本在年度内一般不作变动。

（一）“原材料”账户

该账户核算内容基本上同实际成本计价材料的核算，即核算库存各种材料的收发与结存情况。不同的是，在计划成本计价下，“原材料”账户核算的是库存材料的计划成本，材料的收入、发出、结存均以计划成本反映；期末余额在借方，反映库存材料的计划成本。

（二）“材料采购”账户

该账户用于核算企业采用计划成本进行材料日常核算而购入材料的采购成本。该账户借方登记购入材料的实际采购成本以及结转的实际成本小于计划成本的节约差异；贷方登记购进并验收入库材料的计划成本以及结转的实际成本大于计划成本的超支差异；月末借方余额表示已经购进但尚未到达或尚未验收入库的在途材料的实际成本。该账户应按材料类别、品种设置明细账。

（三）“材料成本差异”账户

该账户用于核算企业采用计划成本进行日常核算的材料计划成本与实际成本的差额。该账户借方登记入库材料实际成本大于计划成本的超支差异及发出材料实际成本小于计划成本的节约差异；贷方登记入库材料实际成本小于计划成本的节约差异以及发出材料实际成本大于计划成本的超支差异；期末若为借方余额，

账证表：
原材料、材料采购、材料成本差异总账、明细账

表示企业库存材料等的实际成本大于计划成本的差异，若为贷方余额，表示企业库存材料等的实际成本小于计划成本的差异。本账户可以分别“原材料”“周转材料”等，按照类别或品种设置明细账，进行明细核算。其口径应同材料采购明细账户的设置一致。

二、原材料购进的核算

动画：
材料购进付款流程

原材料按计划成本计价核算，应按外购原材料实际成本记入“材料采购”账户借方，原材料到达验收入库时，按计划成本从“材料采购”账户的贷方转入“原材料”账户。月末将实际成本与计划成本的差异转入“材料成本差异”账户。对于企业购进的原材料，同样由于材料采购地点和结算方式的不同，材料入库时间和货款支付时间不一定相同，也存在如实际成本计价核算法下的几种情况。

（一）结算凭证与材料同时到达

在此情况下，企业应根据有关材料结算凭证，按采购材料的实际成本，借记“材料采购”“应交税费”等账户，贷记“银行存款”“应付票据”等账户；对验收入库的材料，再根据收料单按计划成本，借记“原材料”账户，贷记“材料采购”账户；月末结转入库材料的成本差异，若实际成本大于计划成本，则借记“材料成本差异”账户，贷记“材料采购”账户，反之，则借记“材料采购”账户，贷记“材料成本差异”账户。

业务单据：
增值税专用发票、收料单、浦发银行付款水单

例 3-13

艾丽制衣公司 2014 年 6 月 23 日购入牛仔线一批，价款 12 万元，增值税 20 400 元，货款已通过浦发银行转账付讫，已验收入库，计划成本 11 万元。根据有关凭证作会计分录如下：

业务单据：
增值税专用发票、收料单

购进付款时：

借：材料采购——牛仔线	120 000	
应交税费——应交增值税（进项税额）	20 400	
贷：银行存款——浦发银行		140 400

业务单据：
材料成本差异计算表

验收入库牛仔线时：

借：原材料——牛仔线	110 000	
贷：材料采购——牛仔线		110 000

请注意：
按计划成本计价的原材料，在月末结转入库材料的成本差异时，不是逐笔结转，而是将所有本期入库相同材料的实际成本总额与计划成本总额之间的差异一次进行结转。

月末结转入库牛仔线的材料成本差异时：

借：材料成本差异——原材料	10 000	
贷：材料采购——牛仔线		10 000

（二）先收到结算凭证进行结算，后收到材料验收入库

在此情况下，企业先收到结算凭证，则先作购进材料的处理，即根据有关结算凭证，借记“材料采购”“应交税费”等账户，贷记“银行存款”“应付票据”等账户；待收到材料验收入库后，再根据收料单按计划成本，借记“原材料”账

户，贷记“材料采购”账户；月末同样结转入库材料的成本差异，同上述情况。

例 3-14

艾丽制衣公司 2014 年 6 月 26 日收到供货方发来的锦纶布 2 000 米，每米不含税进价 240 元，价款计 48 万元，代垫运费 5 000 元，增值税 82 150 元。全部款项已通过民生银行网银支付，但锦纶布尚未运到。作会计分录如下：

借：材料采购——锦纶布 485 000
　　应交税费——应交增值税（进项税额） 82 150
　　贷：银行存款——民生银行 567 150

业务单据：增值税专用发票、民生银行付款水单

假设上述锦纶布于 2014 年 7 月 5 日收到并验收入库，锦纶布计划单价为每米 245 元。则作会计分录如下：

业务单据：收料单

借：原材料——锦纶布 490 000
　　贷：材料采购——锦纶布 490 000

2014 年 7 月末结转锦纶布成本差异时：

业务单据：材料成本差异计算表

借：材料采购——锦纶布 5 000
　　贷：材料成本差异——锦纶布 5 000

（三）材料先到达验收入库，结算凭证尚未收到

在此情况下，由于材料验收入库时，结算凭证尚未收到，所以尚未付款，通常可在验收入库材料时暂不作会计处理。若等到月末结算凭证仍未收到，则月末按计划成本估价入账，即借记“原材料”账户，贷记“应付账款”账户。下月初，作相反的会计分录予以转回，以便在下月收到结算凭证后，按结算凭证与材料同时到达进行核算。

例 3-15

艾丽制衣公司 2014 年 7 月 25 日所购 1 500 千克的细纱已运达并验收入库，到月末发票账单仍未收到，按计划成本每千克 100 元估价入账。作会计分录如下。

业务单据：收料单

2014 年 7 月 31 日：

借：原材料——细纱 150 000
　　贷：应付账款 150 000

2014 年 8 月 1 日：

借：应付账款 150 000
　　贷：原材料——细纱 150 000

或：

借：原材料——细纱 150 000
　　贷：应付账款 150 000

三、原材料发出的核算

原材料按计划成本计价，在处理发出业务时并不存在计算确定发出材料单位

成本的问题，只需按事先制定的计划单位成本，乘以发出材料数量，计算出发出材料的计划成本。但在月末需将发出材料的计划成本调整为实际成本，也就是要计算出发出材料应负担的成本差异，即将材料成本差异额在发出材料和结存材料之间进行分配。有关计算公式如下：

发出材料的实际成本 = 发出材料的计划成本 + 发出材料应分摊的材料成本差异

发出材料应分摊的材料成本差异 = 发出材料的计划成本 × 材料成本差异率

其中：材料成本差异率是材料成本差异额与计划成本的比率，一般应按材料类别分别计算。对于生产用量大的材料，也可按材料品种计算。其计算公式为：

$$\text{材料成本差异率} = \frac{\text{月初材料成本差异} + \text{本月收入材料成本差异}}{\text{月初结存材料计划成本} + \text{本月收入材料计划成本}} \times 100\%$$

例 3-16

艾丽制衣公司 2014 年 7 月 1 日结存棉布材料的计划成本为 40 万元，成本差异为节约 2 000 元；当月入库该棉布材料的计划成本为 60 万元，成本差异为超支 4 000 元；本月发出该棉布材料的计划成本为 52 万元。则：

棉布材料成本差异率 =（−2 000+4 000）/（400 000+600 000）× 100%=0.2%

发出棉布材料应分摊的材料成本差异 =520 000 × 0.2%=1 040（元）

发出棉布材料的实际成本 =520 000+1 040=521 040（元）

采用上述公式计算材料成本差异率，必须是在月末根据有关部门的资料计算，虽然计算结果比较准确，但存在核算不及时的缺点。为了保证本月发出材料实际成本计算的及时性，有些企业采用以月初材料成本差异率来计算本月发出材料应负担的成本差异。其计算公式为：

$$\text{月初结存材料成本差异率} = \frac{\text{月初结存材料成本差异}}{\text{月初结存材料的计划成本}} \times 100\%$$

按计划成本计价核算的企业在日常发出材料时，应根据材料用途，按发出材料的计划成本借记“生产成本”“制造费用”“管理费用”“委托加工物资”“在建工程”“其他业务成本”等账户，贷记“原材料”账户，然后根据月初材料成本差异率或月末计算出的本月材料成本差异率将发出材料的计划成本调整为实际成本。调整时，按实际成本大于计划成本的差异，借记“生产成本”“制造费用”“管理费用”“委托加工物资”“在建工程”“其他业务成本”等账户，贷记“材料成本差异”账户；实际成本小于计划成本的差异作相反的会计分录。

例 3-17

艾丽制衣公司 2014 年 7 月 12 日，发出粗纱材料一批，计划成本 34 000 元，其中基本生产领用 30 000 元，车间一般耗用 3 200 元，管理部门领用 800 元。7 月末计算出本月材料成本差异率为 −2%。作会计分录如下：

业务单据：领料单

（1）2014 年 7 月 12 日发出粗纱材料时作会计分录如下：

借：生产成本——基本生产　　30 000

制造费用 3 200

管理费用 800

贷：原材料——粗纱 34 000

（2）7月末结转该批材料应负担的材料成本节约差异680元［34 000×（-2%）］。作会计分录如下：

借：材料成本差异 680

贷：生产成本——基本生产 600

制造费用 64

管理费用 16

业务单据：材料成本差异率计算表

同实际成本计价法一样，若企业的材料收发业务比较频繁，为了简化核算手续，材料的领发业务平时只在明细账中登记，而不登记总分类账，到月末，根据月内签发的发料凭证，按领料部门和材料用途汇总编制“发料凭证汇总表”，据以进行发出材料的总分类账务处理。

议一议：计算材料成本差异率要解决什么问题？

第五节 其他存货的核算

本节重点与难点：委托加工物资的核算、周转材料摊销方法

一、委托加工存货的核算

委托加工存货是指企业委托外单位进行加工的各种材料物资。企业在生产经营过程中，由于本身工艺设备条件的限制，有时需要将一部分材料物资委托外单位加工成另一种材料物资，借以满足企业生产经营的需要。

企业发出委托外单位加工的材料物资，虽然材料物资已经离开本企业，但所有权尚未转移，仍属于企业存货。经过加工，材料物资原有实物形态和用途发生了变化，价值得到了相应增加。企业委托加工存货要支付给受托加工单位加工费，另外，还会发生一些运杂费，这些都构成委托加工存货的成本部分。

为了组织好委托加工存货的核算，必须建立健全各项手续制度，在委托加工存货发出时填制“委托加工发料单”；加工完成入库时，应填制“委托加工材料（或商品）入库单”，据以核算委托加工物资的付出及收回。同时，要依据加工单位提供的加工费及增值税等计算凭证，经审核后，据以付款。

（一）发出加工存货的核算

为了反映和监督委托加工存货的发出、收回及结存情况，企业应设置“委托加工物资”账户，用于核算企业委托外单位加工的各种材料、商品等物资的实际成本。该账户借方登记发出委托加工物资的实际成本以及支付的加工费、往返运

杂费等；贷方登记加工完成并验收入库物资的实际成本；余额在借方，表示尚在加工中的各种材料的实际成本。本账户按加工合同和受托加工单位设置明细账，进行明细核算。

发出委托加工的材料物资时，按实际成本借记“委托加工物资”账户，按实际成本或计划成本贷记“原材料”“周转材料”等账户。

例 3-18

业务单据：委托加工发料单

艾丽制衣公司采用计划成本计价进行材料日常核算。发出涤棉 2 000 米，计划成本为 2 万元，材料成本差异率为 2%，委托美达公司加工睡衣。作会计分录如下：

借：委托加工物资——美达公司　　20 400

　　贷：原材料——涤棉　　20 000

　　　　材料成本差异——原材料　　400

例 3-19

业务单据：普通运费发票、收据

接例 3-18，艾丽制衣公司以现金支付上述发出委托加工材料（涤棉）的运费 300 元。作会计分录如下：

借：委托加工物资——美达公司　　300

　　贷：库存现金　　300

（二）支付加工费用的核算

企业委托加工存货时支付给受托加工单位的加工费，使委托加工存货发生了增值，因此，支付的加工费应构成委托加工存货的成本。支付加工费用时，应借记“委托加工物资”账户，贷记“银行存款”“应付账款”等账户。

（三）发生加工税金的核算

1. 涉及增值税的核算

按照我国税法规定，受托加工企业提供加工劳务需要缴纳增值税，委托企业对于应负担的增值税，应区别不同情况进行处理：

凡加工后的物资用于应交增值税项目，并取得增值税专用发票的一般纳税企业，可将这部分增值税作为进项税额扣除，不计入委托加工物资的成本。支付增值税时，借记“应交税费——应交增值税（进项税额）”账户，贷记“银行存款”等账户。

凡属加工后的物资用于非增值税应税项目以及免交增值税项目或未取得增值税专用发票的一般纳税企业及小规模纳税企业，应将这部分增值税计入委托加工物资的成本，支付增值税时，借记“委托加工物资”账户，贷记“银行存款”等账户。

例 3-20

业务单据：增值税专用发票、民生银行付款水单

接例 3-19，上述涤棉已加工成睡衣，艾丽制衣公司与加工单位办理结算，支付加工费 1 000 元，增值税税款 170 元。作会计分录如下：

若艾丽制衣公司为一般纳税人，则：

借：委托加工物资——美达公司　　1 000

应交税费——应交增值税（进项税额）　170

贷：银行存款——民生银行　1 170

若该公司为小规模纳税人，则：

借：委托加工物资——美达公司　1 170

贷：银行存款——民生银行　1 170

2. 涉及消费税的核算

按照我国税法规定，如果委托加工后的物资属于应税消费品，则应由受托企业代收代缴消费税。委托企业对于委托加工后的物资收回后直接对外销售的，则将受托企业代收代缴的消费税计入委托加工物资成本，该委托加工物资销售时不再缴纳消费税。委托企业支付消费税时，借记“委托加工物资”账户，贷记“银行存款”等账户。

委托企业对委托加工后的物资属于应税消费品，收回后又用于继续加工应税消费品的，则其支付给受托企业代收代缴的消费税可以抵扣，委托企业支付消费税时，借记“应交税费——应交消费税”账户，贷记“银行存款”等账户。

例 3-21

某酒厂（一般纳税人）委托汾香工厂加工酒精，发出薯干材料的总成本为 9 万元，加工费为 5 000 元，增值税为 850 元，消费税为 5 000 元，加工完毕。加工费、增值税以及被代收代缴的消费税已通过光大银行支付。作会计分录如下：

业务单据：委托加工发料单

发出委托加工材料时：

借：委托加工物资——汾香工厂　90 000

贷：原材料——薯干　90 000

支付加工费、增值税及消费税时：

业务单据：增值税专用发票、光大银行付款水单

若收回后直接对外销售，则作会计分录为：

借：委托加工物资——汾香工厂　10 000

应交税费——应交增值税（进项税额）　850

贷：银行存款——光大银行　10 850

若收回后又连续用于生产白酒，则作会计分录为：

业务单据：增值税专用发票、光大银行付款水单

借：委托加工物资——汾香工厂　5 000

应交税费——应交增值税（进项税额）　850

——应交消费税　5 000

贷：银行存款——光大银行　10 850

（四）收回加工存货的核算

委托企业对加工完成验收入库的存货及剩余材料物资，应按加工收回物资的实际成本或计划成本及剩余材料物资的实际成本或计划成本，借记“原材料”“周转材料”等账户，贷记“委托加工物资”账户。材料等存货按计划成本核算的企业还应同时结转材料成本差异。

业务单据：
收料单

例 3-22

接例 3-18~ 例 3-20，上述加工涤棉收回，验收入库，计划成本为 29 000 元。作会计分录如下：

若艾丽制衣公司为一般纳税人：

借：原材料　　29 000

　　贷：委托加工物资——美达公司　　21 700

　　　　材料成本差异——原材料　　7 300

若艾丽制衣公司为小规模纳税人：

借：原材料　　29 000

　　贷：委托加工物资——美达公司　　21 870

　　　　材料成本差异——原材料　　7 130

二、周转材料的核算

（一）周转材料概述

周转材料是指企业在日常活动中，能够多次使用、逐渐转移其价值但仍保持原有形态不确认为固定资产的材料，包括包装物、低值易耗品，以及企业（建筑承包商）的钢模板、木模板、脚手架等。这里仅介绍周转材料中的包装物和低值易耗品。

请注意：
企业的下列物品不属于包装物范围：①各种包装材料，如纸、绳、铁丝、铁皮等。因其数量零星，单位价值小，应在“原材料”账户中核算。②计划上单独列作企业商品产品的自制包装物。这类包装物是企业的产品，应在“库存商品”账户中核算。

1. 包装物

包装物是指为包装本企业产品或商品而储备的各种包装容器，如箱、桶、瓶、坛、袋等。包括：

（1）生产过程中用于包装产品作为产品组成部分的包装物；

（2）随同产品或商品出售不单独计价的包装物；

（3）随同产品或商品出售单独计价的包装物；

（4）出租给购货单位使用的包装物；

（5）出借给购货单位使用的包装物。

2. 低值易耗品

低值易耗品是指单位价值在规定限额以下，或使用期限在一年以内的劳动资料，如工具、管理用具、玻璃器皿，以及在生产经营过程中周转使用的包装容器等。其特征包括：一是低值耗易耗品的价值较低且易于损耗。价值较低是指其单位价值低于固定资产的价值确认标准；易于损耗是指其使用年限一般低于一年。二是低值易耗品在性质上属于劳动资料，多次参加周转而不改变其实物形态，但因其价值较低且容易损耗，更新频繁，为了集中力量加强固定资产的管理，简化核算手续，在会计上将低值易耗品归为流动资产，视同存货核算和管理。为了便于使用部门归口管理，低值易耗品可按其用途作如下分类：

（1）一般工具，指直接用于产品生产的各种刀具、量具、夹具和各种辅助工具等。

（2）专用工具，指专门用于生产某一种产品，或在某一道工序中使用的工具，如专用模具等。

（3）替换设备，指容易磨损或为生产不同产品需要替换使用的各种设备，如浇铸钢锭用的钢锭模、轧制钢材用的轧辊等。

（4）包装容器，指用于储存和保管材料和产品，既不出售也不出借的各种容器，如木柜、瓷缸等。

（5）劳动保护用品，指发给工人用于劳动保护的工作服、工作鞋和各种防护用品等。

（6）管理用具，指管理部门和管理人员使用的各种家具用品和办公用具等。

（7）其他，指不属于以上各类的低值易耗品。

（二）周转材料的核算

为核算企业的周转材料，企业应设置“周转材料”账户，该账户属于资产类账户，核算企业周转材料收发存的计划成本或实际成本，借方记录在库、在用的周转材料，贷方记录领用摊销的周转材料，余额在借方，反映企业周转材料的摊余价值。在分次摊销法下，该账户可按周转材料的种类，分别“在库”“在用”“摊销”进行明细核算。企业的包装物、低值易耗品种类较多，也可以单独设置“包装物”“低值易耗品”账户进行核算。

1. 取得周转材料的核算

周转材料取得的核算与原材料取得的核算基本相似，可以比照原材料核算方法进行。周转材料取得的途径主要有外购和自制两种。

（1）外购周转材料。外购周转材料分单独购进和随货购进两种。其中，随货购进又有单独计价和不单独计价两种情况。单独购进和随货购进单独计价的周转材料，其账务处理方法与原材料购进相同，区别只是增加时应记入“周转材料”账户。

例 3–23

艾丽制衣公司的周转材料按实际成本计价核算。本月购进周转材料包装箱一批，增值税专用发票列示其价款为 5 000 元，增值税税额 850 元。包装箱已验收入库，货款以存款支付。作会计分录如下：

借：周转材料——包装箱　5 000
　　应交税费——应交增值税（进项税额）　850
　　贷：银行存款——民生银行　5 850

业务单据：入库单、增值税专用发票、民生银行付款水单

随货购进不单独计价的周转材料，因其价款包括在所购货物的成本中而无法分离出来，因此，不涉及周转材料的账务处理。

（2）自制周转材料。自制周转材料分为单独列作企业商品、产品的周转材料和不单独列作企业商品、产品的周转材料两种。在会计处理上，前者等同于制

造业产品生产的账务处理，在自制完成时，记入“库存商品”账户的借方；后者其账务处理与自制原材料相同，在自制完成时，记入“周转材料”账户借方。

2. 周转材料领用摊销的核算

（1）周转材料摊销的方法。企业周转材料在日常活动中领用后，其价值开始实现转移，实现的方法在会计上称为周转材料摊销。周转材料的摊销方法应采用一次转销法或分次摊销法，但无论采用何种摊销方法，都是以其账面价值为基础进行的。

① 一次摊销法。一次摊销法是指在领用周转材料时，将其全部价值，一次计入有关成本费用的方法。这种方法适用于一次领用数额较少、价值不高、使用期限不长的周转材料。

企业采用一次摊销法摊销周转材料价值的，领用时，按其具体用途将其全部价值转入有关的成本费用，借记“制造费用”“管理费用”“销售费用”“其他业务成本”等账户，贷记“周转材料”账户。

例 3-24

艾丽制衣公司低值易耗品按实际成本计价核算。7 月份领用缝制工具低耗品一批，采用一次摊销法，总计 3 500 元，其中生产车间领用 2 000 元，行政管理部门领用 1 500 元。作会计分录如下：

业务单据：出库单

借：制造费用　　2 000
　　管理费用　　1 500
　　贷：周转材料——缝制工具　　3 500

② 分次摊销法。分次摊销法是指在领用周转材料时按照使用次数分次计入成本费用的一种摊销方法。这种方法适用于一次领用周转材料数量较多、价值较大的情况。周转材料在采用分次摊销法核算时，应设置“在库”“在用”“摊销”三个明细账户进行核算。

例 3-25

艾丽制衣公司基本生产车间领用修理工具低耗品一批，实际成本 8 000 元，预计使用 10 次报废，采用分次摊销法核算。作会计分录如下：

a. 每次领用时：

业务单据：出库单

借：周转材料——在用（修理工具）　　8 000
　　贷：周转材料——在库（修理工具）　　8 000

同时摊销修理工具低耗品成本 800 元（8 000/10）：

业务单据：低值易耗品摊销表

借：制造费用　　800
　　贷：周转材料——摊销（修理工具）　　800

b. 若上述修理工具低耗品第 10 次领用后报废，无残料，将剩余 800 元成本摊销：

业务单据：存货报废单

借：制造费用　　800
　　贷：周转材料——摊销（修理工具）　　800

同时：

借：周转材料——摊销（修理工具）　8 000
　　贷：周转材料——在用（修理工具）　8 000

（2）周转材料领用的核算。企业在生产经营中领用低值易耗品，可直接根据上述一次摊销法或分次摊销法将其摊销价值记入“制造费用”或“管理费用”账户等进行核算。对于生产经营中领用包装物，应按其用途的不同分别进行处理。

请注意：采用分次摊销法领用的周转材料，在收回报废时应将“周转材料——在用”和“周转材料——摊销”明细账同时进行转销。

① 生产领用包装物。生产领用的包装物，若属于产品内包装，则成为产品不可分割的组成部分。这种包装物一般不单独计价，随同产品销售后也不回收。因此，生产领用的包装物构成产品成本的组成部分，应计入产品的生产成本，借记“生产成本”账户，贷记“周转材料”账户。

例 3-26

艾丽制衣公司 2014 年 7 月 10 日为生产衬衣产品领用包装盒一批，计划成本 1 500 元，包装盒成本差异率为 1%。作会计分录如下：

a. 领用包装物时：

业务单据：出库单

借：生产成本——基本生产成本——衬衣　1 500
　　贷：周转材料——包装盒　1 500

b. 结转领用包装盒成本差异时：

业务单据：材料成本差异计算表

借：生产成本——基本生产成本——衬衣　15
　　贷：材料成本差异——包装物　15

② 随同产品出售不单独计价的包装物。随同产品出售不单独计价的包装物，因无独立的收入与包装物成本相配比，所以，一般作为包装费用计入销售费用。在包装物发出时，借记“销售费用”账户，贷记“周转材料”账户。

例 3-27

艾丽制衣公司 2014 年 7 月 15 日销售产品时，领用不单独计价的包装物，计划成本为 3 000 元，包装物成本差异率为 1%。作会计分录如下：

业务单据：出库单

a. 发出包装物时：

借：销售费用——包装费　3 000
　　贷：周转材料——包装箱　3 000

b. 结转领用包装物成本差异时：

业务单据：材料成本差异计算表

借：销售费用——包装费　30
　　贷：材料成本差异——周转材料　30

③ 随同产品出售单独计价的包装物。随同产品出售单独计价的包装物，属于企业包装物销售业务，即其他销售业务，其取得的收入应作为其他业务收入，其成本应相应地作为其他业务成本。

例 3-28

艾丽制衣公司 2014 年 7 月 20 日销售产品时，随同产品出售单独计价的皮箱一批，其售价 5 000 元，增值税 850 元，已通过银行收讫。该批皮箱计划成本 3 000 元，成本差异率为 1%。作会计分录如下：

业务单据：销售发票、民生银行收款水单

a. 出售周转材料，收到价款时：

借：银行存款——民生银行　　5 850

　贷：其他业务收入——周转材料（包装物）　　5 000

　　应交税费——应交增值税（销项税额）　　850

业务单据：出库单

同时：

借：其他业务成本——周转材料（包装物）　　3 000

　贷：周转材料——包装皮箱　　3 000

业务单据：材料成本差异计算表

b. 结转周转材料成本差异时：

借：其他业务成本——周转材料（包装物）　　30

　贷：材料成本差异——包装物　　30

④ 出租、出借包装物的核算。企业之间因业务需要，有时要发生相互租用、借用包装物的业务。出租、出借的包装物在周转使用过程中因磨损而减少的价值可根据情况采用一次摊销法或分次摊销法进行摊销。对于收回已使用过的出租、出借包装物，应加强实物管理，并在备查账簿中进行登记。

A. 出租包装物的核算。企业出租包装物时，为督促使用单位安全使用并及时归还，应收取一定数额的押金，押金作为一种暂收性质的款项，应于使用单位退回包装物时退还对方。另外，为了补偿包装物租用中的价值损耗及修理费用等，企业应向使用单位收取一定数额的租金。出租包装物的租金应作为企业的“其他业务收入”核算，企业出租包装物的成本，作为“其他业务成本”处理。

例 3-29

艾丽制衣公司销售连衣裙产品时，随货出租新包装箱一批，实际成本 3 000 元，当即收到现金押金 5 000 元，使用期满后，租入方退还包装物，收到租金收入 1 170 元。该包装物采用一次摊销法进行摊销。作会计分录如下：

业务单据：收据

a. 出租时，收到押金：

借：库存现金　　5 000

　贷：其他应付款——XX 单位　　5 000

业务单据：出库单

b. 出租的新包装箱领用时：

借：其他业务成本　　3 000

　贷：周转材料——包装箱　　3 000

业务单据：租赁发票、收据

c. 收到租金时：

借：库存现金　　1 170

　贷：其他业务收入　　1 000

　　应交税费——应交增值税（销项税额）　　170

B. 出借包装物的核算。包装物出借是指企业因销售产品将其包装物借给购货单位暂时使用。出借时也要收取一定数额的押金，但包装物供借用单位无偿使用，因此，出借包装物不收取租金，没有收益。当借用单位归还包装物时，应全额退还其押金。收到押金的核算方法与出租包装物相同。企业出借包装物时，应按其价值转入“销售费用”账户。在一次摊销法下，第一次领用新包装物时，应结转其全部价值，借记“销售费用”账户，贷记“周转材料”账户。

3. 周转材料报废的核算

当企业周转材料不能继续使用时，应将周转材料予以报废。报废时，将剩余残料出售收入冲减原已记录的支出或费用，借记“银行存款”等账户，贷记“生产成本”“管理费用”“其他业务成本”“销售费用”等账户。

例 3-30

艾丽制衣公司 7 月末报废销售部门出借包装物一批，残料作价 200 元入库。作会计分录如下：

借：原材料　　200

　　贷：销售费用　　200

业务单据：
存货报废单

第六节 存货清查的核算

本节重点与难点：
存货清查的核算
存货盘盈盘亏的核算

一、存货的清查方法

存货的清查是指根据账簿记录，对各种存货进行实地盘点和核对。其目的是保护存货的安全、完整，并达到账实相符。

企业的存货种类多，收发频繁。在日常存货的收、发、存过程中，由于计量错误，保管不善，自然损耗及丢失、毁损等原因，往往会发生账实不符。因此，企业对存货应定期或不定期进行清查盘点，以确定企业存货实际库存量，并与账面相核对。在清查过程中，对盘盈、盘亏或毁损以及报废的存货，应及时查明原因，分别情况及时处理。

对于存货，应从数量和质量上进行清查。存货清查盘点，首先应将各项存货明细账登记齐全，核对清楚，切实做到账簿的记录完整、计算正确，账证、账账相符，以便据以同实物相核对。清查过程中，由于存货的各种实物形态、体积、重量、堆放方式等不尽相同，因而所采用的清查方法也不尽相同。对存货实物数量的清查方法可以采用实地盘点法，即在存货存放现场逐一清点数量或用计量仪器确定其实存数的一种方法；也可以采用技术推算盘点法，即通过量方、计尺等

动画：
财产清查流程

技术来推算存货的结存数量。清查结束，应编制“存货盘点报告表”，如实反映各种存货的账存数和实存数，以及盘盈和盘亏、毁损的数量和金额。

二、存货清查结果的处理

存货清查结果通过“待处理财产损溢”账户核算。该账户的借方登记各种存货盘亏、毁损的数额和盘盈的转销数额，贷方登记各种存货盘盈以及盘亏或毁损的转销数额。于期末前查明原因，并根据企业的管理权限经股东大会或董事会，或经理（厂长）会议或类似机构批准后，在期末前处理完毕。

（一）存货盘盈的核算

存货盘盈是指存货的实存数大于账存数。存货盘盈的原因很多，如收发计量或核算上的错误。在没有查明原因时，应及时办理存货入账手续，调整账面记录，借记有关存货账户，贷记“待处理财产损溢”账户。待经有关部门批准后，再冲减管理费用，借记“待处理财产损溢”账户，贷记“管理费用”账户。

例 3-31

艾丽制衣公司 2014 年 7 月 31 日在清查存货时，盘盈细纱 5 千克。经查明是由于收发计量上的误差所造成的，按最后一次购入的实际成本每千克 30 元入账。作会计分录如下：

业务单据： 存货盘点报告单

未批准以前：

借：原材料——细纱　　150

　　贷：待处理财产损溢——待处理流动资产损溢　　150

业务单据： 存货盘盈、盘亏审批单

批准以后冲减管理费用：

借：待处理财产损溢——待处理流动资产损溢　　150

　　贷：管理费用　　150

（二）存货盘亏的核算

存货盘亏是指存货的实存数小于账存数。存货毁损是指由于自然灾害、人为过失等所造成的毁损。存货盘亏、毁损的原因很多，如自然损耗产生的定额内合理盘亏，过失人的责任，超定额损耗以及意外灾害的非常损失等。企业发生存货盘亏及毁损，批准前应先结转到“待处理财产损溢”账户；批准后，再根据其原因，区别情况作出账务处理。

（1）属于定额内损耗，经批准可转入管理费用，借记“管理费用”账户，贷记“待处理财产损溢”账户。

（2）属于超定额短缺以及存货毁损的损失，能确定过失人责任的应由过失人赔偿，属于保险责任范围的，应向保险公司索赔，扣除过失人或保险公司赔款和残料价值后，加上不允许抵扣的增值税进项税额，计入管理费用，借记“管理费用”账户，贷记“待处理财产损溢”“应交税费——应交增值税（进项税额转出）”账户。

（3）属于非常损失所造成的存货毁损，扣除保险公司赔款和残料价值后，加上不允许抵扣的增值税进项税额，计入营业外支出，借记“营业外支出”账户，贷记“待处理财产损溢”“应交税费——应交增值税（进项税额转出）”账户。

例 3-32

艾丽制衣公司 2014 年 7 月 31 日腈纶料发生盘亏 100 米，每米实际成本 5 元，增值税税率 17%，经查明，属于定额内合理损耗。作会计分录如下：

批准前，调整存货账面记录：

借：待处理财产损溢——待处理流动资产损溢　　500

　贷：原材料——腈纶料　　500

批准后，计入管理费用：

借：管理费用　　500

　贷：待处理财产损溢——待处理流动资产损溢　　500

业务单据：存货盘点报告单

业务单据：存货盘盈、盘亏审批单

例 3-33

艾丽制衣公司 2014 年 7 月 31 日毁损粗纱材料 1 00 千克，每千克实际成本 100 元，增值税税率 17%，经查明属于保管员管理不善造成。经研究决定保管员赔偿 1 万元，收回残料价值 200 元。作会计分录如下：

批准前，调整存货账面记录：

借：待处理财产损溢——待处理流动资产损溢　　11 700

　贷：原材料——粗纱　　10 000

　　应交税费——应交增值税（进项税额转出）　　1 700

批准后，分别不同情况入账时：

借：其他应收款——XX 保管员　　10 000

　原材料——粗纱　　200

　管理费用　　1 500

　贷：待处理财产损溢——待处理流动资产损溢　　11 700

习题试题：存货的核算

业务单据：存货盘点报告单

业务单据：存货盘盈、盘亏审批单

请注意：如果盘盈或盘亏的存货，在期末结账前尚未经批准的，在对外提供财务会计报告时先按上述办法进行处理，并在会计报表附注中作出说明；如果其后批准处理的金额与已处理的金额不一致，调整当期会计报表相关项目的年初数。

第四章

长期股权投资的核算

本章知识点

同一控制　非同一控制　长期股权投资的初始计量　成本法　权益法

本章技能点

控制　共同控制　重大影响的判断　成本法核算　权益法核算

本章知识导图

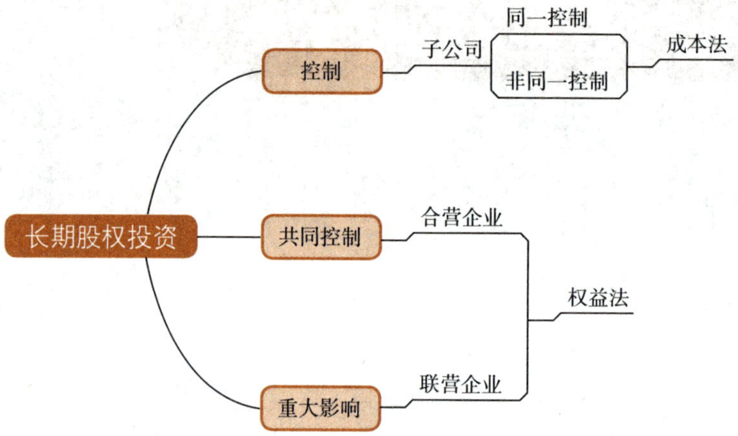

引 例

华强公司是一家上市公司。2013 年 4 月 1 日，华强公司以 1 100 万元现金取得晋畅公司股份 400 万股，占晋畅公司总股份的 25%，并对晋畅公司形成重大影响。2013 年 4 月 1 日，晋畅公司可辨认净资产公允价值为 4 000 万元。2013 年晋畅公司累计实现净利润 800 万元。除实现的利润外，在此期间，晋畅公司所有者权益无其他变动。2014 年 4 月 2 日晋畅公司宣告分配股利，每股分配 0.2 元现金股利，每 10 股派送 2 股股票股利。

（1）华强公司购买 25% 的股份为什么要支付 1 100 元？

（2）2013 年晋畅公司实现利润 800 万元，华强公司确认投资收益 200 万元，对吗？

（3）华强公司获得的现金股利和股票股利是否确认为企业的投资收益？

（1）商誉是企业持续发展的重要因素，任何企业都存在商誉。商誉是企业的一项资产。但由于商誉是随着企业的存亡而存亡的，商誉无法单独辨认，所以按照我国企业会计准则的规定，商誉只有在企业合并时才能确认。也就是说，除非是企业合并，否则企业的商誉是无法入账的。因而企业账面的净资产中，没有包括商誉的价值。投资者获得了被投资单位的股份，就成为被投资单位的股东，按照持股比例分享被投资单位的净资产，包括分享被投资单位拥有商誉带来的利益。因而，投资企业支付的投资款要充分考虑账面净资产中未包括的商誉价值。所以其支付的投资款与享有的份额不相等。当支付的投资款大于享有的份额时，说明投资者购买了商誉。本例中，华强公司支付了 1 100 万元购买了晋畅公司 25% 的股份，即享有晋畅公司账面价值的份额为 1 000 万元（4 000×25%），说明华强购买了晋畅公司未单独入账的商誉资产。

（2）不对。按照我国企业会计准则规定，华强公司对晋畅公司的投资采用权益法核算。华强公司于 2013 年 4 月 1 日购买了晋畅公司 25% 的股份，因而华强公司只能分享晋畅公司 2013 年 4 月 1 日以后获得的净利润。2013 年晋畅公司实现利润 800 万元，华强公司按照持股比例应当分享 150 万元（800×25%×9/12），从而确认投资收益 150 万元。

（3）2014 年 4 月 2 日晋畅公司宣告分配股利，华强公司应得 80 万元现金股利和 80 万股股票股利都不能作为投资收益。因为晋畅公司 2013 年实现的利润中，华强公司已将应分享的 150 万元作为投资收益入了账。如果获得现金时再确认为投资收益，会造成重复确认投资收益。因而获得现金股利时不能确认投资收益。

投资企业获得的股票股利，因其无法按照实际成本计量，故不能入账，只做备查登记，购入股票的单位成本降低，待未来出售股权时按实际收到的价款与购买成本之间的差额确认为投资收益。本例中，华强公司支付1 100万元，购买了晋畅公司400万股，单位成本为2.75元/股。获得股票股利80万股，华强公司共持有晋畅公司480万股，平均单位成本降低为2.291 67元/股。华清公司用1 100万元购买了400万股，而未来出售股权480万股，多卖的80万股所得的现金就可以确认为投资收益了。

本节重点与难点：
控制、共同控制、重大影响的判断

第一节 长期股权投资概述

文件法规：
《企业会计准则第2号——长期股权投资》

一、长期股权投资概念及特征

长期股权投资，是指投资方对被投资单位实施控制、重大影响的权益性投资，以及对其合营企业的权益性投资，即对子公司、合营企业和联营企业的权益性投资。长期股权投资具有以下特点：

（一）长期持有

长期股权投资通过长期持有，达到控制被投资单位、改善与被投资单位的贸易关系等目的。长期股权投资一般不能随意抽回投资。

（二）获取经济利益，并承担相应的风险

长期股权投资的最终目标是为了获得较大的经济利益，这种经济利益可以通过分得利润或股利获取，也可以通过其他方式取得，如被投资单位生产的产品为投资企业生产所需的原材料，在市场上这种原材料的价格波动较大，且不能保证供应。在这种情况下，投资企业通过所持股份，达到控制或对被投资单位施加重大影响，使其生产所需的原材料能够直接从被投资单位取得，而且价格比较稳定，保证其生产经营的顺利进行。但是，如果被投资单位经营状况不佳，或者进行破产清算时，投资企业作为股东，也需要承担相应的投资损失。

二、长期股权投资的分类

长期股权投资依据对被投资单位产生的影响，分为控制、共同控制和重大影响三种类型。

（一）控制

控制是指投资方拥有对被投资方的权力，通过参与被投资方的相关活动而享有可变回报，并且有能力运用对被投资方的权力影响其回报金额。相关活动，是指对被投资方的回报产生重大影响的活动。被投资方的相关活动应当根据具体情况进行判断，通常包括商品或劳务的销售和购买、金融资产的管理、资产的购买

和处置、研究与开发活动以及融资活动等。投资企业能够对被投资企业实施控制的，被投资单位为其子公司。

1. 对被投资者的权利的判断

权力来源于权利。判断投资方拥有对被投资方的权力，应当以投资方是否享有现时权利使其目前有能力主导被投资方的相关活动为标准，而不论其是否实际行使该权利。两个或两个以上投资方能够分别单方面主导被投资方不同相关活动的，能够主导对被投资方回报产生最重大影响的活动的一方拥有对被投资方的权力。

（1）投资方持有被投资方半数以上的表决权的，通常表明其拥有对被投资方的权力。但是，有确凿证据表明其不能主导被投资方相关活动的除外。

（2）投资方持有被投资方半数或以下的表决权，但通过与其他表决权持有人之间的协议能够控制半数以上表决权行使的，通常视为投资方拥有对被投资方的权力。但是，有确凿证据表明其不能主导被投资方相关活动的除外。

（3）投资方持有被投资方半数或以下的表决权，但综合考虑下列事实和情况后，判断投资方持有的表决权足以使其目前有能力主导被投资方相关活动的，视为投资方拥有对被投资方的权力。包括：投资方持有的表决权相对于其他投资方持有的表决权份额的大小，以及其他投资方持有表决权的分散程度；投资方和其他投资方持有的被投资方具有实质性权利的潜在表决权，如当期可转换公司债券、当期可执行认股权证等；其他合同安排产生的权利；被投资方以往的表决权行使情况等其他相关事实和情况。例如，A 公司持有 B 公司 48% 表决权股份，剩余股份由分散的小股东持有，没有一个小股东单独持有的有表决权股份超过 1%，且他们之间或其中一部分股东之间不存在达成集体决策的协议安排，则 A 公司对 B 公司的相关活动拥有权力。

请注意：
对被投资者的权力、可变回报以及能够行使权力影响可变回报是构成控制应具备的三要素。

2. 可变回报的判断

投资方自被投资方取得的回报可能会随着被投资方业绩而变动的，视为可变回报。例如，投资方获得的被投资方按照其实现的净利润为基础分配的利润或股利。

3. 能够行使权力影响可变回报

被投资方能够运用权力影响被投资方的相关活动并获得经济利益，即获得可变回报。

（二）共同控制

共同控制是指按照相关约定对某项安排所共有的控制，并且该安排的相关活动必须经过分享控制权的参与方一致同意后才能决策。投资企业对被投资单位具有共同控制的权益性投资的，被投资单位为其合营企业。

共同控制的实质就是集体控制该安排，并且该安排相关活动的决策必须经过参与方（集体控制的参与方而不是其他参与方）一致同意。

请注意：
投资方在判断是否控制被投资方时，应当确定其自身是以主要责任人（委托人）还是代理人的身份行使决策权。如果代理人仅代表主要责任人行使决策权，则不控制投资方。如果投资方将获得的被投资方相关决策权委托给代理人的，应当将该决策权视为直接持有。

请注意：
判断是否存在共同控制时，应当首先判断所有参与方或参与方组合是否集体控制该安排，其次再判断该安排相关活动的决策是否必须经过这些集体控制该安排的参与方一致同意。对安排之协议或者契约、合同的分析，要分层次进行。

如果存在两个或两个以上的参与方组合能够集体控制某项安排的，不构成共同控制。例如，某项安排涉及三方：A在该安排中有50%表决权，B公司和C公司各拥有25%的表决权。A公司、B公司和C公司之间的相关约定规定，对安排的相关获得作出决策至少需要75%的表决权。那么，A与B组合或者A与C组合都能够集体控制该项安排，该项安排不构成共同控制。

（三）重大影响

重大影响，是指投资方对被投资单位的财务和经营政策有参与决策的权力，但并不能够控制或者与其他方一起共同控制这些政策的制定。投资方能够对被投资单位施加重大影响的，被投资单位为其联营企业。当投资企业直接拥有被投资单位20%或以上至50%表决权资本时，一般认为对被投资单位具有重大影响。除非有明确的证据表明该种情况下不能参与被投资单位的生产经营决策，不形成重大影响。

在确定能否对被投资单位施加重大影响时，应当考虑投资方和其他方持有的被投资单位当期可转换公司债券、当期可执行认股权证等潜在表决权因素。

本节重点与难点：
同一控制与非同一控制的判断、企业合并形成的长期股权投资初始投资成本的计量

第二节　长期股权投资的初始计量

一、企业合并形成的长期股权投资

企业合并是指将两个或两个以上单独的企业合并形成一个报告主体的交易或事项。根据参与合并的企业在合并前后是否受同一方或相同的多方最终控制，分为同一控制下的企业合并与非同一控制下的企业合并（见图4-1）。

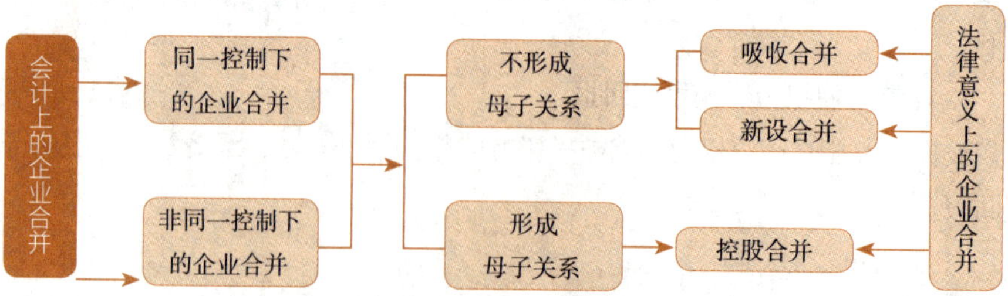

图4-1

（一）同一控制下企业合并形成的长期股权投资

1. 同一控制下企业合并的特点

同一控制下企业合并，是指参与合并的各方在合并前后均受同一方或相同的

多方最终控制，且该控制并非暂时性的。其中，同一方，是指对参与合并的企业在合并前后均实施最终控制的投资者。相同的多方，通常是指根据投资者之间的协议约定，在对被投资单位的生产经营决策行使表决权时发表一致意见的两个或两个以上的投资者。控制并非暂时性，是指参与合并的各方在合并前后较长的时间内受同一方或相同的多方最终控制。较长的时间通常指 1 年以上（含 1 年）。

同一控制下企业合并，在合并日取得对其他参与合并企业控制权的一方为合并方，参与合并的其他企业为被合并方。

同一控制下企业合并的特点表现为：将企业合并看做是两个或多个参与合并企业权益的重新整合，由于最终控制方的存在，从最终控制方的角度看，该类企业合并一定程度上并不会造成构成企业集团整体的经济利益流入和流出，最终控制方在合并前后实际控制的经济资源并没有发生变化，所以整个事项从本质上看不属于交易事项，而是企业间资产、负债的重新组合。所以，长期股权投资采用账面价值计量。

请注意：
同一控制下企业合并的判断，应当遵循实质重于形式要求。

2. 同一控制下企业合并形成的长期股权投资初始成本的确定

同一控制下企业合并形成的长期股权投资，应当在合并日按照所取得的被合并方在最终控制方合并财务报表中的净资产的账面价值的份额作为长期股权投资的初始投资成本。被合并方在合并日的净资产账面价值为负数的，长期股权投资成本按零确定，同时在备查簿中予以登记。

（1）合并方以支付现金、转让非现金资产或承担债务方式作为合并对价的，长期股权投资初始投资成本与支付的现金、转让的非现金资产以及所承担的债务账面价值之间的差额，应当调整资本公积；资本公积不足冲减的，调整留存收益。

（2）合并方以发行权益性证券作为合并对价的，按照发行股份的面值总额作为股本，长期股权投资初始投资成本与所发行股份面值总额之间的差额，应当调整资本公积；资本公积不足冲减的，调整留存收益。

为了核算企业准备长期持有的各种股权性质的投资，包括购入的股票和其他股权投资等，企业应设置“长期股权投资”账户。本账户应当按照被投资单位进行明细核算。

例 4–1

丽华集团的子公司艾丽制衣公司以账面价值为 1 000 万元、公允价值为 1 600 万元的生产线作为对价，取得同一集团内另外一家 C 公司 60%的股权。合并日丽华集团合并财务报表中 C 公司的账面所有者权益总额为 1 800 万元。则艾丽制衣公司长期股权投资的成本为 1 080 万元（1 800 × 60%）。艾丽制衣公司作会计分录如下：

业务单据：
股权转让协议副本、固定资产交接手续、长期股权投资入账价值计算表

借：长期股权投资——C 公司	10 800 000	
贷：固定资产清理		10 000 000
资本公积		800 000

例 4-2

2014 年 3 月，丽华集团公司的子公司艾丽制衣公司通过增发 4 000 万股普通股（每股面值 1 元）取得同一集团内 S 公司 80% 的股权，并于当日起对 S 公司实施控制。按照增发前后的平均股价计算，该 4 000 万股股份的公允价值为 20 200 万元。合并日丽华集团合并财务报表中 S 公司的账面所有者权益总额为 25 000 万元。则艾丽制衣公司长期股权投资的初始投资成本为 20 000 万元（25 000×80%）。艾丽制衣公司作会计分录如下：

业务单据：股权转让协议副本、股票发行手续、长期股权投资入账价值计算表

借：长期股权投资——S 公司　　200 000 000

　贷：股本　　40 000 000

　　资本公积——股本溢价　　160 000 000

（二）非同一控制下企业合并形成的长期股权投资

1. 非同一控制下企业合并的特点

非同一控制下企业合并，是指参与合并的各方在合并前后不属于同一方或相同的多方最终控制的情况下进行的合并。

非同一控制下企业合并的特点是：参与合并的一方购买另一方或多方的交易。其中，在购买日取得对其他参与合并企业控制权的一方为购买方，参与合并的其他企业为被购买方。所以，长期股权投资采用公允价值计量。

2. 非同一控制下企业合并形成的长期股权投资初始成本的确定

非同一控制下的控股合并中，购买方应当按照确定的企业合并成本作为长期股权投资的初始投资成本。合并成本包括购买方付出的资产、发生或承担的负债、发行的权益性工具或债务工具的公允价值之和。其中，支付非货币性资产为对价的，所支付的非货币性资产在购买日的公允价值与其账面价值的差额应作为资产处置损益处理，计入企业合并当期的利润表。

例 4-3

艾丽制衣公司支付现金 5 000 万元和所持有的专利权作为对价，自乙企业的控股股东处购入乙企业 70%的股权。作为合并对价的专利权的账面原值为 4 800 万元，累计摊销 1 000 万元，其目前市场价格为 7 000 万元。则艾丽制衣公司企业合并成本即长期股权投资的初始投资成本为 12 000 万元。艾丽制衣公司作会计分录如下：

业务单据：股权转让协议副本、无形资产转让手续、长期股权投资入账价值计算表

借：长期股权投资——乙企业　　120 000 000

　累计摊销　　10 000 000

　贷：银行存款　　50 000 000

　　无形资产——专利权　　48 000 000

　　营业外收入　　32 000 000

无论是同一控制下的企业合并还是非同一控制下的企业合并，合并方或购买方为企业合并发生的审计、法律服务、评估咨询等中介费用以及其他相关管理费用，应当于发生时计入当期损益（管理费用）。

二、以企业合并以外的其他方式取得的长期股权投资

长期股权投资可以通过不同方式取得，除企业合并形成的长期股权投资外，其他方式取得的长期股权投资，应当按照下列规定确定其初始投资成本：

（1）以支付现金取得的长期股权投资，应当按照实际支付的购买价款作为初始投资成本。初始投资成本包括与取得长期股权投资直接相关的费用、税金及其他必要支出。

例 4-4

艾丽制衣公司于 2014 年 2 月 1 日购入乙公司 25% 的股份，实际支付价款 18 000 万元。另外，在购买过程中支付手续费等相关费用 400 万元。则艾丽制衣公司长期股权投资的成本为 18 400 万元。

上述艾丽制衣公司取得长期股权投资时，作会计分录如下：

借：长期股权投资——乙公司　　184 000 000
　贷：银行存款　　184 000 000

业务单据：股权转让协议副本、电子支付凭证

（2）以发行权益性证券取得的长期股权投资，应当按照发行权益性证券的公允价值作为初始投资成本。

业务单据：股权转让协议副本、股票发行手续、长期股权投资入账价值计算表

例 4-5

2014 年 3 月，艾丽制衣公司通过增发 1 000 万股普通股（每股面值 1 元）取得 B 公司 20% 的股权，按照增发前后的平均股价计算，该 1 000 万股股份的公允价值为 5 200 万元。则艾丽制衣公司长期股权投资的初始投资成本为 5 200 万元。艾丽制衣公司作会计分录如下：

借：长期股权投资——B 公司　　52 000 000
　贷：股本　　10 000 000
　　资本公积——股本溢价　　42 000 000

请注意：企业取得长期股权投资，实际支付的价款或对价中包含的已宣告但尚未发放的现金股利或利润，作为应收项目处理，不构成取得长期股权投资的成本。

除上述方式外，还有非货币性资产交换、债务重组等方式取得的长期股权投资，其初始投资成本的确定见有关章节。

第三节　长期股权投资的核算

本节重点与难点：成本法和权益法的适用范围，成本法下投资收益的确认和计量，权益法下长期股权投资账面价值的调整和会计处理

一、成本法的核算

（一）成本法的适用范围

成本法是指长期股权投资按投资成本计价的方法。通常下列情况，投资方能够对被投资单位实施控制的长期股权投资即对子公司的投资应当采用成本法

核算。

（二）成本法的核算

采用成本法核算的长期股权投资应当按照初始投资成本计价。追加或收回投资应当调整长期股权投资的成本。被投资单位宣告分派现金股利或利润的，投资方根据应享有的部分确认为当期投资收益。

（1）初始投资或追加投资时，按照确定的初始投资成本增加长期股权投资的账面价值，借记“长期股权投资”账户，贷记“银行存款”等账户。

例 4-6

业务单据：股权转让协议副本、转账支付凭证

艾丽制衣公司 2015 年 1 月 3 日以每股 6 元的价格购入东华纺织股份有限公司（简称东华公司）每股面值为 2 元的股票 6 000 万股，占东华公司总股本的 60%。东华公司成为艾丽制衣公司的非全资子公司，且两家公司没有关联关系。艾丽制衣公司同时支付相关税费 18 万元。艾丽制衣公司作会计分录如下：

借：长期股权投资——东华公司　　360 000 000
　　贷：银行存款　　360 000 000
借：管理费用　　180 000
　　贷：银行存款　　180 000

例 4-7

业务单据：股权转让协议副本、转账支付凭证

艾丽制衣公司与凯盛公司同为雅思达纺织集团公司下的两个子公司。艾丽制衣公司 2013 年 4 月 1 日转账支付 5 000 万元购入凯盛公司 52% 的股份，使凯盛公司成为艾丽制衣公司的非全资子公司。购买日凯盛公司在雅思达纺织集团公司合并财务报表中净资产的账面价值为 10 000 万元。艾丽制衣公司作会计分录如下：

借：长期股权投资——凯盛公司　　52 000 000
　　贷：银行存款　　50 000 000
　　　　资本公积　　2 000 000

（2）被投资企业宣告分派利润或现金股利时，投资企业按照应享有的份额，借记“应收股利”账户，贷记“投资收益”账户。

例 4-8

假设凯盛公司 2012 年实现净利润 2 500 万元。凯盛公司于 2013 年 5 月 2 日宣告分派 2012 年度的现金股利 1 000 万元，艾丽制衣公司于 2013 年 5 月 20 日收到现金。2013 年凯盛公司实现净利润 4 000 万元；2014 年 5 月 1 日凯盛公司宣告分派现金股利 2 000 万元。2014 年 5 月 22 日艾丽制衣公司收到现金股利。艾丽制衣公司分别作会计分录如下：

业务单据：股利分配公告、投资收益计算表

① 2013 年 5 月 2 日宣告发放现金股利时：

借：应收股利　　5 200 000
　　贷：投资收益——股利收入　　5 200 000

② 2013 年 5 月 20 日收到现金股利时：

借：银行存款　5 200 000
　　贷：应收股利　5 200 000

③ 2014 年 5 月 1 日宣告发放现金股利时：

借：应收股利　10 400 000
　　贷：投资收益——股利收入　10 400 000

④ 2014 年 5 月 22 日收到现金股利时：

借：银行存款　10 400 000
　　贷：应收股利　10 400 000

业务单据：银行收账通知

业务单据：股利分配公告、投资收益计算表

业务单据：银行收账通知

二、权益法的核算

（一）权益法的适用范围

权益法，指长期股权投资最初以初始投资成本计价，以后根据投资企业享有被投资单位所有者权益份额的变动对投资的账面价值进行调整的方法。

通常情况下，投资企业对被投资单位具有共同控制或重大影响即对合营企业投资和联营企业投资应采用权益法。

投资方对联营企业的权益性投资，其中一部分通过风险投资机构、共同基金、信托公司或包括投连险基金在内的类似主体间接持有的，无论以上主体是否对这部分投资具有重大影响，投资方都可以按照《企业会计准则第 22 号——金融工具确认和计量》的有关规定，对间接持有的该部分投资选择以公允价值计量且其变动计入损益，并对其余部分采用权益法核算。

议一议：企业拥有长期股权投资，投资方获得的被投资单位宣告发放的股票股利如何处理？

（二）权益法的核算

投资方取得长期股权投资后，应当按照应享有或应分担的被投资单位实现的净损益和其他综合收益的份额，分别确认投资收益和其他综合收益，同时调整长期股权投资的账面价值；投资方按照被投资单位宣告分派的利润或现金股利计算应享有的部分，相应减少长期股权投资的账面价值；投资方对于被投资单位除净损益、其他综合收益和利润分配以外所有者权益的其他变动，应当调整长期股权投资的账面价值并计入所有者权益。

采用权益法核算的企业，应当分别设置“投资成本”“损益调整”“其他综合收益”“其他权益变动”明细账户，对因权益法核算所产生的影响长期股权投资账面余额的增减变动因素分别核算和反映。

1. 初始投资或追加投资时，按照初始投资或追加投资时的投资成本增加长期股权投资的账面价值

投资成本小于投资时占被投资单位可辨认净资产公允价值的份额之间的差额调整投资成本，同时计入营业外收入。投资成本大于投资时占被投资单位可辨认净资产公允价值的份额之间的差额，不调整已确认的投资成本。

例 4-9

艾丽制衣公司以 2 000 万元取得 B 公司 30%的股权，取得投资时被投资单位可辨认净资产的公允价值为 6 000 万元。艾丽制衣公司能够对 B 公司施加重大影响，则艾丽制衣公司作会计分录如下：

业务单据：股权转让协议副本、转账支付凭证

借：长期股权投资——B 公司（投资成本） 20 000 000
　贷：银行存款等 20 000 000

投资时艾丽制衣公司占 B 公司可辨认净资产公允价值的份额

=60 000 000×30%=18 000 000（元）

初始投资成本 2 000 万元大于投资时占被投资单位可辨认净资产公允价值的份额 1 800 万元之间的差额作为商誉，不调整长期股权投资成本。

假如投资时 B 公司可辨认净资产的公允价值为 7 000 万元，则艾丽制衣公司应作会计分录如下：

业务单据：股权投资差额计算表

借：长期股权投资——B 公司（投资成本） 20 000 000
　贷：银行存款 20 000 000

投资时艾丽制衣公司占 B 公司可辨认净资产公允价值的份额 2 100 万元（7 000×30%），调整长期股权投资的账面价值，作会计分录如下：

借：长期股权投资——B 公司（投资成本） 1 000 000
　贷：营业外收入 1 000 000

2. 投资后，随着被投资单位所有者权益的变动而相应调整增加或减少长期股权投资的账面价值

具体如下：

（1）属于被投资单位当年产生的净损益而影响的所有者权益的变动，投资企业应当按照应享有的被投资单位实现的净利润的份额或应承担被投资单位净损失的份额，确认投资损益并调整长期股权投资的账面价值。

① 投资方在确认应享有被投资单位净损益的份额时，应当以取得投资时被投资单位可辨认资产的公允价值为基础，对被投资单位的净损益进行调整后确认。

被投资单位采用的会计政策及会计期间与投资方不一致的，应当按照投资方的会计政策及会计期间对被投资单位的财务报表进行调整，并据以确认投资收益和其他综合收益等。

例 4-10

艾丽制衣公司于 2014 年 1 月 1 日取得丙联营企业 30%的股权，取得投资时丙企业的固定资产公允价值为 1 000 万元，账面价值为 700 万元，假定固定资产的预计使用年限为 10 年，净残值为零，按照年限平均法计提折旧。丙企业 2014 年度利润表中净利润为 600 万元。

丙企业当期利润表中已按其账面价值计算扣除的固定资产折旧费用为 70 万元，按照取得投资时点上固定资产的公允价值计算确定的折旧费用为 100 万元，假定不考虑所得

税影响，按该固定资产的公允价值计算的净利润为 570 万元（600-30），艾丽制衣公司按照持股比例计算确认的当期投资收益为 171 万元（570×30%）。

业务单据：
投资收益计算表

借：长期股权投资——丙企业（损益调整）　　1 710 000

　　贷：投资收益　　1 710 000

② 投资方计算确认应享有或应分担被投资单位的净损益时，与联营企业、合营企业之间发生的未实现内部交易损益按照应享有的比例计算归属于投资方的部分，应当予以抵销，在此基础上确认投资收益。该未实现内部交易既包括顺流交易也包括逆流交易。其中顺流交易是指投资企业向联营企业或合营企业出售资产；逆流交易是指联营企业或合营企业向投资企业出售资产。当该未实现内部交易损益（即有关资产未对外部独立第三方出售）体现在投资方或其联营企业、合营企业持有的资产账面价值中时，相关的损益在计算确认投资损益时应予抵销。

对于联营企业或合营企业向投资企业出售资产的逆流交易，存在未实现内部交易损益的情况下，投资企业在采用权益法计算确认应享有联营企业或合营企业的投资损益时，应予抵销。

例 4-11

艾丽制衣公司于 2014 年 1 月取得乙公司 20% 有表决权的股份，能够对乙公司施加重大影响。假定艾丽制衣公司取得该项投资时，乙公司各项可辨认资产、负债的公允价值与其账面价值相同。2014 年 8 月，乙公司将其成本为 200 万元的某商品以 450 万元的价格出售给艾丽制衣公司，艾丽制衣公司将取得的商品作为存货。至 2014 年资产负债表日，艾丽制衣公司仍未对外出售该存货。乙公司 2014 年实现净利润为 1 500 万元。假定不考虑所得税的影响。

艾丽制衣公司在按照权益法确认应享有乙公司 2014 年净损益时，作会计分录如下：

业务单据：
投资收益计算表

借：长期股权投资——损益调整　　2 500 000

[（15 000 000-2 500 000）×20%]

　　贷：投资收益　　2 500 000

对于投资企业向其联营企业或合营企业出售资产的顺流交易，在该交易存在未实现内部交易损益的情况下（即有关资产未对外部独立第三方出售），投资企业在采用权益法计算确认应享有联营企业或合营企业的投资损益时，应抵销该未实现内部交易损益的影响。

例 4-12

艾丽制衣公司持有甲公司 20% 有表决权的股份，能够对甲公司施加重大影响。2014 年，艾丽制衣公司将其账面价值为 300 万元的商品以 500 万元的价格出售给甲公司。至 2014 年资产负债表日，该批商品尚未对外部第三方出售。假定艾丽制衣公司取得该项投资时，甲公司各项可辨认资产、负债的公允价值与其账面价值相同，两者在以前期间未发生过内部交易。甲公司 2014 年净利润为 1 000 万元。假定不考虑所得税因素。

业务单据：
投资收益计算表

采用权益法计算确认投资损益时，艾丽制衣公司应当进行的会计处理为：

借：长期股权投资——损益调整　　1 600 000

[（10 000 000－2 000 000）×20%]

贷：投资收益　　1 600 000

投资企业在确认被投资单位净损益时，应当注意以下几个方面：

第一，投资企业按被投资单位实现的净利润或发生的净亏损，计算应享有或应分担的份额时，应以取得被投资单位股权后发生的净损益为基础，投资前被投资单位实现的净损益不包括在内。例如，2014 年 5 月 1 日，甲公司以 1 000 万元购入乙公司 30% 的股份，并具有重大影响。假定取得投资时被投资单位各资产公允价值等于账面价值，双方采用的会计政策、会计期间相同。当年甲、乙公司没有发生内部交易。乙公司 2014 年累计实现净利润 600 万元，其中，1—4 月份实现净利润 200 万元。甲公司在 2014 年应享有乙公司净利润并确认投资收益额为 120 万元 [（600－200）×30%]。

第二，投资企业享有被投资单位损益的份额，如果会计期间投资（持股）比例发生变动，应分别按年初持股比例和年末持股比例分段计算所持股份期间应享有的投资收益，如果无法得到被投资单位投资前和投资后所实现的净收益（或净亏损）数额的，可根据投资持有时间加权平均计算。

加权平均持股比例 = 原持股比例 × 当年投资持有月份 ÷ 全年月份（12）+ 追加持股比例 × 当年投资持有月份 ÷ 全年月份（12）

③ 投资方确认被投资单位发生的净亏损，应当以长期股权投资的账面价值以及其他实质上构成对被投资单位净投资的长期权益减记至零为限，投资方负有承担额外损失义务的除外。被投资单位以后实现净利润的，投资方在其收益分享额弥补未确认的亏损分担额后，恢复确认收益分享额。即：在确认应分担被投资单位发生的亏损时，应当按照以下顺序进行处理：

首先，冲减长期股权投资的账面价值。

其次，长期股权投资的账面价值不足以冲减的，应当以其他实质上构成对被投资单位净投资的长期权益账面价值为限继续确认投资损失，冲减长期应收项目等的账面价值。其中，其他实质上构成对被投资单位净投资的长期权益，通常是指长期应收项目。比如，企业对被投资单位的长期债权，该债权没有明确的清收计划且在可预见的未来期间不准备收回的，实质上构成对被投资单位的净投资。该类长期权益不包括投资方与被投资单位之间因销售商品、提供劳务等日常活动所产生的长期债权。

最后，经过上述处理，按照投资合同或协议约定企业仍承担额外义务的，按照《企业会计准则第 13 号——或有事项》的规定，对于符合确认条件的义务，应确认为当期损失，同时确认预计负债。除上述情况仍未确认的应分担被投资单位的损失，应在账外备查登记。

在确认了有关的投资损失后，被投资单位于以后期间实现盈利的，应按以上相反顺序分别减记账外备查登记的金额、已确认的预计负债、恢复其他实质上构成对被投资单位净投资的长期权益及长期股权投资的账面价值，同时确认投资收益。

例 4–13

艾丽制衣公司持有乙公司 40% 的股权，2014 年 12 月 31 日投资的账面价值为 2 000 万元。乙公司 2013 年亏损 3 000 万元。假定取得投资时被投资单位各资产公允价值等于账面价值，双方采用的会计政策、会计期间相同。则艾丽制衣公司 2014 年应确认投资损失 1 200 万元，长期股权投资账面价值降至 800 万元。艾丽制衣公司作会计分录如下：

业务单据：投资收益计算表

借：投资收益　12 000 000

　　贷：长期股权投资——乙公司（损益调整）　12 000 000

例 4–14

承例 4–13，艾丽制衣公司持有乙公司 40% 的股权，2014 年 12 月 31 日投资的账面价值为 2 000 万元。应收乙公司长期应收款 800 万元，该笔应收款没有清收计划。如果乙公司 2014 年的亏损额为 6 000 万元，当年度艾丽制衣公司应分担损失 2 400 万元，长期股权投资账面价值减至 0，进一步确认损失 400 万元，冲减长期应收款。艾丽制衣公司作会计分录如下：

业务单据：投资收益计算表

借：投资收益　20 000 000

　　贷：长期股权投资——乙公司（损益调整）　20 000 000

借：投资收益　4 000 000

　　贷：长期应收款　4 000 000

（2）被投资单位其他综合收益的变动。被投资单位其他综合收益发生变动时，投资企业应当按照应享有或应分担的被投资单位其他综合收益的份额，确认其他综合收益，同时调整长期股权投资的账面价值。借记“长期股权投资（其他综合收益）”账户；贷记“其他综合收益”账户。或做相反的会计处理。

例 4–15

艾丽制衣公司对 D 公司的投资占 D 公司注册资本的 40%，当期 D 公司因可供出售金融资产公允价值升高 500 万元，使 D 公司其他综合收益增加了 500 万元。假定艾丽制衣公司与 D 公司适用的会计政策、会计期间相同，不考虑所得税的影响。则艾丽制衣公司作会计分录如下：

业务单据：投资收益计算表

借：长期股权投资——D 公司（其他综合收益）　2 000 000

　　贷：其他综合收益　2 000 000

（3）被投资单位宣告分派利润或现金股利时的处理。被投资单位宣告分派利润或现金股利时，投资企业应冲减长期股权投资的账面价值。借记“应收股利”账户，贷记“长期股权投资（损益调整）”账户；自被投资单位分得的现金股利或利润属于投资成本收回的部分，应冲减长期股权投资的成本。

例 4-16

艾丽制衣公司 2011 年 1 月 5 日向凯盛公司投资 600 万元，获得凯盛公司 40% 的股份。投资时凯盛公司可辨认净资产的公允价值为 1 600 万元（各项可辨认资产、负债的公允价值与账面价值相同），双方采用的会计政策、会计期间相同。艾丽制衣公司能够对凯盛公司实施重大影响。艾丽制衣公司投资后至 2011 年年末，凯盛公司累计实现净利润 400 万元；2012 年 2 月 1 日宣告分派现金股利 300 万元；2012 年凯盛公司全年亏损 1 500 万元，没有向投资者分配利润；2013 年凯盛公司全年亏损 250 万元；2014 年凯盛公司全年实现净利润 320 万元。假定艾丽制衣公司没有实质上构成净投资的长期权益项目。投资协议规定，艾丽制衣公司按照所持股份分享收益、承担亏损。艾丽制衣公司作会计分录如下：

业务单据：股权转让协议副本、转账支付凭证、股权投资差额计算表

① 2011 年 1 月 5 日投资时：

借：长期股权投资——凯盛公司（投资成本） 6 400 000
　贷：银行存款 6 000 000
　　营业外收入 400 000

业务单据：投资收益计算表

② 2011 年 12 月 31 日实现净利润时：

借：长期股权投资——凯盛公司（损益调整） 1 600 000
　贷：投资收益——股权投资收益 1 600 000

业务单据：股利分配公告、股利计算表

③ 2012 年 2 月 1 日宣告分派现金股利时：

借：应收股利——凯盛公司 1 200 000
　贷：长期股权投资——凯盛公司（损益调整） 1 200 000

业务单据：投资收益计算表

④ 2012 年 12 月 31 日全年亏损时：

借：投资收益——股权投资收益 6 000 000
　贷：长期股权投资——凯盛公司（损益调整） 6 000 000

业务单据：投资收益计算表

⑤ 2013 年 12 月 31 日亏损时：

借：投资收益 1 000 000
　贷：长期股权投资——凯盛公司（损益调整） 800 000
　　预计负债 200 000

业务单据：投资收益计算表

⑥ 2014 年 12 月 31 日实现净利润时：

借：预计负债 200 000
　长期股权投资——凯盛公司（损益调整） 1 080 000
　贷：投资收益——股权投资收益 1 280 000

请注意：权益法核算长期股权投资，“长期股权投资”账户期末余额为借方余额，“损益调整”明细账户的余额可能在借方，也可能在贷方。

（4）所有者权益其他变动的处理。投资方对于被投资单位除净损益、其他综合收益和利润分配以外所有者权益的其他变动，应当调整长期股权投资的账面价值并计入所有者权益。借记“长期股权投资（其他权益变动）”账户，贷记“资本公积（其他资本公积）”账户，或作相反会计分录。

三、长期股权投资的处置

处置长期股权投资，其账面价值与实际取得价款之间的差额，应当计入当期损益。部分处置某项长期股权投资时，应按处置比例结转处置部分的成本。已计提长期股权投资减值准备的，还应转销计提的长期股权投资减值准备。采用权益法核算的长期股权投资，在处置该项投资时，采用与被投资单位直接处置相关资产或负债相同的基础，按相应比例对原计入其他综合收益的部分进行会计处理。

处置长期股权投资时，按实际收到的价款，借记“银行存款”账户；按原已计提的减值准备，借记“长期股权投资减值准备”账户；按长期股权投资的账面余额，贷记“长期股权投资”账户；按差额借记或贷记“投资收益”账户。采用权益法核算长期股权投资，还应按原计入所有者权益的部分，借记“其他综合收益”“资本公积”账户，贷记“投资收益”账户。

典型案例：
长期股权投资对上市公司业绩的影响——以雅戈尔长期股权投资为例

例 4–17

艾丽制衣公司于 2014 年 5 月 3 日出售作为长期股权投资核算的 A 公司股份 10 万股，售价 132 万元。艾丽制衣公司按成本法核算该项长期股权投资。实际投资成本 110 万元。艾丽制衣公司作会计分录如下：

借：银行存款	1 320 000	
贷：长期股权投资——A 公司		1 100 000
投资收益		220 000

业务单据：
股权转让协议，电子支付凭证，银行收账通知

例 4–18

艾丽制衣公司持有 B 公司 30% 的股权，2014 年 7 月 5 日，艾丽制衣公司出售持有 B 公司股份的 10%，出售时艾丽制衣公司账面上对 B 公司长期股权投资的构成为：投资成本 2 700 万元，损益调整借余 540 万元，其他综合收益借余 120 万元，其他权益变动借余 30 万元。出售取得价款 1 770 万元。艾丽制衣公司作会计分录如下：

借：银行存款	17 700 000	
贷：长期股权投资——B 公司（成本）		9 000 000
——B 公司（损益调整）		1 800 000
——B 公司（其他综合收益）		400 000
——B 公司（其他权益变动）		100 000
投资收益		6 400 000
借：其他综合收益	400 000	
资本公积	100 000	
贷：投资收益		500 000

业务单据：
股权转让协议，银行收账通知

习题试题：
长期股权投资的核算

议一议：
长期股权投资的成本法和权益法在会计核算上有什么不同？

第五章

固定资产的核算

本章知识点

初始成本确定　折旧范围　折旧方法　后续支出的处理方法　固定资产处置

本章技能点

取得固定资产的核算　折旧方法的选择和应用　资本化支出的判断及核算
固定资产清查方法及核算

本章知识导图

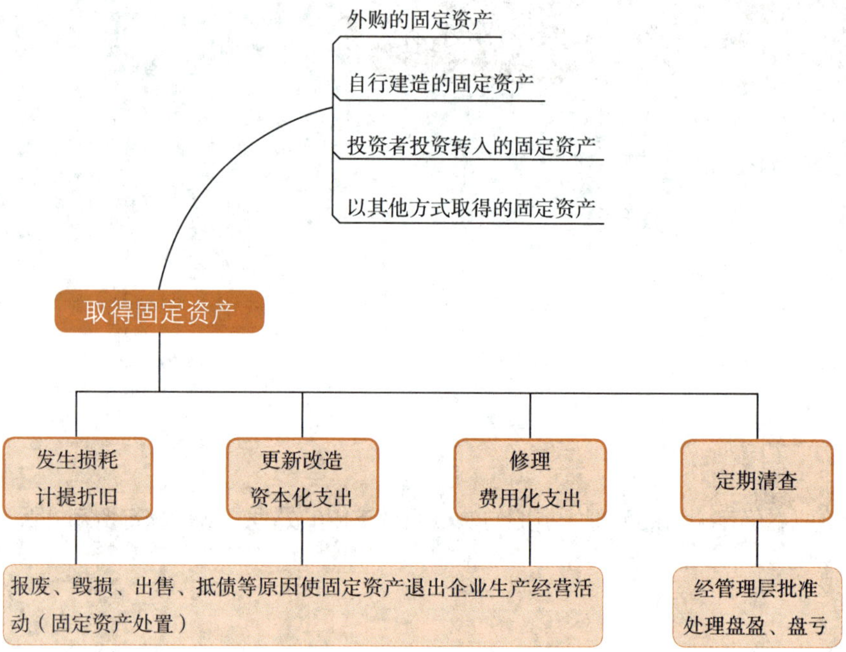
外购的固定资产
自行建造的固定资产
投资者投资转入的固定资产
以其他方式取得的固定资产
取得固定资产
发生损耗
计提折旧
更新改造
资本化支出
修理
费用化支出
定期清查
报废、毁损、出售、抵债等原因使固定资产退出企业生产经营活动（固定资产处置）
经管理层批准
处理盘盈、盘亏

引　例

艾丽制衣公司2014年12月30日从凯乐电子公司购入不需要安装的电子设备一台，作为管理部门的固定资产使用，该电子设备已验收。取得增值税专用发票，价款25万元，增值税税额4.25万元；运费发票，运费800元，增值税税额88元。该电子设备预计使用年限为5年，预计净残值率为4%，艾丽制衣公司采用年限平均法计提折旧。

（1）电子设备的初始入账金额是多少？

（2）2014年12月应计提的折旧额是多少？2014年12月31日，该设备在资产负债表中如何列示？

（3）2015年1月应计提的折旧额是多少？2015年1月31日，该设备在资产负债表中如何列示？

（1）根据提供的原始凭证——增值税专用发票，可以判断电子设备的初始入账金额为价款加运费250 800元，支付的增值税42 588元可以抵扣。

（2）按照“当月增加的固定资产当月不提折旧，当月减少固定资产当月照提折旧”的原则，2014年12月，该项电子设备不需要计提折旧额，2014年12月31日，该设备在资产负债表中列示在“固定资产”项目中，列示的金额是原始价值250 800元。

（3）艾丽制衣公司购买该项电子设备的成本是250 800元，预计净残值收回10 032元，需要摊销的费用总额为240 768元，按照5年平均摊销，每年48 153.6元，每月4 012.8元。因此，2015年1月应计提折旧额是4 012.8元。2015年1月31日，该设备在资产负债表中列示为：“固定资产”项目列示金额250 800元，“累计折旧”项目列示金额4 012.8元，“固定资产净值”项目列示金额246 787.2元。

第一节　固定资产概述

本节重点与难点：

固定资产的确认

一、固定资产的概念及特征

固定资产，是指同时具有以下特征的有形资产：

（1）为生产产品、提供劳务、出租或经营管理而持有；

（2）使用年限超过一个会计年度。

从固定资产的定义看，固定资产具有下列三个特征：

（1）固定资产是为生产商品、提供劳务、出租或经营管理而持有。企业持有固定资产的目的是生产商品、提供劳务、出租或经营管理，这意味着，企业持有的固定资产是企业的劳动工具或手段，而不是直接用于出售的产品。这个特征是区别固定资产与流动资产的重要标志。其中“出租”的固定资产，指用以出租的机器设备类固定资产，不包括以经营租赁方式出租的建筑物，后者属于企业的投资性房地产，不属于固定资产。

（2）固定资产使用寿命超过一个会计年度。固定资产的使用寿命，是指企业使用固定资产的预计期间，或者该固定资产所能生产产品或提供劳务的数量。通常情况下固定资产的使用寿命是指使用固定资产的预计期间，如自用房屋建筑物的使用寿命或使用年限。某些机器设备或运输设备等固定资产，其使用寿命往往以该固定资产所能生产产品或提供劳务的数量来表示，例如，发电设备按其预计发电量估计使用寿命，汽车或飞机等按其预计行驶里程估计使用寿命。固定资产使用寿命超过一个会计年度，意味着固定资产属于长期资产，企业为了获得该项资产，并把它投入生产经营而发生的支出，在该项资产的预计使用年限内分期摊销。

（3）固定资产为有形资产。固定资产具有实物形态，这个特征是区别固定资产与无形资产的主要标志。有些无形资产可能同时符合固定资产的其他特征，如无形资产为生产商品、提供劳务而持有，使用寿命超过一个会计年度，但是，由于其没有实物形态，所以不属于固定资产。对于工业企业所持有的工具、用具、备品备件、维修设备等资产，施工企业所持有的模板、档板、架料等周转材料，以及地质勘探企业所持有的管材等资产，企业应当根据实际情况，分别管理和核算。尽管该类资产具有固定资产的某些特征，例如，使用期限超过一年，也能够带来经济利益，但由于数量多、单价低，考虑到成本效益原则，在实务中，通常确认为存货。

符合固定资产定义的资产项目，要作为企业的固定资产来核算，还需要符合以下两个条件：

（1）该固定资产包含的经济利益很可能流入企业；

（2）该固定资产的成本能够可靠地计量。

二、固定资产的分类

企业的固定资产种类繁多，规格不一，为了组织好固定资产的核算，管好、用好固定资产，有必要对企业所拥有的固定资产进行科学、合理的分类。根据不同的管理需要和核算要求，可以对固定资产进行不同的分类，主要有以下几种分类方法：

（一）按固定资产的经济用途分类

按经济用途分类，固定资产可分为生产经营用固定资产和非生产经营用固定资产。

（1）生产经营用固定资产是指直接服务于生产、经营过程的各种固定资产，如生产经营用的房屋、建筑物、机器、设备、器具、工具等。

（2）非生产经营用固定资产是指不直接服务于生产、经营活动的各种固定资产，如职工宿舍、食堂、浴室、理发室等使用的房屋、设备和其他固定资产。

这种分类可以归类反映和监督企业生产经营用固定资产和非生产经营用固定资产之间以及生产经营用各类固定资产之间的组成和变化情况，借以考核和分析企业固定资产的利用情况，促使企业合理地配备固定资产，充分发挥其效用。

（二）按固定资产使用情况分类

按使用情况，固定资产可分为使用中固定资产、未使用固定资产和不需用固定资产。

（1）使用中固定资产是指正在使用中的经营性和非经营性固定资产。由于季节性经营或大修理等原因，暂时停止使用的固定资产仍属于企业使用中的固定资产。企业出租给其他单位使用的固定资产和内部替换使用的固定资产也属于使用中的固定资产。

（2）未使用的固定资产是指已完工或已购建的尚未交付使用的新增固定资产以及改建、扩建等原因暂停使用的固定资产。如企业购建的尚待安装的固定资产、经营任务变更停止使用的固定资产等。

（3）不需用的固定资产是指本企业多余或不适用，需要调配处理的固定资产。

这种分类，有利于反映固定资产的使用情况及其比例关系，便于分析固定资产的利用效率，挖掘固定资产的使用潜力，促使企业合理地使用固定资产，也便于计提固定资产的折旧。

（三）按固定资产的所有权分类

按所有权分类，固定资产可分为自有固定资产和租入固定资产。

（1）自有固定资产是指企业拥有的可供企业自由支配使用的固定资产。

（2）租入固定资产是指企业采用租赁方式从其他单位租入的固定资产。企业对租入固定资产依照租赁合同拥有使用权，同时负有支付租金的义务，但资产的所有权属于出租单位。租入固定资产可分为经营性租入固定资产和融资租入固定资产。

（四）按固定资产的经济用途和使用情况进行综合分类

按经济用途和使用情况综合分类，企业的固定资产可分为七大类。

（1）经营用固定资产。

（2）非经营用固定资产。

（3）租出固定资产，指在经营性租赁方式下出租给外单位使用的固定资产。

（4）未使用固定资产。

（5）不需用固定资产。

（6）融资租入固定资产，是指企业以融资租赁方式租入的固定资产，在租赁期内，应视同自有固定资产进行管理。

（7）土地。土地是指在1951年和1956年清产核资时已经估价单独入账的经营用与非经营用的土地。因征用土地而支付的补偿费，如因建设工程需要按规定支付的土地补偿费、青苗补偿费以及征收管理费等，应计入与土地有关的房屋、建筑物的价值内，不单独作为土地价值入账。企业取得的土地使用权不能作为固定资产管理。

固定资产按上述分类，既可以反映固定资产的组成情况，又可以反映固定资产的利用情况。

三、固定资产项目管理

固定资产在按照上述各种分类管理的基础上，为了管好用好各项固定资产，还需要进一步按照个别的“固定资产项目”进行分类核算和管理。

固定资产项目，是指具有一定用途的独立的物体，连同其必不可分的附属设备或备件。例如，房屋应以每所房屋连同附属建筑物及设备作为一个固定资产项目；动力设备应以每一动力机器连同基座和附属设备作为一个固定资产项目；工具、仪器及生产用具应以每一工具、仪器、用具连同便于操纵控制的各种附具作为一个固定资产项目。在实际工作中，对有些企业而言区别固定资产项目是一项很复杂的工作，如化工设备大部分是连续装置。原则上讲，应该从便于管理出发来划分固定资产项目。为了便于核算与管理，企业应对每一项固定资产进行编号，填入固定资产目录，并标注在固定资产实物上。在编制固定资产凭证，登记账簿时，也应填列编号，以便查对。

企业应当设置“固定资产卡片”和“固定资产登记簿”，按固定资产类别、使用部门和每项固定资产进行明细核算和管理。

（一）固定资产卡片

为正确计量、记录每项固定资产的增减变动情况，应根据有关的固定资产交接凭证，以每一固定资产项目为对象，设置固定资产卡片，进行固定资产的明细分类核算，但对于名称、规格、单位和用途等相同并且存放在一个车间或部门使用的一些固定资产，也可以按类别合并开设一张固定资产卡片，进行明细分类核算。在固定资产卡片中，应详细记载固定资产的使用和保管部门，固定资产的类别、编号、名称、规格、技术特征、附属设备、购建方式、开始使用日期、预计使用年限、折旧情况、原始价值，以及更新改造、大修理停用、出售、报废等情况。固定资产卡片通常是一式三份：一份由固定资产管理部门（如设备管理部门、房产管理部门等）保管，以全面控制各使用部门和各类固定资产的增减变动及结存数量；一份由固定资产使用部门保管，以便经常核对账实，保证固定资产的安全、完整；一份由会计部门保管，作为固定资产的明细分类账。

企业会计部门为了加强对固定资产卡片的管理和核算，通常要设置固定资产卡片箱，将固定资产卡片存放在卡片箱内，先按固定资产类别排列，再在每一类别之内，按固定资产存放地点编号顺序排列；会计部门保管的卡片应定期与固定资产管理和使用部门保管的卡片进行核对。

当固定资产在企业内部转移时，会计部门应及时地将固定资产卡片从原来的类别或存放地点中抽出并注明日期及原因等，放入新的类别或存放地点中去，固定资产管理部门应将卡片相应地变动，使用部门之间也应办理卡片的交接手续。企业出售、报废、清理及其他原因减少的固定资产，应根据有关的凭证，将固定资产卡片抽出注销，另行归档保管。固定资产卡片格式如表 5-1、表 5-2 所示。

表 5-1　固定资产卡片（正面）

<table>
<tr><td>形式</td><td colspan="2"></td><td colspan="7">停用记录</td></tr>
<tr><td>制造国家</td><td colspan="2"></td><td>原因</td><td>日期</td><td>原因</td><td>日期</td><td>原因</td><td>日期</td><td>备注</td></tr>
<tr><td>制造厂商</td><td colspan="2"></td><td></td><td></td><td></td><td></td><td></td><td></td><td></td></tr>
<tr><td>制造号码</td><td colspan="2"></td><td></td><td></td><td></td><td></td><td></td><td></td><td></td></tr>
<tr><td>使用年限</td><td colspan="2"></td><td></td><td></td><td></td><td></td><td></td><td></td><td></td></tr>
<tr><td>购置日期</td><td colspan="2"></td><td></td><td></td><td></td><td></td><td></td><td></td><td></td></tr>
<tr><td>原值</td><td colspan="2"></td><td></td><td></td><td></td><td></td><td></td><td></td><td></td></tr>
<tr><td>其中：安装费</td><td colspan="2"></td><td></td><td></td><td></td><td colspan="4">大修记录</td></tr>
<tr><td>净残值率</td><td colspan="2"></td><td></td><td></td><td></td><td>日期</td><td>凭证号</td><td>摘要</td><td>金额</td></tr>
<tr><td>折旧</td><td>年</td><td>月</td><td></td><td></td><td></td><td></td><td></td><td></td><td></td></tr>
<tr><td>折旧额</td><td></td><td></td><td></td><td></td><td></td><td></td><td></td><td></td><td></td></tr>
</table>

表 5-2　固定资产卡片（背面）

<table>
<tr><td rowspan="4">附属物品</td><td>名称</td><td>规格</td><td colspan="2">数量</td><td rowspan="4">设备变动</td><td colspan="2">安装地址</td><td colspan="2">用途</td><td colspan="2">变动年月</td></tr>
<tr><td></td><td></td><td colspan="2"></td><td colspan="2"></td><td colspan="2"></td><td colspan="2"></td></tr>
<tr><td></td><td></td><td colspan="2"></td><td colspan="2"></td><td colspan="2"></td><td colspan="2"></td></tr>
<tr><td></td><td></td><td colspan="2"></td><td colspan="2"></td><td colspan="2"></td><td colspan="2"></td></tr>
<tr><td rowspan="4">部件备品</td><td>名称</td><td>规格</td><td>数量</td><td>单价</td><td rowspan="5">最大外形</td><td>长</td><td colspan="2">厘米</td><td colspan="2">清理记录</td><td></td></tr>
<tr><td></td><td></td><td></td><td></td><td>宽</td><td colspan="2">厘米</td><td colspan="2">清理日期</td><td></td></tr>
<tr><td></td><td></td><td></td><td></td><td>高</td><td colspan="2">厘米</td><td colspan="2">累计折旧额</td><td></td></tr>
<tr><td></td><td></td><td></td><td></td><td>总重量</td><td colspan="2" rowspan="2">千克</td><td colspan="2">清理费用</td><td></td></tr>
<tr><td></td><td></td><td></td><td></td><td></td><td></td><td colspan="2">变价收入</td><td></td></tr>
<tr><td>会计科长</td><td></td><td colspan="2">动力设备科长</td><td colspan="2"></td><td>复核</td><td colspan="2">登记</td><td colspan="2">设卡日期</td><td></td></tr>
</table>

（二）固定资产登记簿

为了总括地反映各类固定资产的增减变动及结存情况，并对固定资产卡片进行控制，会计部门还应按照固定资产的类别设置“固定资产登记簿”。“固定资产登记簿”按固定资产的类别开设账页，并按使用部门及来源和去向设置专栏。每年度开始，将固定资产的年初余额，按照规定的类别和使用部门记入登记簿，每月根据固定资产的增减变动内部转移的有关凭证，按照规定的类别和使用部门汇总后，记入登记簿，并在每月月末结出结余金额。固定资产登记簿格式如表 5-3 所示。

表 5-3 固定资产登记簿

日期		摘要	凭证号	增加									减少						余额
月	日			外购	自建	投资者投入	融资租入	接受捐赠	盘盈	改扩建	其他	合计	出售	盘亏	投资转出	毁损	其他	合计	

企业应当根据固定资产定义并结合本企业的具体情况，制定适合于本企业的固定资产目录、分类方法、每类或每项固定资产的折旧年限、折旧方法，作为进行固定资产核算的依据。企业制定的固定资产目录、分类方法、每类或每项固定资产的预计使用年限、预计净残值、折旧方法等，应当编制成册，并按照管理权限，经股东大会、董事会或经理（厂长）会议或类似机构批准，按照法律、行政法规的规定报送有关各方备案，同时备置于企业所在地，以供投资者等有关各方查阅。企业已经确定并对外报送，或备置于企业所在地的有关固定资产目录、分类方法、预计净残值、预计使用年限、折旧方法等，一经确定不得随意变更，如需变更，仍然应当按照上述程序，经批准后报送有关各方备案，并在财务报表附注中予以说明。未作为固定资产管理的工具、器具等，作为低值易耗品核算。

第二节　固定资产取得的核算

本节重点与难点：

固定资产初始成本的确定

固定资产取得时应当按照成本进行初始计量。由于固定资产的来源渠道不同，其成本构成的具体内容也有所差异。

一、外购的固定资产

外购固定资产的成本包括买价、进口关税等相关税费，以及为使固定资产达到预定可使用状态前所发生的可直接归属于该资产的其他支出，如场地整理费、运输费、装卸费、安装费和专业人员服务费等。增值税一般纳税人购进（包括接受捐赠、实物投资）或者自制（包括改扩建、安装）固定资产发生的进项税额，以及支付运输费发生的进项税额，可根据《增值税暂行条例》和《增值税暂行条例实施细则》的有关规定，凭增值税专用发票、海关进口增值税专用缴款书和货物运输业增值税专用发票从销项税额中抵扣。但对于一般纳税人的不动产以及用于不动产在建工程的购进货物，是不准予抵扣进项税额的。

请注意：

关于企业支付的增值税能否抵扣，参照《增值税暂行条例》和《增值税暂行条例实施细则》及《财政部　国家税务总局关于将铁路运输业和邮政业纳入营业税改征增值税试点的通知》等的有关规定。

如果以一笔款项购入多项没有单独标价的固定资产，按各项固定资产公允价值的比例对总成本进行分配，分别确定各项固定资产的入账价值。

购买固定资产的价款超过正常信用条件延期支付（通常在3年以上），实质上具有融资性质，固定资产的成本以购买价款的现值为基础确定。实际支付的价款与购买价款的现值之间的差额，除按照《企业会计准则第17号——借款费用》应予资本化的以外，应当在信用期间内计入当期损益。

（一）不需要安装即可使用的固定资产

企业购入不需要安装的固定资产时，直接通过“固定资产”账户核算。

例5-1

艾丽制衣公司2014年6月8日购入一台不需要安装的机器设备，取得增值税专用发票，价款120 000元，增值税20 400元；运输费发票列示的运费为800元，增值税88元。货款与运费都以银行存款支付。艾丽制衣公司作会计分录如下：

借：固定资产	120 800	
应交税费——应交增值税（进项税额）	20 488	
贷：银行存款		141 288

业务单据：

增值税专用发票第二、三联，银行转账凭证，固定资产验收单，固定资产交接单

（二）需要安装的固定资产

企业购入需要安装的固定资产时，先记入“在建工程”账户，安装完毕交付使用时再转入“固定资产”账户。

例5-2

艾丽制衣公司2014年6月12日购入需要安装的机器设备一台，取得增值税专用发票，价款80 000元，增值税13 600元，另支付运杂费，发票列示的运杂费为5 000元，

业务单据：
购买设备增值税专用发票第二、三联，银行转账凭证，固定资产验收单，固定资产交接单

增值税为 550 元。货款及运杂费均已通过银行结算。安装事宜由外公司进行，完工验收后，付给安装费 6 700 元，开出转账支票支付。艾丽制衣公司作会计分录如下：

（1）购买机器设备时：

借：在建工程——安装工程　　80 000
　　应交税费——应交增值税（进项税额）　　13 600
　　贷：银行存款　　93 600

（2）支付运杂费时：

借：在建工程——安装工程　　5 000
　　应交税费——应交增值税（进项税额）　　550
　　贷：银行存款　　5 550

（3）支付设备的安装费用时：

借：在建工程——安装工程　　6 700
　　贷：银行存款　　6 700

（4）机器设备安装完工投入使用，结转安装成本时：

借：固定资产　　91 700
　　贷：在建工程——安装工程　　91 700

（三）一笔款项购入多项没有单独标价的固定资产

例 5-3

2014 年 6 月 12 日，艾丽制衣公司向太原机械设备制造有限责任公司一次购入三套不同型号且具有不同生产能力的设备 A、B 和 C。艾丽制衣公司为该批设备共支付货款 600 万元，增值税进项税额 102 万元，保险费 1.8 万元，装卸费 0.4 万元，全部以银行转账支付；假定 A、B 和 C 设备分别满足固定资产确认条件，公允价值分别为 156 万元、234 万元和 130 万元。假定不考虑其他相关税费。艾丽制衣公司作会计分录如下：

业务单据：
增值税专用发票第二、三联，银行转账凭证，固定资产验收单，固定资产交接单，固定资产价值计算单

（1）确认计入固定资产成本的金额：

6 000 000 + 18 000 + 4 000=6 022 000（元）

（2）确定 A、B 和 C 设备的分配比例：

A 设备应分配的固定资产价值比例

=1 560 000/（1 560 000+2 340 000+1 300 000）× 100%=30%

B 设备应分配的固定资产价值比例

=2 340 000/（1 560 000+2 340 000+1 300 000）× 100%=45%

C 设备应分配的固定资产价值比例

=1 300 000/（1 560 000+2 340 000+1 300 000）× 100%=25%

（3）确定 A、B 和 C 设备各自的成本：

A 设备的成本 =6 022 000 × 30%=1 806 600（元）

B 设备的成本 =6 022 000 × 45%=2 709 900（元）

C 设备的成本 =6 022 000 × 25%=1 505 500（元）

（4）会计分录如下：

借：固定资产——A 设备 1 806 600

——B 设备 2 709 900

——C 设备 1 505 500

应交税费——应交增值税（进项税额） 1 020 000

贷：银行存款 7 042 000

（四）分期付款购买固定资产

购买固定资产的价款超过正常信用条件延期支付，实质上具有融资性质的，按照购买价款的现值，借记“固定资产（或）在建工程”账户，按照应支付的金额，贷记“长期应付款”账户，实际支付的价款与购买价款的现值之间的差额，借记“未确认融资费用”账户，未确认融资费用按照实际利率法摊销。

“未确认融资费用”账户，核算企业应当分期计入利息费用的未确认融资费用。借方登记未确认的融资费用，贷方登记按照实际利率法摊销的未确认融资费用，期末借方余额，反映企业未确认融资费用的摊余价值。可按债权人和长期应付款项目进行明细核算。“未确认融资费用”账户作为“长期应付款”账户的备抵账户。期末，该账户余额应从“长期应付款”账户余额中减去，以租赁负债净额列示于资产负债表中。

例 5-4

艾丽制衣公司 2012 年 1 月 1 日从太原重型机械集团公司购入不需要安装的 N 型机器作为固定资产使用，该机器已收到。购货合同约定，N 型机器的总价款为 1 000 万元，分 3 年支付，2012 年 12 月 31 日支付 500 万元，2013 年 12 月 31 日支付 300 万元，2014 年 12 月 31 日支付 200 万元。假定 3 年期银行借款年利率为 6%。艾丽制衣公司作会计分录如下：

业务单据：
增值税专用发票第二、三联，银行转账凭证，固定资产验收单，固定资产交接单，固定资产价值计算单

（1）2012 年 1 月 1 日：

总价款的现值

$=5\ 000\ 000\div(1+6\%)+3\ 000\ 000\div(1+6\%)^2+2\ 000\ 000\div(1+6\%)^3$

$\approx 4\ 717\ 000+2\ 670\ 000+1\ 679\ 200$

$\approx 9\ 066\ 200$（元）

未确认融资费用 =10 000 000-9 066 200=933 800（万元）

借：固定资产 9 066 200

未确认融资费用 933 800

贷：长期应付款 10 000 000

（2）2012 年 12 月 31 日：

借：长期应付款 5 000 000

贷：银行存款 5 000 000

确认的融资费用 =9 066 200×6%=543 972（元）

借：财务费用　　543 972
　　贷：未确认融资费用　　543 972

（3）2013年12月31日：

借：长期应付款　　3 000 000
　　贷：银行存款　　3 000 000

确认的融资费用 =［9 066 200－（5 000 000－543 972）］×6% ≈ 276 610（元）

借：财务费用　　276 610
　　贷：未确认融资费用　　276 610

议一议：
如何理解购买固定资产的价款超过正常信用条件延期支付，按照购买价款的现值确定固定资产的入账价值？如何理解未确认融资费用？

（4）2014年12月31日：

借：长期应付款　　2 000 000
　　贷：银行存款　　2 000 000

确认的融资费用 =933 800－543 972－276 610=113 218（元）

借：财务费用　　113 218
　　贷：未确认融资费用　　113 218

二、自行建造的固定资产

自行建造的固定资产，是企业为了新建、改建、扩建固定资产或者对固定资产进行设备更新而由企业自行建造的固定资产。按其建造实施方式的不同，可分为自营工程和出包工程。

自行建造的固定资产，按建造该项资产达到预定可使用状态前所发生的必要支出，作为入账价值。

设置“在建工程”账户，该账户属于资产类账户，借方登记在建工程的各项实际支出数；贷方登记工程完成、固定资产达到预定使用状态时，转入固定资产和退回工程余款、余料的实际减少数；该账户的期末借方余额，反映企业尚未完工的基建工程发生的各项实际支出。该账户设置“建筑工程”“安装工程”“在安装设备”“待摊支出”等明细账户核算。

企业在建工程的核算除需要设置“在建工程”账户外，还需要设置“工程物资”账户，用来核算企业为在建工程准备的各种物资的成本，包括工程用材料、尚未安装的设备以及为生产准备的工器具等。该账户的借方反映企业为在建工程准备的各种物资的成本，贷方反映领用各种物资的成本。期末借方余额，反映企业为在建工程准备的各种物资的成本。本账户应设置“专用材料”“专用设备”“工器具”等明细账户。

（一）自营工程的核算

企业以自营方式建造固定资产，是指企业自行组织工程物资采购，自行组织施工人员从事工程施工完成固定资产建造。实务中，企业较少采用自营方式建造固定资产，多数情况下采用出包方式。企业如有以自营方式建造固定资产，其成本应当按照直接材料、直接人工、直接机械施工费等计量。企业为建造固定资产准备的各种物资应当按照实际支付的买价、运输费、保险费等相关税费作为实际成本，并按照各种专项物资的种类进行明细核算。工程完工后，剩余的工程物资转为本企业存货的，按其实际成本或计划成本进行结转。建设期间发生的工程物资盘亏、报废及毁损，减去残料价值以及保险公司、过失人等赔款后的净损失，计入所建工程项目的成本；盘盈的工程物资或处置净收益，冲减所建工程项目的成本。工程完工后发生的工程物资盘盈、盘亏、报废、毁损计入当期营业外收支。建造固定资产领用工程物资、原材料或库存商品，应按其实际成本转入所建工程成本。自营方式建造固定资产应负担的职工薪酬，辅助生产部门为之提供的水、电和修理、运输等劳务，以及其他必要支出等也应计入所建工程项目的成本。符合资本化条件的，应计入所建造固定资产成本的借款费用按照《企业会计准则第 17 号——借款费用》的有关规定处理。

1. 购入工程物资的核算

企业购入为工程准备的物资，应按确定的实际成本，借记“工程物资（专用材料或专用设备）”账户，贷记“银行存款”“应付账款”“应付票据”等账户。增值税一般纳税人购入工程物资产生的进项税额，可根据《增值税暂行条例》和《增值税暂行条例实施细则》的有关规定，凭增值税专用发票、海关进口增值税专用缴款书和货物运输业增值税专用发票从销项税额中抵扣。

2. 企业自营工程的核算

企业自营的基建工程，领用工程用材料物资时，应按实际成本，借记“在建工程——×× 工程”账户，贷记“工程物资”账户；基建工程领用本企业原材料的，按原材料的实际成本，借记“在建工程——×× 工程”账户，按原材料的实际成本或计划成本，贷记“原材料”账户。采用计划成本计价核算原材料的，还应分摊材料成本差异。如果该基建工程属于不能抵扣增值税的工程项目，则应按原材料的实际成本加上不能抵扣的增值税，借记“在建工程——×× 工程”账户；按原材料的实际成本或计划成本，贷记“原材料”账户；按不能抵扣的增值税，贷记“应交税费——应交增值税（进项税额转出）”账户。

基建工程领用本企业的商品、产品时，按商品、产品的成本加上增值税税额，借记“在建工程——×× 工程”账户；按商品、产品的成本，贷记“库存商品”账户；按计算的增值税，贷记“应交税费——应交增值税（销项税额）”账户。商品、产品采用计划成本或售价的企业，还应当分摊成本差异或商品进销差价。基建工程应负担的职工薪酬，借记“在建工程——×× 工程”账户，贷记“应付职工薪酬”账户。

企业的辅助生产部门为工程提供的水、电和设备安装、修理、运输等劳务，应按月根据实际成本，借记“在建工程——×× 工程”账户，贷记“生产成本——辅助生产成本”等账户。

在建工程发生的借款费用满足借款费用资本化条件的，借记“在建工程——××工程”账户，贷记“长期借款”“应付利息”等账户。

3. 在建工程的其他核算

由于自然灾害等原因造成的在建工程报废或毁损，减去残料价值和过失人或保险公司等赔款后的净损失，借记“营业外支出——非常损失”账户，贷记“在建工程——××工程”账户。

建设期间发生的工程物资盘亏、报废及毁损净损失加上不能抵扣的增值税进项税额，借记“在建工程——××工程”账户，贷记“工程物资”“应交税费——应交增值税（进项税额转出）”账户；盘盈的工程物资或处置净收益作相反的会计分录。

4. 基建工程完工清理

在建工程完工已领出的剩余物资应办理退库手续，借记“工程物资”账户，贷记“在建工程”账户。

5. 基建过程完工交付使用

自营工程完工交付使用时，企业应当计算各项交付使用的固定资产成本，编制交付使用的固定资产明细表，并借记“固定资产”账户，贷记“在建工程”账户。

例 5-5

艾丽制衣公司自行组织力量建造一幢办公楼，发生如下经济业务：

业务单据：增值税专用发票第二、三联，银行转账凭证，工程物资验收单，工程物资交接单

（1）购进工程用物资，增值税专用发票列示的价款为 24 万元，增值税税额为 4.68 万元，物资已验收入库，贷款通过开户银行转账付讫。作会计分录如下：

借：工程物资　　286 800

　　贷：银行存款　　286 800

业务单据：领料单

（2）基建部门领用已购进的工程用物资一批，其中包括工程用材料、备件等，共计 24 万元。作会计分录如下：

借：在建工程——办公楼　　240 000

　　贷：工程物资　　240 000

业务单据：职工薪酬分配表

（3）工程建设期间发放建筑工程职工工资 5 500 元，安装工程职工工资 6 000 元，基建管理部门职工工资 4 000 元。作会计分录如下：

借：在建工程——办公楼　　15 500

　　贷：应付职工薪酬　　15 500

业务单据：产品出库单、增值税计算表

（4）由于工程需要，基建部门领用本企业生产的产品一批，产品的成本为 5.2 万元，售价为 6 万元（不含税），增值税税率为 17%。作会计分录如下：

借：在建工程——办公楼　　62 200

　　贷：库存商品　　52 000

　　　　应交税费——应交增值税（销项税额）　　10 200

（5）本月企业辅助生产车间和总务部门为工程提供的水、电及设备安装、修理和运输的费用共计 8 000 元。作会计分录如下：

业务单据：辅助生产费用分配表

借：在建工程——办公楼 8 000
　　贷：生产成本——辅助生产成本 8 000

（6）本企业为自营工程加工的零件、配件，本月完工部分的实际成本计 7 600 元，交付基建部门。作会计分录如下：

业务单据：辅助生产费用分配表

借：在建工程——办公楼 7 600
　　贷：生产成本——辅助生产成本 7 600

（7）结转本期已经完工并经检验合格的固定资产计 33.33 万元，交付使用时，将剩余工程物资转为生产用材料。作会计分录如下：

业务单据：固定资产验收单、固定资产交接单、材料入库单

借：固定资产 333 300
　　贷：在建工程——办公楼 333 300
借：原材料 40 000
　　应交税费——应交增值税（进项税额） 6 800
　　贷：工程物资 46 800

（二）出包工程的核算

采用出包方式建造固定资产，企业要与建造承包商签订建造合同，企业是建造合同的甲方，负责筹集资金和组织管理工程建设，通常称为建设单位；建造承包商是建造合同的乙方，负责建筑安装工程施工任务。企业的新建、改建、扩建等建设项目，通常均采用出包方式。一个建设项目通常由若干单项工程构成，如新建一个火电厂包括建造发电车间、冷却塔、安装发电设备等，新建的火电厂即为建设项目，建造的发电车间、冷却塔、安装发电设备均为单项工程。

1. 出包工程的成本构成

企业以出包方式建造固定资产，其成本由建造该项固定资产达到预定可使用状态前所发生的必要支出构成，包括发生的建筑工程支出、安装工程支出以及须分摊计入各固定资产价值的待摊支出。由于建筑工程、安装工程采用出包方式发包给建造承包商承建，因此，工程的具体支出，如人工费、材料费、机械使用费等由建造承包商核算。对于发包企业而言，建筑工程支出、安装工程支出是构成在建工程成本的重要内容，结算的工程价款计入在建工程成本。待摊支出是指在建设期间发生的，不能直接计入某项固定资产价值，而应由所建造固定资产共同负担的相关费用，包括为建造工程发生的管理费，可行性研究费，临时设施费，公证费，监理费，征地费，应负担的税金，符合资本化条件的借款费用，建设期间发生的工程物资盘亏、报废及毁损净损失，以及负荷联合试车费等。其中，征地费是指企业通过划拨方式取得建设用地发生的青苗补偿费，地上建筑物、附着物补偿费等。企业为建造固定资产通过出让方式取得土地使用权而支付的土地出

让金不计入在建工程成本，应确认为无形资产（土地使用权）。

2. 出包工程的核算

出包方式下，“在建工程”账户主要是企业与建造承包商办理工程价款的结算账户，企业支付给建造承包商的工程价款作为工程成本也通过“在建工程”账户核算。

企业预付工程款时，借记“预付账款”账户，贷记“银行存款”账户。企业应按合理估计的工程进度和合同规定结算的进度款，借记“在建工程——建筑工程（×× 工程）”“在建工程——安装工程（×× 工程）”账户，贷记“银行存款”“预付账款”等账户。工程完成时，按合同规定补付的工程款，借记“在建工程”账户，贷记“银行存款”等账户。企业将需安装设备运抵现场安装时，借记“在建工程——在安装设备（×× 设备）”账户，贷记“工程物资——×× 设备”账户；企业为建造固定资产发生的待摊支出，借记“在建工程——待摊支出”账户，贷记“银行存款”“应付职工薪酬”“长期借款”等账户。在建工程进行负荷联合试车发生的费用，借记“在建工程——待摊支出”账户，贷记“银行存款”“原材料”等账户；试车形成的产品或副产品对外销售或转为库存商品的，借记“银行存款”“库存商品”等账户，贷记“在建工程——待摊支出”账户。

在建工程达到预定可使用状态时，首先计算分配待摊支出，其次计算确定已完工的固定资产成本，然后进行相应的会计处理。

待摊支出分配率＝累计发生的待摊支出 ÷（建筑工程支出＋安装工程支出＋在安装设备支出）×100%

某工程应分配的待摊支出＝（该工程的建筑工程支出＋安装工程支出＋在安装设备支出）× 待摊支出分配率

房屋、建筑物等固定资产成本＝建筑工程支出＋应分摊的待摊支出

需要安装设备的成本＝设备成本＋为设备安装发生的基础、支座等建筑工程支出＋安装工程支出＋应分摊的待摊支出

出包的基建工程完工交付使用时，企业应当计算各项交付使用的固定资产成本，编制交付使用的固定资产明细表，并借记“固定资产”账户，贷记“在建工程——建筑工程”“在建工程——安装工程”“在建工程——待摊支出”等账户。

所建造的固定资产已达到预定可使用状态，但尚未办理竣工决算的，应当自达到预定可使用状态之日起，根据工程预算、造价或者工程实际成本等，按估计的价值转入固定资产，待办理了竣工决算手续后调整暂估价值。

例 5-6

甲公司经当地有关部门批准，新建一个钢铁厂。其中新建钢铁厂的冶炼车间由 3 个单项工程组成，包括建造高炉、热风炉、冷却塔以及安装炉内设备。2013 年 3 月 1 日，甲公司与乙公司签订合同，将该项目出包给乙公司承建。根据双方签订的合同，建造高

炉的价款为 100 万元，建造热风炉的价款为 200 万元，建造冷却塔的价款为 300 万元，安装炉内设备需支付安装费用 50 万元。建造期间发生的有关事项如下（假定不考虑相关税费）。

（1）2013 年 3 月 10 日，甲公司按合同约定向乙公司预付 10% 的备料款 60 万元，其中高炉 10 万元、热风炉 20 万元、冷却塔 30 万元。

（2）2013 年 8 月 20 日，建造高炉、热风炉和冷却塔的工程进度达到 50%，甲公司与乙公司办理工程价款结算 300 万元，其中高炉 50 万元、热风炉 100 万元、冷却塔 150 万元。甲公司抵扣了预付备料款后，将余款用银行存款付讫。

（3）2013 年 10 月 8 日，甲公司购入需安装的高炉设备，价款总计 40 万元（含增值税进项税额），已用银行存款付讫。

（4）2014 年 3 月 10 日，建筑工程主体已完工，甲公司与乙公司办理工程价款结算 300 万元。其中高炉 50 万元、热风炉 100 万元、冷却塔 150 万元。甲公司向乙公司承诺 3 个月内付款。

（5）2014 年 3 月 20 日，甲公司将高炉设备运抵现场，交乙公司安装。

（6）2014 年 4 月 10 日，高炉设备安装到位，甲公司与乙公司办理设备安装价款结算 10 万元，款项已支付。

（7）2014 年 5 月，工程项目发生管理费、可行性研究费、公证费、监理费共计 25 万元，已用银行存款付讫。

（8）2014 年 5 月，进行负荷联合试车领用本企业材料 8 万元，发生其他试车费用 5 万元，用银行存款支付。试车期间取得收入 18.5 万元。

（9）2014 年 6 月 1 日，完成试车，各项指标达到设计要求。

甲公司的有关账务处理如下：

（1）2013 年 3 月 10 日，预付备料款时：

借：预付账款　600 000

　　贷：银行存款　600 000

业务单据： 合同副本、转账支付凭证

（2）2013 年 8 月 20 日，办理建筑工程价款结算时：

借：在建工程——建筑工程（高炉）　500 000

　　　　　　——建筑工程（热风炉）　1 000 000

　　　　　　——建筑工程（冷却塔）　1 500 000

　　贷：银行存款　2 400 000

　　　　预付账款　600 000

业务单据： 工程价款结算单、转账支付凭证

（3）2013 年 10 月 8 日，购入高炉设备时：

借：工程物资——高炉设备　400 000

　　贷：银行存款　400 000

业务单据： 增值税专用发票、转账支付凭证、工程物资入库单

（4）2014 年 3 月 10 日，办理建筑工程价款结算时：

借：在建工程——建筑工程（高炉）　500 000

业务单据： 工程价款结算单

——建筑工程（热风炉） 1 000 000

——建筑工程（冷却塔） 1 500 000

贷：应付账款 3 000 000

业务单据：工程物资领用单

（5）2014 年 3 月 20 日，将高炉设备交乙公司安装时：

借：在建工程——在安装设备（高炉设备） 400 000

贷：工程物资——高炉设备 400 000

业务单据：工程价款结算单、转账支付凭证

（6）2014 年 4 月 10 日，办理安装工程价款结算时：

借：在建工程——安装工程（高炉设备） 100 000

贷：银行存款 100 000

业务单据：事业单位收据、普通发票、转账支付凭证

（7）2014 年 5 月，支付工程发生的管理费、可行性研究费、公证费、监理费时：

借：在建工程——待摊支出 250 000

贷：银行存款 250 000

业务单据：领料单、银行转账支付凭证、银行进账单回单

（8）2014 年 5 月，进行负荷联合试车时：

借：在建工程——待摊支出 130 000

贷：原材料 80 000

银行存款 50 000

借：银行存款 185 000

贷：在建工程——待摊支出 185 000

业务单据：固定资产验收单、固定资产交接单

（9）2014 年 6 月 1 日，结转在建工程计算分配待摊支出时：

待摊支出分配率 =（250 000+130 000−185 000）÷（1 000 000+2 000 000+3 000 000+100 000+400 000）× 100%=195 000 ÷ 6 500 000 × 100%=3%

高炉应分配的待摊支出 =1 000 000 × 3%=30 000（元）

热风炉应分配的待摊支出 =2 000 000 × 3%=60 000（元）

冷却塔应分配的待摊支出 =3 000 000 × 3%=90 000（元）

高炉设备应分配的待摊支出 =（400 000+100 000）× 3%=15 000（元）

结转在建工程：

借：在建工程——建筑工程（高炉） 30 000

——建筑工程（热风炉） 60 000

——建筑工程（冷却塔） 90 000

——在安装设备（高炉设备） 12 000

——安装工程（高炉设备） 3 000

贷：在建工程——待摊支出 195 000

计算已完工的固定资产的成本：

高炉的成本 =1 000 000+30 000=1 030 000（元）

热风炉的成本 =2 000 000+60 000=2 060 000（元）

冷却塔的成本 =3 000 000+90 000=3 090 000（元）

高炉设备及安装的成本 =（400 000+100 000）+15 000=515 000（元）

借：固定资产——高炉　1 030 000
——热风炉　2 060 000
——冷却塔　3 090 000
——高炉设备　515 000
贷：在建工程——建筑工程（高炉）　1 030 000
——建筑工程（热风炉）　2 060 000
——建筑工程（冷却塔）　3 090 000
——安装工程（高炉设备）　103 000
——在安装设备（高炉设备）　412 000

三、投资者投资转入的固定资产

投资者投入的固定资产，应当按照投资合同或协议约定的价值确定，但合同或协议约定价值不公允的除外。

投资者投资转入的固定资产，在会计核算上，一方面反映固定资产的增加；另一方面要反映投资者投资额的增加，即实收资本的增加。应按投资各方确认的价值（不公允的除外），借记“固定资产”账户，贷记“实收资本”（或“股本”）账户。

业务单据：
固定资产验收单、固定资产交接单、投资协议、资产评估报告

例 5-7

艾丽制衣公司收到华晋纺织有限责任公司作为股权投资投入的生产用设备一台，华晋纺织有限责任公司记录的该设备的账面原价为 18 万元，已提折旧 1 万元，艾丽制衣公司接受投资时，双方同意按原设备的净值确认投资额。艾丽制衣公司作会计分录如下：

借：固定资产　170 000
贷：实收资本　170 000

议一议：
如果例 5-7 中，固定资产的公允价值为 25 万元，艾丽制衣公司应怎样作会计处理？

四、其他方式取得的固定资产

（一）融资租入的固定资产

1. 融资租入固定资产的认定

租赁是指在约定的时期内，出租人将资产使用权让与承租人以获取租金的协议。按照租赁资产所有权有关的风险和报酬归属程度进行分类，可以将租赁分为融资租赁和经营租赁。这里的风险是指由于经营情况变化造成相关收益的变动，以及由于资产闲置、技术陈旧等造成的损失等；报酬是指在资产可使用年限内直接使用资产而获得的经济利益、资产增值，以及处置资产所实现的收益等。

融资租赁是指实质上转移了与资产所有权有关的全部风险和报酬的租赁。企业在对租赁分类时，应当全面考虑租赁期届满时租赁资产所有权是否转移给承租

人、承租人是否有购买租赁资产的选择权、租赁期占资产尚可使用年限的比例等各种因素。满足以下一项或数项标准的租赁，应当认定为融资租赁：

（1）在租赁期届满时，租赁资产的所有权转移给承租人。

（2）承租人有购买租赁资产的选择权，所订立的购价预计将远低于行使选择权时租赁资产的公允价值，因而在租赁开始日就可以合理确定承租人将会行使这种选择权。这里的“远低于”，一般是指购价低于行使选择权时租赁资产的公允价值的5%。

（3）即使资产的所有权不转移，但租赁期占租赁资产使用年限的大部分（通常为租赁期占租赁开始日租赁资产使用年限的75%及以上）。但是，如果租赁资产在开始租赁前已使用年限超过该资产全新时可使用年限的大部分，则该条标准不适用。

（4）就承租人而言，租赁开始日最低租赁付款额的现值几乎相当于租赁开始日租赁资产公允价值（通常为最低租赁付款额现值占租赁资产公允价值的90%及以上）；就出租人而言，租赁开始日最低租赁收款额的现值几乎相当于租赁开始日租赁资产公允价值（通常为最低租赁收款额现值占租赁资产公允价值的90%及以上）。但是，如果租赁资产在开始租赁前已使用年限超过该资产全新时可使用年限的大部分，则该条标准不适用。

（5）租赁资产性质特殊，如果不作较大调整，只有承租人才能使用。

从这些标准可以看出，企业采用融资租赁方式租入固定资产，尽管在法律上资产的所有权在租赁期间仍然属于出租方，但由于资产租赁期基本上包括了资产的有效使用年限，承租企业实质上获得了租赁资产所提供的主要经济利益，同时承担了与资产有关的风险。因此企业应将融资租入资产作为一项固定资产入账，同时确认相应的负债，并计提固定资产折旧。对于融资租入固定资产，能够合理确定租赁期届满时取得租赁资产所有权的，应当在租赁资产使用寿命内计提折旧；无法合理确定租赁期届满时能够取得租赁资产所有权的，应当在租赁期与租赁资产使用寿命两者中较短的期间内计提折旧。

2. 融资租入固定资产的核算

融资租入固定资产视同本企业自有固定资产核算。区别于企业其他自有的固定资产，企业应当在“固定资产”账户下单独设置“融资租入固定资产”明细账户核算融资租入固定资产。

（1）企业在租赁开始日，按应计入固定资产成本的金额（租赁开始日租赁资产的公允价值与最低租赁付款额的现值两者中较低者，加上初始直接费用），借记“固定资产”或“在建工程”账户；按最低租赁付款额，贷记“长期应付款——应付融资租赁款”账户；按发生的初始直接费用，贷记“银行存款”等账户；按其差额，借记“未确认融资费用”账户。

最低租赁付款额，是指在租赁期内，企业（承租人）应支付或可能被要求支付的各种款项（不包括或有租金和履约成本），加上由企业（承租人）或与其有关的第三方担保的资产余值。但是，如果企业（承租人）有购买租赁资产的选择权，所订立的购价预计将远低于行使选择权时租赁资产的公允价值，因而在租赁开始日就可以合理确定企业（承租人）将会行使这种选择权，则购买价款也应包括在内。其中，资产余值是指租赁开始日估计的租赁期届满时租赁资产的公允价值。

承租人在计算最低租赁付款额的现值时，关键是确定适当的折现率。企业会计准则规定，如果承租人知悉出租人的租赁内含利率，该租赁内含利率即为折现率；否则，应采用租赁合同规定的利率作为折现率。如果上述两种利率均无法获知，应当采用同期银行贷款利率作为折现率。租赁内含利率，是指在租赁期开始日，使最低租赁收款额的现值与未担保余值的现值之和等于租赁资产公允价值与出租人的初始直接费用之和的折现率。

（2）按期支付的租金，借记“长期应付款”账户，贷记“银行存款”等账户。

（3）未确认融资费用应当在租赁期内各个期间进行分摊。承租人应当采用实际利率法计算确认当期的融资费用。分摊时借记“在建工程”“财务费用”等账户，贷记“未确认融资费用”账户。

（4）租赁期满，如果租约规定资产归承租人所有的，承租人付清最后一笔款项时，将融资租入资产转为自有固定资产。

例 5-8

艾丽制衣公司向 H 公司租入一台新设备用于车间生产，租约的有关内容如下：

（1）租期 10 年，不可撤销；

（2）每年支付租金 60 万元，于年末支付；

（3）承租人担保余值 50 万元，未担保余值 10 万元；

（4）租赁开始日，租赁资产公允价值为 3 873 090 元；

（5）承租人无法知道出租人的租赁内含利率，租赁合同规定的利率为 11%；

（6）租期届满，租赁资产由出租人收回。

根据上述资料，可确定本项租赁业务为融资租赁。艾丽制衣公司作会计分录如下：

（1）租入资产时：

① 确定融资租入固定资产的入账价值。

租赁付款额 =60×10+50=650（万元）

确定租赁付款额的现值 =600 000×5.889 233+500 000×0.352 180

=3 533 540+176 090

=3 709 630（元）

上式中，5.889 233 为 n=10、i=11% 时的年金现值系数，0.352 180 为 n=10、i=11% 时的复利现值系数。

由于租赁付款额的现值 3 709 630 元低于租赁开始日租赁资产的公允价值

业务单据：
合同副本、固定资产验收单、固定资产交接单、固定资产价值计算单

3 873 090 元，所以艾丽制衣公司对租入资产应按 3 709 630 元入账。

② 会计处理如下：

借：固定资产——融资租入固定资产 3 709 630

未确认融资费用 2 790 370

贷：长期应付款——应付融资租赁款 6 500 000

业务单据：
未确认融资费用摊销表、转账支付凭证

（2）分期支付租金，摊销未确认融资费用。

租赁开始日承租人艾丽制衣公司编制的“未确认融资费用摊销表”如表 5-4 所示。

表 5-4 未确认融资费用摊销表

单位：元

期数	租金 (1)	应计利息 (2) = 上期 (4) ×11%	本金减少数 (3) = (1) − (2)	本金余额 (4) = 上期 (4) − 本期 (3)
				3 709 630
1	600 000	408 060	191 940	3 517 690
2	600 000	386 950	213 050	3 304 640
3	600 000	363 510	236 490	3 068 150
4	600 000	337 500	262 500	2 805 650
5	600 000	308 620	291 380	2 514 270
6	600 000	276 570	323 430	2 190 840
7	600 000	240 990	359 010	1 831 830
8	600 000	201 500	398 500	1 433 330
9	600 000	157 660	442 340	990 990
10	600 000	109 010	490 990	500 000
合计	6 000 000	2 790 370	3 209 630	—

① 支付第一期租金时：

借：长期应付款——应付融资租赁款 600 000

贷：银行存款 600 000

同时确认融资费用：

借：财务费用 408 060

贷：未确认融资费用 408 060

② 支付第二期租金时：

借：长期应付款——应付融资租赁款 600 000

贷：银行存款 600 000

同时确认融资费用：

借：财务费用 386 950

贷：未确认融资费用 386 950

（3）租赁期内计提折旧。租赁期满，艾丽制衣公司要将租赁资产退还出租人，因此应按租赁期计提折旧。假设艾丽制衣公司采用直线法折旧，则租入资产每年应提折旧320 963元，即[（3 709 630-500 000）÷10]。

业务单据：
折旧计算表

借：制造费用 320 963

贷：累计折旧 320 963

（4）租赁期满，"应付融资租赁款"明细账户有贷方余额50万元，固定资产净值亦为50万元，即为承租人担保余值。退还资产时：

借：长期应付款——应付融资租赁款 500 000

累计折旧 3 209 630

贷：固定资产——融资租入固定资产 3 709 630

（二）经营租入固定资产

经营租赁是指除融资租赁以外的其他租赁。经营租赁资产的所有权不转移，租赁期届满后，承租人有退租或续租的选择权，而不存在优惠购买选择权。从承租人（即租入资产方企业）的角度看，采用经营性租赁方式租入的资产，主要是为企业解决生产经营的季节性、临时性的需要，并不是长期拥有，租赁期限相对较短；资产的所有权仍归属出租方，企业只是在租赁期内拥有资产的使用权；租赁期满，企业将资产退还给出租人。也就是说在这种租赁方式下，与租赁资产相关的风险和报酬仍然归属于出租人。

鉴于经营租赁的上述特点，作为承租人的企业，对租入的资产不需要也不应该作为本企业的资产计价入账，也无须计提折旧。

例5-9

艾丽制衣公司为了销售本公司产品的需要，于2014年1月1日起在商业区租入房屋一间，租期为5年，每年的租金为12万元，共60万元。租金于每年年初支付，2014年1月1日已支付本年租金。艾丽制衣公司作会计分录如下：

业务单据：
费用支出单、转账支付凭证

借：销售费用 120 000

贷：银行存款 120 000

议一议：
为什么融资租入的固定资产作为租入方的固定资产管理与核算，而经营租入的固定资产不能作为租入方的固定资产管理和核算？

（三）接受捐赠的固定资产

企业接受其他单位捐赠的固定资产，应根据捐赠方提供的有关凭据金额或该项资产的公允价值，借记"固定资产"账户，按照增值税专用发票列示的抵扣金额，借记"应交税费——应交增值税（进项税额）"账户，按该项固定资产的公允价值和可抵扣的增值税税额，贷记"营业外收入"账户。

例5-10

艾丽制衣公司接受康健公司捐赠的电子设备一台，增值税专用发票上标明的金额为20万元，增值税3.4万元，艾丽制衣公司以银行存款支付的运输费、包装费、安装调试费等共计3 000元，取得普通发票。

业务单据：
增值税专用发票第二、三联，固定资产验收单，固定资产交接单，捐赠协议，普通发票，银行转账支付凭证

艾丽制衣公司作会计分录如下：

借：固定资产	203 000
应交税费——应缴增值税（进项税额）	34 000
贷：营业外收入	234 000
银行存款	3 000

此外，融资租赁的固定资产按照《企业会计准则第21号——租赁》的规定确定；非货币性资产交换取得的固定资产，其入账价值按《企业会计准则第7号——非货币性资产交换》的规定确定；债务重组中取得的固定资产，其入账价值按《企业会计准则第12号——债务重组》的规定确定。

本节重点与难点：
折旧范围、折旧方法

第三节　固定资产折旧的核算

一、固定资产折旧的概念

固定资产折旧是指固定资产在使用寿命内，按照确定的方法对应计折旧额进行的系统分摊。其中，应计折旧额指应当计提折旧的固定资产原价扣除其预计净残值后的余额，如果已对固定资产计提减值准备，还应当扣除已计提的固定资产减值准备累计余额。

固定资产折旧计入生产成本的过程，即是随着固定资产价值的转移，以折旧的形式在产品销售收入中得到补偿，并转化为货币资金的过程。从本质上讲，折旧也是一种费用，只不过这一费用没有在计提期间付出实实在在的货币资金，但这种费用是长期已经发生的支出，而这种支出的收益在资产投入使用后的有效使用期内体现，无论是从权责发生制的原则上讲，还是从收入与费用配比的原则上讲，计提折旧都是必需的，换言之，不提折旧或不正确地计提折旧，都将对企业计算产品成本（或营业成本）和损益产生错误影响。

二、固定资产折旧的范围

（一）影响固定资产折旧的因素

影响固定资产折旧的基本因素或者说企业计提各期固定资产折旧的主要依据有：

1. 固定资产的原值

固定资产的原值是指企业计提固定资产折旧时的基数，也即固定资产取得时的入账价值。对于已达到预定可使用状态的固定资产，无论是否交付使用，尚未办理竣工决算的，应当按照估计价值确认为固定资产，并计提折旧；待办

理了竣工决算手续后，再按实际成本调整原来的暂估价值，但不需要调整原已计提的折旧额。

2. 固定资产的净残值

固定资产的净残值是指预计的固定资产报废时可以收回的残余价值扣除预计清理费用后的数额。固定资产净残值率在其原始价值内由企业具体确定。

3. 固定资产的使用年限

固定资产使用年限的长短直接影响各期应提的折旧额。企业应结合本企业的具体情况，合理确定固定资产的使用年限。

（二）固定资产折旧的范围

按照《企业会计准则第 4 号——固定资产》的规定，除以下情况外，企业应对所有固定资产计提折旧：

（1）已提足折旧继续使用的固定资产；

（2）按规定单独估价作为固定资产入账的土地。

典型案例：
乐凯胶卷改变折旧方法案例解析

三、固定资产折旧方法

会计上计算折旧的方法很多，有直线法、工作量法、加速折旧法等。由于固定资产折旧方法的选用直接影响企业成本、费用的计算，也影响企业的收入和纳税，从而影响国家的财政收入。因此，对固定资产折旧方法的选用，应当科学、合理地根据固定资产所含经济利益预期实现方式进行选择，可选择的折旧方法包括平均年限法、工作量法、双倍余额递减法、年数总和法等。折旧方法一经确定，不得随意变更，如需变更，应当在财务报表附注中说明。

（一）年限平均法

年限平均法又称直线法，是将固定资产的应计折旧额均衡地分摊到各期的一种方法。采用这种方法计算的每期折旧额均是等额的。计算公式如下：

$$\text{固定资产年折旧额}=\frac{\text{固定资产原值}-(\text{预计残值收入}-\text{预计清理费用})}{\text{固定资产预计使用年限}}$$

$$=\frac{\text{固定资产原值}-\text{预计净残值}}{\text{固定资产预计使用年限}}$$

$$\text{固定资产月折旧额}=\text{固定资产年折旧额}\div 12$$

在会计实务中，通常以折旧率这个相对数来反映固定资产在单位时间的折旧程度，每月应计提的折旧额，一般是根据固定资产的原值乘以月折旧率计算的。折旧率即一定期间内固定资产折旧额对固定资产原值的比率。其计算公式为：

$$\text{年折旧率}=\text{固定资产年折旧额}\div\text{固定资产原始价值}\times 100\%$$

或者：

$$\text{年折旧率}=(1-\text{预计净残值率})\div\text{折旧年限}$$

$$月折旧率=年折旧率\div 12$$

$$月折旧额=固定资产原价\times 月折旧率$$

例 5–11

艾丽制衣公司有一生产厂房，原价为 150 万元，预计可使用 20 年，按照有关规定，该厂房报废时的净残值率为 2%。该厂房的折旧率和折旧额的计算如下：

年折旧率 =（1–2%）÷20=4.9%

月折旧率 =4.9%÷12=0.41%

月折旧额 =1 500 000×0.41% =6 150（元）

上述计算的折旧率是按个别固定资产单独计算的，称为个别折旧率，即某项固定资产在一定期间的折旧额与该项固定资产原值的比率。此外，还有分类折旧率和综合折旧率。

分类折旧率是指固定资产分类折旧额与该类固定资产原价的比率。采用这种方法，应先把性质、结构和使用年限接近的固定产归为一类，再按类计算平均折旧率，用该类折旧率对该类固定资产计提折旧。如将房屋、建筑物划分为一类，将机械、设备划分为一类等。分类折旧率的计算公式如下：

$$\begin{array}{c}某类固定资产\\年分类折旧率\end{array}=\frac{该类固定资产年折旧额之和}{该类固定资产原值之和}\times 100\%$$

采用分类折旧率计算固定资产折旧，其优点是计算方法简单，但准确性不如个别折旧率。

综合折旧率是指某一期间企业全部固定资产折旧额与全部固定资产原价的比率。计算公式如下：

$$\begin{array}{c}固定资产\\年综合折旧率\end{array}=\frac{各类固定资产年折旧额之和}{各类固定资产原值之和}\times 100\%$$

与采用个别折旧率和分类折旧率计算固定资产折旧相比，采用综合折旧率计算固定资产折旧，其计算结果的准确性较差。

采用平均年限法计算固定资产折旧额时，每年的折旧额是相等的，故也称直线法。采用直线法计算固定资产折旧虽然比较简便，但也存在着一些明显的局限性。当固定资产各期的负荷程度相同，各期应分摊相同的折旧费，这时采用平均年限法计算折旧是合理的。但是，若固定资产各期负荷程度不同，采用平均年限法计算折旧时，则不能反映固定资产的实际使用情况，提取的折旧数与固定资产的损耗程度也不相符。为了弥补平均年限法只重使用时间，不考虑使用强度的缺点，某些企业也采用“工作量法”。

（二）工作量法

工作量法是根据实际工作量计提折旧额的一种方法，其基本计算公式为：

$$\begin{array}{c}每一工作量\\折旧额\end{array}=\frac{固定资产原值\times（1-预计残值率）}{预计总工作量}$$

某项固定资产月折旧额＝该项固定资产当月工作量 × 每一工作量折旧额

例 5-12

艾丽制衣公司的一辆运货卡车的原价为 16 万元，预计总行驶里程为 50 万千米，其报废时预计净残值率为 5%，本月行驶 6 000 千米。该辆汽车的月折旧额计算如下：

单位里程折旧额 =160 000×（1-5%）÷500 000=0.304（元 / 千米）

本月折旧额 =6 000×0.304=1 824（元）

采用工作量法计提的折旧额，在各个使用年份或月份中不是等额的，月折旧额的多少与工作量完成的多少相联系。这种折旧计提方法适合于各期完成工作量不均衡的固定资产。

（三）加速折旧法

加速折旧法也称为快速折旧法或递减折旧法，其特点是在固定资产有效使用年限的前期多提折旧，后期则少提折旧，从而相对加快折旧的速度，以使固定资产成本在有效使用年限中加快得到补偿。

加速折旧的计提方法有多种，常用的有以下两种：

1. 双倍余额递减法

双倍余额递减法是在不考虑固定资产预计残值的情况下，将每期固定资产的期初账面净值（原值减累计折旧）乘以直线折旧率的 2 倍，以计算该期折旧额的一种方法。双倍余额递减法的计算公式为：

年折旧率＝ 2/ 预计的折旧年限 ×100%

年折旧额＝年初固定资产账面净值 × 年折旧率

为了避免固定资产的账面净值降低到它的预计净残值以下，现行制度规定，实行双倍余额递减法计提折旧的固定资产，应当在其固定资产折旧年限到期以前两年内，将固定资产净值扣除预计净残值后的余额平均摊销。

例 5-13

艾丽制衣公司的一台电子设备原始价值 30 万元，预计使用年限为 5 年，预计残值为 2 500 元，预计清理费用 1 500 元。

年折旧率 =2/5×100%=40%

每年应提折旧额如表 5-5 所示。

表 5-5 双倍余额递减法折旧额的计算

单位：元

年次	年初固定资产净值	折旧率	年折旧额	累计折旧
第一年	300 000	40%	120 000	120 000
第二年	180 000	40%	72 000	192 000
第三年	108 000	40%	43 200	235 200
第四年	64 800		31 900	267 100
第五年	32 900		31 900	299 000

2. 年数总和法

年数总和法是将固定资产的原值减去预计净残值后的净额乘以一个逐年递减的分数计算每年的折旧额，这个分数的分子代表固定资产尚可使用的年数，分母代表预计使用年限的年数总和。计算公式如下：

年折旧率=尚可使用年数 ÷ 预计使用年限的年数总和

月折旧率 = 年折旧率 ÷12

月折旧额 =（固定资产原值 - 预计净残值）× 月折旧率

例 5-14

艾丽制衣公司的某项固定资产的原值为 10 万元，预计使用年限为 5 年，预计净残值为 4 000 元。采用年数总和法计算的各年折旧额如表 5-6 所示。

表 5-6 年数总和法折旧额的计算

单位：元

年份	原值 - 净残值	尚可使用年限	变动折旧率	每年折旧额	累计折旧
1	96 000	5	5/15	32 000	32 000
2	96 000	4	4/15	25 600	57 600
3	96 000	3	3/15	19 200	76 800
4	96 000	2	2/15	12 800	89 600
5	96 000	1	1/15	6 400	96 000

企业应当根据固定资产的性质和使用方式，合理确定固定资产的使用寿命和预计净残值，并根据科技发展、环境及其他因素，选择合理的固定资产折旧方法，按照管理权限，经股东大会、董事会或经理（厂长）会议或类似机构批准，作为计提折旧的依据。同时，按照法律、行政法规的规定报送有关各方备案，同时备置于企业所在地，以供股东等有关各方查阅。企业已经确定并对外报送，或备置于企业所在地的有关固定资产预计使用寿命和预计净残值、折旧方法等，一经确定不得随意变更，如需变更，仍应当按照上述程序，经批准后报送有关各方备案，并在财务报表附注中予以说明。

四、固定资产折旧计提的账务处理

固定资产应当按月计提折旧，计提的折旧应通过“累计折旧”账户核算，并根据用途计入相关资产的成本或当期损益。企业基本生产车间使用的固定资产计提的折旧，应记入“制造费用”账户；辅助生产车间使用的固定资产计提的折旧，应记入“生产成本——辅助生产成本”账户；企业管理部门使用的固定资产计提的折旧，应记入“管理费用”账户；经营租出的固定资产计提的折旧，应记入“其他业务成本”账户；为销售本企业产品而专设销售机构的固定资产计提的折旧，应记入“销售费用”账户；工程施工所使用的固定资产计提的折旧，应记入“在建工程”账户；企业对未使用、不需用的固定资产计提的折旧，应记入“管理费用”账户等。

企业提取固定资产折旧时，一般以月初可提取折旧的固定资产原值为依据，遵循当月增加的固定资产当月不提折旧，当月减少的固定资产当月照提折旧的原则，在上月折旧额的基础上，对上月固定资产的增减情况进行调整后计算当月折旧额。其计算公式为：

$$\frac{当月固定资产}{应计提的折旧额}=\frac{上月计提的}{固定资产折旧额}+\frac{上月增加固定}{资产应计提的折旧额}-\frac{上月减少固定}{资产应计提的折旧额}$$

实际工作中，企业计提固定资产折旧，是由会计部门编制“固定资产折旧计算表”，或先由各使用单位编制“固定资产折旧计算表”再由会计部门汇总编制“固定资产折旧计算汇总表”来完成。

例 5-15

艾丽制衣公司 2014 年 6 月份的固定资产折旧计算汇总表如表 5-7 所示。

业务单据：固定资产折旧计算汇总表

表 5-7 固定资产折旧计算汇总表

2014 年 6 月 单位：元

使用部门	固定资产项目	上月折旧额	上月增加固定资产		上月减少固定资产		本月折旧额
			原价	折旧额	原价	折旧额	
一车间	厂房	5 000					5 000
	机器设备	20 000	5 000	250			20 250
	其他设备	1 000					1 000
	小计	26 000					26 250
二车间	厂房	2 000					2 000
	机器设备	15 000			40 000	220	14 780
	小计	17 000					16 780
企业管理部门	房屋	1 500					1 500
	机器设备	2 500					2 500
	小计	4 000					4 000
合计		47 000					47 030

会计部门在编制“固定资产折旧计算汇总表”时，应认真审核应计提折旧的固定资产是否全部列入，不应计提折旧的固定资产是否已经全部剔除，折旧率及表内数字是否正确，经审查无误后，方可进行固定资产折旧的账务处理。

兹根据上列“固定资产折旧计算汇总表”（表 5-7）所列举的数字，进行固定资产折旧总分类账务处理，作会计分录如下：

借：制造费用——一车间 26 250

——二车间	16 780
管理费用	4 000
贷：累计折旧	47 030

《企业会计准则第 4 号——固定资产》规定，企业至少应当于每年年度终了，对固定资产的使用寿命、预计净残值和折旧方法进行复核。

在固定资产使用过程中，其所处的经济环境、技术环境以及其他环境有可能对固定资产使用寿命和预计净残值产生重大影响。例如，固定资产使用强度比正常情况大大加强，致使固定资产实际使用寿命大大缩短；替代该项固定资产的新产品的出现致使其实际使用寿命缩短，预计净残值减少等。为真实反映固定资产为企业提供经济利益的期间及每期实际的资产消耗，企业至少应于每年年度终了，对固定资产使用寿命和预计净残值进行复核。如果固定资产使用寿命预计数与原先估计数有差异，应当调整预计净残值。

请注意：

固定资产使用寿命、预计净残值和折旧方法一经确定不得随意变更。根据国家政策或企业实际情况需要变更的，应作为会计估计变更，按照会计估计变更处理。

固定资产使用过程中所处经济环境、技术环境以及其他环境的变化也可能致使与固定资产有关的经济利益的预期实现方式发生重大变化，企业也应相应改变固定资产折旧方法。例如，某企业以前年度采用年限平均法计提固定资产折旧，年度复核中发现，与该固定资产相关的技术发生很大变化，年限平均法亦很难反映该项固定资产给企业带来经济利益的方式，因此，决定变年限平均法为加速折旧法。

第四节　固定资产后续支出的核算

本节重点与难点：

资本化支出和费用化支出的判断及会计处理

一、固定资产后续支出的概念

固定资产的后续支出是指固定资产在使用过程中发生的更新改造支出、修理费用等。

固定资产的更新改造等后续支出，满足固定资产规定确认条件的（即与该项固定资产有关的经济利益很可能流入企业，该固定资产的成本能够可靠地计量），应当资本化计入固定资产成本，如有被替换的部分，应扣除其账面价值；不满足固定资产规定确认条件的固定资产修理费用等，应当在发生时计入当期损益。

二、资本化的后续支出

企业通过固定资产的更新改造，使其更加坚固耐用，延长了厂房等固定资产的使用寿命，提高了其单位时间内产品的产出数量，提高了机器设备等固定资产的生产能力等，满足固定资产规定确认条件的，应当予以资本化，计入固定资产账面价值。在发生资本化的后续支出时，企业一般应将固定资产的原价、已计提的累计折旧和减值准备转销，将固定资产的账面价值转入在建工程，并停止计提折旧，发生的后续支出，通过“在建工程”账户核算。在固定资产完工并达到预定可使用状态时，再从在建工程转为固定资产，并按重新确定的使用寿命、预计净残值和折旧方法计提折旧。

企业以经营租赁方式租入的固定资产发生的改良支出，应予资本化，作为长期待摊费用，合理进行摊销。

请注意：
一旦企业因不能持续经营而宣告破产、清算，则应采用破产清算会计。

例 5-16

艾丽制衣公司于 2014 年 1 月 1 日对其持有的自 2012 年 1 月 1 日起计提折旧的一台车床进行更新改造，以提高其生产能力。该车床原价 68 万元，预计净残值 5 万元，预计使用年限为 7 年，采用平均年限法计提折旧。2014 年 1 月 1 日至 3 月 31 日，经过 3 个月的改良，共发生支出 19.17 万元，全部以银行存款支付；该车床改良后达到预定可使用状态，大大提高了生产能力，预计尚可使用 8 年。假定更新改造后的预计净残值和折旧方法都不变。为简化计算过程，整个过程假定不考虑相关税费。艾丽制衣公司作会计分录如下。

（1）2014 年 1 月 1 日转入改良工程时：

业务单据：
停工单

借：在建工程 500 000

累计折旧 180 000

贷：固定资产 680 000

（2）2014 年 1 月 1 日至 3 月 31 日发生后续支出时：

业务单据：
结算单、转账支付凭证

借：在建工程 191 700

贷：银行存款 191 700

（3）2014 年 3 月 31 日，车床改良达到预定可使用状态时：

业务单据：
固定资产验收单、固定资产交接单

借：固定资产 691 700

贷：在建工程 691 700

（4）2014 年 3 月 31 日，转为固定资产后，按重新确定的使用寿命、预计净残值和折旧方法计提折旧。

业务单据：
折旧计算表

应计折旧额 =691 700-50 000=641 700（元）

月折旧额 =641 700÷8÷12=6 684.375（元）

2014 年应计提折旧额 =6 684.375×9=60 159.375（元）

借：制造费用 60 159.375

贷：累计折旧 60 159.375

例 5-17

艾丽制衣公司于 2010 年 2 月 1 日取得一项固定资产，该固定资产原价为 810 万元，采用年限平均法计提折旧，使用寿命为 10 年，预计净残值为 10 万元。2014 年 3 月 1 日起，企业对该项固定资产的某一主要部件进行更换，发生支出合计 350 万元，符合固定资产确认条件，被更换部件的原价为 400 万元。2014 年 3 月 1 日至 2014 年 5

月 31 日，经过 3 个月的改建，该项改建工程达到预定可使用状态。

该项固定资产进行更换前的账面价值

=8 100 000-（8 100 000-100 000）/10×4=4 900 000（元）

该项固定资产发生的后续支出＝3 500 000（元）

被更换部件的账面价值＝4 000 000/10×6=2 400 000（元）

该项固定资产进行更换后的原价

=4 900 000+3 500 000-2 400 000=6 000 000（元）

业务单据：停工单、损失计算表

（1）2014 年 3 月 1 日转入改造工程时：

借：在建工程	2 500 000	
累计折旧	3 200 000	
营业外支出	2 400 000	
贷：固定资产		8 100 000

业务单据：结算单、转账支付凭证

（2）2014 年 3 月 1 日至 5 月 31 日发生后续支出时：

借：在建工程	3 500 000	
贷：银行存款等		3 500 000

业务单据：固定资产验收单、固定资产交接单

（3）2014 年 5 月 31 日，固定资产改造达到预定可使用状态时：

借：固定资产	6 000 000	
贷：在建工程		6 000 000

议一议：上述例 5-16 中，被更换部件的价值为什么不能包含在更新改造后的固定资产入账价值中？

三、费用化的后续支出

如果固定资产的后续支出不符合资本化的条件，如固定资产的修理支出，应当根据不同情况分别在发生时计入当期管理费用或销售费用。

例 5-18

艾丽制衣公司管理部门的一辆汽车委托汽车修理厂进行经常性修理，支付修理费 5 200 元，用银行存款转账支付。作会计分录如下：

业务单据：结算单、转账支付凭证

借：管理费用	5 200	
贷：银行存款		5 200

第五节　固定资产处置和清查的核算

本节重点与难点：固定资产处置的核算

一、固定资产的处置

企业在生产经营过程中，对那些不适用或不需用的固定资产，可以出售转

让。对那些由于使用而不断磨损直至最终报废，或由于技术进步等原因发生提前报废，或由于遭受自然灾害等非常损失发生毁损的固定资产应及时进行清理。对外投资、捐赠、债务重组、非货币性资产交换等原因减少的固定资产，也属于固定资产的处置。

企业因固定资产处置而减少的固定资产，一般应通过“固定资产清理”账户进行核算。“固定资产清理”账户是计价对比账户，该账户核算企业因出售、报废、毁损、对外投资、非货币性资产交换、债务重组等原因转出的固定资产价值以及在清理过程中发生的费用等。其借方反映转入清理的固定资产的账面价值和发生的清理费用，贷方反映转入清理的资产的变价收入和应由保险公司或过失人承担的损失等。该账户可按被清理的固定资产项目进行明细核算。固定资产处置的会计处理一般可分为以下几个步骤。

（一）固定资产转入清理

固定资产转入清理时，按固定资产账面价值，借记“固定资产清理”账户；按已计提的累计折旧，借记“累计折旧”账户；按已计提的减值准备，借记“固定资产减值准备”账户；按固定资产账面余额，贷记“固定资产”账户。

（二）确认发生的清理费用

固定资产清理过程中发生的有关费用以及应支付的相关税费，借记“固定资产清理”账户，贷记“银行存款”“应交税费”等账户。

（三）出售收入和残料、保险赔偿等的处理

企业收回残料价值和变价收入，应由保险公司或过失人赔偿的报废、毁损固定资产的损失时，应冲减清理支出，借记“原材料”“银行存款”或“其他应收款”等账户，贷记“固定资产清理”账户。

（四）清理净损益的处理

（1）清理净损失。

① 属于生产经营期间正常的处理损失，借记“营业外支出——非流动资产处置损失”账户，贷记“固定资产清理”账户。

② 属于生产经营期间由于自然灾害等非正常原因造成的损失，借记“营业外支出——非常损失”账户，贷记“固定资产清理”账户。

（2）清理净收益。固定资产清理完成后的净收益，借记“固定资产清理”账户，贷记“营业外收入——非流动资产处置利得”账户。

例 5-19

艾丽制衣公司将一台使用期满的设备予以报废，原始价值为 60 000 元，预计残值收入为 4 000 元，预计清理费用为 1 500 元，已提折旧 57 500 万元。在拆卸搬运中实际发生的清理费用为 900 元，设备清理实际所得零部件残料入库备用，作价 4 600 元，上述款项均通过银行存款收付。艾丽制衣公司作会计分录如下：

（1）固定资产报废清理时：

业务单据：固定资产报废申请单

借：固定资产清理　　2 500

　　累计折旧　　57 500

　　贷：固定资产　　60 000

业务单据：费用支出报告、转账支付凭证

（2）支付清理费用时：

借：固定资产清理　　900

　　贷：银行存款　　900

业务单据：入库单

（3）收回残料入库时：

借：原材料　　4 600

　　贷：固定资产清理　　4 600

业务单据：固定资产报废申请单

（4）固定资产清理完毕结转净收益时：

借：固定资产清理　　1 200

　　贷：营业外收入——非流动资产处置利得　　1 200

例 5-20

艾丽制衣公司由于转产，将一台原始价值为 46 万元、已提折旧 17.5 万元的生产用设备出售给华联公司，开出增值税专用发票，贷款为 28 万元，增值税 4.76 万元。该设备出售时发生清理费用 0.8 万元。假定艾丽制衣公司没有对该设备计提减值准备，上述款项均通过银行存款收付。艾丽制衣公司作会计分录如下。

业务单据：固定资产报废申请单

（1）将固定资产账面价值转入“固定资产清理”时：

借：固定资产清理　　285 000

　　累计折旧　　175 000

　　贷：固定资产　　460 000

业务单据：费用支出报告、转账支付凭证

（2）支付固定资产清理费用时：

借：固定资产清理　　8 000

　　贷：银行存款　　8 000

业务单据：银行进账单回单、增值税专用发票

（3）收回出售固定资产价款时：

借：银行存款　　327 600

　　贷：固定资产清理　　280 000

　　　　应交税费——应交增值税（销项税额）　　47 600

业务单据：固定资产报废申请单

（4）固定资产清理完毕结转净损失时：

借：营业外支出——非流动资产处置损失　　13 000

　　贷：固定资产清理　　13 000

议一议：用固定资产对外投资、对外捐赠如何进行账务处理？

二、固定资产的清查

在资产的使用过程中，由于客观或人为的原因，会出现固定资产账实不符，为了保护企业固定资产的安全完整，企业对固定资产应当定期或者至少每年实地盘点一次，即把固定资产卡片同实物进行核对。对于盘盈、盘亏的固定资产，应

填写盘存记录。清查结束后，应根据盘点的记录编制“固定资产盘盈、盘亏报告表”，详细记录盘盈、盘亏固定资产的编号、名称、原价、累计已提折旧、估计已提折旧、净值以及盘盈、盘亏等资料并查明原因，写出书面报告，并根据企业的管理权限，经股东大会或董事会，或经理（厂长）会议或类似机构批准后，在期末结账前处理完毕。如盘盈、盘亏或毁损的固定资产，在期末结账前未经批准的，在对外提供财务会计报告时应按上述规定进行处理，并在财务报表附注中作出说明；如果其后批准处理的金额与已处理的金额不一致，应按其差额调整财务报表相关项目的年初数。

（一）固定资产盘亏

盘亏的固定资产，按其账面价值，借记“待处理财产损溢”账户；按已提折旧，借记“累计折旧”账户；按该项固定资产已计提的减值准备，借记“固定资产减值准备”账户；按固定资产原价，贷记“固定资产”账户；需要转出增值税的，贷记“应交税费——应交增值税（进项税额转出）”账户。

例 5-21

艾丽制衣公司盘亏设备一台，该设备原价为 10 万元，已计提折旧 2 万元，增值税进项税额为 1.7 万元。经董事会批准后转作营业外支出。艾丽制衣公司作会计分录如下。

业务单据：固定资产清查报告单

（1）财产清查中盘亏固定资产：

借：待处理财产损溢——待处理固定资产损溢　93 600
　　累计折旧　20 000
　　贷：固定资产　100 000
　　　　应交税费——应交增值税（进项税额转出）　13 600

（2）查明原因并经董事会批准后：

借：营业外支出——固定资产盘亏损失　93 600
　　贷：待处理财产损溢——待处理固定资产损溢　93 600

（二）固定资产盘盈

企业盘盈的固定资产，一般是以前年度发生的会计差错，应根据重新确定的固定资产价值，借记“固定资产”账户，贷记“以前年度损益调整”账户。

例 5-22

艾丽制衣公司盘盈设备一台，经企业调查该设备在市场上的价格为 10 万元，艾丽制衣公司作会计分录如下：

业务单据：固定资产清查报告单

借：固定资产　100 000
　　贷：以前年度损益调整　100 000

习题试题：固定资产核算

第六章

投资性房地产的核算

本章知识点

投资性房地产的定义、特征及范围　投资性房地产的确认条件
投资性房地产的初始计量　投资性房地产的后续计量　投资性房地产的转换
投资性房地产的处置

本章技能点

投资性房地产初始计量的会计处理　投资性房地产后续计量的会计处理
投资性房地产转换的会计处理　投资性房地产处置的会计处理

本章知识导图

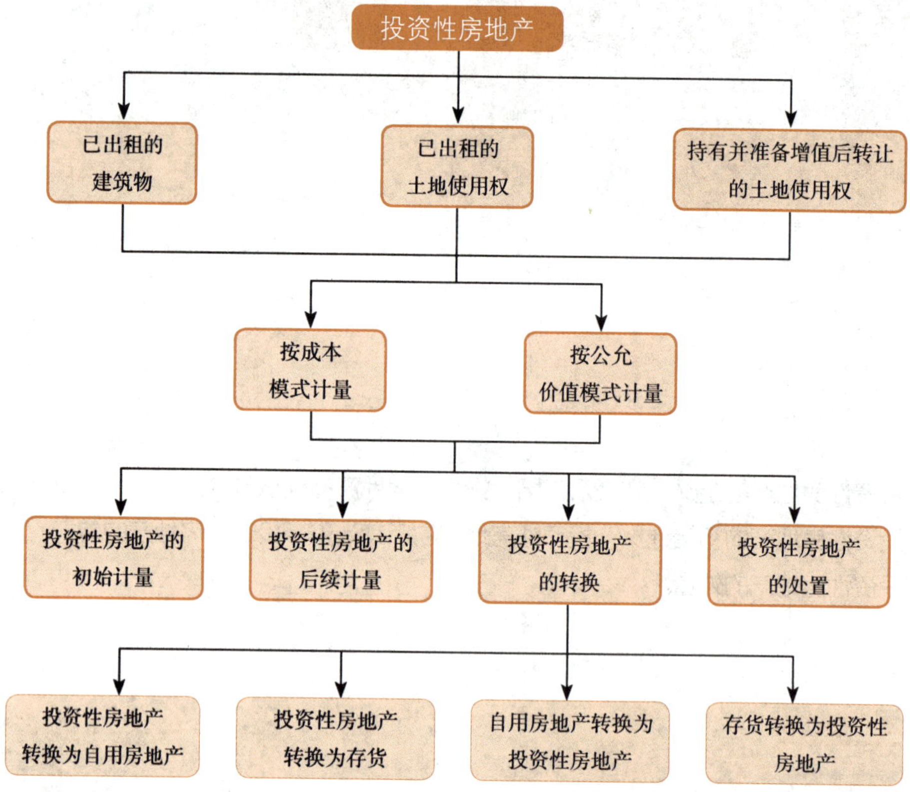
投资性房地产
已出租的建筑物
已出租的土地使用权
持有并准备增值后转让的土地使用权
按成本模式计量
按公允价值模式计量
投资性房地产的初始计量
投资性房地产的后续计量
投资性房地产的转换
投资性房地产的处置
投资性房地产转换为自用房地产
投资性房地产转换为存货
自用房地产转换为投资性房地产
存货转换为投资性房地产

引　例

艾丽制衣公司2014年5月新购入一栋写字楼，写字楼一层每平方米购买成本（包括相关税费）为3.8万元，共计2 800平方米；其余楼层每平方米购买成本（包括相关税费）为1.6万元，共计36 000平方米。购买成本总计为68 240万元，艾丽制衣公司即日付清全部款项。该写字楼预计使用年限为30年，预计净残值为零，采用年限平均法计提折旧。艾丽制衣公司打算将一层用于对外出租，其余楼层作为本企业的办公场所。对外出租的写字楼一层为艾丽制衣公司唯一对外出租的资产。2014年6月28日，艾丽制衣公司与B公司签订了经营租赁合同，将写字楼的一层出租给B公司使用，租赁期为3年，年租金为380万元，自租赁期开始日起按年预收租金，租赁期开始日为2014年7月1日。艾丽制衣公司对投资性房地产采用成本模式进行后续计量。

（1）判断该写字楼一层是否可以单独确认为投资性房地产？

（2）如果可以单独确认为投资性房地产，应于何时确认为投资性房地产？

（3）该写字楼应于何时开始计提折旧？

（1）由于该写字楼不同用途的部分能够单独计量和出售，因而艾丽制衣公司应将其分别确认为固定资产和投资性房地产，其中，固定资产部分的成本为57 600万元（36 000×1.6），投资性房地产部分的成本为10 640万元（2 800×3.8）。

（2）外购的房地产只有在购入的同时即开始出租，才能直接确认为投资性房地产。该写字楼虽然购入的时间为2014年5月，但由于在购入时写字楼一层尚未对外出租，因而应先将该写字楼全部确认为固定资产，直至写字楼一层对外出租时，再将其从固定资产转换为投资性房地产，即写字楼一层确认为投资性房地产的时间是2014年7月1日。

（3）当月增加的固定资产当月不计提折旧，从下月起计提折旧。因此，该写字楼应从2014年6月份起计提折旧。

第一节　投资性房地产概述

本节重点与难点：投资性房地产的特征、范围

一、投资性房地产的定义及特征

投资性房地产，是指为赚取租金或资本增值，或两者兼有而持有的房地产。

房地产是土地和房屋及其权属的总称。在我国，土地归国家和集体所有，企业只能取得土地使用权。因此，房地产中的土地是指土地使用权；房屋是指土地上的房屋等建筑物及其构筑物。

投资性房地产具有以下特征：

（1）投资性房地产是一种经营活动。投资性房地产的主要形式是出租建筑物、出租土地使用权，这实质上属于一种让渡资产使用权行为。房地产租金就是让渡资产使用权取得的使用费收入，是企业为完成其经营目标所从事的经营性活动以及与之相关的其他活动形成的经济利益总流入。投资性房地产的另一种形式是持有并准备增值后转让的土地使用权，尽管其增值收益通常与市场供求、经济发展等因素相关，但目的是增值后转让以赚取增值收益，也是企业为完成其经营目标所从事的经营性活动以及与之相关的其他活动形成的经济利益总流入。在我国实务中，持有并准备增值后转让的土地使用权的情况较少。就某些企业而言，投资性房地产属于日常经营活动，形成的租金收入或转让增值收益确认为企业的主营业务收入，但对大部分企业而言，是与经常性活动相关的其他活动，形成的租金收入或转让增值收益构成企业的其他业务收入。

（2）投资性房地产在用途、状态、目的等方面区别于作为生产经营场所的房地产和用于销售的房地产。企业持有的房地产除了用作自身管理、生产经营活动场所和对外销售之外，出现了将房地产用于赚取租金或增值收益的活动，甚至成为个别企业的主营业务。这就需要将投资性房地产单独作为一项资产核算和反映，与自用的厂房、办公楼等房地产和作为存货（已建完工商品房）的房地产加以区别，从而更加清晰地反映企业所持有房地产的构成情况和盈利能力。

（3）投资性房地产有两种后续计量模式。企业通常应当采用成本模式对投资性房地产进行后续计量，只有在满足特定条件的情况下，即有确凿证据表明其所有投资性房地产的公允价值能够持续可靠取得的，才可以采用公允价值模式进行后续计量。但是，同一企业只能采用一种模式对所有投资性房地产进行后续计量，不得同时采用两种计量模式进行后续计量。

二、投资性房地产的范围

（一）属于投资性房地产的项目

1. 已出租的土地使用权

已出租的土地使用权，是指企业通过出让或转让方式取得，并以经营租赁方式出租的土地使用权。企业取得的土地使用权通常包括在一级市场上以缴纳土地出让金方式取得的土地使用权，也包括在二级市场上接受其他单位转让的土地使用权。

请注意：

按照国家有关规定认定的闲置土地，不属于持有并准备增值后转让的土地使用权，也就不属于投资性房地产。

2. 持有并准备增值后转让的土地使用权

持有并准备增值后转让的土地使用权是指企业取得的、准备增值后转让的土地使用权。例如，企业发生转产或厂址搬迁，部分土地使用权停止自用，企业管理当局（董事会或类似机构）作出书面决议明确继续持有这部分土地使用权，待其增值后转让以赚取增值收益。

3. 已出租的建筑物

已出租的建筑物是指企业拥有产权的、以经营租赁方式出租的建筑物，包括自行建造或开发活动完成后用于出租的建筑物。

企业在判断和确认已出租的建筑物时，应当把握以下要点：

（1）用于出租的建筑物是指企业拥有产权的建筑物。企业以经营租赁方式租入再转租的建筑物不属于投资性房地产。

（2）已出租的建筑物是企业已经与其他方签订了租赁协议，约定以经营租赁方式出租的建筑物。一般应自租赁协议规定的租赁期开始日起，经营租出的建筑物才属于已出租的建筑物。通常情况下，对企业持有以备经营出租的空置建筑物，如董事会或类似机构作出书面决议，明确表明将其用于经营租出且持有意图短期内不再发生变化的，即使尚未签定租赁协议，也应视为投资性房地产。这里的“空置建筑物”，是指企业新购入、自行建造或开发完工但尚未使用的建筑物，以及不再用于日常生产经营活动且经整理后达到可经营出租状态的建筑物。已出租的投资性房地产租赁期届满，因暂时空置但继续用于出租的，仍作为投资性房地产。

（3）企业将建筑物出租，按租赁协议向承租人提供的相关辅助服务在整个协议中不重大的，应当将该建筑物确认为投资性房地产。

议一议：

甲企业与乙企业签订一项经营租赁合同，甲企业将其持有产权的一栋办公楼出租给乙企业，为期5年。乙企业将该办公楼改装后用于自行经营餐馆。2年后，由于连续亏损，乙企业将餐馆转租给丙公司，以赚取租金差价。这种情况下，对乙企业而言，该栋楼属于投资性房地产吗？

议一议：

甲企业将其办公楼出租，同时向承租人提供维护、保安等日常辅助服务，企业应当将其确认为投资性房地产吗？

（二）不属于投资性房地产的项目

（1）自用房地产。自用房地产是指为生产商品、提供劳务或者经营管理而持有的房地产。例如，企业生产经营用的厂房、办公楼等属于固定资产；企业生产经营用的土地使用权属于无形资产。企业出租给本企业职工居住的宿舍，即使按照市场价格收取租金，也不属于投资性房地产，这部分房产间接为企业自身的生产经营服务，具有自用房地产的性质。企业拥有并自行经营的旅馆、饭店，其经营目的主要是通过提供客房服务赚取服务收入，该旅馆、饭店是企业的经营场所，应当属于自用房地产。

（2）作为存货的房地产。作为存货的房地产通常是指房地产开发企业在正常经营过程中销售的或为销售而正在开发的商品房和土地。房地产开发企业持有并准备增值后出售的土地使用权不属于投资性房地产，作为存货处理。

（3）企业以经营方式租入建筑物或土地使用权再转租给其他单位或个人的，不属于投资性房地产，也不能确认为企业的资产。

（4）持有并准备增值后转让的建筑物（非房地产企业作固定资产）。

（5）按国家规定认定的闲置土地。按国家规定认定的闲置土地不属于持有并准备增值后转让的土地使用权。闲置土地是指土地使用者依法取得土地使用权后，未经原批准用地的人民政府同意，超过规定的期限未动工开发建设的建设用地。具有下列情形之一的，也可以认定为闲置土地：国有土地有偿使用合同或者建设用地批准书未规定动工开发建设日期，自国有土地有偿使用合同生效或者土地行政主管部门建设用地批准书颁发之日起满1年未动工开发建设的；已动工开发建设但开发建设的面积占应动工开发建设总面积不足1/3或者已投资额占总投资额不足25%且未经批准中止开发建设连续满1年的。

（6）计划用于出租但尚未出租（或待出租）的土地使用权、建筑物。

在实务中还存在某项房地产部分自用或作为存货出售，部分用于赚取租金或资本增值的情形。该房地产用于赚取租金或资本增值的部分，如果能够单独计量和出售的，可以将该部分确认为投资性房地产，不能够单独计量和出售的，不确认为投资性房地产。例如，某房地产开发公司建造了一栋商住两用楼盘，一层出租给一家大型超市，已经签订经营租赁合同；其余楼层均为普通住宅，正在公开销售中。这种情况下，如果一层商铺能够单独计量和出售的，应当确认为投资性房地产，其余楼层确认为企业的存货，即开发产品。

本节重点与难点：投资性房地产初始计量

第二节　投资性房地产的确认和初始计量

一、投资性房地产的确认

（一）投资性房地产的确认条件

将某个项目确认为投资性房地产，首先应符合投资性房地产的定义，其次要同时满足下列条件：

（1）与该投资性房地产相关的经济利益很可能流入企业；

（2）该投资性房地产的成本能够可靠地计量。

（二）投资性房地产的确认时点

（1）对已出租的土地使用权、已出租的建筑物，其作为投资性房地产的确认时点一般为租赁开始日，即土地使用权、建筑物进入出租状态、开始赚取租金的日期；但对企业持有以备经营出租的空置建筑物，如董事会或类似机构作出书面决议，明确表明将其用于经营租出且持有意图短期内不再发生变化的，即使尚未签定租赁协议，也应视为投资性房地产。

（2）持有并准备增值后转让的土地使用权，其作为投资性房地产的确认时点为企业将土地使用权停止自用，准备增值后转让的日期。

二、投资性房地产的初始计量

投资性房地产应当按照历史成本进行初始计量。具体应分别不同的取得渠道来掌握：

（一）外购投资性房地产的确认和初始计量

企业外购的土地使用权和建筑物，只有在购入的同时开始对外出租或用于资本增值，才能作为投资性房地产加以确认；企业外购的土地使用权和建筑物，自用一段时间之后再改为出租或用于资本增值的，应当先将外购的土地使用权和建筑物确认为无形资产和固定资产，自租赁期开始日或用于资本增值之日起，才能从固定资产或无形资产转为投资性房地产。

企业外购投资性房地产时，应当按照取得时的实际成本进行初始计量。取得时的实际成本，包括购买价款、相关税费和可直接归属于该资产的其他支出。

在采用成本模式进行后续计量的情况下，企业应当设置“投资性房地产”账户，核算企业采用成本模式计量的投资性房地产的成本。在购入投资性房地产时，按照取得时的实际成本，借记“投资性房地产”账户，贷记“银行存款”等账户。

在采用公允价值模式进行后续计量的情况下，企业应当设置“投资性房地产”账户，核算投资性房地产的公允价值，并在“投资性房地产”账户下设置“成本”和“公允价值变动”两个明细账户。企业购入投资性房地产时，按照取得时的实际成本，借记“投资性房地产——成本”账户，贷记“银行存款”等账户。

例 6-1

2014 年 3 月，艾丽制衣公司计划购入一栋写字楼用于对外出租。3 月 18 日，该公司与乙企业签订了经营租赁合同，约定自写字楼购买之日起将该写字楼出租给乙企业，为期 5 年。4 月 10 日，艾丽制衣公司实际购入写字楼，支付价款共计 1 500 万元（假定不考虑其他因素，艾丽制衣公司采用成本模式进行后续计量）。

业务单据：租赁合同、销售不动产统一发票、转账支票存根

艾丽制衣公司的账务处理如下：

借：投资性房地产——写字楼　　15 000 000

　　贷：银行存款　　15 000 000

例 6-2

沿用例 6-1，假定艾丽制衣公司拥有的投资性房地产符合公允价值计量模式的条件，采用公允价值模式进行后续计量。

业务单据：租赁合同、销售不动产统一发票、转账支票存根

艾丽制衣公司的账务处理如下：

借：投资性房地产——成本（写字楼）　　15 000 000

　　贷：银行存款　　15 000 000

（二）自行建造投资性房地产的确认和初始计量

企业自行建造的房地产，只有在自行建造活动完成（即达到预定可使用状态）的同时开始对外出租或用于资本增值，才能将自行建造的房地产确认为投资性房地产。

企业自行建造房地产达到预定可使用状态后一段时间才对外出租或用于资本增值的，应当先将自行建造的房地产确认为固定资产、无形资产或存货，自租赁期开

始日或用于资本增值之日开始，从固定资产、无形资产或存货转换为投资性房地产。

自行建造投资性房地产的成本，由建造该项房地产达到预定可使用状态前发生的必要支出构成，包括土地开发费、建筑成本、安装成本、应予资本化的借款费用、支付的其他费用和分摊的间接费用等。建造过程中发生的非正常损失，直接计入当期损益，不计入建造成本。

在采用成本模式进行后续计量的情况下，企业应按照确定的自行建造投资性房地产成本，借记“投资性房地产”账户，贷记“在建工程”或“开发成本”账户。

在采用公允价值模式进行后续计量的情况下，企业应按照确定的自行建造投资性房地产成本，借记“投资性房地产——成本”账户，贷记“在建工程”或“开发成本”账户。

例 6-3

2014 年 1 月，艾丽制衣公司从其他单位购入一块土地的使用权，并在这块土地上开始自行建造三栋厂房。2014 年 10 月，艾丽制衣公司预计厂房即将完工，与乙公司签订了经营租赁合同，将其中的一栋厂房租赁给乙公司使用。租赁合同约定，该厂房于完工（达到预定可使用状态）时开始起租。2014 年 11 月 1 日，三栋厂房同时完工（达到预定可使用状态）。该块土地使用权的成本为 600 万元，三栋厂房的实际造价均为 1 000 万元，能够单独出售。假设艾丽制衣公司采用成本计量模式。

业务单据：租赁合同、厂房竣工决算表

艾丽制衣公司的账务处理如下：

土地使用权中的对应部分同时转换为投资性房地产

=600×（1 000÷3 000）=200（万元）

借：投资性房地产——厂房　　10 000 000

　　贷：在建工程　　10 000 000

借：投资性房地产——已出租土地使用权　　2 000 000

　　贷：无形资产——土地使用权　　2 000 000

（三）非投资性房地产转换为投资性房地产的确认和初始计量

非投资性房地产转换为投资性房地产，实质上是因房地产用途发生改变而对房地产进行的重新分类。转换日通常为租赁开始日。房地产转换的计量将在本章第四节“投资性房地产的转换与处置”中进行介绍。

本节重点与难点：投资性房地产后续计量的会计处理

第三节　投资性房地产的后续计量

投资性房地产的后续计量，通常应当采用成本模式，只有满足特定条件的情况下才可采用公允价值模式。但是同一企业只能采用一种模式对所有投资性房地产进行后续计量，不得同时采用两种计量模式。

一、采用成本计量模式进行投资性房地产的后续计量

对采用成本模式进行后续计量的投资性房地产，企业应当设置“投资性房地产”“投资性房地产累计折旧”“投资性房地产累计摊销”“投资性房地产减值准备”等账户进行核算。

按照固定资产或无形资产的有关规定，按期（月）计提折旧或摊销，借记“其他业务成本”等账户，贷记“投资性房地产累计折旧（摊销）”账户。取得的租金收入，借记“银行存款”等账户，贷记“其他业务收入”等账户。

投资性房地产存在减值迹象的，还应当按照资产减值的有关规定进行处理。经减值测试后确定发生减值的，应当计提减值准备，借记“资产减值损失”账户，贷记“投资性房地产减值准备”账户。已经计提减值准备的投资性房地产，其减值损失在以后的会计期间不得转回。

例 6-4

艾丽制衣公司将一栋办公楼出租给乙企业使用，已确认为投资性房地产，采用成本模式进行后续计量。假设这栋办公楼的成本为 1 800 万元，按照直线法计提折旧，使用寿命为 20 年，预计净残值为零。按照经营租赁合同，乙企业每月支付艾丽制衣公司租金 8 万元。2014 年 12 月，这栋办公楼发生减值迹象，经减值测试，其可收回金额为 1 200 万元，此时办公楼的账面价值为 1 500 万元，以前未计提减值准备。

艾丽制衣公司的账务处理如下：

（1）计提折旧时：

每月的折旧额 =1 800÷20÷12=7.5（万元）

借：其他业务成本　　75 000

　　贷：投资性房地产累计折旧　　75 000

（2）确认租金时：

借：银行存款（或其他应收款）　　80 000

　　贷：其他业务收入　　80 000

（3）计提减值准备时：

借：资产减值损失　　3 000 000

　　贷：投资性房地产减值准备　　3 000 000

业务单据：
投资性房地产折旧计算表

业务单据：
租赁合同、发票记账联、中国工商银行进账单回单

业务单据：
投资性房地产计提减值准备确认书

二、采用公允价值计量模式进行投资性房地产的后续计量

（一）采用公允价值模式进行后续计量的条件

企业只有存在确凿证据表明投资性房地产的公允价值能够持续可靠取得的，才可以采用公允价值模式对投资性房地产进行后续计量。采用公允价值模式进行

计量的投资性房地产，应当同时满足下列条件：

（1）投资性房地产所在地有活跃的房地产交易市场。

（2）企业能够从活跃的房地产交易市场上取得同类或类似房地产的市场价格及其他相关信息，从而对投资性房地产的公允价值作出合理的估计。

① 确定投资性房地产的公允价值时，可以参照活跃市场上同类或类似房地产的现行市场价格（市场公开报价）；

② 无法取得同类或类似房地产现行市场价格的，可以参照活跃市场上同类或类似房地产的最近交易价格，并考虑交易情况、交易日期、所在区域等因素；

③ 也可以基于预计未来获得的租金收益和相关现金流量的现值予以计量。

（二）会计处理

对采用公允价值模式进行后续计量的投资性房地产，企业应当设置“投资性房地产”账户，核算投资性房地产的公允价值，并在“投资性房地产”账户下设置“成本”和“公允价值变动”两个明细账户。

投资性房地产采用公允价值模式后续计量的，不计提折旧或进行摊销，也不需要考虑计提减值准备。企业应当以资产负债表日投资性房地产的公允价值为基础调整其账面价值，公允价值与其账面价值之间的差额计入当期损益（公允价值变动损益）。资产负债表日，投资性房地产的公允价值高于其账面价值之间的差额，借记“投资性房地产——公允价值变动”账户，贷记“公允价值变动损益”账户；公允价值低于其账面价值之间的差额作相反会计分录。

投资性房地产取得的租金收入，确认为其他业务收入。投资性房地产若属于企业主营业务的，应通过“主营业务收入”账户核算相关的损益。

例 6-5

艾丽制衣公司下属一从事房地产经营开发的企业，2014 年 8 月与乙公司签订租赁协议，约定将其开发的一栋精装修的写字楼于开发完成的同时开始租赁给乙公司使用，租赁期为 10 年。当年 10 月 1 日，该写字楼开发完成并开始起租，写字楼的造价为 9 000 万元。2014 年 12 月 31 日，该写字楼的公允价值为 9 200 万元。假设艾丽制衣公司采用公允价值计量模式。

业务单据：
写字楼竣工决算表、租赁合同、投资性房地产公允价值变动计算表

艾丽制衣公司的账务处理如下：

（1）2014 年 10 月 1 日，开发完成写字楼并出租：

借：投资性房地产——成本　　90 000 000

　　贷：开发成本　　90 000 000

（2）2014 年 12 月 31 日，按照公允价值为基础调整其账面价值，公允价值与原账面价值之间的差额计入当期损益：

借：投资性房地产——公允价值变动　　2 000 000

　　贷：公允价值变动损益　　2 000 000

第四节　投资性房地产的转换与处置

本节重点与难点：
投资性房地产转换的会计处理

一、投资性房地产的转换

（一）房地产的转换形式

房地产的转换是因房地产用途发生改变而对房地产进行的重新分类。企业必须有确凿证据表明房地产的用途发生改变，才能将投资性房地产转换为非投资性房地产或者将非投资性房地产转换为投资性房地产。这里的确凿证据包括两个方面：一是企业董事会或类似机构应当就改变房地产用途形成正式的书面决议；二是房地产因用途改变而发生实际状态上的改变，如从自用状态改为出租状态。房地产转换形式主要包括：

（1）投资性房地产开始自用，相应地由投资性房地产转换为固定资产或无形资产。投资性房地产开始自用是指企业将原来用于赚取租金或资本增值的房地产改为用于生产商品、提供劳务或者经营管理。例如，企业将出租的厂房收回，并用于生产本企业的产品。又如房地产开发企业将出租的开发产品收回，作为企业的固定资产使用。

（2）企业将用于经营出租的房地产重新开发用于对外销售，从投资性房地产转为存货。

（3）作为存货的房地产改为出租，通常是指房地产开发企业将其持有的开发产品以经营租赁的方式出租，相应地由存货转换为投资性房地产。

（4）自用土地使用权停止自用，用于赚取租金或资本增值，相应地由无形资产转换为投资性房地产。

（5）自用建物筑停止自用，改为出租，相应地由固定资产转换为投资性房地产。

（二）投资性房地产转换日的确定

转换日的确定关系到资产的确认时点和入账价值。转换日是指房地产的用途发生改变、状态相应发生改变的日期。转换日的确定标准主要包括：

（1）投资性房地产开始自用，转换日为房地产达到自用状态，企业开始将其用于生产商品、提供劳务或者经营管理的日期。

（2）投资性房地产转为存货，转换日为租赁期满，企业董事会或类似权力机构作出书面决议明确表明将其重新开发用于对外销售的日期。

（3）作为存货的房地产改为出租，或者自用建筑物或土地使用权停止自用改为出租，转换日为租赁期开始日。租赁期开始日是指承租人开始有权行使其使用租赁资产权利的日期。

（三）房地产转换的会计处理

1. 采用成本模式进行后续计量的房地产的转换

在成本计量模式下，非投资性房地产与投资性房地产转换，应当将房地产转换前的账面价值作为转换后的入账价值。

投资性房地产采用成本计量模式的房地产转换如图 6-1 所示。

图 6-1

（1）投资性房地产转换为非投资性房地产。企业将投资性房地产转换为自用房地产，即将原来用于赚取租金或资本增值的房地产改为用于生产商品、提供劳务或者经营管理，相应地由投资性房地产转换为固定资产或无形资产时，应当按该项投资性房地产在转换日的账面余额、累计折旧或摊销、减值准备等，分别转入“固定资产”“累计折旧”“固定资产减值准备”等账户。按投资性房地产的账面余额，借记“固定资产”或“无形资产”账户，贷记“投资性房地产”账户；按已计提的累计折旧或摊销，借记“投资性房地产累计折旧（摊销）”账户，贷记“累计折旧”或“累计摊销”账户；原已计提减值准备的，借记“投资性房地产减值准备”账户，贷记“固定资产减值准备”或“无形资产减值准备”等账户。

例 6–6

艾丽制衣公司 2014 年 8 月 1 日，将其出租在外的厂房收回，开始用于本企业生产商品。该项房地产账面价值为 3 765 万元，其中，原价 5 000 万元，累计已提折旧 1 235 万元。假设艾丽制衣公司的投资性房地产采用成本计量模式进行后续计量。

业务单据：租赁合同、厂房具体情况计算表、固定资产交接单

艾丽制衣公司的账务处理如下：

借：固定资产　　50 000 000
　　投资性房地产累计折旧　　12 350 000
　　贷：投资性房地产　　50 000 000
　　　　累计折旧　　12 350 000

企业将投资性房地产转为存货，即房地产开发企业将用于经营出租的房地产重新开发用于对外销售，相应地从投资性房地产转为开发产品时，应当按该项投资性房地产在转换日的账面价值，借记“开发产品”账户；按已计提的累计折旧或摊销，借记“投资性房地产累计折旧（摊销）”账户；原已计提减值准备的，借记“投资性房地产减值准备”账户；按其账面余额，贷记“投资性房地产”账户。

例 6–7

艾丽制衣公司下属一从事房地产经营开发的企业，将其开发的一栋写字楼租赁给乙公司使用。2014 年 9 月 15 日，因租赁期满，该企业将出租的写字楼收回，并作出书面决议，将该写字楼重新开发用于对外销售，即由投资性房地产转为存货。2014 年 9 月 15 日，该写字楼账面价值为 39 000 万元，其中，原价为 43 000 万元，累计已提折旧 4 000 万元，未计提减值准备。假设艾丽制衣公司的投资性房地产采用成本计量模式进行后续计量。

艾丽制衣公司的账务处理如下：

借：开发产品　390 000 000

　　投资性房地产累计折旧　40 000 000

　　贷：投资性房地产——写字楼　430 000 000

业务单据：
租赁合同、写字楼具体情况计算表

（2）非投资性房地产转换为投资性房地产。企业将自用房地产转换为投资性房地产，即将原本用于生产商品、提供劳务或者经营管理的土地使用权或建筑物改用于出租，相应地将无形资产或固定资产转换为投资性房地产时，应当按照该项建筑物或土地使用权在转换日的原价、累计折旧、减值准备等，分别转入“投资性房地产”“投资性房地产累计折旧（摊销）”“投资性房地产减值准备”账户。按其账面余额，借记“投资性房地产”账户，贷记“固定资产”或“无形资产”账户；按已计提的累计折旧或摊销，借记“累计折旧”或“累计摊销”账户，贷记“投资性房地产累计折旧（摊销）”账户；原已计提减值准备的，借记“固定资产减值准备”或“无形资产减值准备”账户，贷记“投资性房地产减值准备”账户。

例 6-8

艾丽制衣公司拥有一栋办公楼。2014 年 8 月 10 日，与乙公司签订了经营租赁协议，将该办公楼整体出租给乙公司使用，租赁开始日为 2014 年 10 月 9 日，为期 5 年。2014 年 10 月 9 日，该办公楼的账面余额为 3 000 万元，已提折旧 500 万元。假设艾丽制衣公司的投资性房地产采用成本计量模式进行后续计量。

业务单据：
租赁合同、固定资产交接单、固定资产清理单

艾丽制衣公司的账务处理如下：

借：投资性房地产　30 000 000

　　累计折旧　5 000 000

　　贷：固定资产　30 000 000

　　　　投资性房地产累计折旧　5 000 000

企业将作为存货的房地产转换为投资性房地产，即房地产开发企业将其持有的开发产品以经营租赁的方式出租，相应地由存货转换为投资性房地产时，应当按该项存货在转换日的账面价值，借记“投资性房地产”账户，原已计提跌价准备的，借记“存货跌价准备”账户，按其账面余额，贷记“开发产品”等账户。

典型案例：
投资性房地产核算案例分析

例 6-9

艾丽制衣公司下属一从事房地产经营开发的企业，2014 年 8 月 10 日与乙公司签订租赁协议，将其开发的一栋写字楼租赁给乙公司使用，租赁开始日为 2014 年 9 月 15 日。2014 年 9 月 15 日，该写字楼账面余额为 39 000 万元，未计提存货跌价准备。假设艾丽制衣公司的投资性房地产采用成本计量模式进行后续计量。

业务单据：
租赁合同

艾丽制衣公司的账务处理如下：

借：投资性房地产——写字楼　390 000 000

　　贷：开发产品　390 000 000

2. **采用公允价值模式计量的投资性房地产转换**

投资性房地产采用公允价值计量模式的房地产转换如图 6-2 所示。

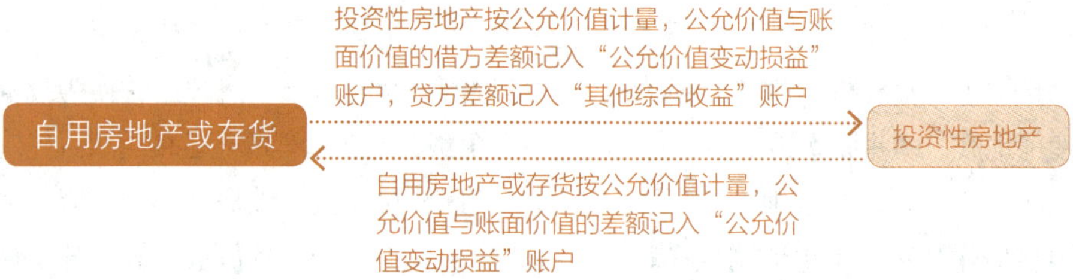

图 6-2

（1）投资性房地产转换为非投资性房地产。企业将投资性房地产转换为自用房地产，即将原来用于赚取租金或资本增值的房地产改为用于生产商品、提供劳务或者经营管理，相应地由投资性房地产转换为固定资产或无形资产时，应当以其转换当日的公允价值作为自用房地产的账面价值，公允价值与原账面价值的差额确认为公允价值变动损益，计入当期损益。

转换日，按该项投资性房地产的公允价值，借记“固定资产”或“无形资产”账户；按该项投资性房地产的成本，贷记“投资性房地产——成本”账户；按该项投资性房地产的累计公允价值变动，贷记或借记“投资性房地产——公允价值变动”账户；按其差额，贷记或借记“公允价值变动损益”账户。

例 6-10

艾丽制衣公司 2014 年 10 月 15 日，因租赁期满，将其出租的写字楼收回，开始作为办公楼用于本企业的行政管理。2014 年 10 月 15 日，该项写字楼的公允价值为 3 800 万元。该项房地产在转换前采用公允价值模式计量，原账面价值为 3 750 万元，其中，成本为 3 400 万元，公允价值变动为增值 350 万元。

业务单据：
租赁合同、固定资产交接单

艾丽制衣公司的账务处理如下：

借：固定资产　　38 000 000
　　贷：投资性房地产——成本　　34 000 000
　　　　　　　　　　——公允价值变动　　3 500 000
　　　　公允价值变动损益　　500 000

企业将投资性房地产转为存货，即房地产开发企业将用于经营出租的房地产重新开发用于对外销售，相应地从投资性房地产转为开发产品时，应当以其转换当日的公允价值作为存货的账面价值，公允价值与原账面价值的差额确认为公允价值变动损益，计入当期损益。

转换日，按该项投资性房地产的公允价值，借记“开发产品”账户；按该项投资性房地产的成本，贷记“投资性房地产——成本”账户；按该项投资性房地产的累计公允价值变动，贷记或借记“投资性房地产——公允价值变动”账户；

按其差额，贷记或借记“公允价值变动损益”账户。

例 6-11

艾丽制衣公司 2014 年 10 月 15 日，因租赁期满，将其出租的写字楼收回，并作出书面决议，将该写字楼重新开发用于对外销售，即由投资性房地产转为存货。2014 年 10 月 15 日，该项写字楼的公允价值为 4 800 万元。该项房地产在转换前采用公允价值模式计量，原账面价值为 4 750 万元，其中，成本为 4 400 万元，公允价值变动为增值 350 万元。

业务单据：
租赁合同、写字楼具体情况计算表

艾丽制衣公司的账务处理如下：

借：开发产品　48 000 000
　贷：投资性房地产——成本　44 000 000
　　　　——公允价值变动　3 500 000
　　公允价值变动损益　500 000

（2）非投资性房地产转换为投资性房地产。企业将自用房地产转换为投资性房地产，即将原本用于生产商品、提供劳务或者经营管理的土地使用权或建筑物改用于出租，相应地将无形资产或固定资产转换为投资性房地产时，应当按该项土地使用权或建筑物在转换日的公允价值，借记“投资性房地产——成本”账户；按已计提的累计摊销或累计折旧，借记“累计摊销（折旧）”账户；原已计提减值准备的，借记“无形资产减值准备”或“固定资产减值准备”账户；按其账面余额，贷记“固定资产”或“无形资产”账户。同时，转换日的公允价值小于账面价值的，按其差额，借记“公允价值变动损益”账户；转换日的公允价值大于账面价值的，按其差额，贷记“其他综合收益”账户。当该项投资性房地产处置时，因转换计入其他综合收益的部分应转入当期损益。

例 6-12

2014 年 5 月，艾丽制衣公司打算搬迁至新办公楼，由于原办公楼地处商业繁华地段，艾丽制衣公司准备将其出租，赚取租金收入。2014 年 8 月 10 日，艾丽制衣公司完成了搬迁工作，原办公楼停止自用，并与乙公司签订了经营租赁协议，将原办公楼出租给乙公司使用，租赁开始日为 2014 年 8 月 10 日，为期 5 年。2014 年 8 月 10 日，该办公楼的账面余额为 3 000 万元，已提折旧 500 万元，公允价值为 2 100 万元。假设艾丽制衣公司采用公允价值计量模式计量投资性房地产。

业务单据：
租赁合同、固定资产交接单、固定资产清理单

艾丽制衣公司的账务处理如下：

借：投资性房地产——成本　21 000 000
　　累计折旧　5 000 000
　　公允价值变动损益　4 000 000
　　贷：固定资产　30 000 000

企业将作为存货的房地产转换为投资性房地产，即房地产开发企业将其持有的开发产品以经营租赁的方式出租，相应地由存货转换为投资性房地产时，应当

按该项房地产在转换日的公允价值入账，借记“投资性房地产——成本”账户，原已计提跌价准备的，借记“存货跌价准备”账户；按其账面余额，贷记“开发产品”等账户。同时，转换日的公允价值小于账面价值的，按其差额，借记“公允价值变动损益”账户；转换日的公允价值大于账面价值的，按其差额，贷记“其他综合收益”账户。当该项投资性房地产处置时，因转换计入其他综合收益的部分应转入当期损益。

例 6-13

艾丽制衣公司下属一从事房地产经营开发的企业，2014 年 7 月 20 日与乙公司签订租赁协议，将其开发的一栋写字楼租赁给乙公司使用，租赁开始日为 2014 年 9 月 15 日。2014 年 9 月 15 日，该写字楼账面余额为 39 000 万元，未计提存货跌价准备，公允价值为 41 000 万元。2014 年 12 月 31 日，该投资性房地产的公允价值为 42 000 万元。假设艾丽制衣公司采用公允价值计量模式计量投资性房地产。

业务单据：租赁合同、投资性房地产公允价值变动计算表

艾丽制衣公司的账务处理如下：

① 2014 年 9 月 15 日：

借：投资性房地产——成本	410 000 000	
贷：开发产品		390 000 000
其他综合收益		20 000 000

② 2014 年 12 月 31 日：

借：投资性房地产——公允价值变动	10 000 000	
贷：公允价值变动损益		10 000 000

二、投资性房地产的处置

当投资性房地产被处置，或者永久退出使用且预计不能从其处置中取得经济利益时，应当终止确认该项投资性房地产。企业可以通过对外出售或转让的方式处置投资性房地产，对于那些由于使用而不断磨损直到最终报废，或者由于遭受自然灾害等非正常损失发生毁损的投资性房地产应当及时进行清理。

企业出售、转让、报废投资性房地产或者发生投资性房地产毁损时，应当将实际收到的处置收入计入其他业务收入，所处置投资性房地产的账面价值计入其他业务成本；转换日计入其他综合收益或公允价值变动损益的差额，转入其他业务成本；持有过程中产生的公允价值变动损益累计额，转入其他业务成本。

（一）采用成本模式计量的投资性房地产的处置

出售、转让按成本模式进行后续计量的投资性房地产时，应当按实际收到的金额，借记“银行存款”等账户，贷记“其他业务收入”账户；按该项投资性房地产的账面价值，借记“其他业务成本”账户；按其账面余额，贷记“投资性房地产”账户；按照已计提的折旧或摊销，借记“投资性房地产累计折旧（摊销）”账户，原已计提减值准备的，借记“投资性房地产减值准备”账户。

例 6-14

艾丽制衣公司将其出租的一栋写字楼确认为投资性房地产，采用成本模式计量。租赁期满时，艾丽制衣公司将该写字楼出售给乙公司，合同价款为 30 000 万元，乙公司已用银行存款付清。出售时，该写字楼的账面余额为 28 000 万元，已提折旧 5 000 万元。

艾丽制衣公司的账务处理如下：

借：银行存款　　300 000 000

　　贷：其他业务收入　　300 000 000

借：其他业务成本　　230 000 000

　　投资性房地产累计折旧　　50 000 000

　　贷：投资性房地产——写字楼　　280 000 000

业务单据：租赁合同、销售不动产统一发票、写字楼具体情况计算表、进账单回单

（二）采用公允价值模式计量的投资性房地产的处置

出售、转让采用公允价值模式计量的投资性房地产时，应当按实际收到的金额，借记“银行存款”等账户，贷记“其他业务收入”账户；按该项投资性房地产的账面价值，借记“其他业务成本”账户；按其成本，贷记“投资性房地产——成本”账户；按其累计公允价值变动，贷记或借记“投资性房地产——公允价值变动”账户。同时，将投资性房地产累计公允价值变动转入其他业务成本，借记或贷记“公允价值变动损益”账户，贷记或借记“其他业务成本”账户。若存在原转换日计入其他综合收益的金额，则也须一并转入其他业务成本，借记“其他综合收益”账户，贷记“其他业务成本”账户。

例 6-15

艾丽制衣公司下属一家房地产开发企业，2013 年 3 月 10 日，与乙企业签订了租赁协议，将其开发的一栋写字楼出租给乙企业使用，租赁期开始日为 2013 年 4 月 15 日。2013 年 4 月 15 日，该写字楼的账面余额 45 000 万元，公允价值为 47 000 万元。2013 年 12 月 31 日，该项投资性房地产的公允价值为 48 000 万元。2014 年 4 月租赁期届满，企业收回该项投资性房地产，并以 55 000 万元出售，款项收讫。艾丽制衣公司采用公允价值模式计量投资性房地产。

艾丽制衣公司账务处理如下：

（1）2013 年 4 月 15 日，存货转换为投资性房地产：

业务单据：租赁合同

借：投资性房地产——成本　　470 000 000

　　贷：开发产品　　450 000 000

　　　　其他综合收益　　200 00 000

业务单据：投资性房地产公允价值变动计算表

（2）2013 年 12 月 31 日，公允价值变动：

借：投资性房地产——公允价值变动　　10 000 000

　　贷：公允价值变动损益　　10 000 000

业务单据：租赁合同、销售不动产统一发票、写字楼具体情况计算表、进账单回单

（3）2014 年 4 月，出售投资性房地产：

借：银行存款　　550 000 000

贷：其他业务收入 550 000 000

借：其他业务成本 480 000 000

贷：投资性房地产——成本 470 000 000

——公允价值变动 10 000 000

同时，将投资性房地产累计公允价值变动转入其他业务成本：

借：公允价值变动损益 10 000 000

贷：其他业务成本 10 000 000

将转换时原计入其他综合收益的部分转入其他业务成本：

借：其他综合收益 20 000 000

贷：其他业务成本 20 000 000

第七章

无形资产和长期待摊费用的核算

本章知识点

无形资产的特征、内容　无形资产的初始计量　无形资产的摊销与出租
无形资产的出售与报废　长期待摊费用

本章技能点

无形资产取得的核算　无形资产摊销的核算　长期待摊费用发生的核算

本章知识导图

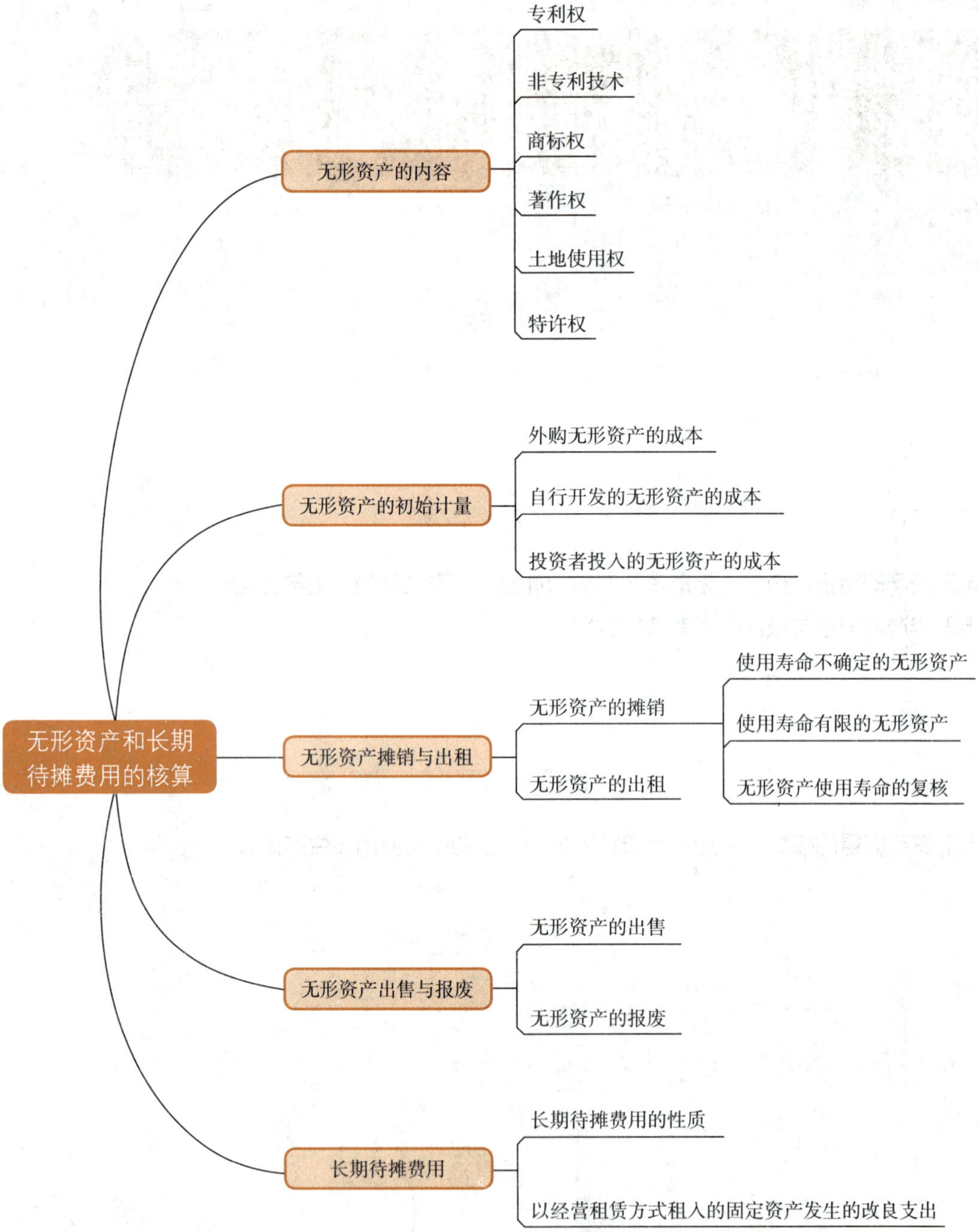
无形资产和长期待摊费用的核算
无形资产的内容
专利权
非专利技术
商标权
著作权
土地使用权
特许权
无形资产的初始计量
外购无形资产的成本
自行开发的无形资产的成本
投资者投入的无形资产的成本
无形资产摊销与出租
无形资产的摊销
使用寿命不确定的无形资产
使用寿命有限的无形资产
无形资产使用寿命的复核
无形资产的出租
无形资产出售与报废
无形资产的出售
无形资产的报废
长期待摊费用
长期待摊费用的性质
以经营租赁方式租入的固定资产发生的改良支出

引 例

艾丽制衣公司自行研发了一项缝纫技术，在研发过程中发生了许多材料费用、人工费用和其他费用。2013 年 12 月 31 日，该项研发终于获得了成功并在申请和缴纳了注册费后取得了专利权。从 2014 年 1 月份开始，公司把专利权出租给华泰公司。2014 年年初，艾丽制衣公司就上年年报中该项无形资产的编报有不同的看法。一种观点认为：专利权属于无形资产，所以该专利研发过程中所有材料费用、人工费用、其他费用以及注册费用都应该计入无形资产的成本，该专利权出租后，需要将无形资产的成本摊销到管理费用中去。另一种观点则认为，无形资产研发过程中发生的支出应该进行费用化处理，申请专利过程中发生的专利注册费支出，应计入无形资产的成本。对此问题，公司财务主管要求向他们聘请的会计师事务所咨询。

无形资产研发一般是一个耗时耗力并消耗大量资源的过程，应该有一个明确的研发计划，并进行立项。研发要分为研究阶段和开发阶段。研究阶段的支出要费用化处理，开发阶段的支出，符合资本化条件的，计入无形资产的成本，不符合资本化条件的，计入当期损益。如果无法区分研究阶段和开发阶段的支出，应将发生的研发支出全部费用化，计入当期损益。

第一节 无形资产概述

本节重点与难点：
内部研发支出的确认

一、无形资产的定义及特征

企业在生产经营过程中，还有一部分非实物形态的资产在发挥着重要作用，如专利权、专有技术、品牌、商誉等，它们同样能为企业带来经济利益。但是并非所有能为企业带来经济利益的非实物形态的资产都能确认为无形资产。

无形资产，是指企业拥有或控制的没有实物形态的可辨认非货币性资产。无形资产与其他类别的资产相比具有以下特征：

（一）无形资产不具有实物形态

无形资产通常表现为拥有某种权利、技术或获取超额利润的综合能力。比如，土地使用权、非专利技术等。它没有实物形态，却能够为企业带来经济利益，或使企业获取超额收益。

（二）无形资产属于可辨认的非货币性资产

无形资产能够从企业中分离或者划分出来，并能够单独或者与相关合同、资产或负债一起，用于出售、转移、授予许可、租赁或者交换。这一特征主要是相对于商誉等不可辨认的经济资源而言的。比如，企业拥有的专利，其表现为一种技术，但经专利局注册后，它可以与相关合同进行出售或者转让，属于可辨认的非货币性资产。

符合下列条件之一的，成为可辨认性标准：

（1）能从企业中分离或者划分出来，并能单独或者与相关合同、资产或负债一起，用于出售、转移、授予许可、租赁或者交换。

（2）源自合同性权利或者其他法定权利，无论这些权利是否可以从企业或其他权利和义务中转移或者分离。

（三）无形资产在创造经济效益方面存在较大的不确定性

无形资产必须与企业的其他资产相结合，才能为企业创造经济利益。无形资产作用的发挥更大程度地受到员工队伍的素质、企业组织、利益机制、技术环境和市场变化等因素的影响，这使得许多无形资产的经济寿命难以准确地预计，因而也使得无形资产能为企业带来多少未来的经济利益难以准确地预计。

二、无形资产的内容

根据无形资产的定义和基本特征，企业的无形资产包括专利权、非专利技术、商标权、著作权、土地使用权和特许权。企业自创商誉以及内部产生的品牌、报刊名等，因其成本无法明确区分，不应当确认为无形资产。

（一）专利权

专利权是指国家专利主管机关依法授予发明创造专利申请人对其发明创造在法定期限内所享有的专有权利，包括发明专利权、实用新型专利权和外观设计专利权。

（二）非专利技术

非专利技术也称专有技术，它是指不为外界所知，在生产经营活动中已采用了的、不享有法律保护的各种技术和经验。非专利技术包括工业专有技术、商业贸易专有技术、管理专有技术等。非专利技术可以用蓝图、配方、技术记录、操作方法的说明等资料体现出来。非专利技术具有经济性、机密性和有效期的不确定性等特点。

（三）商标权

商标权指专门在某类指定的商品和产品上使用特定的名称或图案的权利。商标权包括独占使用权和禁止使用权两个方面。商标经工商管理机关核准注册后，成为注册商标，受法律保护。

（四）著作权

著作权又称版权，是指著作者或文艺作品创作者以及出版商依法享有的一定年限内发表、制作、出版和发行其作品的权利。著作权受法律保护，未经著作权所有者许可或转让，他人不得占有和行使。

（五）土地使用权

土地使用权是指国家准许某企业在一定期间内对国有土地享有开发、利用、经营的权利。根据我国现行土地管理法的规定，我国土地实行公有制，任何单位和个人只能拥有土地使用权。企业取得土地使用权的方式有以下几种：行政划拨取得、外购取得、投资者投入取得等。企业作为投资性房地产的土地使用权，在投资性房地产准则中规范；石油天然气矿区权益在石油天然气开采准则中规范。

（六）特许权

特许权又称经营特许权、专营权，指企业在某一地区经营或销售某种特定商品的权利，或是一家企业接受另一家企业使用其商标、商号、技术秘密等权利。特许权可以是政府授予的，如烟草专卖权等，也可以是某单位或个人授予的，如连锁分店使用总店的名称等。

三、无形资产的确认

（一）无形资产确认的条件

无形资产必须同时满足下列条件，才能予以确认：

1. 与无形资产相关的经济利益很可能流入企业

企业在判断无形资产产生的经济利益是否很可能流入时，应对无形资产在预计使用年限内可能存在的各种经济因素作出合理的估计，并且应当有明确证据支持，这主要取决于该无形资产是否归企业所有或控制。

2. 该无形资产的成本能够可靠计量

无形资产的价值能够用货币价值计量，即其价值能够找到合理的计量属性。

（二）企业内部研究开发项目支出

企业内部研究开发项目的支出，应当区分研究阶段支出与开发阶段支出，并按相应准则规定处理。

内部研究开发项目的研究阶段，是指为获得新的科学或技术知识并理解它们而进行的独创性的有计划调查。研究阶段属于探索性的过程，是为了进一步的开发活动进行资料及相关方面的准备。从已经进行的研究活动看，将来是否能转入开发，或开发后是否会形成无形资产等具有较大的不确定性。因此，企业内部研究开发项目研究阶段的支出，应当于发生时计入当期损益。

内部研究开发项目的开发阶段，是指将研究成果或其他知识应用于某些计划或设计，以生产出新的或具有实质性改进的材料、装置、产品等。由于开发阶段在很大程度上形成一项新产品或新技术的基本条件已经具备，所以内部研究开发项目开发阶段的支出同时满足下列条件时应当确认为无形资产：

（1）从技术上讲，完成该无形资产以使其能够使用或出售具有可行性。比如，企业已完成了全部计划、设计和测试活动，这些活动是使资产能够达到设计规划书中的功能、特征和技术所必需的活动，或经过专家鉴定等。

（2）具有完成该无形资产并使用或出售的意图。

（3）无形资产产生经济利益的方式，包括能够证明运用该无形资产生产的产品存在市场或无形资产自身存在市场，无形资产在内部使用的，应当证明其有用性。

请注意：
并非开发阶段发生的一切支出都可以计入无形资产成本。只有开发阶段发生的符合资本化条件的支出才可以计入无形资产成本

（4）有足够的技术、财务资源和其他资源支持，以完成无形资产的开发，并有能力使用或出售该无形资产。

（5）归属于该无形资产开发阶段的支出能够可靠计量。企业对于研究开发的支出应当能够单独核算。同时从事多项研究开发活动的，所发生的支出能够按照合理的标准在各项研究开发活动之间进行分配。研发支出无法明确分配的，应当计入当期损益，不计入开发活动的成本。

本节重点与难点：
自行研发无形资产的核算

第二节　无形资产的初始计量

无形资产应当按照成本进行初始计量。根据无形资产取得的不同方式，其成本构成不同，具体包括：

一、外购无形资产的成本

外购无形资产的成本，包括购买价款、进口关税和其他税费以及直接归属于使该项资产达到预定用途所发生的律师费、咨询费、公证费、鉴定费、注册登记费等其他支出。企业应根据购入无形资产的实际成本，借记“无形资产”账户、“应交税费——应交增值税（进项税额）”账户，贷记“银行存款”等账户。

如果企业购买无形资产的价款超过正常信用条件延期支付，实质上具有融资性质，无形资产的成本应以购买价款的现值为基础确定。实际支付的价款与购买价款的现值之间的差额，除按照借款费用准则应予资本化的以外，应当在信用期间内计入当期财务费用。

二、自行开发的无形资产的成本

自行开发的无形资产，属于企业内部研究开发项目开发阶段的支出能够形成

企业的无形资产时，将其至预定用途前发生的支出总额确认为无形资产的成本，但对以前期间已经费用化的支出不再调整。

为了核算企业进行研究与开发无形资产过程中发生的各项支出，应设置“研发支出”账户。本账户属于成本类账户，分别“费用化支出”“资本化支出”进行明细核算。期（月）末，将本账户归集的费用化支出金额转入“管理费用”账户，借记“管理费用”账户，贷记“研发支出（费用化支出）”账户。该账户期末借方余额，反映企业正在进行无形资产研究开发项目满足资本化条件的支出。

例 7-1

凯盛公司是一家高科技软件实业公司，2013 年进行一种新的应用程序软件的开发。软件开发分三个阶段进行。第一，市场调研阶段，主要是通过中介公司进行市场调查，本阶段发生的调研费用为 10 万元。第二，研究阶段，对产品进行可行性研究，并提出具体的开发产品的初步方案，本阶段发生了科研人员的工资、各种耗材费用、办公费用等 100 万元。第三，开发阶段，使研究的产品具有商品价值，能直接上市出售，企业发生于这一阶段的费用为 300 万元。

（1）确认第一阶段发生的相关费用：

借：研发支出——费用化支出　　100 000

　　贷：银行存款　　100 000

借：管理费用　　100 000

　　贷：研发支出——费用化支出　　100 000

业务单据：转账支票存根或其他付款手续和取得的费用发票等

（2）确认第二阶段发生的相关费用：

借：研发支出——费用化支出　　1 000 000

　　贷：应付职工薪酬（原材料、银行存款等）　　1 000 000

借：管理费用　　1 000 000

　　贷：研发支出——费用化支出　　1 000 000

（3）确认第三阶段发生的相关费用：

借：研发支出——资本化支出　　3 000 000

　　贷：应付职工薪酬（原材料、银行存款等）　　3 000 000

借：无形资产　　3 000 000

　　贷：研发支出——资本化支出　　3 000 000

业务单据：工资费用分配表、领料单、转账支票存根、费用发票、取得的专利权证书等

三、投资者投入的无形资产的成本

投资者投入的无形资产，应当按照投资合同或协议约定的价值作为成本，但合同或协议约定价值不公允的除外。

例 7-2

艾丽制衣公司与乙公司合资设立丙公司，注册资本为 400 万元，经双方协商约定，

艾丽制衣公司以商标权折价（含税）50万元、专利权折价（含税）80万元、现金70万元进行投资；乙公司投入生产厂房100万元，现金100万元。艾丽制衣公司、乙公司各占一半股权。在考虑各种因素后，认定商标使用权寿命没有期限，投资的专利权按有关法律规定其受保护的期限为15年。按合同约定享有该专利10年期的收益权。丙公司收到投资后作会计分录如下：

借：银行存款	1 700 000	
固定资产	1 000 000	
无形资产——商标权	471 698	
——专利权	754 717	
应交税费——应交增值税（进项税额）	73 585	
贷：实收资本——艾丽制衣公司		2 000 000
——乙公司		2 000 000

业务单据：

投资协议书、专利权、商标权证、无形资产评估报告、无形资产专用发票、转账支票等

请注意：

无形资产中属于"营改增"范围的就有专利技术、非专利技术、商标权、著作权和商誉，增值税税率为6%。

非货币性资产交换、债务重组取得的无形资产成本应当分别参见本书第九章非货币性资产交换的核算、第十二章债务重组的核算。

四、取得土地使用权确认为无形资产的成本

企业取得土地使用权通常确认为无形资产。土地使用权用于自行开发建造厂房等地上建筑物时，土地使用权和地上建筑物分别进行摊销和提取折旧，但下列情况取得或拥有土地使用权不确认为无形资产：

（1）房地产开发企业取得的土地使用权用于建造对外出售的房屋建筑物，相关的土地使用权应当计入所建造的房屋建筑物成本。

（2）企业外购的房屋建筑物支付的价款无法在地上建筑物与土地使用权之间分配的，确认为固定资产原价。

（3）企业改变土地使用权的用途，将其用于出租或增值目的时，应将其账面价值转为投资性房地产。

第三节　无形资产摊销与出租的核算

本节重点与难点：

无形资产摊销方法的确定

一、无形资产的摊销

企业应当于取得无形资产时分析判断其使用寿命，将无形资产分为使用寿命有限的无形资产和使用寿命不确定的无形资产。

（一）使用寿命不确定的无形资产

如果无法预见无形资产为企业带来经济利益的期限，应视为使用寿命不确定的无形资产。使用寿命不确定的无形资产，其成本不予摊销。如果期末重新复核后仍为不确定的，则应当在每个会计期间进行减值测试。需要计提减值准备的，相应计提有关的减值准备。

（二）使用寿命有限的无形资产

如果能够合理预见无形资产为企业带来经济利益的期限，应视为使用寿命有限的无形资产。使用寿命有限的无形资产，其成本应当摊销。

1. 确定无形资产使用寿命应考虑的因素

企业预计无形资产使用寿命时，应考虑的因素有：该资产生产的产品通常的寿命周期以及类似资产使用寿命的信息；技术工艺等方面的现阶段情况及对未来发展趋势的估计；以该资产生产的产品或提供劳务的市场需求情况；现在或潜在竞争者预期采取的行动；维持该资产获利能力的预期维护支出，以及企业预计支付有关支出的能力；对该资产控制期限的相关法律规定或类似限制；与企业持有其他资产使用寿命的关联性等。

2. 无形资产摊销期的确定

使用寿命有限的无形资产，其摊销金额应当在使用寿命内系统、合理地摊销。无形资产的摊销期自其可供使用时（即其达到能够按管理层预定的方式运作所必需的状态）开始至终止确认时止。下面举例说明无形资产摊销期的确定。

① 企业以取得土地出让金的方式取得一块土地 50 年的使用权，如果企业准备持续持有，在 50 年内不计划出售，该土地使用权预期为企业带来未来经济利益的期间为 50 年，即摊销期为 50 年。

② 企业取得一项专利技术，法律保护期间为 20 年，企业预计运用该专利生产的产品在未来 15 年内会为企业带来经济利益。就该专利技术，第三方向企业承诺在 5 年内以其取得之日公允价值的 60% 购买该专利权，从企业管理层目前的持有计划来看，准备在 5 年内将其出售给第三方。该专利技术应在 5 年内摊销，残值为该专利技术取得之日公允价值的 60%。

3. 无形资产的摊销方法

无形资产的摊销方法，应反映与该项无形资产有关的经济利益的预期实现方式，可以采用平均年限法、工作量法、双倍余额递减法和年数总和法等。例如，受技术陈旧因素影响较大的专利权和专有技术等无形资产，可采用类似固定资产加速折旧的方法进行摊销；有特定产量限制的特许经营权或专利权，应采用产量法进行摊销。无法可靠确定其经济利益预期实现方式的，应当采用平均年限法摊销。

无形资产的摊销金额为其成本扣除预计残值后的金额。已计提减值准备的无形资产，还应扣除已计提的无形资产减值准备累计金额。

4. 残值的确定

无形资产的残值一般为零，如果有第三方承诺在无形资产使用寿命结束时，购买该无形资产，或可以根据活跃市场得到预计残值信息，并且该市场在无形资产使用寿命结束时很可能存在，则可以预计其净残值。

5. 无形资产摊销的具体会计处理

为了分别反映无形资产的原始价值和累计摊销额，应设置“累计摊销”这一备抵账户。摊销无形资产价值时，一般应借记“管理费用”账户，贷记“累计摊销”账户。但如果某项无形资产是专门用于生产某种产品的，其所包含的经济利益是通过转入到所生产的产品中体现的，无形资产的摊销费用应构成产品成本的一部分。

例 7-3

业务单据：无形资产摊销计算表

接例 7-2，由于该商标权没有使用寿命期限，不予摊销。专利权的摊销年限确定为 10 年，净残值为零，该专利每年的摊销额为 75 471.7 元，丙公司每年专利摊销额会计处理如下：

借：管理费用——专利摊销　　75 471.70

　　贷：累计摊销——专利　　75 471.70

请注意：使用寿命不确定的无形资产不予摊销，但应在会计期末进行减值测试。无形资产一般没有残值。

（三）无形资产使用寿命的复核

企业应当至少每年年度终了，对无形资产的使用寿命及未来经济利益的实现方式进行复核；无形资产的使用寿命及未来经济利益的实现方式与以前估计不同的，应当改变摊销期限和摊销方法；同时对使用寿命不确定的无形资产也要进行复核。如果有证据表明，使用寿命不确定的无形资产，其使用寿命变为可确定的，应当估计其使用寿命，并选择适当的方法对其成本进行摊销。

二、无形资产的出租

无形资产的出租，是将无形资产的使用权让渡给他人，企业仍保留对无形资产的所有权。

企业出租无形资产取得的收入，应作为其他业务收入处理。取得收入时，应借记“银行存款”等账户，贷记“其他业务收入”“应交税费——应交增值税（销项税额）”账户（营改增试行期间，专利技术和非专利技术使用权的让渡及其相关服务免征增值税）。

企业在出租无形资产的过程中，还可能支付律师费、咨询费等费用。这些费用也应由取得的收入来补偿。支付费用时，应借记“其他业务成本”账户，贷记“银行存款”等账户。

企业出租无形资产之后，无形资产价值的摊销一般有以下几种方法：

第一，全部计入其他业务成本，由取得的收入来补偿。这是针对出租之后，企业不再使用该无形资产，按照配比原则，其摊销价值应计入其他业务成本，而不是计入管理费用。摊销时，借记“其他业务成本”账户，贷记“累计摊销”账户。

第二，一部分计入其他业务成本，由取得的收入来补偿；另一部分计入管理费用。这是针对出租之后，企业仍在使用该无形资产，按照配比原则，其摊销价值按照一定的标准进行分配，一部分计入其他业务成本，由出租收入来补偿，另一部分计入管理费用。摊销时借记“其他业务成本”“管理费用”账户，贷记“累计摊销”账户。

第三，全部计入管理费用。如果无形资产出租收入所占比例不大，按重要性原则，也可以将无形资产的摊销价值全部计入管理费用。

第四节　无形资产出售与报废的核算

本节重点与难点：
出售所得与账面价差额的处理

一、无形资产的出售

无形资产的出售是将无形资产的所有权转让给他人，转让之后，企业不再对该项无形资产拥有占有、使用、收益、处置的权利。

企业出售无形资产时，应将出售所得的价款扣除相关税费和该项无形资产账面价值后的差额，确认为当期损益。企业应按出售无形资产价款，借记“银行存款”等账户；按应缴纳的税费，贷记“应交税费”账户；按无形资产的累计摊销额，借记“累计摊销”账户；按无形资产的原始价值，贷记“无形资产”账户（如果计提了减值准备，还应借记“无形资产减值准备”账户）；并按其差额，贷记“营业外收入”或借记“营业外支出”账户。

例 7-4

艾丽制衣公司 2014 年出售一项无形资产（专利权），收取价税合计 10 万元，应缴（用银行存款支付）律师费 2 500 元。该无形资产的原始价值为 15 万元，累计摊销额为 4 万元，已计提减值准备 2 万元。在营改增试点期间，试点纳税人提供技术转让、技术开发和与之相关的技术咨询、技术服务免征增值税。公司作会计处理如下：

业务单据：
转让协议、发票、进账单

借：银行存款	100 000
无形资产减值准备	20 000
累计摊销	40 000

贷：无形资产——专利权		150 000
应交税费——应交增值税（销项税额）		5 660
银行存款		2 500
营业外收入——非流动资产处置利得		1 840
借：应交税费——应交增值税（减免税额）	5 660	
贷：营业外收入——补贴收入		5 660

二、无形资产的报废

无形资产报废是指无形资产由于已被其他新技术所代替或不受法律保护等原因，预期不能为企业带来经济利益而进行的处置。无形资产报废时，应按照累计摊销额，借记“累计摊销”账户；按照已计提的减值准备，借记“无形资产减值准备”账户；按照原始价值，贷记“无形资产”账户；按其差额，借记“营业外支出”账户。

例 7-5

业务单据： 无形资产申请报废单、无形资产报废单

2014 年年底，艾丽制衣公司的某项专利技术，其账面余额为 600 万元，摊销期限为 10 年，采用直线法摊销，已摊销了 5 年，假定该项专利权的残值为 0，计提的减值准备为 160 万元，今年用其生产的产品没有市场，应予转销。假定不考虑其他因素，其账务处理如下：

议一议： 无形资产报废的会计处理与固定资产报废的会计处理有何不同？

借：累计摊销	3 000 000	
无形资产减值准备	1 600 000	
营业外支出——处置非流动资产损失	1 400 000	
贷：无形资产——专利权		6 000 000

本节重点与难点： 什么情况下会产生长期待摊费用

第五节 长期待摊费用的核算

一、长期待摊费用的性质

长期待摊费用是指企业已经发生但应由本期和以后各期负担的分摊期限在一年以上的各项费用，主要有以经营租赁方式租入的固定资产发生的改良支出等。

长期待摊费用与无形资产不同。长期待摊费用是一种预付费用，一经发生，其消费过程就结束，只是尚未计入产品成本和期间费用，因此长期待摊费用不具有抵偿债务的性质，更不具有转让价值。

企业在确认长期待摊费用时，一般应考虑两个条件：

（1）受益期间在1年以上。在这种情况下，将支出计入长期待摊费用，符合权责发生制和配比原则。

（2）未来会计期间获得的收益能够抵补分期摊销的支出。如果预计未来会计期间获得的收益不能抵补分摊的支出，按照稳健原则，可将当期发生的支出全部计入当期损益。

根据企业会计准则，可以确认为长期待摊费用的项目主要是，以经营租赁方式租入的固定资产发生的改良支出等。此外，对于受益期间虽然在1年以上但数额很小的支出，按照重要性原则，可不予分期摊销，直接计入当期损益。

二、以经营租赁方式租入的固定资产发生的改良支出

企业以经营租赁方式租入的固定资产发生的改良支出，应予资本化，作为长期待摊费用，在租赁期限与预计可使用年限两者孰短的期限内平均摊销。

例 7-6

2014 年 8 月 20 日，艾丽制衣公司对采用经营租赁方式租入的一条生产线进行改良，发生如下支出：领用生产用原材料 24 000 元，购进该批原材料时支付的增值税进项税额为 4 080 元，发生有关人员薪酬 54 700 元。2014 年 12 月 31 日，生产线改良工程完工，达到预定可使用状态并交付使用。假定该生产线预计尚可使用 6 年，剩余租赁期为 5 年；采用直线法进行摊销；不考虑其他因素，艾丽制衣公司的账务处理如下：

改良工程领用原材料时：

借：在建工程	24 000	
贷：原材料		24 000

发生工程人员薪酬时：

借：在建工程	54 700	
贷：应付职工薪酬		54 700

改良工程达到预定可使用状态并交付使用时：

借：长期待摊费用	78 700	
贷：在建工程		78 700

2015 年度进行摊销（按 5 年进行摊销）时：

借：制造费用	15 740	
贷：长期待摊费用		15 740

业务单据：
领料单、工资费用分配表、工程决算报告、长期待摊费用摊销表

习题试题：
无形资产的核算

需要说明的是，《企业所得税法》第十三条规定：“在计算应纳税所得额时，企业发生的下列支出作为长期待摊费用，按照规定摊销的，准予扣除：

议一议：
会计上的长期待摊费用还有哪些？

（一）已足额提取折旧的固定资产的改建支出；

（二）租入固定资产的改建支出；

（三）固定资产的大修理支出；

（四）其他应当作为长期待摊费用的支出。”

按照企业会计准则，会计上确认长期待摊费用是以支出可以资本化为前提的，这与所得税法对长期待摊费用的处理是不同的。

第八章
资产减值的核算

本章知识点

资产减值　可收回金额　公允价值　未来现金流量现值　资产减值损失　资产组

本章技能点

资产减值迹象的判断　可收回金额的确定　公允价值的确定　未来现金流量现值的确定　资产组的认定　资产组减值的分摊

本章知识导图

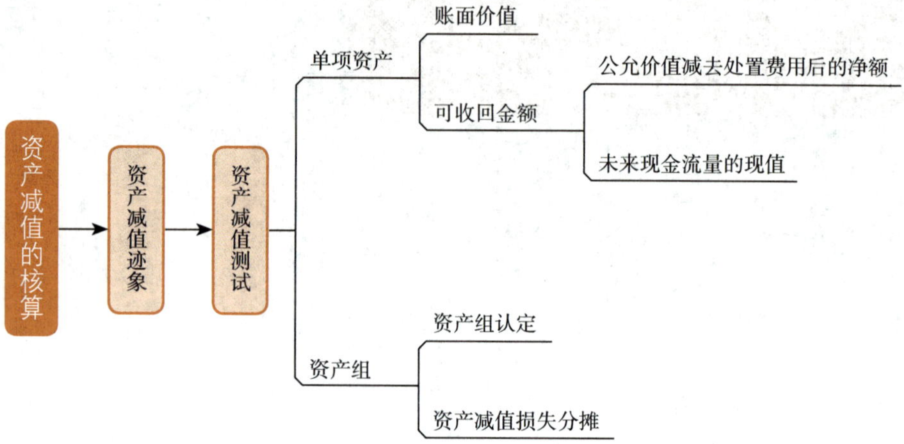
资产减值的核算
资产减值迹象
资产减值测试
单项资产
账面价值
可收回金额
公允价值减去处置费用后的净额
未来现金流量的现值
资产组
资产组认定
资产减值损失分摊

引　例

2013 年 12 月 31 日，东方电子公司发现市场上出现新的电子产品，生产该产品的设备是 2008 年 4 月购入的，账面原值 900 万元，累计折旧 750 万元；同时，该设备生产的产品中有部分的不合格品，东方电子公司针对此状况对该设备进行了减值测试，测算继续使用和出售该设备带来的收益哪个更高，经测算较高的收益为 100 万元，低于设备的账面价值 150 万元，说明该设备减值了 50 万元，应计提减值损失。

由上述引例可以看出，资产负债表日东方电子公司根据企业外部和内部信息判断资产是否发生减值，并测算该资产未来期间给企业带来的经济利益，若此经济利益低于资产的账面价值，则表明该资产减值，应当计提减值损失。

第一节　资产减值概述

本节重点与难点：
资产减值的迹象判断

资产的主要特征之一是它必须能够为企业带来经济利益的流入，如果资产不能够为企业带来经济利益或者带来的经济利益低于其账面价值，那么该资产就不能再予以确认，或者不能再以原账面价值予以确认，否则将不符合资产的定义，也无法反映资产的实际价值，其结果会导致企业资产虚增和利润虚增。因此，当企业资产的可收回金额低于其账面价值时，即表明资产发生了减值，企业应当确认资产减值损失，并把资产的账面价值减记至可收回金额。

一、资产减值的概念及范围

（一）资产减值的概念

企业资产减值是指资产的可收回金额低于其账面价值。这里的“资产”，除了特别规定外，既包括单项资产，也包括资产组。资产组是指企业可以认定的最小资产组合，其产生的现金流入应当基本上独立于其他资产或者资产组产生的现金流入。

（二）资产减值的范围

企业所有的资产在发生减值时，原则上都应当对所发生的减值损失及时加以确认和计量。但是由于有关资产特性不同，其减值会计处理也有所差别，因而所适用的具体准则不尽相同。本章讲述《企业会计准则第 8 号——资产减值》（以下简称资产减值准则）中规范的企业非流动资产的减值会计问题，具体包括以下资产的减值：

（1）长期股权投资；

（2）采用成本模式进行后续计量的投资性房地产；

（3）固定资产；

（4）生产性生物资产；

（5）无形资产；

（6）探明石油天然气矿区权益和井及相关设施等；

（7）商誉。

二、资产减值迹象的判断

资产减值迹象是指可能导致资产的可收回金额低于其账面价值的情况。企业在资产负债表日应当判断资产是否存在可能发生减值的迹象，主要可从外部信息来源和内部信息来源两方面加以判断。

（一）从企业外部信息来源判断

（1）如果出现了资产的市价在当期大幅度下跌，其跌幅明显高于因时间的推移或者正常使用而预计的下跌；

（2）企业经营所处的经济、技术或者法律等环境以及资产所处的市场在当期或者将在近期发生重大变化，从而对企业产生不利影响；

（3）市场利率或者其他市场投资报酬率在当期已经提高，从而影响企业计算资产预计未来现金流量现值的折现率，导致资产可收回金额大幅度降低等，均属于资产可能发生减值的迹象，企业需要据此估计资产的可收回金额，决定是否需要确认减值损失。

（二）从企业内部信息来源判断

（1）有证据表明资产已经陈旧过时或者其实体已经损坏；

（2）资产已经或者将被闲置、终止使用或者计划提前处置；

（3）企业内部报告的证据表明资产的经济绩效已经低于或者将低于预期，如资产所创造的净现金流量或者实现的营业利润远远低于原来的预算或者预计金额、资产发生的营业损失远远高于原来的预算或者预计金额、资产在建造或者收购时所需的现金支出远远高于最初的预算、资产在经营或者维护中所需的现金支出远远高于最初的预算等，均属于资产可能发生减值的迹象。

上述列举的资产减值迹象并不能穷尽所有的减值迹象，企业应当根据实际情况来认定资产可能发生减值的迹象。有确凿证据表明资产存在减值迹象的，应当在资产负债表日进行减值测试，估计资产的可收回金额。资产存在减值迹象是资产是否需要进行减值测试的必要前提，但是有两项资产除外，即因企业合并形成的商誉和使用寿命不确定的无形资产。对于这两类资产，无论是否存在减值迹象，都应当至少于每年年度终了进行减值测试。

第二节　资产减值损失的核算

本节重点与难点：
可收回金额的确定

一、资产可收回金额的计量

（一）估计可收回金额的基本方法

根据资产减值准则的规定，资产存在减值迹象的，应当估计其可收回金额，然后将所估计的资产可收回金额与其账面价值相比较，以确定资产是否发生了减值，以及是否需要计提资产减值准备并确认相应的减值损失。

资产可收回金额的估计，应当根据其公允价值减去处置费用后的净额与资产预计未来现金流量的现值两者之间较高者确定。因此，要估计资产的可收回金额，通常需要同时估计该资产的公允价值减去处置费用后的净额和资产预计未来现金流量的现值，但是在下列情况下，可以有例外或者做特殊考虑：

（1）资产的公允价值减去处置费用后的净额与资产预计未来现金流量的现值，只要有一项超过了资产的账面价值，就表明资产没有发生减值，不需再估计另一项金额。

（2）没有确凿证据或者理由表明，资产预计未来现金流量现值显著高于其公允价值减去处置费用后的净额的，可以将资产的公允价值减去处置费用后的净额视为资产的可收回金额。

（3）资产的公允价值减去处置费用后的净额如果无法可靠估计的，应当以该资产预计未来现金流量的现值作为其可收回金额。

（二）资产公允价值减去处置费用后的净额

请注意：
处置费用中不包括财务费用和所得税费用

资产的公允价值是指市场参与者在计量日发生的有序交易中，出售一项资产所能收到或者转移一项负债所需支付的价格。处置费用是指可以直接归属于资产处置的增量成本，包括与资产处置有关的法律费用、相关税费、搬运费以及为使资产达到可销售状态所发生的直接费用等。

（三）资产预计未来现金流量的现值

资产预计未来现金流量的现值，应当按照资产在持续使用过程中和最终处置时所产生的预计未来现金流量，选择恰当的折现率对其进行折现后的金额加以确定。预计资产未来现金流量的现值，应当综合考虑资产的预计未来现金流量、使用寿命和折现率等因素。计算公式如下：

$$资产预计未来现金流量的现值=\sum[第\,t\,期预计资产未来现金流量/(1+折现率)^t]$$

1. 资产未来现金流量的预计

预计资产未来现金流量，通常应当根据资产未来每期最有可能产生的现金流量进行预测。在实务中，如果采用期望现金流量法更为合理，则应采用期望现金流量法预计资产未来现金流量。计算公式为：

$$期望现金流量=\sum 各种可能的未来现金流量\times 相应概率$$

预计的资产未来现金流量应当包括：① 资产持续使用过程中预计产生的现金流入。② 资产持续使用过程中产生的现金流入所必需的、可直接归属于或者在合理和一致的基础上归属于该项资产的现金流出（包括为使资产达到预定可使用状态所发生的现金流出）。③ 资产使用寿命结束时，处置资产所收到或者支付的净现金流量。

2. 折现期的预计

建立在最近财务预算或者预测基础上的折现期最多涵盖 5 年，企业管理层如能证明更长的时间是合理的，可以涵盖更长的期间。

3. 折现率的预计

折现率是反映当前金融市场上的货币时间价值和资产的特定风险的税前利率，是企业在购置或者投资资产时所要求的必要报酬率。折现率的确定通常应当以该资产的市场利率为依据。如果无法获得市场利率，则可使用替代利率估计折现率。替代利率可以根据加权平均资本、增量借款利率或者其他相关市场利率作适当调整后确定。

例 8-1

2013 年 12 月 31 日，艾丽制衣公司发现市场上出现了新款式夏装，导致公司生产的夏装产品销量大幅下降，生产该产品的设备存在减值迹象。该设备账面原价 1 800 000 元，累计折旧 600 000 元，未计提过减值准备，预计尚可使用 4 年。该设备在活跃市场中的市场价格（买方出价）为 1 000 000 元，处置费用为 45 000 元。若继续自用，估计未来 4 年的现金流量分别为 250 000 元、240 000 元、230 000 元、220 000 元，第 5 年预计处置带来现金流量为 160 000 元。折现率确定为 5%。

业务单据：预计未来现金流量现值计算表

该机器设备可收回金额的确定如下：

（1）设备的公允价值减去处置费用后的净额 =1 000 000-45 000=955 000（元）

（2）计算设备的预计未来现金流量现值（见表 8-1）。

表 8-1 预计未来现金流量现值计算表

单位：元

年份	预计未来现金流量	折现率	折现系数	现值
2014	250 000	5%	0.952 4	238 100
2015	240 000	5%	0.907 0	217 680
2016	230 000	5%	0.863 8	198 674
2017	220 000	5%	0.822 7	180 994
2018	160 000	5%	0.783 5	125 360
合计				960 808

（3）确定设备的可收回金额。

比较资产的公允价值减去处置费用后的净额与资产未来现金流量的现值，取其较高者作为资产的可收回金额。该设备的可收回金额为 960 808 元。

二、资产减值损失的确认与计量

（一）资产减值损失的确认与计量的一般原则

企业在对资产进行减值测试后，如果所算出的资产可收回金额低于其账面价值，应当将资产的账面价值减记至可收回金额，减记的金额确认为资产减值损失，同时计提相应的资产减值准备。

计提资产减值准备以后，减值资产的折旧或者摊销费用，应当按照新的账面价值（扣除预计净残值）予以计算。

典型案例：
华新水泥（600801）利用计提资产减值准备操纵利润

请注意：
资产减值准则规定，资产减值损失一经确认，在以后会计期间不得转回。

（二）资产减值损失的账务处理

企业应当设置“资产减值损失”账户，按照资产类别进行明细核算，反映各类资产在当期确认的资产减值损失金额；同时，应当根据不同的资产类别，分别设置“固定资产减值准备”“投资性房地产减值准备”“无形资产减值准备”“商誉减值准备”“长期股权投资减值准备”“生产性生物资产减值准备”等账户。

当企业确定资产发生了减值时，应当根据所确认的资产减值金额，借记“资产减值损失”账户，贷记“固定资产减值准备”“投资性房地产减值准备”“无形资产减值准备”“商誉减值准备”“长期股权投资减值准备”“生产性生物资产减值准备”等账户。在期末，企业应当将“资产减值损失”账户余额转入“本年利润”账户，结转后该账户没有余额。各资产减值准备账户累积每期计提的资产减值准备，直至相关资产被处置时才予以转出。

例 8-2

沿用例 8-1 的资料，2013 年 12 月 31 日艾丽制衣公司机器设备的账面价值为 1 200 000 元（1 800 000-600 000），可收回金额为 960 808 元，则应确认的资产减值损失为 239 192 元（1 200 000-960 808），账务处理如下：

借：资产减值损失——固定资产减值损失　　239 192

　　贷：固定资产减值准备　　239 192

业务单据：
资产减值准备计提审批表

计提资产减值准备后，设备的账面价值变为 960 808 元，在该设备剩余使用寿命内，公司应当以此为基础计提折旧。如果发生进一步减值，再作进一步的减值测试。

第三节　资产组减值的核算

本节重点与难点：
资产组的认定、资产减值损失的分摊

一、资产组的认定

资产减值准则中所称资产组，是指企业自主认定的、能够产生独立的现金流入的最小资产组合。企业通常应当以单项资产为基础估计其可收回金额。如果难以对单项资产的可收回金额进行估计，应当以该资产所属的资产组为基础确定资产组的可收回金额。

（1）资产组的认定，应当以该资产组产生的现金流入是否独立于其他资产或者资产组的现金流入为依据。因此，能否独立产生现金流入是认定资产组的最关键因素。比如，企业的某一生产线、营业网点、业务部门等，如果能够独立于其他部门或者单位等创造收入、产生现金流，或者其创造的收入和现金流入绝大部分独立于其他部门或者单位的，并且属于可认定的最小的资产组合的，通常应将该生产线、营业网点、业务部门等认定为一个资产组。

企业几项资产的组合生产的产品（或者其他产出）存在活跃市场的，无论这些产品或者其他产出是用于对外出售还是仅供企业内部使用，均表明这几项资产的组合能够独立创造现金流入，在符合其他相关条件的情况下，应当将这些资产的组合认定为资产组。

（2）资产组的认定，应当考虑企业管理层对生产经营活动的管理或者监控方式（如是按照生产线、业务种类还是按照地区或者区域等）和对资产持续使用或者处置的决策方式等。

例 8-3

艾丽制衣公司有童装、女装、西装三个分厂，每个分厂在核算、考核和管理等方面都相对独立，在这种情况下，每个分厂通常为一个资产组。

请注意： 资产组一经确定后，在各个会计期间应当保持一致，不得随意变更。

例 8-4

艾丽制衣公司的加工服装厂有 A、B 两个车间，A 车间专门缝制，然后由 B 车间锁眼钉扣、整烫并对外销售。该公司对有关 A 车间和 B 车间资产的使用和处置等决策是一体的，在这种情况下，A 车间和 B 车间应当认定为一个资产组。

二、资产组的减值

企业需要预计资产组的可收回金额和计算资产组的账面价值，并将两者进行比较，如果资产组的可收回金额低于其账面价值的，表明资产组发生了减值损失，应当予以确认。

（一）资产组账面价值和可收回金额的确定

资产组账面价值的确定基础应当与其可收回金额的确定方式相一致。资产组的可收回金额，应当按照该资产组的公允价值减去处置费用后的净额与其预计未来现金流量的现值两者之间较高者确定。

资产组的账面价值应当包括可直接归属于资产组与可以合理和一致地分摊至资产组的资产账面价值，通常不应当包括已确认负债的账面价值，但如不考虑该负债金额就无法确定资产组可收回金额的除外。

（二）资产组减值的账务处理

企业在对资产组进行减值测试后，如果资产组（包括资产组组合）的可收回金额低于其账面价值的，应当确认相应的减值损失。减值损失金额应当按照以下顺序进行分摊：

（1）抵减分摊至资产组中商誉的账面价值；

（2）根据资产组中除商誉之外的其他各项资产的账面价值所占比重，按比例抵减其他各项资产的账面价值。

习题试题：资产减值损失的核算

准则规定，抵减后各项资产的账面价值不得低于以下三者之中最高者：

（1）该资产的公允价值减去处置费用后的净额（如可确定）；

（2）该资产预计未来现金流量的现值（如可确定）；

（3）零。

因此而导致的未能分摊出去的减值损失金额，应当按照相关资产组中其他各项资产的账面价值所占比重进行分摊。

例 8–5

艾丽制衣公司为生产某款时装所装配的专用生产线由三台机器组成：A 提花织机、B 染色机、C 印花机，成本分别为 30 万元、20 万元、50 万元。三台机器使用年限均为 10 年，预计净残值为 0，采用年限平均法计提折旧。各机器均无法单独产生现金流量，整条生产线构成一个资产组。2013 年市场上出现了采用最新科技的新款式时装，导致该公司时装的销量锐减 30%，因此，对此专用生产线进行减值测试。2013 年 12 月 31 日，A 提花织机、B 染色机、C 印花机的账面价值分别为 15 万元、10 万元、25 万元。估计 B 染色机的公允价值减去处置费用后的净额为 8 万元，A、C 机器都无法估计可收回金额。整条生产线预计尚可使用 5 年，未来 5 年预计现金流量的现值为 30 万元。由于公司无法预计整条生产线的公允价值减去处置费用后的净额，公司以该生产线预计未来现金流量的现值为其可收回金额。

业务单据：资产组减值损失计算表、资产减值准备计提审批表

该资产组的资产减值损失的计算及分摊如表 8–2 所示。

表 8–2　资产组减值损失计算表

单位：元

项目	A 提花织机	B 染色机	C 印花机	生产线（资产组）
账面价值	150 000	100 000	250 000	500 000
可收回金额				300 000
减值损失				200 000
减值损失分摊比例	30%	20%	50%	
减值损失分摊额	60 000	20 000*	100 000	180 000
分摊后账面价值	90 000	80 000	150 000	
尚未分摊的减值损失				20 000
二次分摊比例	37.5%		62.5%	

续表

项目	A 提花织机	B 染色机	C 印花机	生产线（资产组）
二次分摊额	7 500		12 500	20 000
二次分摊后减值损失总额	67 500	20 000	112 500	200 000
二次分摊后账面价值	82 500	80 000	137 500	300 000

注：* 按照比例应当分摊给 B 染色机减值损失 4 万元，但由于该资产的公允价值减去处置费用后的净额为 8 万元，因此只能计提减值准备 2 万元，其余 2 万元的减值额应在 A 提花织机和 C 印花机之间进行二次分摊。

根据上述计算结果，艾丽制衣公司的账务处理如下：

借：资产减值损失——A 提花织机　　67 500
　　　　　　　　——B 染色机　　20 000
　　　　　　　　——C 印花机　　112 500
　贷：固定资产减值准备——A 提花织机　　67 500
　　　　　　　　　　——B 染色机　　20 000
　　　　　　　　　　——C 印花机　　112 500

议一议：

1. 艾丽制衣公司对资产计提减值准备体现了什么信息质量要求？
2. 东方电子公司生产 A 型数码相机的生产线由 X、Y、Z 三台机器组成。2013 年度由于产品技术落后于其他同类产品，A 型数码相机产品销量大幅下降，在这种情况下，东方电子公司对此条生产线应如何处理？

第九章
非货币性资产交换的核算

本章知识点

非货币性资产　货币性资产　商业实质　非货币性资产交换损益

本章技能点

非货币性资产账面价值计价的核算　非货币性资产公允价值计价的核算

本章知识导图

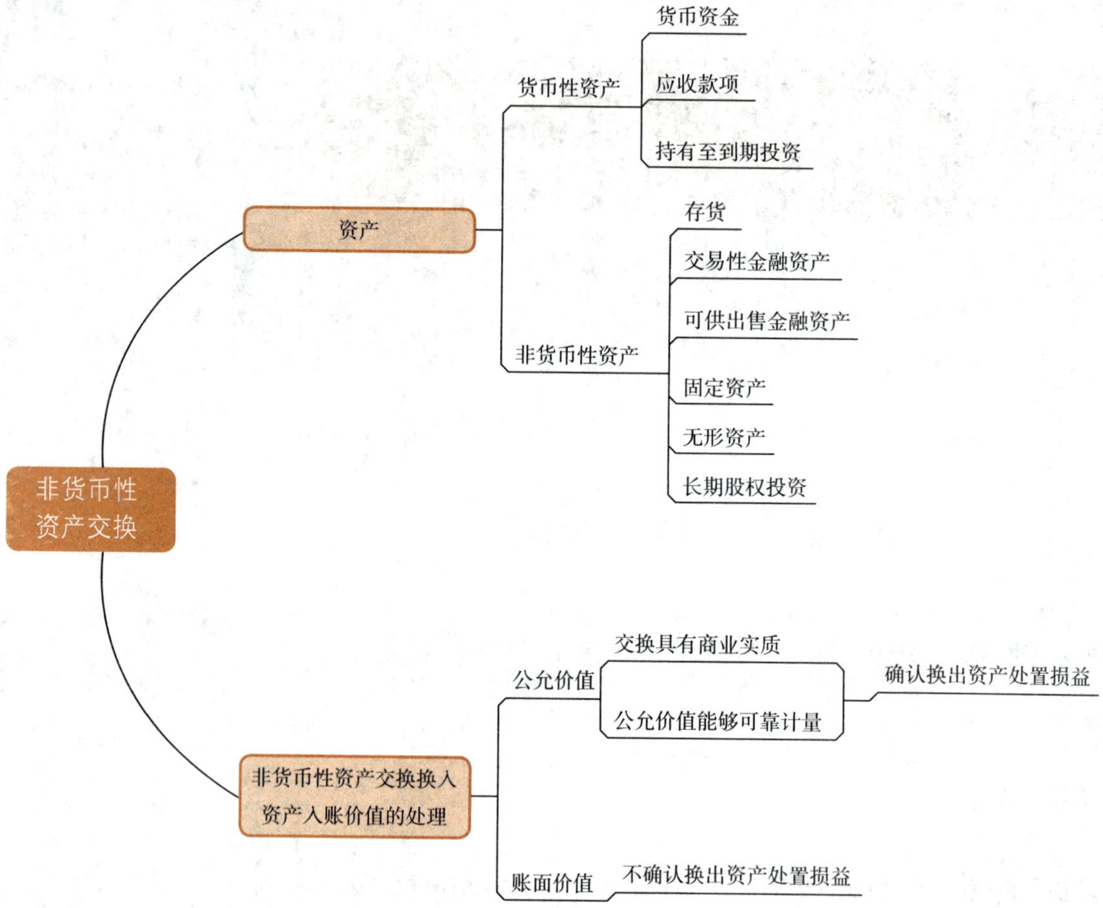
非货币性资产交换
资产
货币性资产
货币资金
应收款项
持有至到期投资
非货币性资产
存货
交易性金融资产
可供出售金融资产
固定资产
无形资产
长期股权投资
非货币性资产交换换入资产入账价值的处理
公允价值
交换具有商业实质
公允价值能够可靠计量
确认换出资产处置损益
账面价值
不确认换出资产处置损益

引　例

2014年春节前，浙江海利士电器有限公司（简称海利士电器公司）的员工高高兴兴地把公司发的福利搬回家，除了水果，还有几箱汇源果汁。这些作为福利的果汁，公司不仅没有花一分钱，还让公司的业绩增长了不少。一年前，海利士电器公司的袁经理与汇源果汁谈业务时，对方提出用果汁"换购"冰柜。双方一合计，觉得这个主意简直就是"两全其美"，于是换购交易达成。海利士电器公司算了一笔账：去年海利士电器公司与汇源果汁共交换了四次，每次交易额大约在500万元左右，给双方各扩大了2 000万元左右的销售额。如果以占销售额30%的广告促销与采购成本计算，双方各自节约了600多万元现金支出。

海利士电器公司可以用果汁作为促销礼品，还可以发给员工当福利，而汇源果汁用海利士冰柜奖励经销商，当做展示柜。这样，既节约了现金支出也扩大了销售额。除了看得见的好处，双方企业更加深了彼此间的合作与信任。"易物"还"易"到了宝贵的感情。

与此同时，汇源果汁甚至把"鼓励员工开拓易物渠道"写进了内部管理规章。汇源果汁成功用果汁与汽车、广告、电器甚至物流服务进行"交换"。一年的交易金额至少在一个亿以上，公司上下以及经销商都对此很满意。

第一节　非货币性资产交换概述

本节重点与难点：非货币性资产交换的计量

一、非货币性资产交换的概念

非货币性资产交换是指交易双方主要以存货、固定资产、无形资产和长期股权投资等非货币性资产进行的交换。该交换不涉及或只涉及少量的货币性资产（即补价）。

非货币性资产交换主要表现为以下两个特点：

（一）非货币性资产交换的对象主要是非货币性资产

资产依据在将来为企业带来的经济利益，即货币金额是否固定或可确定的，可以划分为货币性资产和非货币性资产。

1. 货币性资产

货币性资产是指企业持有的货币资金及将以固定或可确定的金额收取的资产，包括现金、银行存款、应收账款、应收票据以及准备持有至到期的债券投资等。

货币性资产是相对于非货币性资产而言，二者区分的主要依据是资产在将来为企业带来的经济利益，即货币金额是否固定或可确定的。如果资产在将来为企业带来的经济利益，即货币金额是固定的或可确定的，则该资产是货币性资产；反之，如果资产在将来为企业带来的经济利益，即货币金额是不固定的或不确定的，则该资产是非货币性资产。

一般来说，资产负债表列示的项目中属于货币性资产的项目有：货币资金、准备持有至到期的债券投资、应收票据、应收股利、应收利息、应收账款、其他应收款等。

2. 非货币性资产

非货币性资产是指货币性资产以外的资产，包括存货、固定资产、无形资产、长期股权投资以及不准备持有至到期的债券投资。

非货币性资产有别于货币性资产的最基本特征是，其在将来为企业带来的经济利益，即货币金额是不固定的或不可确定的。例如，企业持有固定资产的主要目的是用于生产经营过程，通过折旧方式将其磨损价值转移到产品成本中，然后通过该产品销售获利，由于产品销售价格的不确定，使固定资产在将来为企业带来的经济利益，即货币金额是不固定的或不可确定的，因此，固定资产属于非货币性资产。

一般来说，资产负债表列示的项目中属于非货币性资产的项目有：预付账款、存货、不准备持有至到期的投资、长期股权投资、固定资产、工程物资、在建工程、无形资产等。

企业在生产经营过程中所进行的各类交换，按照交换对象的属性，可分为货币性资产交换和非货币性资产交换，通常情况下，企业发生的各项交换大都是货币性交换，其特点在于：以放弃货币性资产的方式换入货币性或非货币性资产。例如，企业以 50 万元购入准备持有至到期的债券投资，在这项交换中放弃的是货币性资产，获得的同样是货币性资产；又如，企业以 80 万元购入生产用设备，在这项交换中，企业放弃的是货币性资产，获得的是非货币性资产（固定资产）。而企业在生产经营过程中发生的有些交换，可能不涉及货币性资产或只涉及少量的货币性资产。例如，企业以其生产的产品换入所需要的原材料或固定资产，在这项交换中，企业换出的是非货币性资产，而换入的原材料或固定资产也是非货币性资产。

（二）非货币性资产交换有时也可能涉及少量的货币性资产

非货币性资产交换并不意味着不涉及货币性资产。在实践中，也有可能在换出非货币性资产的同时，还要支付一定金额的货币性资产；或者在换入非货币性资产的同时，还会收到一定金额的货币性资产。此时收到或支付的货币性资产称为补价。为便于判断，《企业会计准则第 7 号——非货币性资产交换》提出了

25% 的参考比例，如果支付的货币性资产占换入资产公允价值（或占换出资产公允价值与支付的货币性资产之和的比例），或者收到的货币性资产占换出资产公允价值（或占换入资产公允价值和收到的货币性资产之和）的比例低于 25%，则称为非货币性资产交换；高于 25%（含 25%）的，视为以货币性资产取得非货币性资产，应根据货币性交易的核算原则进行会计处理。

典型案例:
非货币性资产交换实例分析

二、非货币性资产交换的计量

在非货币性资产交换中，企业销售商品时，一方面把商品提供给购货方，同时企业也收到购货方提供的非货币性资产；企业购买商品时，一方面企业收到供货方提供的商品，同时也向供货方提供非货币性资产。此时，货币性交易中通常所采用的收入确认和资产计价等原则往往并不适用。因此，非货币性资产交换的核算主要解决的问题是：如何计量换入资产的入账价值，以及如何确认和计量换出资产的损益。

（一）换入资产入账价值的计量

在非货币性资产交换中，无论是一项资产换入一项资产，或者一项资产同时换入多项资产，或者同时以多项资产换入一项资产，或者以多项资产换入多项资产，其取得的换入资产的成本，应区分情况，分别以公允价值和换出资产账面价值为基础的两种计量模式来计量。

1. 以公允价值为基础计量

（1）以公允价值为基础计量的条件。非货币性资产交换同时满足下列条件的，应当以公允价值和应支付的相关税费作为换入资产的成本，即作为换入资产的入账价值，公允价值与换出资产账面价值的差额计入当期损益。

① 该项交换具有商业实质；

② 换入资产或换出资产的公允价值能够可靠地计量。

换入资产和换出资产公允价值均能够可靠计量的，应当以换出资产的公允价值作为确定换入资产入账价值的基础，但有确凿证据表明换入资产的公允价值更加可靠的除外。

（2）商业实质的判断。企业应当遵循实质重于形式的要求判断非货币性资产交换是否具有商业实质。根据换入资产的性质和换入企业经营活动的特征等，换入资产与换入企业其他现有资产相结合能够产生更大的效用，从而导致换入企业受该换入资产影响产生的现金流量与换出资产明显不同，表明该项资产交换具有商业实质。

非货币性资产交换准则规定，满足下列条件之一的非货币性资产交换具有商业实质：

① 换入资产的未来现金流量在风险、时间和金额方面与换出资产显著不同。这种情况通常包括下列情形：

A. 未来现金流量的风险、金额相同，时间不同，此种情形是指换入资产和换出资产产生的未来现金流量总额相同，获得这些现金流量的风险相同，但现金流量流入企业的时间明显不同。

B. 未来现金流量的时间、金额相同，风险不同，此种情形是指换入资产和换出资产产生的未来现金流量时间和金额相同，但企业获得现金流量的不确定性程度存在明显差异。

C. 未来现金流量的风险、时间相同，金额不同，此种情形是指换入资产和换出资产产生的未来现金流量总额相同，预计为企业带来现金流量的时间跨度相同，风险也相同，但各年产生的现金流量金额存在明显差异。例如，某企业以其不准备持有至到期的国库券换入一幢房屋以备出租，该企业预计未来每年收到的国库券利息与房屋租金在金额和流入时间上相同，但是国库券利息通常风险很小，租金的取得需要依赖于承租人的财务及信用情况等，两者现金流量的风险或不确定性程度存在明显差异，上述国库券与房屋的未来现金流量显著不同。再如，某企业以其商标权换入另一企业的一项专利技术，预计两项无形资产的使用寿命相同，在使用寿命内预计为企业带来的现金流量总额相同，但是换入的专利技术是新开发的，预计开始阶段产生的未来现金流量明显少于后期，而该企业拥有的商标每年产生的现金流量比较均衡，两者产生的现金流量金额差异明显，上述商标权与专利技术的未来现金流量显著不同。

② 换入资产与换出资产的预计未来现金流量现值不同，且其差额与换入资产与换出资产的公允价值相比是重大的。

此种情况是指换入资产对换入企业的特定价值（即预计未来现金流量现值）与换出资产存在明显差异。预计未来现金流量的现值，应当按照资产在持续使用过程中和最终处置时所产生的预计税后未来现金流量，根据企业自身而不是市场参与者对资产特定风险的评价，选择恰当的折现率对其进行折现后的金额加以确定。

（3）换入资产或换出资产公允价值的可靠计量。根据准则规定，符合下列情形之一的，表明换入资产或换出资产的公允价值能够可靠地计量。

① 换入资产或换出资产存在活跃市场，对于存在活跃市场的存货、长期股权投资、固定资产、无形资产等非货币性资产，应当以该资产的市场价格为基础确定其公允价值。

② 换入资产或换出资产不存在活跃市场，但同类或类似资产存在活跃市场。对于同类或类似资产存在活跃市场的存货、长期股权投资、固定资产、无形资产等非货币性资产，应当以同类或类似资产市场价格为基础确定其公允价值。

③ 换入资产或换出资产不存在同类或类似资产的可比市场交易，应当采用估值技术确定其公允价值。

2. 以换出资产账面价值为基础计量

未同时满足上述以公允价值为基础计量条件的，应当以换出资产的账面价值和应支付的相关税费作为换入资产的入账价值，不确认换出资产的损益。

（二）资产处置损益的确认与计量

1. 换入资产以公允价值为基础计量

换入资产以公允价值为基础计量，应确认换出资产处置损益。确定资产处置损益时，应考虑支付或收到的补价。

（1）支付补价的，换入资产成本与换出资产账面价值加支付的补价、应支付的除增值税以外的与换入资产相关的税费之和的差额，应当计入当期损益。

（2）收到补价的，换入资产成本加收到补价之和与换出资产账面价值加应支付的除增值税以外的与换入资产相关的税费之和的差额，应当计入当期损益。

以上对确认资产处置损益所作的（1）和（2）两个方面的表述依据的是企业会计准则讲解。本章第二节将给出非货币性资产交换损益的公式，公式中虽然没写出补价，但与上述的表述是一致的，因为补价正是反映交换双方非货币性资产公允价值的差额。

2. 换入资产以换出资产账面价值为基础计量

换入资产以换出资产账面价值为基础计量时，由于公允价值不被会计上采用，所以不确认换出资产公允价值与账面价值之差的处置损益。

（1）支付补价的，应当以换出资产的账面价值，加上支付的补价之和为换入资产应支付的除增值税以外的相关税费，作为换入资产的成本，不确认损益。但是，为换出资产发生的除增值税以外的相关税费，要计入当期损益。

（2）收到补价的，应当以换出资产账面价值，减去收到的补价并加上为换入资产应支付的除增值税以外的相关税费，作为换入资产的成本，不确认损益。同样，为换出资产发生的除增值税以外的相关税费，要计入当期损益。

第二节　非货币性资产交换的核算

本节重点与难点：
非货币性资产交换的核算

一、以公允价值计量的核算

非货币性资产交换准则规定，非货币性资产交换具有商业实质且公允价值能够可靠计量的，应当以换出资产的公允价值和为换入资产支付的相关税费作为换入资产的成本，除非有确凿证据表明换入资产的公允价值比换出资产公允价值更加可靠。

在以公允价值计量的情况下，不论是否涉及补价，只要换出资产的公允价值与其账面价值不相同，就一定会涉及损益的确认，因为非货币性资产交换损益通常是换出资产公允价值与换出资产账面价值的差额，通过非货币性资产交换予以实现。

非货币性资产交换的会计处理，视换出资产的类别不同而有所区别：

（1）换出资产为存货的，应当视同销售处理，即按照换出存货的公允价值确认收入，同时按照账面价值结转成本，换出存货的公允价值与账面价值的差额，在利润表中作为营业利润的构成部分予以列示。

（2）换出资产为固定资产、无形资产的，换出资产公允价值和账面价值的差额计入营业外收入或营业外支出。

（3）换出资产为长期股权投资、可供出售金融资产的，换出资产公允价值和账面价值的差额计入投资收益。

换入资产与换出资产涉及相关税费的，如换出存货视同销售计算的销项税额，换入资产作为存货应当确认的可抵扣增值税进项税额，以及换出固定资产、无形资产视同转让应缴纳的营业税等，按照相关税收规定计算确定。

（一）不涉及补价情况下的非货币性资产交换

在不涉及补价的情况下，企业发生非货币性资产交换时，应以换出资产的公允价值加上为换入资产支付的相关税费，作为换入资产的入账价值。用公式表示为：

换入资产入账价值 = 换出资产公允价值 + 为换入资产发生的相关税费 + 增值税销项税额 − 可抵扣的增值税进项税额

非货币性资产交换损益 = 换出资产公允价值 − 换出资产账面价值 − 与换出资产直接相关的税费

想一想：
非货币性资产交换涉及的相关税费是如何进行会计核算的？

例 9-1

2013 年 9 月，艾丽制衣公司以生产经营中使用的一台设备交换凯盛公司生产的复印机一批，换入的复印机作为固定资产管理。双方均为增值税一般纳税人，适用 17% 的增值税税率。设备原账面价值 150 万元，在交换日的累计折旧为 45 万元，公允价值为 90 万元。复印机的账面价值为 110 万元，在交换日的市场价格为 90 万元，计税价格等于市场价格。凯盛公司换入艾丽制衣公司的设备是生产复印机过程中使用的。艾丽制衣公司换出的设备是 2011 年购入的，未计提过减值准备，整个交易过程中艾丽制衣公司为换出设备以转账方式支付运杂费 15 000 元。凯盛公司也没有为库存复印机计提过存货跌价准备，在交易中为换出复印机以转账方式支付运杂费 2 000 元。除此之外，双方没有发生除增值税以外的其他税费。

分析：整个交换过程没有涉及货币性资产，因此，该项交换属于非货币性资产交换，从本例中交换的资产看是具有商业实质的，并且公允价值能够可靠计量。因此应当以换出资产公允价为基础，确定换入资产入账价值，并确认置换损益。

业务单据：
资产置换协议书、换入资产价值计算表

艾丽制衣公司的账务处理如下：

艾丽制衣公司换入资产增值税进项税 =900 000×17%=153 000（元）

换出设备的增值税销项税额 =900 000×17%=153 000（元）

换入复印机的入账价值 =900 000+153 000－153 000=900 000（元）

借：固定资产清理　1 050 000

　累计折旧　450 000

　贷：固定资产——设备　1 500 000

借：固定资产清理　15 000

　贷：银行存款　15 000

借：固定资产——复印机　900 000

　应交税费——应交增值税（进项税额）　153 000

　营业外支出　165 000

　贷：固定资产清理　1 065 000

　　应交税费——应交增值税（销项税额）　153 000

凯盛公司账务处理如下：

换出复印机增值税销项税额 =900 000×17%=153 000（元）

换入设备的增值税进项税额 =900 000×17%=153 000（元）

换入设备的入账价值 =900 000+153 000－153 000=900 000（元）

借：固定资产——设备　900 000

　应交税费——应交增值税（进项税额）　153 000

　贷：主营业务收入　900 000

　　应交税费——应交增值税（销项税额）　153 000

借：主营业务成本　1 100 000

　贷：库存商品　1 100 000

借：销售费用　2 000

　贷：银行存款　2 000

业务单据：

资产置换协议书、换入资产价值计算表

（二）涉及补价情况下的非货币性资产交换

在以公允价值确定换入资产成本的情况下，发生补价的，支付补价方和收到补价方应当分别情况处理：

1. 支付补价

非货币性资产交换中，支付补价的，基本原则是以换出资产的公允价值加上支付的补价（或换入资产的公允价值）和为换入资产支付的相关税费，作为换入资产的入账价值。用公式表示为：

换入资产入账价值 = 换出资产公允价值 + 支付的补价 + 为换入资产发生的相关税费

支付的补价 = 支付的银行存款 －（增值税进项税额 － 增值税销项税额）

非货币性资产交换损益 = 换出资产公允价值 － 换出资产账面价值 － 与换出资产直接相关的税费

上述公式中“换出资产公允价值 + 补价”可以用换入资产的公允价值代替。

2. 收到补价

换入资产入账价值 = 换出资产公允价值 − 收到的补价 + 为换入资产发生的相关税费

收到的补价 = 收到的银行存款 −（增值税销项税额 − 增值税进项税额）

非货币性资产交换损益 = 换出资产公允价值 − 换出资产账面价值 − 与换出资产直接相关的税费

上述公式中"换出资产公允价值 − 补价"也可以用换入资产的公允价值代替。

例 9-2

艾丽制衣公司、乙公司均为增值税一般纳税人，增值税税率为 17%。艾丽制衣公司以公允价值（等于计税价格，下同）500 万元的生产设备换入乙公司的一批库存商品作为原材料。艾丽制衣公司换出的设备账面原价为 700 万元，系公司于 2009 年购入，已计提折旧 240 万元；乙公司换出库存商品的成本为 675 万元，公允价值为 600 万元。艾丽制衣公司另向乙公司支付银行存款 117 万元。不考虑其他因素，作出艾丽制衣公司、乙公司的会计处理（双方均未对交易资产计提过减值准备）。

假设经分析，该交易符合公允价值计量的条件，而且，支付的补价 100 万元 ÷ 换入资产公允价值 600 万元 =16.7% < 25%，属于非货币性交换，应按公允价值进行计量。艾丽制衣公司、乙公司分别作如下会计分录（单位：万元）。

业务单据：
资产置换协议书、换入资产价值计算表

（1）艾丽制衣公司：

艾丽制衣公司支付的补价 =117−（600 × 17%−500 × 17%）=100（万元）

换入原材料的入账价值 =500+100=600（万元）

借：固定资产清理	4 600 000	
累计折旧	2 400 000	
贷：固定资产——设备		7 000 000
借：原材料	6 000 000	
应交税费——应交增值税（进项税额）	1 020 000	
贷：固定资产清理		5 000 000
应交税费——应交增值税（销项税额）		850 000
银行存款		1 170 000
借：固定资产清理	400 000	
贷：营业外收入		400 000

业务单据：
资产置换协议书、换入资产价值计算表

（2）乙公司：

乙公司收到的补价 =117−（600 × 17%−500 × 17%）=100（万元）

换入设备入账价值 =600−100=500（万元）

借：银行存款	1 170 000	
固定资产——设备	5 000 000	
应交税费——应交增值税（进项税额）	850 000	
贷：主营业务收入		6 000 000

　　应交税费——应交增值税（销项税额）　　1 020 000
借：主营业务成本　　6 750 000
　贷：库存商品　　6 750 000

二、按账面价值进行计量的会计处理

（一）不涉及补价情况下的非货币性资产交换

在按账面价值进行计量的情况下，企业发生不涉及补价的非货币性资产交换时，应以换出资产的账面价值，加上为换入资产支付的相关税费，作为换入资产的入账价值。用公式表示为：

换入资产入账价值 = 换出资产的账面价值 + 为换入资产发生的相关税费 + 增值税销项税额 − 可抵扣的增值税进项税额

这里所讲的“账面价值”，一般为资产的账面余额扣除有关资产减值准备金额后的净值。其中，“账面余额”是指账户在期末的实际余额，即账户未扣除相关资产减值准备之前的余额。例如，存货的账面价值，就是存货的账面余额扣除有关存货跌价准备后的金额。

换出资产公允价值与账面价值的差额，不作处理，不计入损益。除增值税以外，为换入资产发生的相关税费计入换入资产的成本；为换出资产发生的相关税费，计入当期损益。

例 9-3

艾丽制衣公司拥有一台专有设备（2011 年购入），账面原价 300 万元，已提折旧 110 万元。永安公司拥有一项长期股权投资，账面价值 180 万元。两项资产均未计提减值准备。由于专有设备性质特殊，其公允价值不能可靠计量，永安公司拥有的长期股权投资在活跃市场中没有报价，其公允价值也不能可靠计量。双方商定，永安公司以其长期股权投资换取艾丽制衣公司专有设备，不涉及补价。在交易中艾丽制衣公司为换出设备以银行存款支付了清理费用 2 000 元。交易双方均为增值税一般纳税人，适用 17% 的增值税。假定换出专有设备按账面价值为销售额计税。做出交易双方的会计处理。

分析：艾丽制衣公司以其设备与永安公司的长期股权投资进行交换，在这项交换中不涉及货币性资产，即补价。故属于非货币性资产交换。

（1）艾丽制衣公司的会计处理如下：

业务单据：资产置换协议书、换入资产价值计算表

换出设备的增值税销项税额 =1 900 000 × 17%=323 000（元）

换入长期股权投资的入账价值 =1 900 000+1 900 000 × 17%=2 223 000（元）

借：固定资产清理　　1 900 000
　　累计折旧　　1 100 000
　贷：固定资产　　3 000 000
借：固定资产清理　　2 000
　贷：银行存款　　2 000

借：长期股权投资 2 223 000

　　贷：固定资产清理 1 900 000

　　　　应交税费——应交增值税（销项税额） 323 000

借：营业外支出 2 000

　　贷：固定资产清理 2 000

业务单据：资产置换协议书、换入资产价值计算表

（2）永安公司的会计处理如下：

换入设备可以抵扣的增值税进项税额 =1 900 000 × 17%=323 000（元）

换入设备的入账价值 =1 800 000−323 000=1 477 000（元）

借：固定资产 1 477 000

　　应交税费——应交增值税（进项税额） 323 000

　　贷：长期股权投资 1 800 000

（二）涉及补价情况下的非货币性资产交换

在按账面价值进行计量的情况下，非货币性资产交换中如果发生补价，应区别不同情况处理：

1. 支付补价方

非货币性资产交换中，支付补价的，基本原则是以换出资产的账面价值，加上补价和为换入资产支付的相关税费，作为换入资产的入账价值。用公式表示为：

换入资产入账价值 = 换出资产的账面价值 + 支付的补价 + 为换入资产发生的相关税费

支付的补价 = 支付的银行存款 −（增值税进项税额 − 增值税销项税额）

2. 收到补价方

换入资产入账价值 = 换出资产的账面价值 − 支付的补价 + 为换入资产发生的相关税费

收到的补价 = 收到的银行存款 −（增值税销项税额 − 增值税进项税额）

在以账面价值计量换入资产入账价值时，不论是否发生补价，对资产的账面价值与公允价值的差额，不进行确认，不作会计处理。

例 9-4

假定例 9-3 中，为实现双方资产的交换，永安公司另支付补价 10 万元给艾丽制衣公司。其他条件不变，作出双方的会计处理。

分析：该项资产交换涉及收付货币性资产，即补价 10 万元。对艾丽制衣公司而言，收到的补价 10 万元除以换出资产账面价值 190 万元等于 5.3%，小于 25%，因此该项交换属于非货币性资产交换。永安公司的情况也类似。由于两项资产交换的公允价值不能可靠计量，因此，艾丽制衣公司、永安公司换入资产的成本应按照换出资产的账面价值确定。

业务单据：资产置换协议书、换入资产价值计算表

（1）艾丽制衣公司的账务处理如下：

换出设备的增值税销项税额 =1 900 000 × 17%=323 000（元）

换入长期股权投资的入账价值=1 900 000-100 000+1 900 000×17%=2 123 000（元）

借：固定资产清理　　1 900 000
　　累计折旧　　1 100 000
　　贷：固定资产　　3 000 000
借：固定资产清理　　2 000
　　贷：银行存款　　2 000
借：长期股权投资　　2 123 000
　　银行存款　　100 000
　　贷：固定资产清理　　1 900 000
　　　　应交税费——应交增值税（销项税额）　　323 000
借：营业外支出　　2 000
　　贷：固定资产清理　　2 000

（2）永安公司的会计处理如下：

换入设备可以抵扣的增值税进项税额=1 900 000×17%=323 000（元）

换入设备的入账价值=1 800 000+100 000-323 000=1 577 000（元）

借：固定资产　　1 577 000
　　应交税费——应交增值税（进项税额）　　323 000
　　贷：长期股权投资　　1 800 000
　　　　银行存款　　100 000

业务单据：资产置换协议书、换入资产价值计算表

三、非货币性资产交换中涉及多项资产的会计处理

在非货币性资产交换中，可能会发生企业以一项非货币性资产同时换入另一企业的多项非货币性资产或同时以多项非货币性资产换入另一企业的一项非货币性资产或以多项货币性资产同时换入多项非货币性资产。非货币性资产交换涉及多项资产的交换时，不可能具体区分换出的某一资产是与换入的某一特定资产相交换，根据非货币性资产交换准则的规定，应当先计算换入各项资产总的入账价值（成本总额），各项资产的入账价值按各自权重进行分配，具体分配比例按以下方法确定：

（1）非货币性资产交换具有商业实质，且换入资产的公允价值能够可靠计量的，应当按照换入各项资产的公允价值占换入资产公允价值总额的比例，对换入资产的成本总额进行分配，确定各项换入资产的成本。

（2）非货币性资产交换不具有商业实质，或虽具有商业实质但换入资产的公允价值不能可靠计量的，应当按照换入各项资产的原账面价值占换入资产原账面价值总额的比例，对换入资产的成本总额进行分配，确定各项换入资产的成本。

第十章

流动负债的核算

本章知识点

短期借款　应付票据　应付账款　预收账款　应付职工薪酬　应交税费

本章技能点

短期借款及计提利息的会计处理　应付票据的会计处理　应付账款的会计处理　预收账款的会计处理　应付职工薪酬的确认、计量及会计处理　增值税、营业税、消费税的会计处理

本章知识导图

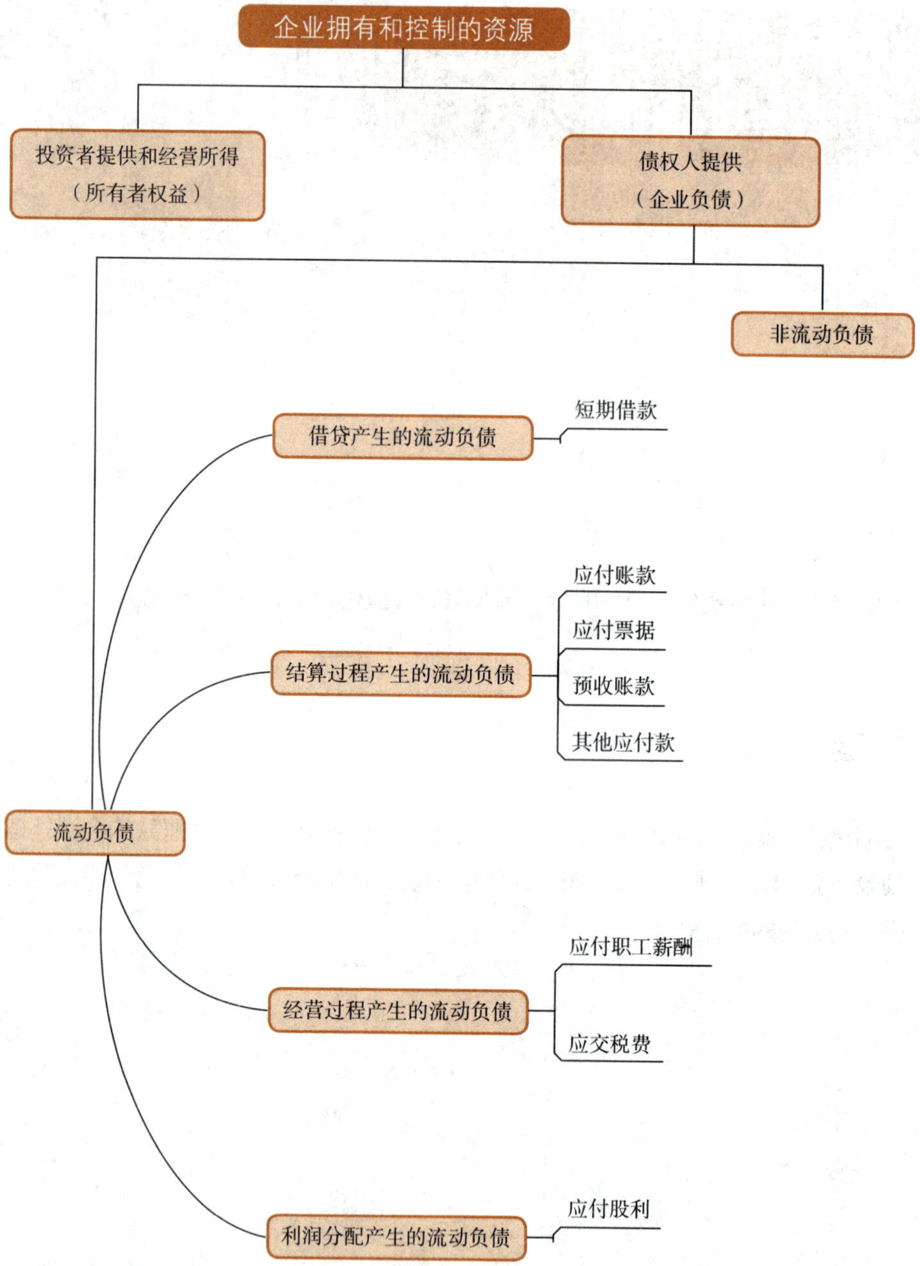
企业拥有和控制的资源
投资者提供和经营所得
（所有者权益）
债权人提供
（企业负债）
非流动负债
流动负债
借贷产生的流动负债
短期借款
结算过程产生的流动负债
应付账款
应付票据
预收账款
其他应付款
经营过程产生的流动负债
应付职工薪酬
应交税费
利润分配产生的流动负债
应付股利

引例

刘涛和张辉大学毕业后决定自主创业，共投资80万元注册成立了涛辉服装销售公司，认定为增值税一般纳税人。2013年12月发生下列经济业务:(1)12月1日，鉴于公司经营势态良好，涛辉服装销售公司决定扩大经营规模，并向商业银行借入1年期借款15万元，用于经营周转，借款已经到账;(2)12月5日，向申花公司购入服装一批，价款30万元，货款未付;(3)12月5日，与凯丽公司签订了2014年购货合同，价款总计50万元，约定凯丽公司于2014年3月供货并进行款项结算;(4)12月10日，销售给甲客户服装一批，收取价款20万元及增值税3.4万元已存入银行;(5)12月15日，与乙客户签订了预收款销售合同，总价款60万元，合同签订日预收定金20万元已经收到存入银行;(6)12月31日，结算本月员工工资4万元，下月初支付;(7)12月31日，经结算，2013年全年实现净利润150万元，公司做出决议，决定按净利润的20%给投资者分配红利，并于2014年1月10日实际支付。

(1)涛辉服装销售公司2013年12月发生的哪些业务会引起企业流动负债的增加?

(2)涛辉服装销售公司2013年12月发生的哪些业务不应确认为企业的流动负债?

(3)涛辉服装销售公司2013年12月流动负债的总额是多少?

(1)负债是企业过去的交易或事项形成的，预期会导致经济利益流出企业的现时义务。负债按照其流动性，可分为流动负债和非流动负债。流动负债是指将在1年或超过1年的一个营业周期内偿还的债务。业务(1)，企业向银行借入的偿还期1年的借款形成企业的短期借款；业务(2)，企业因购进商品未付款形成企业的应付账款；业务(4)企业收到的增值税3.4万元形成企业的应交税费；业务(5)，企业按合同预收销售货款形成企业的预收账款，应付账款和预收账款均属于企业结算过程中形成的流动负债；业务(6)，本月结算的工资下月初支付，形成企业的应付职工薪酬，应付职工薪酬和应交税费均属于企业经营过程中形成的流动负债；业务(7)，公司决定给投资者发放2013年度红利，下月初支付，形成企业的应付股利，应付股利是企业因利润分配形成的流动负债。

(2)负债所引起的经济利益流出企业的义务是现时已经存在的，是企业在现行条件下已经承担的义务，企业将在未来发生的承诺、签订的合同等交易或事项形成的义务，不属于企业的现时义务，不形成企业的负债。例如，业务(3)。

(3)涛辉服装销售公司确认的流动负债的总额

$$=150\,000+300\,000+34\,000+200\,000+40\,000+1\,500\,000\times 20\%=1\,024\,000(\text{元})$$

本节重点与难点：

短期借款本金和利息的处理

第一节 短期借款的核算

一、短期借款的内容

短期借款是指企业向银行或其他金融机构等借入的期限在1年以内（含1年）的各种借款。短期借款一般是企业为维持正常的生产经营所需而借入的，或者是为抵偿某项债务而借入的。企业借入的短期借款构成了企业的一项负债，应按规定的用途使用，并按期还本付息。

二、短期借款的会计处理

企业应设置“短期借款”账户，核算短期借款本金的取得及偿还情况。该账户属负债类账户，其贷方登记取得的短期借款数额；借方登记归还的短期借款数额；期末余额在贷方，表示尚未归还的借款。该账户应按债权人设置明细账户，并按借款种类进行明细核算。

企业从银行或其他金融机构取得短期借款时，借记“银行存款”账户，贷记“短期借款”账户。到期偿还时，作相反分录。

企业应当在资产负债表日按照计算确定的短期借款利息费用，借记“财务费用”账户，贷记“应付利息”账户；实际支付利息时，根据已预提的利息，借记“应付利息”账户，根据应计利息，借记“财务费用”账户，根据应付利息总额，贷记“银行存款”账户。

例 10-1

艾丽制衣公司于2014年4月1日向银行借入10万元，年利率6%，期限3个月，到期一次还本付息。

艾丽制衣公司账务处理如下：

业务单据：工商企业借款借据（收账通知）、借款合同

（1）取得借款时：

借：银行存款 100 000

　　贷：短期借款 100 000

业务单据：贷款利息计提表

（2）4月末、5月末预提借款利息时：

借：财务费用 500

　　贷：应付利息 500

业务单据：银行收贷凭单、转账支票存根

（3）6月末还本付息时：

借：短期借款 100 000

　　应付利息 1 000

　　财务费用 500

　　贷：银行存款 101 500

第二节　应付票据的核算

本节重点与难点：
带息应付票据的核算

一、应付票据的内容

应付票据是指企业购买材料、商品和接受劳务供应等而开出、承兑的商业汇票。应付票据按承兑人的不同分为商业承兑汇票和银行承兑汇票。如承兑人是银行的票据，则为银行承兑汇票；如承兑人是购货单位的票据，则为商业承兑汇票。应付票据按是否带息分为带息应付票据和不带息应付票据两种。带息票据是指按票据上标明的利率，在票据票面金额上加上利息的票据，所以，到期承兑时，除支付票面金额外，还要支付利息；不带息票据是指票据到期时按面值支付，票据上无利息的规定。目前我国常用的是不带息票据。

企业发生的交易在采用商业承兑汇票结算方式下，承兑人应为付款人，承兑人对这项债务在一定时期内支付的承诺，作为企业的一项负债；在采用银行承兑汇票结算方式下，承兑人应为银行。由银行承兑的银行承兑汇票，只是为收款人按期收回债权提供了可靠的信用保证，对付款人来说，不会由于银行承兑而使这项负债消失。因此，即使是由银行承兑的汇票，付款人的现存义务也依然存在，故仍应将其作为一项负债。应付票据是一种延期付款的证明，票据到期，付款人负有无条件支付票款的责任。由于我国商业汇票的付款期限最长不超过 6 个月，因此，将应付票据归于流动负债进行管理和核算。

二、应付票据的核算方法

企业应设置“应付票据”账户，用来核算商业汇票的发生、偿付等情况。该账户属于负债类，其贷方登记已承兑的商业汇票的面值及计提的利息；借方登记商业汇票到期兑付的票面金额及利息；期末余额在贷方，表示企业尚未到期的已承兑商业汇票的面值及计提的利息。该账户可按债权人进行明细核算。

为了详细反映应付票据的有关情况，企业应设置“应付票据备查簿”，详细登记商业汇票的种类、号数、出票日期、到期日、票面金额、交易合同号和收款人姓名或单位名称以及付款日期和金额等资料。应付票据到期结清时，在备查簿中应予注销。

（一）不带息应付票据

不带息应付票据，不论是商业承兑汇票还是银行承兑汇票，其面值就是票据的到期价值。按照重要性原则，应付票据应按业务发生时的金额，即票面价值（亦即到期价值）入账。

企业取得结算凭证并签付商业汇票后，应按票面价值借记“原材料”“应交税费”等账户，贷记“应付票据”账户。企业向银行申请承兑支付的手续费，应计入财务费用。

在商业汇票（包括商业承兑汇票和银行承兑汇票）到期时，如果企业有能力支付票据款，则企业的开户银行在收到商业汇票付款通知时，无条件支付票据款，借记“应付票据”账户，贷记“银行存款”账户。

在商业汇票到期时，如果企业无力支付票据款，则应根据不同情况进行处理：若企业采用商业承兑汇票进行结算，企业即为承兑人，也就是付款人，银行将把商业承兑汇票退还给收款人，由收付款双方协商解决，由于商业承兑汇票已经失效，企业应将应付票据款转为应付账款，按票面价值借记“应付票据”账户，贷记“应付账款”账户；若企业采用银行承兑汇票进行结算，承兑人为承兑银行，承兑银行将代为支付票据款，并将其转为对企业的逾期贷款，由于商业汇票已经失效，企业应将应付票据款转为短期借款，按票面价值借记“应付票据”账户，贷记“短期借款”账户，企业支付的罚息应计入财务费用。

例 10-2

2014 年 3 月 1 日，艾丽制衣公司从凯盛公司购入甲材料一批，专用发票上注明的价款为 5 万元，增值税为 8 500 元，购销合同规定采用商业汇票结算。艾丽制衣公司开出并承兑一张面值为 5.85 万元、期限为 4 个月的商业承兑汇票给凯盛公司，材料已验收入库。艾丽制衣公司账务处理如下：

业务单据：
增值税专用发票、商业承兑汇票、材料入库单

（1）开出、承兑商业汇票时：

借：原材料　　50 000

　　应交税费——应交增值税（进项税额）　　8 500

　　贷：应付票据——凯盛公司　　58 500

业务单据：
承兑汇票委托书存根联

（2）票据到期付款时：

借：应付票据——凯盛公司　　58 500

　　贷：银行存款　　58 500

若票据到期企业无力支付，应将“应付票据”转入“应付账款”账户核算。

借：应付票据——凯盛公司　　58 500

　　贷：应付账款——凯盛公司　　58 500

（二）带息应付票据

1. 带息应付票据的发生

带息应付票据，不论是商业承兑汇票还是银行承兑汇票，其到期价值均为票面价值与应计利息之和。在这种情况下，其票面价值为应付票据的现值，应付票据仍应按业务发生时的金额即票面价值（亦即现值）入账。

企业取得结算凭证并签付商业汇票后，应按结算凭证上注明的价款，借记“原材料”“应交税费”等账户，按商业汇票的票面价值，贷记“应付票据”账户。企业向银行申请承兑支付的手续费，应计入财务费用。

2. 带息应付票据的利息费用

带息应付票据利息费用的核算，一般有以下几种方法：

（1）按月计提。这种方法适用于票面价值较大、利息费用较多的应付票据利息费用的核算。采用这种方法，应于每月月末计算当月应付的应付票据利息费用，计入财务费用，借记“财务费用”账户，贷记“应付票据”账户。

（2）到期计提。这种方法适用于票面价值较小、利息费用较少且签发日与到期日在同一个会计年度的应付票据利息费用的核算。采用这种方法，每月月末不需要计提利息费用，而是在到期日一次计算确认全部利息费用，计入财务费用。到期确认利息费用时，可以单独进行账务处理，也可以与付款等一并进行账务处理。到期单独确认利息费用，应借记“财务费用”账户，贷记“应付票据”账户；付款时，应借记“应付票据”账户，贷记“银行存款”账户。到期与付款等一并进行账务处理，应按应付票据的票面价值，借记“应付票据”账户，按全部应计利息，借记“财务费用”账户，按应付票据的票面价值与应计利息之和，贷记“银行存款”或“应付账款”账户。

（3）年末及到期计提。这种方法适用于票面价值较小、利息费用较少但签发日与到期日不在同一个会计年度的应付票据利息费用的核算。采用这种方法，每月月末不需要计提利息费用，但由于签发日与到期日不在同一个会计年度，按照权责发生制原则应在年末计提当年的利息费用，在到期日再计算确认其余利息费用。年末计提利息费用的核算方法，与按月计提利息费用的核算方法相同；到期日确认其余利息费用的核算方法，与到期确认利息费用的核算方法相同。企业如果在 6 月 30 日需要提供对外会计报告，则利息费用在 6 月 30 日的核算方法与年末相同。

3. 带息应付票据的到期

在商业汇票（包括商业承兑汇票和银行承兑汇票）到期，企业支付带息票据款时，应按商业汇票账面余额，借记“应付票据”账户，按尚未计提的应计利息，借记“财务费用”账户，按实际支付的票据款，贷记“银行存款”账户。

在商业汇票到期时，如果企业无力支付票据款，则应根据不同情况进行处理：

（1）若企业采用商业承兑汇票进行结算，企业即为承兑人，也就是付款人，银行将把商业承兑汇票退还给收款人，由收付款双方协商解决。由于商业承兑汇票已经失效，企业应将应付票据款转为应付账款，应付的利息也应计入应付账款，借记“应付票据”“财务费用”账户，贷记“应付账款”账户。需要注意的是，到期不能支付的带息应付票据，转入“应付账款”后，期末不再计提应付利息。

（2）若采用银行承兑汇票进行结算，承兑人为承兑银行，承兑银行将代为支付票据款，并将其转为对企业的逾期贷款。由于商业汇票已经失效，企业应将应付票据款转为短期借款，应付的利息也应计入短期借款，借记“应付票据”“财务费用”账户，贷记“短期借款”账户。企业支付的罚息，应计入财务费用。

例 10-3

艾丽制衣公司 2014 年 3 月 31 日从凯盛公司购入价值 1 万元的甲材料，增值税进项税额为 1 700 元，同时出具一张面值为 1.17 万元、期限为 6 个月的带息商业承兑汇票，年利率为 8%，材料已验收入库。

业务单据：增值税专用发票、商业承兑汇票、材料入库单

艾丽制衣公司账务处理如下：

（1）3 月 31 日购入材料时：

借：原材料——甲材料	10 000	
应交税费——应交增值税（进项税额）	1 700	
贷：应付票据——凯盛公司		11 700

业务单据：商业承兑汇票利息计算表

（2）6 月 30 日，计提 3 个月的应付利息 234 元：

借：财务费用	234	
贷：应付票据		234

业务单据：承兑汇票委托书存根联

（3）9 月 30 日，票据到期付款时：

借：应付票据——凯盛公司	11 934	
财务费用	234	
贷：银行存款		12 168

（4）9 月 30 日，票据到期，若企业无力支付票款时：

借：应付票据——凯盛公司	11 934	
财务费用	234	
贷：应付账款		12 168

第三节　应付和预收款的核算

本节重点与难点：应付和预收账款的会计处理

一、应付账款的核算

请注意：应付账款与应付票据，虽然两者都是由于交易而引起的负债，都属于流动负债，但应付账款属于尚未结清的债务，而应付票据是一种延期付款的证明，有承诺付款的票据为依据。

应付账款是指企业因购买材料、商品或接受劳务供应等经营活动应支付的款项。这是一种最常见、最普遍的负债，主要是由于企业取得物资与支付货款在时间上的不一致而产生的负债。

应付账款核算的主要内容：一是入账时间的确定；二是入账金额的确定。

（一）应付账款入账时间的确定

从理论上讲，应付账款入账时间的确定，应以与所购买物资所有权有关的风险和报酬已经转移或劳务已经接受为标志。但在实际工作中，应区别情况处理：

（1）在货物与发票账单同时到达的情况下，应付账款一般待货物验收入库后，才按发票账单等登记入账。这主要是为了确认所购货物的品种、数量及质量是否与合同条款相符，以免因先入账而在验收入库时发现购入物资错、漏、破损等问题再进行调账的情况。

（2）在货物与发票账单非同时到达，且两者间隔较长时间的情况下，应付账款的入账时间以收到发票账单为准。但对于货物已到，发票账单在月末仍未到达的情况，为了在资产负债表上客观反映企业所拥有的资产和承担的债务，月末编制资产负债表时，企业应将所购货物和应付账款估价入账。

（二）应付账款入账金额的确定

应付账款一般按未来应付金额入账，而不按到期应付金额的现值入账，在购货存在现金折扣的情况下，应付账款入账金额的确定分为总价法和净价法两种，我国会计实务一般采用总价法，即按发票上记载的应付金额的总值（不扣除折扣）记账，获得的现金折扣，冲减财务费用。

企业应设置“应付账款”账户，核算应付账款的形成、偿还和转销等情况。该账户属于负债类账户，其贷方登记应付账款的增加数；借方登记归还数；期末余额一般在贷方，表示尚未支付的应付账款数额。该账户应按债权人设置明细账户进行明细核算。

例 10-4

艾丽制衣公司 2014 年 4 月 1 日从凯盛公司购入甲商品一批，价款 60 万元，增值税税率 17%，商品当日验收入库；付款条件为 2/10、1/30、n/60。假定该公司于 4 月 10 日付款。艾丽制衣公司账务处理如下：

业务单据：
增值税专用发票，
商品入库单

（1）4 月 1 日购入商品时：

借：库存商品——甲商品	600 000	
应交税费——应交增值税（进项税额）	102 000	
贷：应付账款——凯盛公司		702 000

（2）4 月 10 日付款时：

借：应付账款——凯盛公司	702 000	
贷：银行存款		690 000
财务费用		12 000

如果企业转销确实无法支付的应付账款，应按其账面余额计入营业外收入，借记“应付账款”账户，贷记“营业外收入”账户。

二、预收账款的核算

预收账款是指企业按照合同规定向购货单位预收的款项。

企业应设置“预收账款”账户，核算预收账款的取得、偿付等情况。该账户属于负债类账户，其贷方登记预先收取的货款数额；借方登记销售实现时的货款

请注意：

预收账款与应付账款不同，预收账款所形成的负债不是以货币偿付，而是以货物偿付。

结转数额和多余款退回数额；余额在贷方，表示尚未结清的预收账款；余额在借方，表示应收的货款（即应由购货单位补付的货款）。该账户应按购货单位设置明细账户，进行明细分类核算。

例 10-5

艾丽制衣公司 2014 年 3 月接受凯盛公司一批订货，按合同规定，货款金额为 20 万元，预计 4 个月完成。订货方预付货款 50%，另 50% 待完工发货后再支付。该货物的增值税税率为 17%。

业务单据：

转账支票存根、增值税专用发票、产成品出库单

艾丽制衣公司账务处理如下：

（1）收到预付的货款时：

借：银行存款　　100 000

　　贷：预收账款——凯盛公司　　100 000

（2）4 个月后产品完工并发出时：

借：预收账款——凯盛公司　　234 000

　　贷：主营业务收入　　200 000

　　　　应交税费——应交增值税（销项税额）　　34 000

（3）收到订货单位补付的货款时：

借：银行存款　　134 000

　　贷：预收账款——凯盛公司　　134 000

需要说明的是，以上账务处理方法是将发生的预收账款单独设置“预收账款”账户核算。这种方法能够完整地反映这项负债的发生及偿付情况，并便于编制会计分录。对预收账款的核算还有另一种方法，即不单独设置“预收账款”账户，而是将其合并在“应收账款”账户中核算。这种方法在“应收账款”账户中能够完整地反映与购货单位的结算情况，但在填列会计报表时需要根据“应收账款”账户的明细账户分析填列。在预收账款业务不多的企业，可以将预收账款合并在“应收账款”账户中核算；如果企业的预收账款业务较多，一般单独设置“预收账款”账户核算。

本节重点与难点：

短期薪酬的核算

第四节　应付职工薪酬的核算

一、应付职工薪酬的内容

（一）应付职工薪酬的概念

职工薪酬是指企业为获得职工提供的服务或解除劳动关系而给予的各种形式

的报酬或补偿。企业与职工之间因职工提供服务形成的关系，大多数构成企业的现实义务，将导致企业未来经济利益的流出，从而形成企业的一项负债——应付职工薪酬。

其中：职工的范围包括三类人员：① 与企业订立劳动合同的所有人员，含全职、兼职和临时职工；② 虽未与企业订立正式劳动合同但由企业正式任命的人员，如董事会成员、监事会成员等；③ 虽未与企业订立劳动合同或未由其正式任命，但向企业所提供服务与职工所提供服务类似的人员，也属于职工的范畴，包括通过企业与劳务中介公司签订用工合同而向企业提供服务的人员。

（二）应付职工薪酬的组成内容

职工薪酬包括短期薪酬、离职后福利、辞退福利和其他长期职工福利。企业提供给职工配偶、子女、受赡养人，已故员工遗属及其他受益人等的福利，也属于职工薪酬。

1. 短期薪酬

短期薪酬是指企业在职工提供相关服务的年度报告期间结束后 12 个月内需要全部予以支付的职工薪酬，因解除与职工的劳动关系给予的补偿除外。具体包括：

（1）职工工资、奖金、津贴和补贴，是指国家统计局规定的构成工资总额的内容。

（2）职工福利费，是指企业向职工提供的生活困难补助、丧葬补助费、抚恤金、职工异地安家费、防暑降温费等职工福利支出。

（3）社会保险费，是指企业按照国家规定的基准和比例计算，向社会保险经办机构缴存的医疗保险费、工伤保险费和生育保险费等。

（4）住房公积金，是指企业按照国务院《住房公积金管理条例》基准和比例计算，向住房公积金管理机构缴存的住房公积金。

（5）工会经费和职工教育经费，是指企业为了改善职工文化生活、为职工学习先进技术和提高文化水平和业务素质，用于开展工会活动和职工教育及职业技能培训等相关支出。

（6）短期带薪缺勤，是指企业支付工资或提供补偿的职工缺勤，包括年休假、病假、短期伤残、婚假、产假、丧假、探亲假等。长期带薪缺勤属于其他长期职工福利。

（7）短期利润分享计划，是指因职工提供服务而与职工达成的基于利润或其他经营成果提供薪酬的协议。长期利润分享计划属于其他长期职工福利。

（8）非货币性福利，包括企业以自产产品或外购商品发放给职工作为福利，将企业拥有的资产无偿提供给职工使用，为职工无偿提供医疗保健服务，或向职工提供企业支付了一定补贴的商品或服务等，比如以低于成本的价格向职工出售住房等。

（9）其他短期薪酬是指除上述薪酬以外的其他为获得职工提供的服务而给予的短期薪酬。

2. 离职后福利

离职后福利是指企业为获得职工提供的服务而在职工退休或与企业解除劳动关系后，提供的各种形式的报酬和福利，属于短期薪酬和辞退福利的除外。

3. 辞退福利

辞退福利是指企业在职工劳动合同到期之前解除与职工的劳动关系，或者为鼓励职工自愿接受裁减而给予职工的补偿。

4. 其他长期职工福利

其他长期职工福利是指除短期薪酬、离职后福利、辞退福利之外所有的职工薪酬，包括长期带薪缺勤、长期残疾福利、长期利润分享计划等。

二、应付职工薪酬的核算方法

（一）账户设置

为了核算应付职工薪酬的提取、结算、使用等情况，企业应设置“应付职工薪酬”账户，该账户属于负债类账户，其贷方登记企业根据职工提供服务的受益对象提取的各项职工薪酬；借方登记企业支付的和按规定缴纳的职工薪酬，以及从职工薪酬中扣还的各种款项（代垫的家属医药费、个人所得税）等；期末贷方余额反映企业应付未付的职工薪酬。

该账户应当按照“工资”“职工福利费”“社会保险费”“住房公积金”“工会经费”“职工教育经费”“短期带薪缺勤”“非货币性福利”“辞退福利”等项目进行明细核算。

（二）短期薪酬的核算

1. 短期薪酬的确认与计量

（1）短期薪酬的确认原则。企业应当在职工为其提供服务的会计期间，将实际发生的短期薪酬确认为负债，并计入当期损益或资产成本。即根据职工提供服务的受益对象，分别下列情况处理：

① 应由生产产品、提供劳务负担的职工薪酬，计入产品成本或劳务成本。

② 应由在建工程、无形资产负担的职工薪酬，计入建造固定资产或无形资产成本。

③ 上述两项之外的其他职工薪酬，计入当期损益。

（2）短期薪酬的计量。

① 短期货币性薪酬。A. 企业发生的职工工资、津贴和补贴等短期薪酬，应当根据职工提供服务的情况和工资标准等计算应计入职工薪酬的工资总额，并按照受益对象计入当期损益或相关资产成本；B. 企业为职工缴纳的医疗保险费、工伤保险费、生育保险费等社会保险费和住房公积金，应当在职工为其提

供服务的会计期间，根据规定的计提基础和计提比例计算确定相应的职工薪酬金额，并确认相应负债，计入当期损益或相关资产成本。C. 企业按规定提取的工会经费和职工教育经费，应当在职工提供服务的会计期间，分别按照国家规定的职工工资总额的 2% 和 1.5% 的计提标准，计量应付职工薪酬（工会经费、职工教育经费）义务金额，并按受益对象计入当期损益或相关资产成本；从业人员技术要求高、培训任务重、经济效益好的企业，可根据国家相关规定，按照职工工资总额的 2.5% 计量应承担的职工教育经费薪酬义务，并按受益对象计入当期损益或相关资产成本。D. 对于企业发生的职工福利费，应当在实际发生时根据实际发生额计入当期损益或相关资产成本。

② 非货币性职工薪酬

A. 企业以其自产产品作为非货币性福利发放给职工的，应当根据受益对象，按照该产品的公允价值和相关税费，计入相关资产成本或当期损益，同时确认应付职工薪酬。相关收入的确认、销售成本的结转以及相关税费的处理，与企业正常商品销售的会计处理相同。

B. 企业以外购的商品作为非货币性福利提供给职工的，应当按照该商品的公允价值和相关税费确定职工薪酬的金额，并计入当期损益或相关资产成本。

C. 企业将拥有的房屋等资产无偿提供给职工使用的，应当根据受益对象，将该住房每期应计提的折旧计入相关资产成本或当期损益，同时确认应付职工薪酬。

D. 企业租赁住房等资产供职工无偿使用的，应当根据受益对象，将每期应付的租金计入相关资产成本或当期损益，并确认应付职工薪酬。

另外，对于难以认定受益对象的非货币性福利，应直接计入当期损益，并确认应付职工薪酬。

③ 带薪缺勤。根据带薪权利能否结转下期使用，带薪缺勤可以分为两类：非累积带薪缺勤和累积带薪缺勤。

非累积带薪缺勤，是指带薪缺勤权利不能结转下期的带薪缺勤，本期尚未用完的带薪缺勤权利将予以取消，并且职工离开企业时也无权获得现金支付。企业应当在职工实际发生缺勤的会计期间确认与非累积带薪缺勤相关的职工薪酬。

累积带薪缺勤，是指带薪缺勤权利可以结转下期的带薪缺勤，本期尚未用完的带薪缺勤权利可以在未来期间使用。企业应当在职工提供服务从而增加了其未来享有的带薪缺勤权利时，确认与累积带薪缺勤相关的职工薪酬，并以累积未行使权利而增加的预期支付金额计量。

2. 工资的核算

（1）工资总额及组成。工资总额是企业在一定时期内支付给本单位全部职工的劳动报酬总和。根据国家有关规定，工资总额由以下六部分组成：

① 计时工资，是指按计时工资标准（包括地区生活补贴）和职工的实际工作时间支付给职工的劳动报酬。工资标准也称工资率，是指每个职工在单位时间（月、日、小时）内应得的工资额。

② 计件工资，是指根据规定的计件单价和每个工人或每个班组集体完成的合格品产量计算支付给职工的劳动报酬。

③ 奖金，是指支付给职工的超额劳动报酬和增收节支的劳动报酬，如生产奖、节约奖、劳动竞赛奖等。

④ 津贴和补贴，是指为补偿职工特殊或额外劳动消耗或其他原因支付给职工的津贴，以及为保证职工工资水平不受特殊条件影响而支付给职工的补贴，如野外津贴、高空津贴、井下津贴、夜餐津贴、物价补贴等。

⑤ 加班加点工资，是指按规定支付给职工在法定工作时间以外从事劳动的报酬，如节日加班工资等。

⑥ 特殊情况下支付的工资，是指根据国家法令规定，支付给职工的某些非工作时间的劳动报酬，如病假工资、产假工资、探亲假工资等。

（2）工资的会计处理。企业应付给职工的工资之所以会构成企业的一项负债，是因为企业支付职工工资的日期与资产负债表编制日期不一致。在实务中，企业本期的工资往往是在下一期初支付，在尚未支付之前，应付未付的工资实质上构成企业对职工的债务，因此，应在每个会计期结束时确认为一项流动负债。

企业应按照劳动工资制度的规定，根据考勤记录、工时记录、产量记录、工资标准、工资等级等，编制“工资结算单”（格式见表 10-1），计算各种工资。财会部门应将“工资结算单”进行汇总，编制“工资结算汇总表”（格式见表 10-2）。在此基础上，扣除应由职工个人负担而需要由企业代扣代缴的款项，如企业为职工代垫的房租、由企业代扣代缴的个人所得税等，余额即为职工的实得工资。

对企业本月应发放的工资，在月份终了要编制“工资分配表”进行分配，其中，生产工人工资记入“生产成本”账户，车间管理人员工资记入“制造费用”账户，企业管理部门人员工资记入“管理费用”账户，销售机构人员工资记入“销售费用”账户，应由在建工程、研发支出负担的人员工资，记入“在建工程”“研发支出”账户。

为了反映企业与职工工资的结算及分配情况，会计上应在“应付职工薪酬”账户下设置“工资”明细账户。该明细账户集中核算应付给职工的工资总额，凡属工资总额的各项内容，不论是否在当月支付，都应通过本明细账户核算。该明细账户，贷方登记应付给职工的工资；借方登记实际支付给职工的工资（包括转出的待领工资）及代扣款项。如果企业当月的应付工资在当月支付，则该明细账户的借方与贷方金额一致，该明细账户月末没有余额；如果企业当月的应付工资在下月初支付，则该明细账户月末有贷方余额，表示尚未支付的工资数额。

表 10-1 工资结算单

部门：一车间 2014 年 3 月份 单位：元

姓名	工资级别	工资标准		事假		病假			奖金	津贴		应付工资	各项扣款			实发工资
		月工资	日工资	日数	工资	日数	%	工资		中夜班	副食		房租	水电费	合计	
程浩	6	4 200	200	1	200	2	10	40	1 600	1 000	200	6 760	240	460	700	6 060
王力	5	3 780	180	2	360				1 200	800	200	5 620	200	300	500	5 120
合计		60 000			4 000			400	15 400	13 000	6 500	90 500	3 000	11 000	14 000	76 500

表 10-2 工资结算汇总表

2014 年 3 月份 单位：元

部门			基本工资	应扣工资		奖金	工资补贴		应付工资	各项扣款		合计	实发工资
				事假	病假		夜班	副食		房租	水电费		
基本生产车间	一车间	生产工人	60 000	4 000	400	15 400	13 000	6 500	90 500	3 000	11 000	14 000	76 500
		管理人员	9 000		100	2 300		900	12 100	400	1 500	1 900	10 200
	二车间	生产工人	170 000	4 000	2 500	56 000	38 000	21 000	278 500	7 000	28 000	35 000	243 500
		管理人员	14 000	300	200	4 200		1 600	19 300	800	2 700	3 500	15 800
辅助生产车间			32 000	600	600	10 800	7 200	4 000	52 800	1 600	4 000	5 600	47 200
管理部门			62 000	300	900	16 600		6 400	83 800	3 700	9 000	12 700	71 100
专设销售机构人员			8 000					1 000	9 000	500	1 000	1 500	7 500
合计			355 000	9 200	4 700	105 300	58 200	41 400	546 000	17 000	57 200	74 200	471 800

例 10-6

艾丽制衣公司 2014 年 3 月份根据“工资结算单”编制的“工资结算汇总表”如表 10-2 所示。

业务凭证：

现金支票存根、代扣款凭证等、工资结算汇总表

艾丽制衣公司有关发放工资的账务处理如下：

（1）根据“实发工资”栏合计金额提取现金：

借：库存现金 471 800

贷：银行存款 471 800

（2）以现金发放工资：

借：应付职工薪酬——工资 471 800

贷：库存现金 471 800

（3）结转各种代扣款项：

借：应付职工薪酬——工资 74 200

贷：其他应付款（或其他应收款） 74 200

职工在规定期限内未领取的工资，由发放工资的单位及时交回财会部门时应借记“库存现金”账户，贷记“其他应付款”账户。

如果企业将应发给职工的工资通过银行转账方式直接转入职工的银行存款账户，则不必提取现金，应按照实发工资数额，借记“应付职工薪酬——工资”账户，贷记“银行存款”账户。

例 10-7

艾丽制衣公司 2014 年 3 月份根据“工资结算汇总表”编制的工资分配表如表 10-3 所示。

表 10-3 **工资分配表**

2013 年 3 月份 单位：元

应借账户 \ 车间部门	基本生产车间	辅助生产车间	管理部门	专设销售机构	合计
生产成本（基本生产）	369 000				369 000
生产成本（辅助生产）		52 800			52 800
制造费用	31 400				31 400
管理费用			83 800		83 800
销售费用				9 000	9 000
合计	400 400	52 800	83 800	9 000	546 000

艾丽制衣公司账务处理如下：

借：生产成本——基本生产成本 369 000

——辅助生产成本 52 800

制造费用 31 400

管理费用 83 800

销售费用 9 000

贷：应付职工薪酬——工资 546 000

3. 职工福利费的核算

为了反映职工福利费的支付与分配情况，企业应在“应付职工薪酬”账户下设置“职工福利”明细账户。

（1）职工福利费的支出。企业发生职工福利费支出时，应借记“应付职工薪酬——职工福利”账户，贷记有关账户。

例 10-8

艾丽制衣公司 2014 年 5 月份用现金支付职工洗理费 1 000 元。

业务单据：职工福利费发放表

艾丽制衣公司账务处理如下：

借：应付职工薪酬——职工福利　　1 000

　　贷：库存现金　　1 000

（2）职工福利费的分配。月末，企业应按照用途对实际发生的职工福利费支出进行分配，借记“生产成本”“制造费用”“管理费用”“销售费用”“在建工程”和“研发支出”等账户，贷记“应付职工薪酬——职工福利”账户。

4. 社会保险费和住房公积金的核算

社会保险费是指按国家规定由企业和职工共同负担的医疗保险费、由企业负担的工伤保险费和生育保险费等费用。住房公积金是按照国家规定由企业和职工共同负担用于解决职工住房问题的费用。为了反映社会保险费和住房公积金的提取和缴纳情况，企业应在“应付职工薪酬”账户下设置“社会保险费”和“住房公积金”明细账户。

应由职工个人负担的社会保险费和住房公积金，属于职工工资的组成部分，应根据职工工资的一定比例计算，并在职工工资中扣除，借记“应付职工薪酬——工资”账户，贷记“应付职工薪酬——社会保险费（或住房公积金）”账户。

应由企业负担的社会保险费和住房公积金，应在职工为其提供服务的会计期间，根据职工工资的一定比例计算，并按照规定的用途进行分配，借记“生产成本”“制造费用”“管理费用”“销售费用”“在建工程”和“研发支出”等账户，贷记“应付职工薪酬——社会保险费（或住房公积金）”账户。

企业缴纳社会保险费和住房公积金时，借记“应付职工薪酬——社会保险费”和“应付职工薪酬——住房公积金”账户，贷记“银行存款”账户。

例 10-9

接例 10-7 艾丽制衣公司职工住房公积金由企业负担 50%，职工个人负担 50%。企业为职工缴纳的住房公积金，按职工工资总额的 10% 确定，职工个人负担部分由企业代扣代缴。

业务单据：住房公积金计提表，住房公积金汇缴款书，代扣个人住房公积金计算表

艾丽制衣公司账务处理如下：

① 企业应计提住房公积金 =546 000 × 10%=54 600（元），按受益对象进行分配时：

借：生产成本——基本生产成本　　36 900

生产成本——辅助生产成本 5 280

制造费用 3 140

管理费用 8 380

销售费用 900

贷：应付职工薪酬——住房公积金 54 600

② 企业代扣代缴由职工个人负担住房公积金时：

借：应付职工薪酬——工资 54 600

贷：应付职工薪酬——住房公积金 54 600

③ 本期缴纳住房公积金时：

借：应付职工薪酬——住房公积金 109 200

贷：银行存款 109 200

5. 工会经费和职工教育经费的核算

工会经费和职工教育经费，根据国家规定的标准从成本费用中提取的金额。为了反映工会经费和职工教育经费的提取和使用情况，企业应在“应付职工薪酬”账户下设置“工会经费”和“职工教育经费”明细账户。

企业计提工会经费和职工教育经费时，应根据职工工资的一定比例计算，按职工工资的用途进行分配，借记“生产成本”“制造费用”“管理费用”“销售费用”“在建工程”和“研发支出”等账户，贷记“应付职工薪酬——工会经费（或职工教育经费）”账户。企业支付工会经费和职工教育经费用于工会活动和职工培训时，应借记“应付职工薪酬——工会经费（或职工教育经费）”账户，贷记“银行存款”账户。

6. 非货币性福利的核算

为了反映非货币性福利的支付和分配情况，企业应在“应付职工薪酬”账户下设置“非货币性福利”明细账户。

① 企业以其自产产品或外购商品发放给职工作为非货币性福利。企业以其自产产品发放给职工作为非货币性福利的，应当作为正常商品销售处理，按照该产品的公允价值加相关税费确定非货币性福利金额，借记“应付职工薪酬——非货币性福利”账户，贷记“主营业务收入”“应交税费——应交增值税（销项税额）”账户。以外购商品发放给职工作为非货币性福利的，应当按照该商品的公允价值加相关税费确定非货币性福利金额。

② 企业无偿向职工提供住房等资产使用。企业应当根据该住房每期应计提的折旧确定非货币性福利金额，借记“应付职工薪酬——非货币性福利”账户，贷记“累计折旧”等账户。租赁住房等资产供职工无偿使用的，企业应当根据每期应付的租金确定非货币性福利金额，借记“应付职工薪酬——非货币性福利”账户，贷记“银行存款”等账户。

③ 企业应按照受益对象对实际发生的非货币性福利进行分配，借记“生产

成本”“制造费用”“管理费用”“销售费用”“在建工程”和“研发支出”等账户，贷记“应付职工薪酬——非货币性福利”账户。难以认定受益对象的非货币性福利，直接计入当期损益和应付职工薪酬。

例 10-10

甲公司为一家彩电生产企业，共有职工 200 名，其中生产工人 170 人，企业管理人员 30 人。2014 年 2 月，公司决定将自己生产的液晶彩电和外购的电暖气作为福利发放给公司每名职工。该液晶彩电单位生产成本为 1 万元，售价为每台 1.4 万元，甲公司适用的增值税税率为 17%；外购电暖气每台不含税价为 1 000 元，甲公司以银行存款支付了外购电暖气的价款和增值税进项税额。

甲公司账务处理如下：

A. 决定发放非货币性福利（液晶彩电）：

业务单据：发放福利费用分配表

借：生产成本　2 784 600

　管理费用　491 400

　贷：应付职工薪酬——非货币性福利　3 276 000

计入生产成本的金额 =170×14 000×（1+17%）=2 784 600（元）

计入管理费用的金额 =30×14 000×（1+17%）=491 400（元）

B. 实际发放非货币性福利（液晶彩电）：

业务单据：发放福利费用汇总表、产成品出库单

借：应付职工薪酬——非货币性福利　3 276 000

　贷：主营业务收入　2 800 000

　　应交税费——应交增值税（销项税额）　476 000

借：主营业务成本　2 000 000

　贷：库存商品　2 000 000

应交增值税销项税额 =170×14 000×17%+30×14 000×17%

=476 000（元）

C. 决定发放非货币性福利（外购电暖气）：

业务单据：发放福利费用分配表

借：生产成本　198 900

　管理费用　35 100

　贷：应付职工薪酬——非货币性福利　234 000

计入生产成本的金额 =170×1 000×（1+17%）=198 900（元）

计入管理费用的金额 =30×1 000×（1+17%）=35 100（元）

D. 外购电暖气时：

业务单据：增值税专用发票、转账支票存根、发放福利费用汇总表

借：应付职工薪酬——非货币性福利　234 000

　贷：银行存款　234 000

例 10-11

艾丽制衣公司为远途上班的生产一线工人免费提供职工集体宿舍，该集体宿舍楼每月计提折旧 2 000 元。

业务单据：
固定资产折旧计算表

艾丽制衣公司账务处理如下：

借：制造费用　　2 000

　　贷：应付职工薪酬——非货币性福利　　2 000

借：应付职工薪酬——非货币性福利　　2 000

　　贷：累计折旧　　2 000

例 10-12

艾丽制衣公司为其高级管理人员、高级工程师及科研人员租赁几套公寓住宅免费使用，公司每月需支付租金共计 3 万元。由于为上述人员发生的 3 万元租金费用，无法认定受益对象，则按规定直接计入管理费用。

业务单据：
租赁合同、转账支票存根

艾丽制衣公司账务处理如下：

A. 确认住房租金费用：

借：管理费用　　30 000

　　贷：应付职工薪酬——非货币性福利　　30 000

B. 实际支付租金：

借：应付职工薪酬——非货币性福利　　30 000

　　贷：银行存款　　30 000

7. 带薪缺勤的核算

（1）非累积带薪缺勤。根据我国《劳动法》的规定，国家实行带薪年休假制度，劳动者在法定休假日和婚丧假期间以及依法参加社会活动期间，用人单位应当依法支付工资。因此，我国企业职工休婚假、产假、丧假、探亲假、病假期间的工资通常属于非累积带薪缺勤。企业应当在职工实际缺勤的会计期间确认与非累积带薪缺勤权利相关的薪酬，视同职工出勤确认的相关资产成本或当期损益。通常情况下，与非累积带薪缺勤相关的职工薪酬已经包括在企业每期向职工发放的工资等薪酬中，因此，不必额外作相应的账务处理。

（2）累积带薪缺勤。企业应当在职工提供了服务从而增加了其享有的未来带薪缺勤的权利时，确认与累积带薪缺勤相关的职工薪酬，并以累积未行使权利而增加的预期支付金额计量。有些累积带薪缺勤在职工离开企业时，对未行使的权利有权获得现金支付。如果职工在离开企业时能够获得现金支付，企业就应当确认企业必须支付的、职工全部累积未使用权利的金额。如果职工在离开企业时不能获得现金，企业应当根据资产负债表日因累积未使用权利而导致的预期支付的追加金额，作为累积带薪缺勤费用进行预计。

例 10-13

艾丽制衣公司共有 1 000 名职工，该公司从 2013 年 1 月 1 日起实行累积带薪缺勤制度。该制度规定，每个职工每年可享受 5 个工作日带薪年休假，未使用的年休假只能向后结转一个日历年度，超过 1 年未使用的权利作废，不能在职工离开公司时获得现金支付；职工年休假是以后进先出为基础，即首先从当年可享受的权利中扣除，再从上年结转的带薪年休假余额中扣除；职工离开公司时，公司对职工未使用的累积带薪年休假不支付现金。2013 年 12 月 31 日，每个职工当年平均未使用带薪年休假为 2 天。

艾丽制衣公司预计 2014 年有 950 名职工将享受不超过 5 天的带薪年休假，剩余 50 名职工每人将平均享受 6 天半年休假，假定这 50 名职工全部为总部各部门经理，该公司平均每名职工每个工作日工资为 300 元。

分析：艾丽制衣公司职工 2013 年已休带薪年假的，由于在休假期间照发工资，因此相应的薪酬已经计入公司每月确认的薪酬金额中。与此同时，公司还需要预计职工 2013 年享有但尚未使用的预期将在下一年度使用的累积带薪缺勤，并计入当期损益或相关资产成本。因此，公司在 2013 年 12 月 31 应当预计由于职工累积未使用的带薪年休假权利而导致的预期支付的追加金额，即相当于 75 天（50 × 1.5 天）的年休假工资 22 500 元（75 × 300），并做如下账务处理：

借：管理费用	22 500	
贷：应付职工薪酬——累积带薪缺勤		22 500

假定 2014 年 12 月 31 日，上述 50 名部门经理中有 40 名享受了 6 天半年休假，并随同正常工资以银行存款支付。另有 10 名只享受了 5 天年休假，由于该公司的带薪缺勤制度规定，未使用的权利只能结转一年，超过 1 年未使用的权利将作废。2014 年年末，艾丽制衣公司应做如下账务处理：

本期支付 40 名部门经理累积带薪缺勤金额 =40 × 1.5 × 300=18 000（元）

本期转回 10 名部门经理未享受的累积带薪缺勤金额 =10 × 1.5 × 300=4 500（元）

借：应付职工薪酬——累积带薪缺勤	18 000	
贷：银行存款		18 000
借：应付职工薪酬——累积带薪缺勤	4 500	
贷：管理费用		4 500

例 10-14

沿用例 10-13 资料，所不同的是，该公司的带薪缺勤制度规定，职工累积未使用的带薪缺勤权利可以无限期结转，且可以于职工离开企业时以现金支付。艾丽制衣公司 1 000 名职工中，50 名为总部各部门经理，100 名为总部各部门职员，800 名为直接生产工人，50 名工人正在建造一幢自用办公楼。

分析：艾丽制衣公司在 2013 年 12 月 31 日应当预计由于职工累积未使用的带薪年休假权利而导致的全部金额，即相当于 2 000 天（1 000 × 2 天）的年休假工资 600 000 元（2 000 × 300），并做如下账务处理：

借：管理费用	90 000	
生产成本	480 000	
在建工程	30 000	
贷：应付职工薪酬——累积带薪缺勤		600 000

三、辞退福利的核算

辞退福利，是指企业在职工劳动合同到期之前解除与职工的劳动关系，或者为鼓励职工自愿接受裁减而给予职工的补偿。由于导致义务产生的事项是终止雇佣而不是为了获得职工的服务，企业应当将辞退福利作为单独一类职工薪酬进行会计处理。

为了反映辞退福利的提取和支付情况，企业应当在“应付职工薪酬”账户下设置“辞退福利”明细账户。

企业应当按照辞退计划条款的规定，合理预计并确认辞退福利产生的职工薪酬负债，借记“管理费用”账户，贷记“应付职工薪酬——辞退福利”账户。实际支付辞退福利时，应借记“应付职工薪酬——辞退福利”账户，贷记“银行存款”账户。

例 10-15

丙公司主要从事家用电器的生产和销售。2013 年 11 月，丙公司为在 2014 年顺利实施转产，公司管理层制定了一项辞退计划，规定自 2014 年 1 月 1 日起，以职工自愿方式，辞退平面直角彩色电视机生产车间职工。辞退计划的详细内容，包括拟辞退职工所在部门、数量、各级别职工能够获得的补偿标准以及计划实施时间等均已与职工协商一致。该辞退计划已于 2013 年 12 月 15 日经公司董事会正式批准，并将在 2014 年实施完毕。辞退计划的有关内容见表 10-4。

表 10-4 丙公司平面直角彩色电视机生产车间职工辞退计划一览表

职位	拟辞退数量	工龄（年）	每人补偿标准（元）
车间主任	10	1~10	100 000
		11~20	200 000
		21~30	300 000
高级技工	50	1~10	80 000
		11~20	180 000
		21~30	280 000
一般技工	100	1~10	50 000
		11~20	150 000
		21~30	250 000
合计	160		

2013 年 12 月 31 日，丙公司根据表 10-4 的资料，预计平面直角彩色电视机生产车间职工接受辞退数量的最佳估计数及应支付的补偿金额见表 10-5。

根据表 10-5 资料，丙公司 2013 年 12 月 31 日的账务处理如下：

借：管理费用 14 000 000

贷：应付职工薪酬——辞退福利　　14 000 000

表 10-5　平面直角彩色电视机生产车间职工接受辞退及补偿金额一览表

职位	拟辞退数量	工龄（年）	接受辞退计划职工人数	每人补偿标准（元）	补偿金额（元）
车间主任	10	1～10	5	100 000	500 000
		11～20	2	200 000	400 000
		21～30	1	300 000	300 000
高级技工	50	1～10	20	80 000	1 600 000
		11～20	10	180 000	1 800 000
		21～30	5	280 000	1 400 000
一般技工	100	1～10	50	50 000	2 500 000
		11～20	20	150 000	3 000 000
		21～30	10	250 000	2 500 000
合计	160		123		14 000 000

第五节　应交税费的核算

本节重点与难点：增值税、消费税、营业税的核算

一、应交税费概述

企业在一定时期内取得的营业收入和实现的利润，要按规定向国家缴纳税费，这些应缴纳的税费，按权责发生制原则应预提计入有关账户。一般的做法是：企业每月应缴的税费于下月初上缴。一定时期内企业应缴未缴的各项税费形成企业的一项负债。

请注意：企业缴纳的印花税、耕地占用税等，因不需要预计应交的税金，故不通过“应交税费”账户核算，其他各种税费都属于“应交税费”账户的核算范围。

企业依法缴纳的各种税费主要有：增值税、消费税、营业税、城市维护建设税、资源税、所得税、土地增值税、房产税、车船税、土地使用税、教育费附加、矿产资源补偿费、印花税、耕地占用税等税费，以及在上缴国家之前，由企业代扣代缴的个人所得税等。

企业应设置“应交税费”账户，总括反映各种税费的缴纳情况，并按应交的税费项目进行明细核算。

二、应交增值税的核算方法

增值税是对在我国境内销售货物、进口货物，或提供加工、修理修配以及应

税服务的增值额征收的一种流转税。它是我国流转税中的一个主要税种。

请注意：
应税服务是指营业税改增值税纳税范围内的陆路运输服务、水路运输服务、航空运输服务、管道运输服务、研发和技术服务、信息技术服务、文化创意服务、物流辅助服务、有形动产租赁服务、鉴证咨询服务、广播影视服务。

（一）纳税人及应纳税额的计算

为了便于增值税的征收与管理，实际工作中，增值税的纳税人分为一般纳税人与小规模纳税人两类，与此相应的增值税的计算与会计核算也不相同。

我国现行的增值税，对小规模纳税人采取简便的征收方法，对一般纳税人采用扣税法计算。公式如下：

小规模纳税人应交增值税 = 不含税销售额 × 征收率

一般纳税人应交增值税 = 当期销项税额 − 当期进项税额

一般纳税人核算增值税时需要注意以下两点：

（1）增值税属于价外税，销项税额以不含税的销售额及规定税率计算。这里的销售额是指纳税人向购买方收取的全部价款及价外费用，如手续费、包装费、集资费、违约金等。对应税货物或劳务采用销售额和销项税额合并定价的（如零售企业），应将其换算为不含税的销售额。将含税销售额换算为不含税销售额的计算公式为：

不含税销售额 = 含税销售额 ÷（1+ 税率）

（2）进项税额的抵扣，必须以合法的扣税凭证为依据，包括增值税专用发票、进口货物的完税凭证，以及收购免税农产品的凭证等。可以抵扣的金额一般以专用发票或完税凭证上注明的税额为准，收购免税农产品则以相关凭证所列金额及规定扣除率计算进项税额，准予从销项税额中抵扣。企业如果未按规定取得并保存增值税扣税凭证，或扣税凭证上未注明增值税税额及其他有关事项，其进项税额不能从销项税额中抵扣，只能计入购入货物或接受劳务的成本。

（二）一般纳税企业应交增值税的核算

1. 账户设置

为了核算企业应交增值税的发生、抵扣、缴纳、退税及转出等情况，应在“应交税费”总账下设置“应交增值税”和“未交增值税”两个明细账户进行核算。

（1）“应交增值税”明细账户。该明细账户核算进项税额、已交税金、出口抵减内销产品应纳税额、转出未交增值税、销项税额、出口退税、进项税额转出、转出多交增值税等项内容，并采用多栏式账页，账户格式如表 10-6 所示，期末余额在借方，表示尚未抵扣的进项税额。

“进项税额”专栏，记录企业购入货物或接受加工修理修配劳务和应税服务而支付的、按规定准予从销项税额中抵扣的增值税税额。企业购入货物或接受应税劳务和应税服务支付的进项税额，用蓝字登记；退回所购货物应冲销的进项税额，用红字登记。

“已交税金”专栏，记录企业本月已缴纳的增值税税额。企业本月已缴纳的增值税税额用蓝字登记；退回本月多交的增值税税额用红字登记。

“出口抵减内销产品应纳税额”专栏，记录企业按规定的退税率计算的出口货物的进项税额抵减内销产品的应纳税额。

“减免税款”专栏，记录企业按规定享受直接减免的增值税税款。

“转出未交增值税”专栏，记录企业月终转出应交未交的增值税。月终企业转出当月发生的应交未交的增值税税额用蓝字登记。

“销项税额”专栏，记录企业销售货物或提供加工修理修配劳务和应税服务而向购买方收取的增值税税额。企业销售货物或提供应税劳务和应税服务应收取的销项税额，用蓝字登记；退回销售货物应冲销的销项税额，用红字登记。

表 10-6　应交增值税明细账

年		凭证		摘要	借方						贷方					借或贷	余额
月	日	种类	号数		合计	进项税额	已交税金	出口抵减内销产品应纳税额	减免税款	转出未交增值税	合计	销项税额	出口退税	进项税额转出	转出多交增值税		

“出口退税”专栏，记录企业出口适用零税率的货物，向海关办理报关出口手续后，凭出口报关单等有关凭证，向税务机关申报办理出口退税而收到退回的税款。出口货物退回的增值税税额，用蓝字登记；出口货物办理退税后发生退货或者退关而补交已退的税款，用红字登记。

“进项税额转出”专栏，记录企业的购进货物、在产品、产成品等发生非正常损失以及其他原因而不应从销项税额中抵扣，按规定转出的进项税额。

“转出多交增值税”专栏，记录企业月终转出本月多交的增值税。月终，企业转出本月多交的增值税税额用蓝字登记。

（2）“未交增值税”明细账户。该明细账户核算期末从“应交增值税”明细账户结转的本期未交或多交的增值税，基本结构如表 10-7 所示。

典型案例：虚开增值税发票案的启示

表 10-7　未交增值税明细账

借方	贷方
发生额： （1）上交上月应交未交的增值税税额 （2）月终转入的当月多交增值税税额	发生额： 月终转入的当月应交未交的增值税税额
借方余额：多交的增值税	贷方余额：未交的增值税

请注意：

一般纳税企业购入用于应税项目的货物，且有抵扣凭证的，其支付的增值税可以作为进项税额抵扣；购入用于应税项目的货物，但没有抵扣凭证的或购入用于非应税项目的货物，其支付的增值税计入货物的成本。

2. 进项税额的核算

（1）一般购进货物进项税额的会计处理。一般纳税企业在购进货物时，会计处理实行价与税的分离，分离的依据为销售方提供的增值税专用发票，发票上注明的价款计入货物的成本，发票上注明的增值税作为进项税额。

例 10-16

艾丽制衣公司 2014 年 5 月购入甲材料一批，增值税专用发票上注明的材料价款 2 万元，增值税税率 17%，增值税税额为 3 400 元，货款已经支付，材料已经到达并验收入库。

艾丽制衣公司账务处理如下：

借：原材料——甲材料　　20 000

　　应交税费——应交增值税（进项税额）　　3 400

　　贷：银行存款　　23 400

业务单据：

增值税专用发票、转账支票存根、材料入库单

（2）购入免税农产品进项税额的会计处理。企业购入免税农产品，可以按购进凭证上注明的金额（买价）乘以 13% 计算进项税额，并以此作为抵扣税款和记账的依据。买价减去准予扣除的进项税额计入货物成本。

例 10-17

艾丽制衣公司收购农产品作为企业的原材料使用，支付的农产品价款为 8 万元，农产品已验收入库。

业务单据：

农产品收购发票、转账支票存根、材料入库单

艾丽制衣公司账务处理如下：

进项税额 =80 000×13%=10 400（元）

借：原材料　　69 600

　　应交税费——应交增值税（进项税额）　　10 400

　　贷：银行存款　　80 000

（3）支付运输费、装卸费、搬运费、仓储费等进项税额的会计处理。企业支付的运输费用，可以按取得的增值税专用发票上注明的金额（买价）乘以 11% 计算进项税额；支付的装卸费、搬运费、仓储费等，可以按取得的增值税专用发票上注明的金额（买价）乘以 6% 计算进项税额，并据此作为抵扣税款和记账的依据。

例 10-18

艾丽制衣公司 2014 年 10 月份购进原材料一批，增值税专用发票上注明价款 50 万元，增值税税额 8.5 万元。另取得运费、装卸费增值税专用发票，注明金额为运费 8 000 元，装卸费 4 000 元，税额分别为 880 元、240 元，价税合计 13 120 元，材料已验收入库，货款未付。

业务单据：

增值税专用发票、材料入库单

艾丽制衣公司账务处理如下：

借：原材料　　512 000

　　应交税费——应交增值税（进项税额）　　86 120

贷：应付账款 598 120

（4）进货退出进项税额的会计处理。一般纳税人购进货物发生退货时，购货方应区别下列两种不同情况进行具体处理：

第一种情况：购货方未付货款也未作账务处理。

这种情况下，购货方只需将发票联和抵扣联退还给销货方即可，既然购货方进货后还未作账务处理，退货时也无须进行账务处理。如果是部分退货，将发票联和抵扣联退还给销货方后，由销货方按实际数量重新开具增值税专用发票，购货方也不用对退货进行账务处理，只要按实购数量、金额进行正常的购货账务处理即可。

第二种情况：购货方已付货款，或者货款未付但已作账务处理。

这种情况下，发票联及抵扣联无法退还，购货方必须取得当地主管税务机关开具的“进货退出及索取折让证明单”送交销货方，作为销货方开具红字增值税专用发票的合法依据。购货方根据销货方转来的红字发票联、抵扣联，应将原账务处理冲回。在办理退货时，借记“应付账款”或（应付票据、银行存款）等账户，贷记“应交税费——应交增值税（进项税额）”（实际登账时，应以红字记入借方）、“材料采购”、“在途物资”等账户。

例 10–19

艾丽制衣公司 2014 年 5 月份购进甲材料一批，2014 年 6 月份因上述材料存在质量问题退回部分材料，取得当地主管税务机关开具的“进货退出及索取折让证明单”送交销货方，退回价款 20 000 元，增值税税款 3 400 元，已收到对方开具的红字增值税专用发票。

借：银行存款 23 400

贷：原材料——甲材料 20 000

应交税费——应交增值税（进项税额） 3 400

业务单据： 红字增值税专用发票、材料出库单

（5）接受投资转入货物进项税额的会计处理。一般纳税人接受投资转入的货物，按照增值税专用发票上注明的增值税税额，借记“应交税费——应交增值税（进项税额）”账户；按照双方确认的货物价值，借记“原材料”等账户；按其在注册资本中所占的份额，贷记“实收资本”账户；按其差额，贷记“资本公积”账户。

例 10–20

艾丽制衣公司接受大华公司投资转入原材料一批，取得防伪税控系统开具的增值税专用发票，注明双方确认的价值为 120 000 元，增值税为 20 400 元。该项投资占艾丽制衣公司 20%的股份，艾丽制衣公司注册资本为 500 000 元。

艾丽制衣公司的账务处理如下：

借：原材料 120 000

应交税费——应交增值税（进项税额） 20 400

业务单据： 增值税专用发票、材料入库单、投资协议

贷：实收资本 100 000

资本公积——资本溢价 40 400

（6）接受应税劳务进项税额的会计处理。一般纳税企业接受加工、修理修配劳务，按增值税专用发票上注明的增值税税额，借记“应交税费——应交增值税（进项税额）”账户；按专用发票上记载的应当计入加工、修理修配等物资成本的金额，借记“生产成本”“委托加工物资”“管理费用”等账户；按应付或实际支付的金额，贷记“应付账款”“银行存款”等账户。

例 10-21

艾丽制衣公司以银行存款支付汽车修理厂小汽车修理费 4 680 元，专用发票上注明修理费为 4 000 元，增值税为 680 元。

业务单据：增值税专用发票、支票存根

借：管理费用 4 000

应交税费——应交增值税（进项税额） 680

贷：银行存款 4 680

（7）进口货物进项税额的会计处理。一般纳税人进口货物，按照海关提供的完税凭证上注明的增值税税额，借记“应交税费——应交增值税（进项税额）”账户；按进口货物应计入采购成本的金额，借记“原材料”“材料采购”等账户；按应付或实际支付的金额，贷记“应付账款”“银行存款”等账户。

3. 销项税额的核算

（1）一般国内销售及提供应税劳务销项税额的会计处理。一般纳税企业根据价税分离的原则，销售阶段应以企业自己开出的增值税专用发票为依据，其中不含税的价款作为销售收入，向购买方收取的增值税作为销项税额。

例 10-22

艾丽制衣公司 2014 年 5 月份采用托收承付结算方式向异地某公司销售货物一批，货款 30 000 元，增值税税额 5 100 元，另支付运费并取得增值税专用发票，注明金额 2 000 元，增值税税额 220 元，价税合计 2 220 元。托收手续已办理完毕。

业务单据：增值税专用发票、支票存根、托收承付结算凭证回单、产成品出库单

艾丽制衣公司账务处理如下：

① 销售货物确认收入时：

借：应收账款 35 100

贷：主营业务收入 30 000

应交税费——应交增值税（销项税额） 5 100

② 支付运费时：

借：销售费用 2 000

应交税费——应交增值税（进项税额） 220

贷：银行存款 2 220

（2）视同销售销项税额的会计处理。我国增值税暂行条例实施细则规定：企业将货物交付他人代销；销售代销货物；将自产或委托加工的货物用于非应税项

目；将自产、委托加工或购买的货物作为投资，提供给其他单位或个体经营者；将自产、委托加工或购买的货物分配给股东或投资者；将自产、委托加工的货物用于集体福利或个人消费；将自产、委托加工或购买的货物无偿赠送他人等行为，视同销售货物，须计算缴纳增值税。会计方面是否需要确认收入，要看其是否满足销售收入的确认原则。对于在会计上符合收入确认条件的行为，应确认收入；不符合收入确认条件的行为，只按成本结转。

① 企业将自产或委托加工的货物用于非应税项目。税法规定：纳税人将自产或委托加工的货物用于增值税的非应税项目（如非应税劳务、不动产在建工程），应视同销售，在货物移送的当天计算缴纳增值税。但此项视同销售行为不符合收入确认条件中的第（1）、（2）、（3）条，不确认收入，只按成本结转。

例 10-23

艾丽制衣公司自建厂房领用本企业生产的产品一批，账面成本为 7 000 元，售价为 10 000 元，增值税税率为 17%。

业务单据：产成品出库单

艾丽制衣公司账务处理如下：

借：在建工程	8 700	
贷：库存商品		7 000
应交税费——应交增值税（销项税额）		1 700

例 10-24

艾丽制衣公司将自己生产的产品用于自行建造职工俱乐部工程项目，产品成本为 15 万元，计税价格（公允价值）为 16 万元，该产品的增值税税率为 17%。

业务单据：产成品出库单

艾丽制衣公司账务处理如下：

用于工程的产品销项税额 =160 000 × 17%=27 200（元）

借：在建工程	177 200	
贷：库存商品		150 000
应交税费——应交增值税（销项税额）		27 200

② 企业将自产、委托加工或购买的货物用于对外投资。纳税人将自产、委托加工或购买的货物作为投资提供给他人，从会计角度看属于非货币性资产交换。因此，会计核算遵照非货币性资产交换准则进行会计处理。但是，无论会计上如何处理，只要税法规定需要缴纳增值税的，应当计算缴纳增值税销项税额，并记入“应交税费——应交增值税”账户的“销项税额”专栏。

例 10-25

艾丽制衣公司 2014 年 3 月以自产产品对乙公司投资，双方协议按产品售价作价。该批产品的成本 200 万元。假设产品的售价和计税价格均为 220 万元。该产品的增值税税率为 17%。乙公司收到的产品做原材料使用。

艾丽制衣公司账务处理：

业务单据：
投资协议、增值税专用发票、产成品出库单、对外投资发出商品计算表

对外投出产成品计算的销项税额 =220×17%=37.4（万元）

借：长期股权投资——乙公司　　2 574 000
　　贷：主营业务收入　　2 200 000
　　　　应交税费——应交增值税（销项税额）　　374 000
借：主营业务成本　　2 000 000
　　贷：库存商品　　2 000 000

业务单据：
投资协议、增值税专用发票、材料入库单

乙公司账务处理：

借：原材料　　2 200 000
　　应交税费——应交增值税（进项税额）　　374 000
　　贷：实收资本　　2 574 000

③ 将自产、委托加工或购买的货物分配给股东或投资者、对外捐赠。纳税人将自产、委托加工或购买的货物分配给股东、对外捐赠，是货物所有权向外部的转让，这种移送方式虽然没有货币结算，但实际上与将货物出售后，以取得的货币资产分配给股东或投资者没有实质的区别，而且移送货物进入本企业时进项税额已经抵扣，因此向外部移送时税务上要视同销售缴纳增值税，其纳税义务发生时间为货物移送的当天。根据新企业会计准则的要求，非货币性资产的分配、对外捐赠应作销售处理，负债减少额即为收入的计量金额，符合收入确认条件。

例 10–26

艾丽制衣公司将自己生产的产品分给股东或投资者，其账面成本价为 40 万元，销售价为 70 万元，增值税税率为 17%。

业务单据：
增值税专用发票、产成品出库单、应付股利计算表、分配股利发出商品成本计算表

艾丽制衣公司账务处理如下：

利润分配时：

借：利润分配——应付现金股利或利润　　819 000
　　贷：应付股利　　819 000

分配给投资者时：

借：应付股利　　819 000
　　贷：主营业务收入　　700 000
　　　　应交税费——应交增值税（销项税额）　　119 000

结转销售成本时：

借：主营业务成本　　400 000
　　贷：库存商品　　400 000

例 10–27

艾丽制衣公司将本企业生产的产品一批，通过减灾委员会捐赠给地震灾区，该产品成本为 7 万元，售价为 10 万元，增值税税率为 17%。

艾丽制衣公司账务处理如下：

借：营业外支出　117 000
　　贷：主营业务收入　100 000
　　　　应交税费——应交增值税（销项税额）　17 000
借：主营业务成本　70 000
　　贷：库存商品　70 000

业务单据：
增值税专用发票、产成品出库单、对外捐赠发出商品成本计算表

④ 将自产、委托加工的货物用于个人消费。纳税人将自产、委托加工的货物用于个人消费，货物改变了生产经营的性质，进入了最终消费。自产、委托加工的货物所耗用的外购原料、材料的进项税额已在购入当期抵扣，经过加工生产出的货物用于个人消费应视同销售计算销项税额。因此税法规定，应于货物移送当天发生增值税纳税义务。按会计上收入的确认条件，将自产、委托加工的货物用于个人消费，导致负债的减少，负债减少额即为收入的计量金额，符合收入的确认条件，将其确认为收入，同时结转成本。

例 10-28

艾丽制衣公司将自产产品 200 套提供给本企业职工作为节日礼物。每套成本 400 元，市场同类产品售价为 500 元。

艾丽制衣公司账务处理如下：

借：应付职工薪酬——非货币性福利费　117 000
　　贷：主营业务收入　100 000
　　　　应交税费——应交增值税（销项税额）　17 000
借：主营业务成本　80 000
　　贷：库存商品　80 000

业务单据：
非货币性福利发放表、产成品出库单、非货币性福利发放商品成本计算表

4. 购进货物不得抵扣进项税额的核算

（1）一般纳税企业购进货物作为固定资产（不动产）以及用于不动产在建工程，或用于免税项目、非应税项目、集体福利或个人消费等，所发生的进项税额不能抵扣，只能随货物的价款一起计入有关成本费用。具体核算方法有两种：

一是购入货物时就能直接认定其用于上述用途的，所发生的进项税额直接计入有关成本、费用。如购进固定资产（不动产）支付的增值税计入固定资产成本。

二是购入货物时不能直接认定其用于上述用途的，所发生的进项税额先记入“应交增值税（进项税额）”明细账户的借方。以后用于上述用途时，再作进项税额转出处理，借记“在建工程”“应付职工薪酬”“待处理财产损溢”等账户，贷记“应交税费——应交增值税（进项税额转出）”账户。这种情况称为购进货物改变用途。

例 10-29

艾丽制衣公司购入乙材料一批，专用发票上注明的增值税税额为 6 800 元，材料价款 40 000 元。材料已入库，货款已支付。材料入库后，该企业将该批材料全部用于在

建工程项目。

业务单据：
增值税专用发票、材料入库单、支票存根、材料出库单

艾丽制衣公司账务处理如下：

① 购入材料入库：

借：原材料——乙材料　　40 000

　　应交税费——应交增值税（进项税额）　　6 800

　　贷：银行存款　　46 800

② 工程领用材料：

借：在建工程　　46 800

　　贷：原材料——乙材料　　40 000

　　　　应交税费——应交增值税（进项税额转出）　　6 800

（2）企业购进货物、生产的在产品或产成品等发生非常损失，原已计入“进项税额”的部分，也应作转出处理。当发生非常损失时，按非常损失的购进货物、在产品、产成品的实际成本与负担的进项税额的合计数，借记“待处理财产损溢——待处理流动资产损溢”账户，按实际损失的购进货物、在产品、产成品成本，贷记“原材料”“生产成本——基本生产成本”“库存商品”账户，按计算出的应转出的税金数额，贷记“应交税费——应交增值税（进项税额转出）”账户。

例 10-30

业务单据：
材料火灾毁损报告单

艾丽制衣公司库存材料因火灾毁损一批，该批材料的成本为 2 000 元，进项税额为 340 元。

艾丽制衣公司账务处理如下：

借：待处理财产损溢——待处理流动资产损溢　　2 340

　　贷：原材料　　2 000

　　　　应交税费——应交增值税（进项税额转出）　　340

例 10-31

业务单据：
产成品毁损报告单

艾丽制衣公司 2014 年 5 月由于仓库倒塌毁损产品一批，损失产品账面价值为 80 000 元。当期总的生产成本为 420 000 元，其中耗用外购材料、低值易耗品等价值为 252 000 元，外购货物均适用 17%的增值税税率。

艾丽制衣公司的账务处理如下：

损失产品成本中所耗外购货物的购进额

=80 000×（252 000÷420 000）=48 000（元）

应转出进项税额 =48 000×17% =8 160（元）

借：待处理财产损溢——待处理流动资产损溢　　88 160

　　贷：库存商品　　80 000

　　　　应交税费——应交增值税（进项税额转出）　　8 160

5. 出口货物增值税的核算

按照税法规定，出口货物的增值税税率为零，即出口货物在出口环节不征

增值税，但企业在购进出口货物或购进出口货物所耗原材料时还要照章支付增值税进项税额。企业支付的进项税额，按规定可以先计入增值税进项税额，在货物出口后，再根据出口报关单等有关凭证，向税务部门申报办理该项出口货物的退税。

按照现行制度规定，企业购进出口货物支付的进项税额，不全额退还。收到退还的进项税额时，应借记“银行存款”等账户，贷记“应交税费——应交增值税（出口退税）”账户；未退还的部分，也不能从内销产品的销项税额中抵扣，应将其从进项税额中转出，计入销售成本，借记“主营业务成本”账户，贷记“应交税费——应交增值税（进项税额转出）”账户。

如果企业有内销产品，国家对应退的出口退税款将不再直接退还，而是允许企业将这部分出口退税款抵减内销产品的应纳税额，借记“应交税费——应交增值税（出口抵减内销产品应纳税额）”账户，贷记“应交税费——应交增值税（出口退税）”账户。

例 10-32

艾丽制衣公司 8 月份发生下列有关出口退税业务：

（1）出口丙产品 2 件，价款折合人民币 2 万元，货款尚未收到。

借：应收账款　　20 000

　　贷：主营业务收入　　20 000

（2）出口丙产品 2 件所耗原材料为 10 000 元，进项税额为 1 700 元，申报退税后，应退回税款 900 元，允许企业抵减内销产品销项税额。

借：应交税费——应交增值税（出口抵减内销产品应纳税额）　　900

　　贷：应交税费——应交增值税（出口退税）　　900

（3）出口丙产品所耗原材料未退回的进项税额 800 元（1 700-900），计入销售成本。

借：主营业务成本　　800

　　贷：应交税费——应交增值税（进项税额转出）　　800

6. 缴纳增值税的核算

月份终了，纳税人应根据“应交税费——应交增值税”明细账户各专栏本期发生额，计算企业当期应缴纳的增值税税额，并在规定期限内申报缴纳。

当期应纳税额 =（当期销项税额 + 当期进项税额转出 + 当期出口退税发生额）-（上期留抵 + 当期发生的允许抵扣的进项税额）

企业计算出当月应交而未交的增值税时，借记“应交税费——应交增值税（转出未交增值税）”账户，贷记“应交税费——未交增值税”账户；计算出当月多交的增值税时，借记“应交税费——未交增值税”账户，贷记“应交税费——应交增值税（转出多交增值税）”账户。

企业缴纳当月的增值税，通过“应交税费——应交增值税（已交税金）”账

请注意：

月份终了，企业将本月应交未交或多交的增值税，从“应交增值税”明细账户有关栏内转至“未交增值税”明细账户，从而使应交增值税明细账户的期末借方余额，反映企业尚未抵扣的进项税额。

户反映，缴纳以前各期未交的增值税，通过“应交税费——未交增值税”账户反映。

例 10-33

艾丽制衣公司 2014 年 1 月份购进商品允许抵扣的进项税额合计 20 万元，本月初“应交税费——应交增值税”明细账借方余额为 3 万元，本月销售商品发生的销项税额合计为 31 万元。该公司 2 月份发生允许抵扣的进项税额合计 10 万元，取得销项税额合计为 7 万元，公司依法申报缴纳上月应缴未缴的增值税 8 万元，本月的增值税 9 000 元。除此以外，该公司没有发生其他涉及增值税的业务。

业务单据：
增值税纳税申报表、
税收通用缴款书

（1）艾丽制衣公司 1 月份的账务处理。

1 月份应纳增值税额 =310 000-（200 000+30 000）=80 000（元）

借：应交税费——应交增值税（转出未交增值税）　　80 000

　　贷：应交税费——未交增值税　　80 000

（2）艾丽制衣公司 2 月份的账务处理。

① 交纳增值税时：

借：应交税费——未交增值税　　80 000

　　　　　　——应交增值税（已交税金）　　9 000

　　贷：银行存款　　89 000

② 艾丽制衣公司 2 月份应纳增值税 =70 000-100 000=-30 000（元）

即 2 月末“应交税费——应交增值税”账户借方余额为 3 万元，作为留抵的进项税额，抵减以后月份的销项税额。

③ 转出 2 月份多缴的增值税时：

借：应交税费——未交增值税　　9 000

　　贷：应交税费——应交增值税（转出多交增值税）　　9 000

7. 增值税减免的核算

根据有关规定，企业对于直接减免的增值税应通过“应交税费——应交增值税（减免税款）”账户核算。企业按规定享受直接减免的增值税，应借记“应交税费——应交增值税（减免税款）”账户，贷记“营业外收入”账户。实际收到即征即退、先征后退的增值税，应借记“银行存款”等账户，贷记“营业外收入”账户。

例 10-34

艾丽制衣公司为增值税一般纳税人，2014 年 3 月份购进货物取得的增值税专用发票注明价款 30 万元，增值税税额 5.1 万元，当月实现销售收入 50 万元，销项税额 8.5 万元。经企业申请，主管税务机关批准，该企业减半征收增值税 1 年。

业务单据：
增值税纳税申报表、
税收通用缴款书

（1）如果该公司享受免税优惠属于直接减免形式，则账务处理如下：

① 计算、缴纳当月应纳增值税时：

应纳税额 =（85 000-51 000）×50% =17 000（元）

借：应交税费——应交增值税（已交税金）　17 000

　贷：银行存款　17 000

② 核算减免税额时：

借：应交税费——应交增值税（减免税款）　17 000

　贷：营业外收入　17 000

（2）假设该公司按规定享受先征后退办法进行减免，则该账务处理如下：

① 计算、缴纳当月应纳增值税税额时：

应纳税额 =85 000-51 000=34 000（元）

借：应交税费——应交增值税（已交税金）　34 000

　贷：银行存款　34 000

② 收到先征后退的增值税税款时：

借：银行存款　17 000

　贷：营业外收入　17 000

（三）小规模纳税企业应交增值税的核算

小规模纳税企业应当按照不含税销售额和规定的征收率 3% 计算缴纳增值税。实行销售额与应纳增值税合并定价的，应将含税销售额还原为不含税销售额后，再计算应纳税额。公式如下：

不含税销售额 = 含税销售额 ÷（1+ 征收率）

小规模纳税企业销售货物或提供应税劳务时，一般只能开具普通发票，不能开具增值税专用发票。小规模纳税企业不享有进项税额的抵扣权，其购进货物或接受应税劳务支付的增值税直接计入有关货物或劳务成本。

小规模纳税企业增值税的核算比较简单，只需在“应交税费”账户下设置“应交增值税”明细账户，其格式沿用一般的三栏式账页，贷方登记应纳税额的增加，借方登记实际缴纳的增值税，余额一般在贷方，表示应交未交的增值税；若为借方余额，则表示多交的增值税。

例 10-35

某工业企业为小规模纳税企业，本期购入原材料一批，增值税专用发票上注明的价款为 5 万元，增值税税额为 8 500 元，企业开出一张商业承兑汇票，材料尚未到达。同期销售产品一批，含税价格为 6.18 万元，货款尚未收到。根据上述资料，作会计分录如下。

（1）购进货物时：

借：在途物资　58 500

　贷：应付票据　58 500

业务单据：增值税专用发票、商业承兑汇票

（2）销售货物时：

不含税价 =61 800 ÷（1+3%）=60 000（元）

应交增值税 =60 000 × 3%=1 800（元）

业务单据：普通销售发票、产成品出库单

借：应收账款　　61 800

　　贷：主营业务收入　　60 000

　　　　应交税费——应交增值税　　1 800

小规模纳税企业期末“应交增值税”明细账户的贷方余额，即为本月应交的增值税。按规定上交时：

业务单据：
增值税纳税申报表、税收通用缴款书

借：应交税费——应交增值税　　1 800

　　贷：银行存款　　1 800

三、应交消费税的核算

消费税是对我国境内从事生产、委托加工和进口应税消费品的单位和个人征收的一种税。国家在对商品普遍征收增值税的基础上，选择少数消费品再征收一道消费税，目的是为了调节消费结构，引导消费方向，增加财政收入。目前，消费税的征收范围包括：烟、酒、化妆品、贵重首饰及珠宝玉石、鞭炮焰火、成品油、摩托车、小汽车、高尔夫球及球具、高档手表、游艇、木制一次性筷子和实木地板。

（一）消费税的计算

消费税并非在应税消费品的所有环节征收，只在其生产、委托加工或进口环节实行单环节征收。除金银首饰和卷烟外，批发及零售环节不征收消费税。消费税的计算有从价定率、从量定额和复合计税三种方法。公式如下：

从价定率下的应纳消费税额 = 销售额 × 税率

从量定额下的应纳消费税额 = 销售数量 × 单位税额

上述公式中的销售额，与计征增值税的销售额口径一致，是指销售应税消费品向购买方收取的不含增值税的全部价款和价外费用。

（二）账户设置

企业应在“应交税费”账户下设置“应交消费税”明细账户，核算应交消费税的发生、缴纳情况。应交消费税明细账户的贷方发生额，反映按规定应缴纳的消费税；借方发生额，反映实际缴纳的消费税以及准予抵扣的消费税；期末一般为贷方余额，表示应交未交的消费税；如为借方余额，表示多交或待扣的消费税。

（三）消费税的账务处理

1. 销售产品应交消费税

消费税属于价内税，生产应税消费品的企业销售产品缴纳的消费税，应借记“营业税金及附加”账户，贷记“应交税费——应交消费税”账户；实际缴纳消费税时，应借记“应交税费——应交消费税”账户，贷记“银行存款”账户。

例 10-36

某企业某年 1 月份销售摩托车 20 辆（气缸容量 250 ml 以上），每辆售价 5 000 元

（不含向购买方收取的增值税），货款尚未收到，每辆摩托车成本为 3 000 元。摩托车增值税税率为 17%，消费税税率为 10%。

该企业账务处理如下：

应向购买方收取的增值税 =5 000×20×17%=17 000（元）

应交的消费税 =5 000×20×10%=10 000（元）

借：应收账款	117 000	
贷：主营业务收入		100 000
应交税费——应交增值税（销项税额）		17 000
借：营业税金及附加	10 000	
贷：应交税费——应交消费税		10 000
借：主营业务成本	60 000	
贷：库存商品		60 000

业务单据：增值税专用发票、产成品出库单、销售成本计算表、消费税计算表

2. 视同销售应交消费税

企业将自产的应税消费品对外投资，或用于在建工程、集体福利或个人消费、分配给股东或投资者、无偿赠送他人等行为，视同销售货物，须计算缴纳消费税，其销售额应按生产同类消费品的销售价格计算；没有同类消费品销售价格的，应按照组成计税价格计算，其计算公式为：

组成计税价格 =（成本 + 利润）÷（1- 消费税税率）

例 10-37

某企业某月根据发生的有关视同销售业务，编制会计分录如下：

（1）管理部门领用自产的应税消费品甲产品 1 件，实际成本为 5 000 元，同类产品的销售价格为 1 万元，消费税税率为 20%。按相关税法规定，该业务不属于增值税应税项目。

应交消费税 =10 000×20%=2 000（元）

借：管理费用	7 000	
贷：库存商品		5 000
应交税费——应交消费税		2 000

业务单据：产成品出库单、消费税计算表

（2）将自产的应税消费品乙产品一批对外捐赠，实际成本为 20 万元，没有同类产品的销售价格，正常的成本利润率为 60%，增值税税率为 17%，消费税税率为 20%。

组成计税价格 =（200 000+200 000×60%）÷（1-20%）=400 000（元）

增值税销项税额 =400 000×17%=68 000（元）

消费税额 =400 000×20%=80 000（元）

借：营业外支出	548 000	
贷：主营业务收入		400 000
应交税费——应交增值税（销项税额）		68 000
——应交消费税		80 000
借：主营业务成本	200 000	

业务单据：增值税专用发票、产成品出库单、对外捐赠发出商品成本计算表、消费税计算表

贷：库存商品　　200 000

3. 委托加工应交消费税

企业委托外单位加工应税消费品，按税法规定应由受托方在向委托方交货时代收代缴消费税，其销售额应按受托方同类消费品销售价格计算，没有同类消费品销售价格的，应按照组成计税价格计算，其计算公式为：

$$组成计税价格=\frac{材料成本+加工费}{1-消费税税率}$$

企业收回委托加工应税消费品后直接对外销售的，应将受托方代收代缴的消费税计入委托加工物资的成本，借记“委托加工物资”账户，贷记“应付账款”“银行存款”等账户，该产品销售时不再缴纳消费税。

企业收回委托加工应税消费品后用于连续生产应税消费品，按规定准予抵扣的，应将受托方代收代缴的消费税，借记“应交税费——应交消费税”账户，贷记“应付账款”“银行存款”等账户；在企业最终销售应税消费品时，再根据其销售额计算应缴的全部消费税，借记“营业税金及附加”账户，贷记“应交税费——应交消费税”账户；应交的全部消费税扣除收回委托加工应税消费品时缴纳的消费税，为应补交的消费税，缴纳消费税时，借记“应交税费——应交消费税”账户，贷记“银行存款”账户。

例 10-38

某烟厂委托甲公司加工烟丝，发出材料的总成本为 65 000 元，加工费为 5 000 元，加工完毕收回入库，加工费以及被代收代缴的消费税已通过银行支付，该公司没有同类烟丝的售价，烟丝的消费税税率为 30%，增值税税率为 17%。

业务单据：委托加工材料领料单、增值税专用发票、材料入库单、代扣代缴税款凭证

（1）假定收回的烟丝用于连续生产卷烟后再销售，委托方作会计分录如下：

a. 发出委托加工材料时：

借：委托加工物资　　65 000
　　贷：原材料　　65 000

b. 支付加工费及代收的税金时：

组成计税价格 =（65 000+5 000）÷（1-30%）=100 000（元）

应纳消费税 =100 000×30%=30 000（元）

应纳增值税 =5 000×17%=850（元）

借：委托加工物资　　5 000
　　应交税费——应交增值税（进项税额）　　850
　　　　　　——应交消费税　　30 000
　　贷：银行存款　　35 850

c. 烟丝验收入库时：

借：原材料　　70 000
　　贷：委托加工物资　　70 000

（2）假定收回的烟丝直接对外销售，委托方作会计分录如下：

发出委托加工材料时，会计分录同上。

a. 支付加工费及代收的消费税时：

借：委托加工物资　　35 000

　　应交税费——应交增值税（进项税额）　　850

　　贷：银行存款　　35 850

b. 烟丝验收入库时：

借：原材料　　100 000

　　贷：委托加工物资　　100 000

企业进口应税消费品缴纳的消费税，应计入货物成本，借记“材料采购”“固定资产”等账户，贷记“应交税费——应交消费税”账户。

四、应交营业税的核算

营业税是对我国境内除营改增之外提供应税劳务和转让无形资产、销售不动产的单位和个人，就其取得的营业额征收的一种税。

（一）营业税的计算

营业税按照营业额（提供应税劳务、转让无形资产或销售不动产而向对方收取的全部价款和价外费用）及规定的税率计算。公式如下：

$$应交营业税 = 营业额 \times 税率$$

（二）账户设置

企业应在“应交税费”账户下设置“应交营业税”明细账户，核算应交营业税的发生、交纳情况。应交营业税明细账户的贷方发生额，反映企业应交纳的营业税；借方发生额，反映已交纳的营业税；期末贷方余额，表示尚未交纳的营业税。

（三）营业税的账务处理

营业税属于价内税，企业提供应税劳务时，按照营业额及规定的税率计算应交的营业税，借记“营业税金及附加”账户，贷记“应交税费——应交营业税”账户；企业销售不动产时，按规定计算应交的营业税，借记“固定资产清理”账户，贷记“应交税费——应交营业税”账户；企业转让无形资产使用权时，按规定计算应交的营业税，借记“营业税金及附加”账户，贷记“应交税费——应交营业税”账户；企业出售无形资产应交纳的营业税，通过“营业外收入”或“营业外支出”账户核算；实际交纳营业税时，借记“应交税费——应交营业税”账户，贷记“银行存款”账户。

例 10-39

某饭店 2014 年 5 月取得客房收入 300 万元，餐厅收入 100 万元，歌舞厅门票收入5万元，出售饮料、烟、酒收入10万元，收取点歌费15万元。(客房收入、餐厅收入应按服务业征收5%的营业税，歌舞厅收入应按20%的娱乐业税率征收营业税)

该饭店的账务处理如下：

(1)计算应纳营业税额：

客房及餐厅收入应交营业税 =(3 000 000+1 000 000)×5%=200 000(元)

歌舞厅收入应纳营业税额 =(50 000+100 000+150 000)×20%=60 000(元)

共计应纳营业税 =200 000+60 000=260 000(元)

业务单据： 服务业发票、营业税计算表

(2)会计分录。

计算营业税时：

借：营业税费及附加	260 000	
贷：应交税费——应交营业税		260 000

业务单据： 营业税纳税申报表、税收通用缴款书

上缴营业税时：

借：应交税费——应交营业税	260 000	
贷：银行存款		260 000

例 10-40

艾丽制衣公司(非房地产开发企业)2014年3月出售一栋厂房，厂房原价50万元，已提折旧20万元，出售所得收入35万元已存入银行，不动产营业税税率为5%。

业务单据： 销售发票、固定资产交接单、固定资产清理报告单、营业税计算表

艾丽制衣公司账务处理如下：

销售厂房应交营业税 =350 000×5%=17 500(元)

借：固定资产清理	300 000	
累计折旧	200 000	
贷：固定资产		500 000
借：银行存款	350 000	
贷：固定资产清理		350 000
借：固定资产清理	17 500	
贷：应交税费——应交营业税		17 500
借：固定资产清理	32 500	
贷：营业外收入		32 500

五、其他应交税费的核算

(一)应交城市维护建设税的核算

城市维护建设税是国家为了加强现有城镇的维护和建设，扩大和稳定城镇建设资金来源，对在城镇从事工商经营，并交纳消费税、增值税和营业税的单位和个人征收的一种税。

1. 城市维护建设税应纳税额的计算

城市维护建设税(简称城建税)应按纳税人实际缴纳的消费税、增值税、营

业税税额之和乘以适用税率计算。计算公式为：

城建税应纳税额 =（增值税税额 + 消费税税额 + 营业税税额）× 适用税率

2. 城市维护建设税应纳税额的核算

城市维护建设税与消费税、增值税、营业税同时交纳。企业应交的城市维护建设税通过“应交税费——应交城市维护建设税”账户核算。企业按规定计算出的城市维护建设税，借记“营业税金及附加”账户，贷记“应交税费——应交城市维护建设税”账户；实际上交时，借记“应交税费——应交城市维护建设税”账户，贷记“银行存款”账户。

（二）教育费附加的核算

教育费附加是国家为了发展教育事业而征收的一项费用。这项费用按照企业交纳的增值税、消费税及营业税税额的一定比例计算，与流转税一起交纳。企业应交的教育费附加在“应交税费”总账下设置“应交教育费附加”明细账。企业计算出应交纳的教育费附加，借记“营业税金及附加”账户，贷记“应交税费——应交教育费附加”账户；实际上交时，借记“应交税费——应交教育费附加”账户，贷记“银行存款”账户。

（三）应交资源税的核算

资源税是国家对从事资源开采和生产盐的单位和个人，因资源差异而形成的级差收入征收的一种税。企业按规定应交的资源税，在“应交税费”总账下设置“应交资源税”明细账户进行核算。

1. 资源税应纳税额的计算

资源税的应纳税额，按照应税产品的课征数量和规定的单位税额计算。应纳税额的计算公式为：

资源税应纳税额 = 课税数量 × 单位税额

公式中的课税数量可按下列方法确定：

纳税人开采或者生产应税产品销售的，以销售数量为课税数量；纳税人开采或者生产应税产品自用的，以自用数量为课税数量。

2. 应交资源税的账务处理

企业按规定计算出销售的应税产品应交纳的资源税，借记“营业税金及附加”账户，贷记“应交税费——应交资源税”账户；企业计算出自产自用的应税产品应交纳的资源税，借记“生产成本”“制造费用”等账户，贷记“应交税费——应交资源税”账户；企业按规定上交资源税时，借记“应交税费——应交资源税”账户，贷记“银行存款”账户。

（四）应交土地增值税的核算

土地增值税是对有偿转让国有土地使用权、地上建筑物并取得收入的单位和个人，就其转让房地产所取得的增值额征收的一种税。它是为规范我国房地产市场交易秩序，合理调节土地增值收益，保护国家权益而开征的一种税。

1. 土地增值税应纳税额的计算

土地增值税应按照纳税人转让房地产所取得的增值额和规定的税率计算征收。计算公式为：

土地增值税应纳税额 = 土地增值额 × 适用税率

式中，土地增值额是指房地产收入扣减相关成本后的余额，计算公式为：

土地增值额 = 转让收入 − 允许扣减的项目金额

这里的转让收入是指纳税人转让房地产从受让方取得的全部收入，包括货币收入、实物收入和其他收入。这里的允许扣减项目有：取得土地使用权所支付的金额；开发土地的成本、费用；新建房屋及配套设施的成本、费用，或旧房及建筑物的评估价格；与转让房地产有关的税金。

2. 应交土地增值税的账务处理

企业应交纳的土地增值税通过“应交税费——应交土地增值税”账户核算。

主营、兼营房地产业务的企业，应由当期营业收入负担的土地增值税，借记“营业税金及附加”账户，贷记“应交税费——应交土地增值税”账户。

企业转让土地使用权应交的土地增值税，土地使用权连同地上建筑物及其附着物一并在“固定资产”等账户核算的，借记“固定资产清理”等账户，贷记“应交税费——应交土地增值税”账户。土地使用权在“无形资产”账户核算的，按实际收到的金额，借记“银行存款”账户；按摊销的无形资产金额，借记“累计摊销”账户；按已计提的无形资产减值准备，借记“无形资产减值准备”账户；按无形资产账面余额，贷记“无形资产”账户；按应交的土地增值税，贷记“应交税费——应交土地增值税”账户；按其差额，借记“营业外支出”账户或贷记“营业外收入”账户。

企业按规定预交或交纳土地增值税时，借记“应交税费——应交土地增值税”账户，贷记“银行存款”账户。

（五）应交房产税、土地使用税、车船税和矿产资源补偿费的核算

房产税是国家对在城市、县城、建制镇和工矿区征收的由产权所有人缴纳的税。房产税依照房产原值一次扣减 10% 至 30% 后的余额计算缴纳。没有房产原值为依据的，由房产所在地税务机关参考同类房产核定。房产出租的，以房产租金收入为房产税的计税依据。

土地使用税是对在我国境内的城市、县城、建制镇、工矿区范围内使用土地的单位和个人，就其实际占有的土地面积征收的一种税。其目的是促进城镇土地合理利用，调节土地级差收入。

车船税是指对在我国境内应依法在车船登记管理部门办理登记的机动车辆、船舶，根据其种类、按照规定的计税依据和年税额标准计算征收的一种税。

矿产资源补偿费是国家为实施对矿产资源的保护性开发利用，规定在中华人民共和国领域或其他管辖海域开采矿产资源，应缴纳矿产资源补偿费。

企业按规定应交的房产税、土地使用税、车船税、矿产资源补偿费，借记“管理费用”账户，贷记“应交税费——应交房产税、土地使用税、车船税、矿产资源补偿费”账户；上交时，借记“应交税费——应交房产税、土地使用税、车船税、矿产资源补偿费”账户，贷记“银行存款”账户。

（六）应交个人所得税的核算

企业职工按规定应交纳的个人所得税通常由单位代扣代交。企业按规定计算出应代扣代交的职工个人所得税，借记“应付职工薪酬——工资”账户，贷记“应交税费——应交个人所得税”账户；上交时，借记“应交税费——应交个人所得税”账户，贷记“银行存款”账户。

（七）印花税的核算

印花税是对书立、领受购销合同等应税凭证行为征收的税款，实行由纳税人根据规定自行计算应纳税额，购买并一次贴足印花税票的交纳方法。一般情况下，企业需要预先购买印花税票，待发生应税行为时，再根据凭证的性质和规定的比例税率或者按件计算应纳税额，将已购买的印花税票粘贴在应纳税凭证上，并在每枚税票的骑逢处盖戳注销或者划销，办理完税手续。企业交纳的印花税，不会发生应付未付税款的情况，不需要预计应纳税额，同时也不存在与税务机关结算与清算的问题，因此，企业交纳的印花税不需要通过“应交税费”账户核算，于购买印花税票时，直接借记“管理费用”等账户，贷记“银行存款”账户。

（八）耕地占用税的核算

耕地占用税是国家为了利用土地资源，加强土地管理，保护农用耕地而征收的税款。耕地占用税以实际占用的耕地面积计税，按照规定税额一次征收。企业缴纳的耕地占用税，不需要通过“应交税费”账户核算。企业按规定计算缴纳的耕地占用税，借记“在建工程”账户，贷记“银行存款”账户。

第六节　其他流动负债的核算

本节重点与难点：
应付股利、其他应付款的会计处理

一、应付股利的核算

股利是企业在获得净利润后，按股份比例或事先约定分配给股东的投资报酬。在我国，股利的支付通常有两种基本形式，即现金股利和股票股利。现金股利是企业以现金的形式向股东派发的股利；股票股利是企业以增发股票的形式向股东派发的股利，俗称送股。企业采用何种形式分派股利，由企业董事会或股东大会决定。

应付股利，是指企业经股东大会或类似机构审议批准分配的现金股利或利润。企业股东大会或类似机构审议批准的利润分配方案、宣告分派的现金股利或利润，在实际支付前，形成企业的负债。企业董事会或类似机构通过的利润分配方案中拟分配的现金股利或利润，不应确认为负债，但应在附注中披露。

如果企业决定发放股票股利，则其并不构成企业的负债，因为它只是从未分配利润转增股本，是企业权益内部的一种变化，不会引起经济利益外流。因此，在正式办理增资手续之前，对股票股利只需在备查簿中作相应登记，而不需要作账务处理。

企业应设置“应付股利”账户，用来核算企业现金股利或利润的分配情况。该账户属于负债类账户，贷方登记已宣告的现金股利或利润的分配数额；借方登记实际支付的现金股利或利润数额；期末余额在贷方，表示企业已经宣告而尚未支付的现金股利或利润数额。

例 10-41

业务单据：应付股利计算表、转账支票存根

经股东大会审议通过，艾丽制衣公司宣告 2013 年度的股利分配方案为每 10 股派 1 元现金股利，企业发行在外的普通股为 500 万股。

艾丽制衣公司账务处理如下：

（1）宣告发放现金股利时：

借：利润分配——应付现金股利或利润 500 000

贷：应付股利 500 000

（2）用银行存款支付股利时：

借：应付股利 500 000

贷：银行存款 500 000

二、其他应付款的核算

其他应付款是指企业除应付票据、应付账款、预收账款、应付职工薪酬、应付利息、应付股利、应交税费、长期应付款等以外的其他各种应付、暂收款项。如应付包装物租金、存入保证金（如收取的包装物押金等）、应付或暂收所属单位或个人的款项、应付赔偿和罚款、售后回购等。这些暂收应付款项也构成企业的一项流动负债。

企业应设置“其他应付款”账户，核算其他应付款的增减变动及其结存情况，并按照其他应付款的项目和对方单位或个人设置明细账户进行明细核算。

企业发生其他各种应付、暂收款项时，借记“管理费用”等账户，贷记“其他应付款”账户。实际支付或退回各种应付、暂收款项时，借记“其他应付款”账户，贷记“银行存款”等账户。

第十一章

非流动负债的核算

本章知识点

长期借款和应付债券的区别　折价和溢价的摊销方法借款费用的构成　借款费用资本化金额的确定　长期应付款的含义和内容　专项应付款的含义　预计负债的确认和计量

本章技能点

长期借款核算　应付债券的核算　借款费用资本化条件的判断　预计负债估计方法的应用

本章知识导图

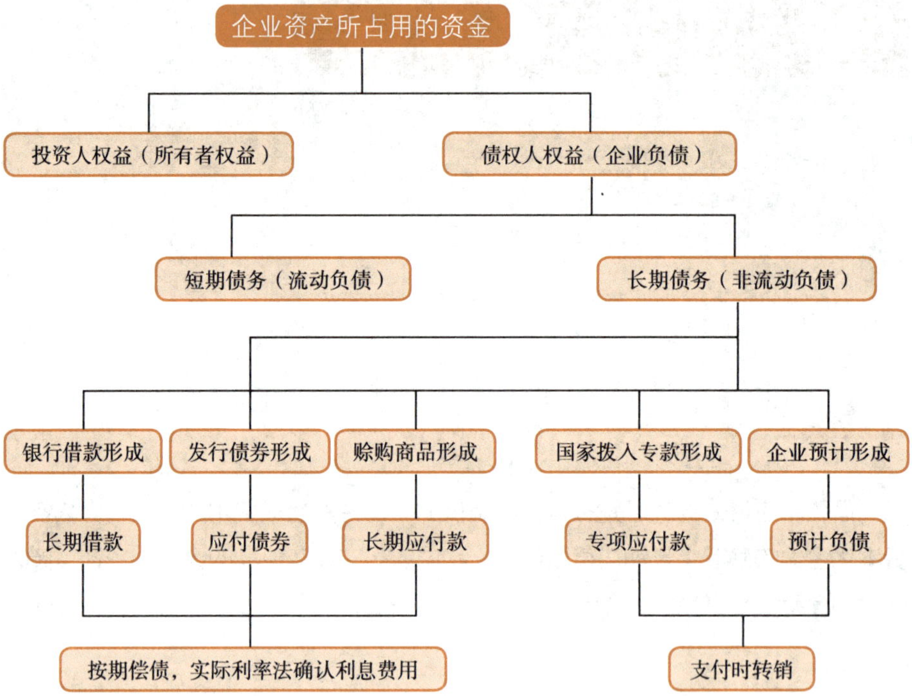
企业资产所占用的资金
投资人权益（所有者权益）
债权人权益（企业负债）
短期债务（流动负债）
长期债务（非流动负债）
银行借款形成
发行债券形成
赊购商品形成
国家拨入专款形成
企业预计形成
长期借款
应付债券
长期应付款
专项应付款
预计负债
按期偿债，实际利率法确认利息费用
支付时转销

引　例

艾丽制衣公司为购建厂房于2013年3月1日向中国工商银行借入专门借款1 000万元，年利率为5%，期限2年，每年年末支付利息，到期还本。同日为生产服装向中国银行借入借款300万元，年利率为4.5%，期限1年。厂房于2013年4月1日开始建造，2013年12月1日至2014年3月31日由于劳动纠纷停工。2014年7月31日达到预定可使用状态。

（1）为购建固定资产的借款利息可以计入固定资产成本，为生产服装的借款利息也可以计入服装成本，对吗？

（2）2013年有几个月的利息可以计入固定资产成本？

（3）2014年有几个月的利息可以计入固定资产成本？

（1）按照《企业会计准则第17号——借款费用》规定，借款费用应予资本化的资产范围，是指需要经过相当长时间（一般为一年以上，含一年）的购建或者生产活动才能达到预定可使用或者可销售状态的固定资产、投资性房地产和存货等资产。因此，购建厂房的利息允许计入厂房的成本；生产服装的借款利息不能计入服装成本。

（2）按照《企业会计准则第17号——借款费用》规定，借款费用允许资本化必须同时满足三个条件，即资产支出已经发生、借款费用已经发生、为使资产达到预定可使用状态或者可销售状态所必要的购建或者生产活动已经开始。本例中，2013年3月1日借入款项，但在2013年4月1日开始购建厂房，故2013年3月份的利息不能计入厂房成本；《企业会计准则第17号——借款费用》又规定，符合资本化条件的资产在购建或者生产过程中发生了非正常中断，并且中断时间连续超过3个月（含3个月），则中断期间所发生的借款费用应当暂停资本化，将其计入当期损益，直至购建或者生产活动重新开始。本例中，2013年12月份停工期间的利息不能计入厂房成本。因此，2013年共有8个月的利息计入厂房成本（4月、5月、6月、7月、8月、9月、10月和11月）。

（3）按照《企业会计准则第17号——借款费用》规定，当所购建或者生产符合资本化条件的资产达到预定可使用或者可销售状态时，借款费用应当停止资本化；以后发生的借款费用应当在发生时根据其发生额确认为当期费用，计入当期损益。本例中，2014年7月31日达到预定可使用状态，2014年1月、2月、3月停工期间的利息不能计入厂房成本。故2014年有4个月（4月、5月、6月和7月）的利息可以计入厂房的成本。以后发生的利息计入财务费用。

本节重点与难点：

长期借款的会计处理

第一节　长期借款的核算

一、长期借款概述

长期借款是指企业从银行或其他金融机构借入的期限在1年以上（不含1年）的各项借款。企业举借长期借款主要是用于固定资产的购建、改扩建工程等。与短期借款相比，长期借款数额大、偿还期较长，其借款费用需要根据权责发生制的要求，按期预提计入所构建固定资产的成本或直接计入当期财务费用。

二、长期借款的账务处理

企业向金融机构等借入的长期借款，应设置“长期借款”账户核算，期末贷方余额表示尚未偿还的长期借款。该账户按贷款单位和贷款种类，分别“本金”“利息调整”等进行明细核算。

（一）长期借款取得的核算

企业借入长期借款，应按实际收到的金额，借记“银行存款”账户，贷记“长期借款（本金）”账户。如存在差额，还应借记“长期借款（利息调整）”账户。

（二）长期借款利息费用的核算

资产负债表日，应按摊余成本和实际利率计算确定长期借款的利息费用，实际利率与合同利率差异较小的，也可以采用合同利率计算确定利息费用。长期借款按合同利率计算确定的应付未付利息，如果属于分期付息的，记入“应付利息”账户，如果属于到期一次还本付息的，记入“长期借款（应计利息）”账户。

长期借款计算确定的利息费用，属于筹建期间的，计入管理费用；属于生产经营期间的，计入财务费用；属于购建固定资产、无形资产等符合资本化条件资产的，按照借款费用原则，分别计入相关资产成本和财务费用。会计处理为：借记“在建工程”“制造费用”“研发支出”“财务费用”等账户，按合同利率计算确定的应付未付利息，贷记“应付利息”“长期借款（应计利息）”账户，按其差额，贷记“长期借款（利息调整）”账户。

（三）长期借款归还的核算

归还的长期借款本金，借记“长期借款（本金）”账户，贷记“银行存款”账户。同时，存在利息调整余额的，借记或贷记“在建工程”“制造费用”“财务费用”“研发支出”等账户，贷记或借记“长期借款（利息调整）”账户。

例 11-1

艾丽制衣公司2013年11月30日从银行借入资金100万元用于购买生产设备，该借款期限为3年，年利率为9%，到期一次还本付息。对于该笔借款，艾丽制衣公司作会计分录如下。

（1）2013年11月30日取得借款时：

借：银行存款　　1 000 000

　　贷：长期借款——本金　　1 000 000

（2）2013年12月31日计提利息时：

借：财务费用　　7 500

　　贷：长期借款——应计利息　　7 500

2014年1月至2016年10月末，会计分录同上。

（3）2016年11月30日还本付息时：

借：长期借款——本金　　1 000 000

　　　　　　——应计利息　　262 500

　　财务费用　　7 500

　　贷：银行存款　　1 270 000

业务单据：借款合同、银行进账单

业务单据：利息计算表

业务单据：利息计算表、银行支付凭证

第二节　应付债券的核算

本节重点与难点：
实际利率法的应用
应付债券的会计处理

一、应付债券概述

债券（公司债券）是企业为筹集资金而发行的一种书面凭证。该凭证的票面应当载明下列内容：企业名称、住所；债券的票面金额；债券的票面利率；还本期限和方式；利息的支付方式等。企业发行的偿还期超过1年的债券，构成一项非流动负债，而企业发行的偿还期为1年或1年以内的债券，则为流动负债。

公司债券的发行方式有三种，即面值发行、溢价发行、折价发行。假设其他条件不变，债券的票面利率高于同期银行存款利率时，可按超过债券面值的价格发行，称为溢价发行。溢价发行是企业对未来多付利息而事先得到的补偿。债券的票面利率低于同期银行存款利率时，可按低于债券面值的价格发行，称为折价发行。债券折价实际上是发行企业对债权人以后少付利息而预先给投资者的补偿。债券的票面利率等于同期银行存款利率时，可按债券票面价格发行，称为面值发行。由此可见，溢价或折价是发行债券企业在债券存续期内对利息费用的一种调整。我国不允许折价发行债券。

议一议：
为什么会出现折价、溢价发行债券？

二、应付债券的账务处理

为了总括反映债券的发行和归还情况，会计核算时，应设置“应付债券”账户，核算企业为筹集（长期）资金而发行债券的本金和利息。期末贷方余额，反映企业尚未偿还的长期债券摊余成本。该账户可分别“面值”“利息调整”“应计利息”等进行明细核算。同时，企业应当设置“企业债券备查簿”，详细登记企业债券的票面金额、债券票面利率、还本付息期限与方式、发行总额、发行日期和编号、委托代售单位、转换股份等资料。企业债券到期兑付，在备查簿中应予注销。

（一）债券发行的核算

无论是面值发行还是溢价、折价发行债券，企业均应按实际收到的金额，借记“银行存款”等账户，按债券票面金额，贷记“应付债券（面值）”账户。存在差额的，还应借记或贷记“应付债券（利息调整）”账户。

发行债券时会涉及诸如委托他人代销债券支付的手续费或佣金、债券印刷费，以及相关的律师费、注册会计师审计费、广告费等发行费用。这些费用是企业发行债券必要的开支，其金额也往往较大。其处理原则是：如果发行费用大于发行期间冻结资金所产生的利息收入，按发行费用扣除发行期间冻结资金所产生的利息收入后的差额，根据发行债券筹集资金的用途，按借款费用资本化的处理原则分别计入财务费用或相关资产成本。如果发行费用小于发行期间冻结资金所产生的利息收入，按该项利息收入扣除发行费用后的差额，视同发行债券的溢价收入，在债券存续期间于计提利息时摊销，分别冲减财务费用或相关资产成本。

例 11-2

业务单据：债券合同、银行进账单

艾丽制衣公司于 2013 年 1 月 1 日发行 3 年期债券，票面价值为 1 000 万元，票面利率为 6%，每年年末支付利息，到期还本。债券发行价格为 1 000 万元，假定不考虑发行费用。艾丽制衣公司收到发行价款时，作会计分录如下：

借：银行存款	10 000 000	
贷：应付债券——面值		10 000 000

例 11-3

业务单据：债券合同、银行进账单

艾丽制衣公司于 2014 年 1 月 1 日发行 3 年期债券，票面价值为 1 000 万元，票面利率为 5%，每年年末支付利息，到期还本。债券发行价格为 976 万元，假定不考虑发行费用。艾丽制衣公司收到发行价款时，作会计分录如下：

借：银行存款	9 760 000	
应付债券——利息调整	240 000	
贷：应付债券——面值		10 000 000

例 11-4

业务单据：债券合同、收款通知单

艾丽制衣公司于 2014 年 6 月 1 日发行 5 年期债券，票面价值为 3 000 万元，票面利率为 6%，每年年末支付利息，到期还本。债券发行价格为 3 120 万元，委托证券机构代为发行，证券机构按发行价格的 2% 收取手续费。艾丽制衣公司收到发行价款时，作会计分录如下：

借：银行存款 30 576 000

贷：应付债券——面值 30 000 000

——利息调整 576 000

（二）计提利息费用及摊销利息调整额

债券发行后，发行企业应按照面值和票面利率计算应付利息，按照摊余成本和实际利率计算确认利息费用，并在债券存续期间内采用实际利率法摊销利息调整额。实际利率法，是指按照应付债券的实际利率计算其摊余成本及各期利息费用的方法；实际利率，是指将应付债券在债券存续期间的未来现金流量，折现为该债券当前账面价值所使用的利率。实际利率与票面利率差异较小的，也可以采用票面利率计算确定利息费用。

资产负债表日，按照摊余成本和实际利率计算确定的债券利息费用，借记“在建工程”“制造费用”“财务费用”“研发支出”等账户，按票面利率计算确定的应付未付利息，贷记“应付利息”“应付债券（应计利息）”账户，按其差额，借记或贷记“应付债券（利息调整）”账户。

请注意：发行债券方按票面利率计算确定的应付未付利息，如果是分次付息的债券，记入“应付利息”账户；如果是一次还本付息的债券，记入“应付债券（应计利息）”账户。

例 11-5

艾丽制衣公司 2013 年 1 月 1 日以 1 120.47 万元的价格发行一批 4 年期、一次还本、分期付息的债券，该批债券总面值 1 200 万元，票面利率为 6%，每年 12 月 31 日计息，次年 1 月 5 日付息。假定债券发行时的市场利率为 8%。艾丽制衣公司作会计处理如下。

（1）收到发行价款 1 120.47 万元时：

借：银行存款 11 204 700

应付债券——利息调整 795 300

贷：应付债券——面值 12 000 000

业务单据：债券合同副本、收款通知

（2）计提利息费用及摊销利息调整额时：

艾丽制衣公司发行债券的折价 79.53 万元采用实际利率法摊销，每年摊销额计算如表 11-1 所示。

业务单据：债券折价摊销表

表 11-1 债券折价摊销表（实际利率法）

单位：元

计息日	应付利息 (1) = 面值 ×6%	实际利息费用 (2) = 上期 (4) ×8%	利息调整摊销额 (3) = (2) - (1)	债券摊余成本 (4) = 上期 (4) + (3)
				11 204 700
2013.12.31	720 000	896 376	176 376	11 381 076
2014.12.31	720 000	910 486	190 486	11 571 562
2015.12.31	720 000	925 725	205 725	11 777 287
2016.12.31	720 000	942 713*	222 713*	12 000 000
合计	2 880 000	3 675 300	795 300	—

注：* 222 713 为尾数调整，942 713=720 000+222 713

① 2013 年 12 月 31 日：

借：财务费用（在建工程、制造费用等） 896 376

　　贷：应付利息 720 000

　　　　应付债券——利息调整 176 376

支付利息时：

借：应付利息 720 000

　　贷：银行存款 720 000

② 2014 年 12 月 31 日：

借：财务费用（在建工程 / 制造费用等） 910 486

　　贷：应付利息 720 000

　　　　应付债券——利息调整 190 486

支付利息时：

借：应付利息 720 000

　　贷：银行存款 720 000

③ 2015 年 12 月 31 日：

借：财务费用（在建工程、制造费用等） 925 725

　　贷：应付利息 720 000

　　　　应付债券——利息调整 205 725

支付利息时：

借：应付利息 720 000

　　贷：银行存款 720 000

④ 2016 年 12 月 31 日：

借：财务费用（在建工程、制造费用等） 942 713

　　贷：应付利息 720 000

　　　　应付债券——利息调整 222 713

例 11-6

艾丽制衣公司于 2013 年 1 月 1 日以 1 129.86 万元的价格发行一批 5 年期债券。该批债券总面值 1 000 万元，票面利率为 8%，每年 12 月 31 日支付一次利息。假定债券发行时的市场利率为 5%。艾丽制衣公司作会计处理如下。

业务单据：债券合同副本、收款通知

（1）收到发行价款 1 129.86 万元：

借：银行存款 11 298 600

　　贷：应付债券——面值 10 000 000

　　　　　　　　——利息调整 1 298 600

业务单据：债券溢价摊销表

（2）计提利息费用及摊销利息调整额：

艾丽制衣公司发行债券的溢价 129.86 万元采用实际利率法摊销，每年摊销额计算如表 11-2 所示。

表 11-2　　债券溢价摊销表（实际利率法）

单位：元

计息日	应付利息 (1) = 面值 ×8%	实际利息费用 (2) = 上期 (4) ×5%	利息调整摊销额 (3) = (1) − (2)	债券摊余成本 (4) = 上期 (4) − (3)
				11 298 600
2013.12.31	800 000	564 930	235 070	11 063 530
2014.12.31	800 000	553 176.5	246 823.5	10 816 706.5
2015.12.31	800 000	540 835.33	259 164.67	10 557 541.83
2016.12.31	800 000	527 877.09	272 122.91	10 285 418.92
2017.12.31	800 000	514 581.08*	285 418.92*	10 000 000
合计	4 000 000	2 701 400	1 298 600	—

注：* 285 418.92 为尾数调整，514 581.08=800 000−285 418.92

① 2013 年 12 月 31 日：

计提利息时：

借：财务费用（在建工程、制造费用等）　　564 930

　　应付债券——利息调整　　235 070

　　贷：应付利息　　800 000

支付利息时：

借：应付利息　　800 000

　　贷：银行存款　　800 000

2014 年至 2017 年年末，会计分录同上。

② 2014 年 12 月 31 日：

计提利息时：

借：财务费用（在建工程、制造费用等）　　553 176.5

　　应付债券——利息调整　　246 823.5

　　贷：应付利息　　800 000

③ 2015 年 12 月 31 日：

计提利息时：

借：财务费用（在建工程、制造费用等）　　540 835.33

　　应付债券——利息调整　　259 164.67

　　贷：应付利息　　800 000

④ 2016 年 12 月 31 日：

计提利息时：

借：财务费用（在建工程、制造费用等）　　527 877.09

　　应付债券——利息调整　　272 122.91

　　贷：应付利息　　800 000

⑤ 2017 年 12 月 31 日：

计提利息时：

借：财务费用（在建工程、制造费用等） 514 581.08

  应付债券——利息调整 285 418.92

  贷：应付利息 800 000

（三）债券偿还的核算

长期债券到期，支付债券本息时，按照债券的面值借记“应付债券（面值）”账户，按照应付未付的利息，借记“应付利息”“应付债券（应计利息）”账户，贷记“银行存款”账户。

业务单据：转账支付凭证、付款通知

例 11-7

承例 11-5，该批债券到期，企业偿付本金及最后一期利息，艾丽制衣公司作会计分录如下：

典型案例：过度负债引起企业倒闭——八佰伴倒闭分析

借：应付债券——面值 12 000 000

  应付利息 720 000

  贷：银行存款 12 720 000

业务单据：转账支付凭证、付款通知

例 11-8

承例 11-6，该批债券到期，企业偿付本金及利息时，艾丽制衣公司作会计分录如下：

请注意：折价摊销会使债券的账面价值越摊越大，债券到期时，债券的账面价值等于面值；溢价摊销会使债券的账面价值越摊越小，债券到期时，债券的账面价值等于面值。

借：应付债券——面值 10 000 000

  ——应计利息 4 000 000

  贷：银行存款 14 000 000

本节重点与难点：借款费用的处理原则 借款费用资本化的判断和金额的确定

第三节 借款费用的核算

一、借款费用的内容

借款费用是指企业因借款而发生的利息及其他相关成本。其实质是企业借入资金所付出的代价，包括借款利息、折价或溢价的摊销、辅助费用，以及因外币借款而发生的汇兑差额等。

文件法规：《企业会计准则第 17 号——借款费用》

因借款而发生的利息包括企业向银行或其他金融机构等借入资金发生的利息、公司发行债券发生的利息，以及为购建或生产符合资本化条件的资产而发生的带息债务所承担的利息等。

折价或溢价主要是包括发行公司债券所发生的折价或溢价，企业在每期摊销折价或溢价时，实质上是对债券利息的调整（及将债券名义利率调整为实际利率），因此，因借款而发生的折价或溢价的摊销属于借款费用的范畴。

因借款而发生的辅助费用，包括在借款过程中发生的手续费、佣金、印刷费、承诺费等交易费用，由于这些费用是因安排借款而发生的，属于借入资金所付出的代价，因此，它构成借款费用的组成部分。

因外币借款而发生的汇兑差额，是指由于汇率变动导致市场汇率与账面汇率出现差异，从而对外币借款本金及其利息的记账本位币金额所产生的影响。由于汇率的变化往往和利率的变化相联动，它是企业外币借款所需承担的风险，因此，因外币借款相关汇率变化所导致的汇兑差额属于借款费用的有机组成部分。

二、借款费用的确认

（一）借款费用的确认原则

企业发生的借款费用可直接归属于符合资本化条件的资产的购建或者生产的，应当予以资本化，计入相关资产成本；其他借款费用应当在发生时根据其发生额确认为财务费用，计入当期损益。

（二）借款费用应予资本化的资产范围

符合资本化条件的资产，是指需要经过相当长时间（一般为一年以上，含一年）的购建或者生产活动才能达到预定可使用或者可销售状态的固定资产、投资性房地产和存货等资产。例如，制造企业建造的车间、厂房；房地产开发企业开发的用于出售的房地产开发产品；机械制造企业制造的用于对外出售的大型机械设备等。

（三）借款费用应予资本化的借款范围

借款费用应予以资本化的借款范围既包括专门借款，也包括一般借款。其中，对于一般借款，只有在购建或者生产符合资本化条件的资产占用了一般借款时，才应将与该部分一般借款相关的借款费用资本化；否则，所发生的借款费用应当计入当期损益。

专门借款，是指为购建或生产符合资本化条件的资产而专门借入的款项。专门借款应当有明确的专门用途，即为购建或者生产某项符合资本化条件的资产而专门借入的，通常应当具有标明该借款用途的借款合同。

一般借款，是指除专门借款之外的借款。相对于专门借款而言，一般借款在借入时，通常没有特指必须用于符合资本化条件的资产的购建或者生产。

三、借款费用资本化期间的确定

借款费用资本化期间是指借款费用开始资本化时点到停止资本化时点的期间，但不包括借款费用暂停资本化的期间。

（一）借款费用开始资本化时点的确定

借款费用允许资本化必须同时满足三个条件，即资产支出已经发生、借款费用已经发生、为使资产达到预定可使用状态或者可销售状态所必要的购建或者生产活动已经开始。这三个条件中，只要其中一个条件没有满足，借款费用就不能开始资本化。

1. 资产支出已经发生

资产支出包括企业以支付现金、转移非现金资产或者承担带息债务形式发生的支出。具体包括：

（1）支付现金，是指用货币资金支付符合资本化条件的资产的购建或者生产支出。例如，用现金或银行存款购买工程材料，支付建造固定资产的职工工资，支付工程承包方工程进度款等。

（2）转移非现金资产，是指企业将自己的非现金资产直接用于符合资本化条件的资产的购建或者生产。例如，企业将自己生产的产品用于固定资产的建造，将自己生产的产品与其他企业换取用于固定资产的建造所需要的工程物资等。

（3）承担带息债务，是指企业为了购建或者生产符合资本化条件的资产所需物资等而承担带息债务（如带息应付票据）。企业赊购这些物资承担的债务可能带息，也可能不带息。如果赊购这些物资不是带息债务，就不应当将未支付的购买价款计入资产支出。只有等到实际偿付债务，发生了资源流出时，才能将其作为资产支出。如果企业赊购这些物资承担的是带息债务，企业要为此支付利息，这与向银行借入款项用于支付资产支出的性质是一样的。所以，企业为购建或者生产符合资本化条件的资产所承担的带息债务应作为资产支出，用以计算资本化的借款费用金额。

议一议：
企业承担不带息的债务属于资产支出发生吗？

2. 借款费用已经发生

借款费用已经发生，是指企业已经发生了因购建或者生产符合资本化条件的资产而借入的专门借款和占用了一般借款的费用。例如，某企业2014年1月1日为购建固定资产从银行专门借入款项100万元，当日开始计息，这样，在2014年1月1日，就应当认为借款费用已经发生。

3. 为使资产达到预定可使用或者可销售状态所必要的购建或者生产活动已经开始

为使资产达到预定可使用或者可销售状态所必要的购建或者生产活动已经开始，是指符合资本化条件的资产的实体建造或者生产工作已经开始。如主体设备的安装、厂房的实际开工建造等。它不包括仅持有资产但没有发生为改变资产形态而进行实质上的建造活动。如企业购置了建筑用地，但尚未开工兴建房屋或发生有关房屋实体建造活动，就属于这种情况。

（二）借款费用暂停资本化时间的确定

符合资本化条件的资产在购建或者生产过程中发生了非正常中断，并且中断时间连续超过3个月（含3个月），则中断期间所发生的借款费用应当暂停资本化，将其计入当期损益，直至购建或者生产活动重新开始。但是，如果中断是使所购建或者生产符合资本化条件的资产达到预定可使用或者可销售状态所必要的程序，或者由于可预见的不可抗拒因素（如雨季或冰冻季节的原因）导致施工出现停顿，则借款费用的资本化应当继续进行。即借款费用暂停资本化必须满足如下两个条件：

（1）中断的原因是非正常的。非正常中断通常是企业管理上的原因或不可预见的原因所导致的。例如，企业在购建固定资产过程中，发生了与施工方的质量纠纷，或工程材料没有及时供应，或资金周转发生了困难，或施工中发生了安全事故等，或者发生了与资产购建、生产有关的劳动纠纷等原因，导致资产购建或者生产活动发生的中断，均属于非正常中断。

非正常中断与正常中断显著不同。正常中断通常仅限于因购建或者生产符合资本化条件的资产达到预定可使用或者可销售状态所必要的程序，或者事先可预见的不可抗力因素导致的中断。比如，某些工程建造到一定阶段必须暂停下来进行质量或者安全检查，检查通过后才可继续下一阶段的建造工作，这类中断是在施工前可以预见的，而且是工程建造必须经过的程序，属于正常中断。再如，某企业在北方某地建造某工程期间，正遇冰冻季节，工程施工因此中断，待冰冻季节过后方能继续施工。由于该地区在施工期间出现较长时间的冰冻为正常情况，由此导致的施工中断是可预见的不可抗力因素导致的中断，也属于正常中断。

（2）中断的时间较长。中断时间较长，即连续中断时间超过 3 个月（含 3 个月），应当暂停借款费用的资本化。如果固定资产购建活动的中断时间较短，则不论其什么原因导致的中断，在该期间内发生的借款费用都可继续资本化。

（三）借款费用停止资本化的时点

当所购建或者生产符合资本化条件的资产达到预定可使用或者可销售状态时，借款费用应当停止资本化；以后发生的借款费用应当在发生时根据其发生额确认为费用，计入当期损益。

资产达到预定可使用或者可销售状态，是指所购建或者生产符合资本化条件的资产已达到购买方、建造方或者企业自身等预先设计、计划或者合同约定的可以使用或者可以销售的状态。根据实质重于形式的原则，通常所购建或者生产符合资本化条件的资产达到预定可使用或者可销售状态，可以从以下几个方面进行判断：

（1）符合资本化条件的资产实体建造（包括安装）工作已经全部完成或者实质上已经完成。

（2）所购建或者生产的符合资本化条件的资产设计要求、合同规定或者生产要求相符或基本相符，即使有极个别与设计、合同或者生产要求不相符的地方，也不影响其正常使用或者销售。

（3）继续发生在所购建或者生产的符合资本化条件的资产上的支出金额很少或几乎不再发生。

如果所购建或者生产符合资本化条件的资产需要试生产或试运行，则在试生产结果表明资产能够正常生产出合格产品时，或试运行结果表明能够正常运转或营业时，就应当认为资产已达到预定可使用或者可销售状态。

在符合资本化条件的资产的实际购建过程中，还会出现所购建或者生产的资产分别建造、分别完工的情况，在这种情况下，企业也应遵循实质重于形式的原则，区别以下情况，具体界定借款费用停止资本化的时点。

（1）所购建或者生产符合资本化条件的资产的各部分分别完工，而且每部分在其他部分继续建造或者生产过程中可使用或者可对外销售，且使该部分资产达到预定可使用或者可销售状态所必要的购建或者生产活动实质上已经完成，就说明该部分资产已达到了预定可使用或者可销售状态，企业应当停止该部分资产借款费用的资本化。例如，企业利用借入资金建造由若干座厂房组成的生产车间，每座厂房完工时间不同，但在其他厂房继续建造期间可单独使用，那么，当其中一座厂房在其他厂房完工并达到预定可使用状态时，企业应停止该座厂房相关借款费用的资本化。

（2）所购建或者生产的资产的各部分分别完工，但是每一部分必须等到整体资产完工后才可使用或者对外销售的，应当在该资产整体完工时停止借款费用的资本化。在这种情况下，即使各部分资产已经分别完工，也不能够认为该部分资产已达到了预定可使用或者可销售状态，企业只有在所购建或者生产的资产整体完工时，才能认为资产已达到了预定可使用或者可销售状态，借款费用才可停止资本化。

四、借款费用资本化金额的确定

根据借款费用的处理原则，企业应先确定每期应予资本化的借款费用金额，每期应计入当期损益的借款费用金额则根据当期发生的借款费用总额减去当期应予资本化的借款费用金额后确定。

（一）借款利息资本化金额的确定

在借款费用资本化期间内，每一会计期间的利息（包括折价或溢价的摊销，下同）资本化金额，应当按照下列原则确定：

（1）为购建或者生产符合资本化条件的资产而借入专门借款的，应当以专门借款当期实际发生的利息费用，减去将尚未动用的借款资金存入银行取得的利息收入或者进行暂时性投资取得的投资收益后的金额，确定为专门借款利息费用的资本化金额。

（2）为购建或者生产符合资本化条件的资产占用了一般借款的，企业应当根据累计资产支出超过专门借款部分的资产支出加权平均数乘以所占用一般借款的资本化率，计算确定一般借款应予资本化的利息金额。企业占用一般借款购建或者生产符合资本化条件的资产时，一般借款的借款费用的资本化金额的确定应当与资产支出挂钩。有关计算公式如下：

$$\text{一般借款利息费用资本化金额}=\text{累计资产支出超过专门借款部分的资产支出加权平均数}\times\text{所占用一般借款的资本化率}$$

$$\text{累计资产支出超过专门借款部分的资产支出加权平均数}=\Sigma(\text{超过专门借款部分的每笔资产支出金额}\times\text{每笔资产支出占用的天数}/\text{会计期间涵盖的天数})$$

上述公式中，“每笔资产支出占用的天数”是指发生在购建或者生产符合资本化条件的资产上的支出应承担的借款费用的时间长度。“会计期间涵盖的天数”是指计算应予资本化的借款费用金额的会计期间的长度。

$$\begin{aligned}\text{所占用一般借款的资本化率}&=\text{所占用一般借款加权平均利率}\\&=\text{所占用一般借款当期实际发生的利息之和}\div\text{所占用一般借款本金加权平均数}\end{aligned}$$

所占用一般借款本金加权平均数＝Σ（所占用每笔一般借款本金 × 每笔一般借款在当期所占用的天数 / 当期天数）

（3）借款存在折价或者溢价的，应当按照实际利率法确定每一会计期间应摊销的折价或溢价金额，调整每期利息金额。每一会计期间的利息资本化金额，不应当超过当期相关借款实际发生的利息金额。

例 11-9

艾丽制衣公司 2013 年 1 月 1 日采取出包方式开始建造厂房，2013 年 12 月 31 日达到预定可使用状态。到 2013 年 12 月 31 日止发生支出见表 11-3。该公司于 2013 年 1 月 1 日向中国工商银行借入专门借款 1 500 万元，年利率为 5%，期限 2 年，每年年末支付利息，到期还本。同日向中国建设银行借入一般借款 500 万元，借款年利率为 4%。假定到 2013 年 10 月 1 日止，向中国工商银行借入的款项在尚未动用期间获得存款利息 1.25 万元。

表 11-3　建造厂房发生支出

单位：万元

日期	支出金额	资产支出累计
1月1日	150	150
2月1日	200	350
3月1日	130	480
4月1日	100	580
5月1日	130	710
6月1日	160	870
7月1日	120	990
8月1日	100	1 090
9月1日	150	1 240
10月1日	280	1 520
11月1日	160	1 680
12月1日	140	1 820

根据上述资料，艾丽制衣公司 2013 年利息资本化金额的计算如下：

（1）专门借款资本化的金额。

1 500×5%−1.25=73.75（万元）

（2）一般借款资本化的金额。

一般借款加权平均数＝（1 520−1 500）×3/12+160×2/12+140×1/12

=43.34（万元）

资本化率 =4%

一般借款资本化的金额 =43.34×4%=1.734（万元）

（3）2013 年应予资本化的利息。

73.75+1.734=75.484（万元）

例 11-10

华伟公司于 2013 年 1 月 1 日动工兴建一座办公楼，工程采用出包方式，每半年支付一次工程进度款。工程于 2014 年 6 月 30 日完工，达到预定可使用状态。假定全年按 360 天计算，其他资料如下。

（1）建造工程资产支出如下：

① 2013 年 1 月 1 日，支出 1 500 万元；

② 2013 年 7 月 1 日，支出 2 500 万元，累计支出 4 000 万元；

③ 2014 年 1 月 1 日，支出 1 500 万元，累计支出 5 500 万元。

（2）公司为建造办公楼于 2013 年 1 月 1 日向中国建设银行借入专门借款 2 000 万元，借款期限为 3 年，年利率为 8%，按年支付利息。除此之外，无其他专门借款。

（3）办公楼的建造还占用两笔一般借款：

① 中国工商银行长期贷款 2 000 万元，期限为 2012 年 12 月 1 日至 2015 年 12 月 1 日，年利率为 6%，按年支付利息；

② 按面值发行公司债券 10 000 万元，发行日为 2012 年 1 月 1 日，期限为 5 年，年利率为 8%，按年支付利息。

（4）闲置专门借款资金用于固定收益短期债券投资，假定短期投资年收益率为 1%。

根据上述资料，华伟公司 2013 年、2014 年有关利息资本化金额的计算如下。

（1）2013 年：

① 2013 年专门借款利息资本化金额 =2 000×8%−500×0.5%=157.50（万元）

② 2013 年一般借款利息资本化金额：

一般借款资本化率（年）=（2 000×6%+10 000×8%）/（2 000+10 000）

=7.67%

2013 年占用一般借款资金的资产支出加权平均数 =2 000×180/360

=1 000（万元）

2013 年一般借款利息资本化金额 =1 000×7.67%=76.70（万元）

③ 2013 年建造办公楼应予资本化的利息金额 =157.50+76.70=234.20（万元）

（2）2014 年：

① 2014 年专门借款利息资本化金额 =2 000×8%×180/360=80（万元）

② 2014 年一般借款利息资本化金额：

一般借款资本化率（年）=（2 000×6%+10 000×8%）/（2 000+10 000）

=7.67%

2014 年占用一般借款资金的资产支出加权平均数 =（2 000+1 500）×180/360

=1 750（万元）

2014 年一般借款利息资本化金额 =1 750×7.67%=134.23（万元）

③ 2014 年建造办公楼应予资本化的利息金额 =80+134.23=214.23（万元）

（二）辅助费用资本化金额的确定

专门借款发生的辅助费用，在所购建或者生产的符合资本化条件的资产达到预定可使用或者可销售状态之前，应当在发生时根据其发生额予以资本化，计入符合资本化条件的资产的成本；在所购建或者生产的符合资本化条件的资产达到预定可使用或者可销售状态之后，应当在发生时根据其发生额确认为费用，计入当期损益。上述资本化或计入当期损益的辅助费用的发生额，是指根据《企业会计准则第 22 号——金融工具确认和计量》，按照实际利率法所确定的金融负债交易费用对每期利息费用的调整额。借款实际利率与合同利率差异较小的，也可以采用合同利率计算确定利息费用。

一般借款发生的辅助费用，也应当按照上述原则确定其发生额并进行处理。

五、借款费用的账务处理

根据已确定的借款费用资本化的金额，借记“在建工程”“制造费用”等账户；根据已确定的费用化的金额，借记“财务费用”账户；根据计算的应支付的利息，贷记“长期借款”“应付债券”“应付利息”等账户。

业务单据：利息计算表

例 11-11

沿用例 11-10 华伟公司 2013 年、2014 年利息的会计处理如下：

（1）2013 年：

2013 年应付利息 =2 000×8%+2 000×6%+10 000×8%=1 080（万元）

短期投资收益 =500×0.5%=2.5（万元）

资本化金额为 234.20 万元。

借：在建工程	2 342 000	
财务费用	8 433 000	
银行存款（应收利息）	25 000	
贷：应付利息		10 800 000

（2）2014 年：

2014 年应付利息 =2 000×8%+2 000×6%+10 000×8%=1 080（万元）

资本化金额为 214.23 万元。

借：在建工程	2 142 300	
财务费用	8 657 700	
贷：应付利息		10 800 000

本节重点与难点：
预计负债的确认和计量

第四节 其他非流动负债的核算

一、长期应付款的核算

长期应付款，是指企业除长期借款和应付债券以外的其他各种长期应付款项。主要包括应付融资租入固定资产租赁费、以分期付款方式购入资产发生的应付款项等。

为了核算企业除长期借款和应付债券以外的其他各种长期应付款项，企业应当设置“长期应付款”账户。该账户属于负债类账户，期末贷方余额，反映企业应付未付的长期应付款项。本账户可按长期应付款的种类和债权人进行明细核算。

应付融资租入固定资产租赁费，是指企业融资租入固定资产而发生的应付款。租赁期内，承租人对租赁资产应采用与自有固定资产相一致的折旧政策计提折旧。

分期付款方式购入资产发生的应付款项，如果延期支付的购买价款超过正常信用的条件，实质上具有融资性质，所购资产的成本应当以延期支付购买价款的现值为基础确定。实际支付的价款与购买价款的现值之间的差额，应当在信用期间内采用实际利率法进行摊销。

提示：
这部分内容参照第五章“固定资产的核算”。

二、专项应付款的核算

专项应付款是指核算企业取得政府作为企业所有者投入的具有专项或特定用途的款项。如专门用于技术改造、技术研究等。

企业对专项应付款单设“专项应付款”账户核算，该账户属于负债类账户，期末贷方余额，反映企业尚未转销的专项应付款。该账户可按资本性投资项目进行明细核算。具体会计处理如下：

（1）企业收到资本性拨款，借记“银行存款”等账户，贷记“专项应付款”账户。将专项或特定用途的拨款用于工程项目，借记“在建工程”等账户，贷记“银行存款”“应付职工薪酬”等账户。

（2）工程项目完工形成长期资产的部分，借记“专项应付款”账户，贷记“资本公积——资本溢价”账户；对未形成长期资产需要核销的部分，借记“专项应付款”账户，贷记“在建工程”等账户；拨款结余需要返还的，借记“专项应付款”账户，贷记“银行存款”账户。

上述资本溢价转增实收资本或股本，借记“资本公积——资本溢价或股本溢价”账户，贷记“实收资本”或“股本”账户。

三、预计负债的核算

（一）预计负债的认定

根据企业会计准则的规定，与或有事项相关的义务同时满足一定的条件，在会计上应当确认为预计负债。预计负债属于负债要素的一项内容，需要进行会计确认和计量并在资产负债表中列示。

文件法规：《企业会计准则第13号——或有事项》

或有事项是指过去的交易或者事项形成的，其结果需由某些未来事项的发生或不发生才能决定的不确定事项。

典型案例：海通证券预计负债暴增2 706%　沦陷城投债

预计负债应同时具备三个条件：① 该义务是企业承担的现时义务；② 履行该义务很可能导致经济利益流出企业；③ 该义务的金额能够可靠地计量。

1. 该义务是企业承担的现时义务

该义务是企业承担的现时义务，是指与或有事项相关的义务是在企业当前条件下已承担的义务，企业没有其他现实的选择，只能履行该现时义务。例如，甲公司的一名司机因违反交通规则造成严重交通事故，违规事项发生后，甲公司承担的赔偿义务就是一项现时义务。

这里所指的现时义务包括法定义务和推定义务。法定义务，是指因合同、法规或其他司法解释等产生的义务，通常是企业在经济管理和经济协调中，依照经济法律、法规的规定必须履行的责任。例如，企业与另外的企业签订购货合同产生的义务，就属于法定义务。推定义务，是指因企业的特定行为而产生的义务。企业的“特定行为”，泛指企业以往的习惯做法、已公开的承诺或已公开宣布的经营政策。并且，由于以往的习惯做法，或通过这些承诺或公开的声明，企业向外界表明了它将承担特定的责任，从而使受影响的各方形成了其将履行这些责任的合理预期。例如，甲公司是一家化工企业，因扩大经营规模，到A国创办了一家分公司。假定A国尚未针对甲公司这类企业的生产经营可能产生的环境污染制定相关法律，因而甲公司的分公司对在A国生产经营可能产生的环境污染不承担法定义务。但是，甲公司为在A国树立良好的形象，自行向社会公告，宣称将对生产经营可能产生的环境污染进行治理。甲公司为此承担的义务就属于推定义务。

2. 履行该义务很可能导致经济利益流出企业

履行该义务很可能导致经济利益流出企业，是指履行与或有事项相关的现时义务时，导致经济利益流出企业的可能性超过50%但尚未达到基本确定的程度。企业通常可以结合下列情况判断经济利益流出的可能性：

结果的可能性	对应的概率区间
基本确定	大于95%但小于100%
很可能	大于50%但小于或等于95%
可能	大于5%但小于或等于50%
极小可能	大于0但小于或等于5%

企业因或有事项承担了现时义务，并不说明该现时义务很可能导致经济利益流出企业。例如，2013年5月1日，甲企业与乙企业签订协议，承诺为乙企业的2年期银行借款提供全额担保。对于甲企业而言，由于担保事项而承担了一项现时义务，但这项义务的履行是否很可能导致经济利益流出企业，需要依据乙

企业的经营情况和财务状况等因素加以确定。假定2013年年末，乙企业的财务状况恶化，且没有迹象表明可能发生好转。此种情况出现，表明乙企业很可能违约，从而甲企业履行承担的现时义务将很可能导致经济利益流出企业。反之，如果乙企业财务状况良好，一般可以认定乙企业不会违约，从而甲企业履行承担的现时义务不是很可能导致经济利益流出企业。

3. 该义务的金额能够可靠地计量

该义务的金额能够可靠地计量，是指与或有事项相关的现时义务的金额能够合理地估计。

由于或有事项具有不确定性，因或有事项产生的现时义务的金额也具有不确定性，需要估计。要对或有事项确认一项负债，相关现时义务的金额应当能够可靠估计。

例如，甲企业（被告）涉及一起诉讼案。根据以往的审判案例推断，甲企业很可能败诉，相关的赔偿金额也可以估算出一个范围。这种情况下，可以认为甲企业因未决诉讼承担的现时义务的金额能够可靠地估计，从而应对未决诉讼确认一项预计负债。但如果没有以往的案例可与甲企业涉及的诉讼案作比照，而相关的法律条文又没有明确解释，那么即使甲企业预计可能败诉，在判决以前也很可能无法合理估计其须承担的现时义务的金额，这种情况下不应当确认预计负债。

（二）预计负债的计量

1. 预计负债的初始计量

预计负债应当按照履行相关现时义务所需支出的最佳估计数进行初始计量。最佳估计数按下列方法确定：

（1）所需支出存在一个连续范围，且该范围内各种结果发生的可能性相同，则最佳估计数应当按照该范围内的中间值，即上、下限金额的平均数确定。

例 11-12

2013年12月27日，艾丽制衣公司因合同违约而涉及一起诉讼案。根据企业的法律顾问判断，最终的判决很可能对艾丽制衣公司不利。2013年12月31日，艾丽制衣公司尚未接到法院的判决，因此诉讼须承担的赔偿金额也无法准确地确定。不过，据专业人士估计，赔偿金额可能在80万～100万元的某一金额，而且这个区间内每个金额发生的可能性都大致相同。

根据企业会计准则的规定，艾丽制衣公司应在2013年12月31日的资产负债表中确认一项金额为90万元〔（80+100）÷2〕的负债。

（2）所需支出不存在一个连续范围，或者虽然存在一个连续范围但该范围内各种结果发生的可能性不相同。在这种情况下，最佳估计数按照如下方法确定：

① 或有事项涉及单个项目的，按照最可能发生金额确定。“涉及单个项目”指或有事项涉及的项目只有一个，如一项未决诉讼、一项未决仲裁或一项债务担保等。

例 11–13

艾丽制衣公司涉及一起诉讼。根据类似案件的经验以及公司所聘律师的意见判断，艾丽制衣公司在该起诉讼中胜诉的可能性有 40%，败诉的可能性有 60%。如果败诉，将要赔偿 80 万元。

在上述情况下，艾丽制衣公司应确认的负债金额（最佳估计数）应为最可能发生的金额 80 万元。

② 或有事项涉及多个项目的，按照各种可能结果及相关概率计算确定。“涉及多个项目”指或有事项涉及的项目不止一个，如在产品质量保证中，提出产品保修要求的可能有许多客户。相应地，企业对这些客户负有保修义务，应根据发生质量问题的概率及相关的保修费用计算确认应予确认的负债金额。

例 11–14

2013 年，艾丽制衣公司销售产品 3 万件，销售额 1 200 万元。艾丽制衣公司的产品质量保证条款规定：产品售出后一年内，如发生正常质量问题，艾丽制衣公司将免费负责修理。根据以往的经验，如果出现较小的质量问题，则须发生的修理费为销售额的 1%；而如果出现较大的质量问题，则须发生的修理费为销售额的 2%。据预测，本年度已售产品中，有 80% 不会发生质量问题，有 15% 将发生较小质量问题，有 5% 将发生较大质量问题。

根据上述资料，2013 年年末艾丽制衣公司应确认的负债金额（最佳估计数）为：

（12 000 000 × 1%）× 15%+（12 000 000 × 2%）× 5%=30 000（元）

企业在确定最佳估计数时，应当综合考虑与或有事项有关的风险、不确定性和货币时间价值等因素。

2. 预期可获得的补偿

企业清偿预计负债所需支出全部或部分预期由第三方补偿的，补偿金额只有在基本确定能够收到时才能作为资产单独确认。确认的补偿金额不应当超过预计负债的账面价值。

可能获得补偿的情况通常有：① 发生交通事故等情况时，企业通常可以从保险公司获得合理的赔偿；② 在某些索赔诉讼中，企业可以通过反诉的方式对索赔人或第三方另行提出赔偿要求；③ 在债务担保业务中，企业在履行担保义务的同时，通常可以向被担保企业提出额外追偿要求。

企业预期从第三方获得的补偿，是一种潜在资产，其最终是否会转化为企业真正的资产（即企业是否能够收到这项补偿），具有较大的不确定性，企业只能在基本确定能够收到补偿时才能对其进行确认。根据资产和负债不能随意抵消的原则，预期可获得的补偿在基本确定能够收到时才应当确认为一项资产，而不能作为预计负债金额的扣减。

补偿金额的确认涉及两个问题：一是确认时间，补偿只有在“基本确定”能够收到时才予以确认；二是确认金额，确认的金额是基本确定能够收到的金额，而且不能超过相关预计负债的金额。

例 11-15

艾丽制衣公司因或有事项确认了一项预计负债 60 万元，同时，因该或有事项，艾丽制衣公司还可以从乙企业获得 48 万元的赔偿，且这项金额基本确定能够收到。

在上述情况下，艾丽制衣公司应分别确认一项预计负债 60 万元和一项资产 48 万元。

3. 预计负债账面价值的复核

对于已经确认的预计负债，企业应当在资产负债表日对其账面价值进行复核。有确凿证据表明该账面价值不能真实反映当前最佳估计数的，应当按照当前最佳估计数对该账面价值进行调整。

（三）预计负债的账务处理

企业应当设置“预计负债”账户，核算未决诉讼或仲裁、债务担保、产品质量保证、亏损合同、重组义务等预计负债的确认和支付情况。该账户是负债类账户，贷方登记企业按规定确认的预计负债；借方登记实际清偿或冲减的预计负债；期末贷方余额，反映企业已确认尚未支付的预计负债。该账户应按形成预计负债的交易或事项设置明细账户进行明细核算。

1. 未决诉讼或仲裁

诉讼，是指当事人不能通过协商解决争议，因而在人民法院起诉、应诉，请求人民法院通过审判程序解决纠纷的活动。诉讼尚未裁决之前，对于被告来说可能形成一项或有负债或者预计负债；对于原告来说，则可能构成一项或有资产。

仲裁，是指经济法律关系的各方当事人依照事先约定或事后达成的书面仲裁协议，共同选定仲裁机构并由其对争议依法作出具有约束力裁决的一种活动。作为当事人一方，仲裁的结果在仲裁决定公布以前是不确定的，会构成一项潜在义务或现时义务，或者潜在资产。

对于出现的未决诉讼或仲裁，企业应设专人负责办理，收集整理相关诉讼、仲裁信息，并及时向企业负责人、财务负责人汇报。企业发生未决诉讼、未决仲裁时，应根据法律诉讼进展情况，并根据企业法务部门和聘请的律师出具的对诉讼、仲裁事项赔偿的可能性与估计金额，经企业负责人及财务负责人确认后，由企业会计部门进行账务处理。

例 11-16

2012 年 11 月 20 日，中国银行批准艾丽制衣公司的信用贷款（无担保、无抵押）申请，同意向其贷款 2 000 万元，期限 1 年，年利率 7.2%。2013 年 11 月 20 日，艾丽制衣公司的借款（本金和利息）到期。艾丽制衣公司具有还款能力，但因与中国银行之间存在其他经济纠纷，而未按时归还中国银行贷款。中国银行遂与艾丽制衣公司协商，但没有达成协议。2013 年 12 月 25 日，中国银行向法院提起诉讼。截至 2013 年 12 月 31 日，法院尚未对中国银行提起的诉讼进行审理。

在本例中，如无特殊情况，艾丽制衣公司很可能败诉。为此，艾丽制衣公司不仅需要偿还贷款本金和利息，还需要支付罚息、诉讼费等费用。假定艾丽制衣公司预计将要支付的罚息、诉讼费等费用为 20 万～24 万元。根据企业会计准则的规定，艾丽制衣公司应在 2013 年 12 月 31 日确认一项预计负债 22 万元〔(20+24)÷2〕，其中支付的诉讼费为 3 万元，同时在附注中进行披露。(业务单据：说明书）有关账务处理如下：

借：管理费用——诉讼费 30 000

营业外支出——罚息支出 190 000

贷：预计负债——未决诉讼 220 000

2. 债务担保

债务担保在企业中是较为普遍的现象。作为提供担保的一方，在被担保方无法履行合同的情况下，常常承担连带责任。从保护投资者、债权人的利益出发，客观、充分地反映企业因担保业务而承担的潜在风险十分必要。

企业对外提供债务担保常常会涉及诉讼，这时可以分别以下不同情况进行处理：① 企业已被判决败诉的，则应当按照法院判决的应承担的损失金额，确认为预计负债。② 已判决败诉，但企业正在上诉，或者经上一级法院裁定暂缓执行，或者由上一级法院发回重审等，企业应当在资产负债表日根据已有判决结果合理估计损失金额，确认为预计负债。③ 法院尚未判决的，企业应当向其律师或法律顾问等咨询，估计败诉的可能性以及败诉后可能发生的损失金额，并取得有关书面意见。如果败诉的可能性大于胜诉的可能性，并且损失金额能够合理估计的，应当在资产负债表日将预计损失金额确认为预计负债。

例 11-17

2013 年 11 月 1 日，艾丽制衣公司因此前与 H 公司签订了贷款相互担保协议，而成为相关诉讼的第二被告。截至 2013 年 12 月 31 日，诉讼尚未判决。但是，由于 H 公司经营困难，艾丽制衣公司很可能要承担还款连带责任，根据公司法律顾问的职业判断，艾丽制衣公司很可能要承担 50 万元的还款连带责任。

本例中，艾丽制衣公司因连带责任而承担了现时义务，该义务的履行很可能导致经济利益流出企业，并且该义务的金额能够可靠计量，所以，2013 年年底，艾丽制衣公司应确认一笔金额为 50 万元的预计负债，同时在账务报表附注中作相关披露。艾丽制衣公司作会计分录如下：

业务单据：说明书

借：营业外支出——赔偿支出 500 000

贷：预计负债——预计担保损失 500 000

3. 产品质量保证

产品质量保证，通常指销售商或制造商在销售产品或提供劳务后，对客户提供服务的一种承诺。在约定期内（或终身保修），若产品或劳务在正常使用过程中出现质量或与之相关的其他属于正常范围的问题，企业负有更换产品、免费或只收成本价进行修理等责任。按照权责发生制原则，上述相关支出符合一定的确认条件就应在销售成立时确认。

例 11-18

东华公司为机床生产和销售企业。2013 年第一季度、第二季度、第三季度和第四季度分别销售机床 200 台、300 台、400 台和 350 台，每台售价为 5 万元。对购买其产品的消费者，东华公司作出如下承诺：机床售出后 3 年内如出现非意外事件造成的机床故障和质量问题，东华公司免费负责保修（含零部件更换）。根据以往的经验，发生的保修费一般为销售额的 1%～1.5%。假定东华公司 2013 年四个季度实际发生的维修费分别为 2 万元、20 万元、18 万元和 35 万元；同时，假定 2012 年“预计负债——产品质量保证”账户年末余额为 12 万元。

本例中，东华公司因销售机床而承担了现时义务，该义务的履行很可能导致经济利益流出东华公司，且该义务的金额能够可靠地计量。东华公司根据企业会计准则的规定在每季度末确认一项负债。

业务单据：说明书

① 第一季度。

发生产品质量保证费用（维修费）：

借：预计负债——产品质量保证　　20 000

　　贷：银行存款或原材料等　　20 000

第一季度末应确认的产品质量保证负债金额为：

200×50 000×（0.01+0.015）÷2=125 000（元）

借：销售费用——产品质量保证　　125 000

　　贷：预计负债——产品质量保证　　125 000

第一季度末，“预计负债——产品质量保证”账户余额为 225 000 元。

② 第二季度。

发生产品质量保证费用（维修费）：

借：预计负债——产品质量保证　　200 000

　　贷：银行存款或原材料等　　200 000

第二季度末应确认的产品质量保证负债金额为：

300×50 000×（0.01+0.015）÷2=187 500（元）

借：销售费用——产品质量保证　　187 500

　　贷：预计负债——产品质量保证　　187 500

第二季度末，“预计负债——产品质量保证”账户余额为 212 500 元。

③ 第三季度。

发生产品质量保证费用（维修费）：

借：预计负债——产品质量保证　　180 000

　　贷：银行存款或原材料等　　180 000

第三季度末应确认的产品质量保证负债金额为：

400×50 000×（0.01+0.015）÷2=250 000（元）

借：销售费用——产品质量保证　　250 000

贷：预计负债——产品质量保证　　250 000

第三季度末，“预计负债——产品质量保证”账户余额为 282 500 元。

④ 第四季度。

发生产品质量保证费用（维修费）：

借：预计负债——产品质量保证　　350 000

贷：银行存款或原材料等　　350 000

第四季度末应确认的产品质量保证负债金额为：

350×50 000×（0.01+0.015）÷2=218 750（元）

借：销售费用——产品质量保证　　218 750

贷：预计负债——产品质量保证　　218 750

第四季度末，“预计负债——产品质量保证”账户余额为 151 250 元。

在对产品质量保证确认预计负债时，需要注意的是：① 如果发现保证费用的实际发生额与预计数相差较大，应及时对预计比例进行调整；② 如果企业针对特定批次产品确认预计负债，则在保修期结束时，应将“预计负债——产品质量保证”账户的余额冲销，不留余额；③ 已对其确认预计负债的产品，如企业不再生产了，那么应在相应的产品质量保证期满后，将“预计负债——产品质量保证”账户的余额冲销，不留余额。

习题试题：非流动负债的核算

第十二章

债务重组的核算

本章知识点

债务重组　债务重组方式　债务重组收益　债务重组损失　非流动资产处置损益

本章技能点

债务重组业务的判断　以现金资产清偿债务的核算　以非现金资产清偿债务的核算　债务转为资本的核算　修改债务条件的核算　混合重组方式的核算

本章知识导图

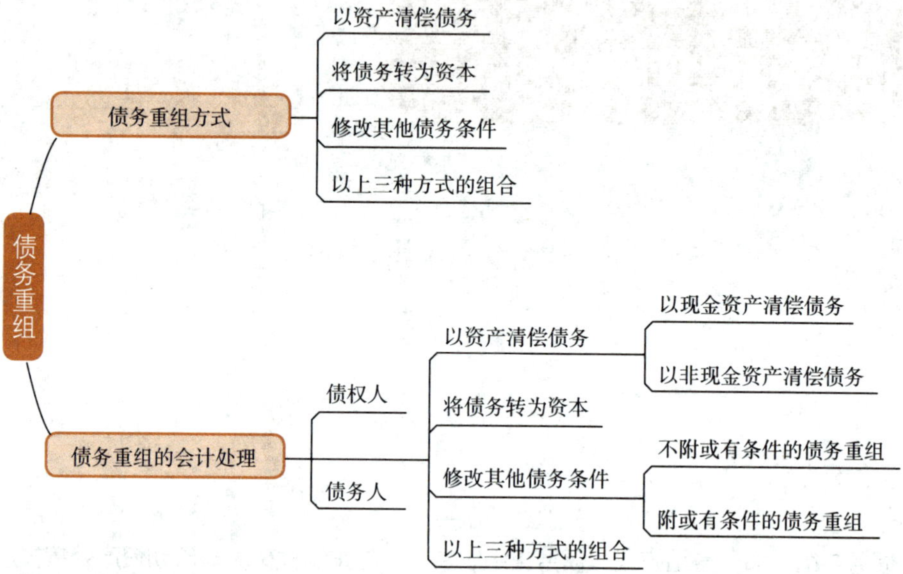
债务重组
债务重组方式
以资产清偿债务
将债务转为资本
修改其他债务条件
以上三种方式的组合
债务重组的会计处理
债权人
债务人
以资产清偿债务
以现金资产清偿债务
以非现金资产清偿债务
将债务转为资本
修改其他债务条件
不附或有条件的债务重组
附或有条件的债务重组
以上三种方式的组合

引　例

2014年2月1日，蓝天公司销售一批商品给华夏公司，含税价款500万元，约定6个月内付款。由于华夏公司在2014年3月投资项目失误，导致资金周转困难，至7月底无力支付货款，并且预计这种财务危机一时无法转变，请问蓝天公司应如何处理？

上述案例中蓝天公司处理的方法有两种：

一是向法院提起诉讼，申请华夏公司破产——结果是与其他债权人一起参与破产财产的分配。这种情况下破产财产可分配的数额很少（破产法中破产财产的分配顺序：职工工资—税款—有抵押权的债权人—有优先偿还权的债权—剩余财产在普通债权人中按债权比例清偿）。

二是与债务人协商，达成协议，如减免部分债务、资产抵债、展期等方式作出让步，尽可能多收回债权。

如果蓝天公司选择第二种方案，这就是通常所说的“债务重组”。

第一节　债务重组概述

本节重点与难点：

债务重组方式

一、债务重组的概念

债务重组，是指在债务人发生财务困难的情况下，债权人按照其与债务人达成的协议或者法院的裁定作出让步的事项。

债务人发生财务困难，是指债务人出现资金周转困难、经营陷入困境或者其他方面的原因，导致其无法或者没有能力按原定条件偿还债务。

债权人作出让步，是指债权人同意发生财务困难的债务人现在或者将来以低于重组债务账面价值的金额或者价值偿还债务。“债权人作出让步”的情形主要包括：债权人减免债务人部分债务本金或者利息、降低债务人应付债务的利率等。

请注意：

债务人发生财务困难是债务重组的前提条件；债权人作出让步是债务重组的必要条件。

二、债务重组的方式

债务重组主要有以下几种方式：

（1）以资产清偿债务，是指债务人转让其资产给债权人以清偿债务的债务重组方式。债务人通常用于偿债的资产主要有：现金、债券投资、股权投资、存货、固定资产、无形资产等。这里所指的现金，包括库存现金、银行存款和其他货币资金。在债务重组的情况下，以现金清偿债务，是指以低于债务账面价值的现金清偿债务。

（2）将债务转为资本，是指债务人将债务转为资本，同时债权人将债权转为股权的债务重组方式。债务转为资本时，对股份有限公司而言，是将债务转为股本；对其他企业而言，是将债务转为实收资本。债务转为资本的结果是，债务人因此而增加股本（或实收资本），债权人因此而增加股权。

请注意：
下列两种情况不能作为本章所指的债务重组：
1. 以等量的现金偿还所欠债务；
2. 债务人根据转换协议，将应付可转换公司债券转为资本。

（3）修改其他债务条件，是指修改不包括上述第一、第二种情形在内的债务条件进行债务重组的方式，如减少债务本金、降低利率、免去应付未付的利息、延长偿还期限等。

（4）组合方式，是指采用以上三种方式共同清偿债务的债务重组形式。例如，以转让资产清偿某项债务的一部分，另一部分债务通过修改其他债务条件进行债务重组。

第二节 债务重组的会计处理

本节重点与难点：
债务人和债权人的会计处理

一、以资产清偿债务

（一）以现金资产清偿债务

债务人应当在满足金融负债终止确认条件时，终止确认重组债务，并将重组债务的账面价值与支付的现金之间的差额，记入“营业外收入——债务重组利得”账户。

债权人应当在满足金融资产终止确认条件时，终止确认重组债权，并将重组债权的账面余额与收到的现金之间的差额，记入“营业外支出——债务重组损失”等账户。重组债权已计提减值准备的，应当先将上述差额冲减已计提的减值准备，冲减后仍有损失的，记入“营业外支出——债务重组损失”账户；冲减后减值准备仍有余额的，应予转回并抵减当期资产减值损失。

例 12-1

艾丽制衣公司于 2014 年 1 月 10 日向北方公司采购一批布料，含税价格 234 000 元。按合同规定应于 2014 年 7 月 10 日前支付货款。由于艾丽制衣公司发生财务困难，不能按合同规定期限支付货款，经双方协商于 7 月 30 日进行债务重组。债务重组协议规定，北方公司同意减免艾丽制衣公司 34 000 元，余额用现金立即清偿。北方公司当日收到艾丽制衣公司通过转账支付的剩余款项。北方公司已为该项应收债权计提了 30 000 元的坏账准备。

（1）艾丽制衣公司的账务处理。

①计算债务重组利得：

债务重组利得＝应付账款账面余额－支付的现金＝234 000－200 000＝34 000（元）

②应作会计分录如下：

借：应付账款 234 000

贷：银行存款 200 000

营业外收入——债务重组利得 34 000

业务单据：
债务重组协议、转账支票存根

（2）北方公司的账务处理。

①计算债务重组损失：

债务重组损失＝（应收账款账面余额－已计提的坏账准备）－收到的现金

＝（234 000－30 000）－200 000＝4 000（元）

②应作会计分录如下：

借：银行存款 200 000

坏账准备 30 000

营业外支出——债务重组损失 4 000

贷：应收账款 234 000

业务单据：
债务重组协议、进账单

（二）以非现金资产清偿债务

债务人应当在满足金融负债终止确认条件时，终止确认重组债务，并将重组债务的账面价值与转让的非现金资产公允价值之间的差额，记入“营业外收入——债务重组利得”账户。转让的非现金资产公允价值与其账面价值之间的差额，应当分别不同情况进行处理：

（1）非现金资产为存货的，应当作为销售处理，以其公允价值确认收入，同时结转相应的成本。

（2）非现金资产为固定资产、无形资产的，其公允价值和账面价值的差额，计入营业外收入或营业外支出。

（3）非现金资产为长期股权投资的，其公允价值和账面价值的差额，计入投资收益。

债权人应当在满足金融资产终止确认条件时，终止确认重组债权，对受让的非现金资产按其公允价值入账，并将重组债权的账面余额与受让的非现金资产之间的差额，记入“营业外支出——债务重组损失”等账户。重组债权已计提减值准备的，应当先将上述差额冲减已计提的减值准备，冲减后仍有损失的，记入“营业外支出——债务重组损失”账户；冲减后减值准备仍有余额的，应予转回并抵减当期资产减值损失。

1. 以存货清偿债务

例 12-2

沿用例 12-1 的资料，假定经双方协商，债务重组协议规定，北方公司同意艾丽制衣公司以其生产的一批服装偿还债务。该批服装的公允价值为 180 000 元，实际成本为 150 000 元。艾丽制衣公司为增值税一般纳税人，适用的增值税税率为 17%。北方公司当日收到抵债的服装，并作为库存商品入库，北方公司已为该项应收债权计提了 30 000 元的坏账准备。

业务单据： 债务重组协议、出库单、增值税专用发票

（1）艾丽制衣公司的账务处理。

① 计算债务重组利得：

债务重组利得 = 应付账款账面余额 –（所转让产品的公允价值 + 增值税销项税额）

=234 000–（180 000+30 600）

=23 400（元）

② 应作会计分录如下：

借：应付账款　　234 000

　贷：主营业务收入　　180 000

　　应交税费——应交增值税（销项税额）　　30 600

　　营业外收入——债务重组利得　　23 400

同时，结转成本：

借：主营业务成本　　150 000

　贷：库存商品　　150 000

业务单据： 债务重组协议、入库单、增值税专用发票

（2）北方公司的账务处理。

① 计算债务重组损失：

债务重组损失=（应收账款账面余额 – 已计提的坏账准备）–（受让资产的公允价值 + 增值税进项税额）

=（234 000–30 000）–（180 000+30 600）

= –6 600（元）

② 应作会计分录如下：

借：库存商品　　180 000

　应交税费——应交增值税（进项税额）　　30 600

　坏账准备　　30 000

　贷：应收账款　　234 000

　　资产减值损失　　6 600

2. 以固定资产、无形资产清偿债务

例 12–3

业务单据： 债务重组协议、固定资产评估表、固定资产处置审批表、转账支票存根、评估费用发票

沿用例 12–1 的资料，假定经双方协商，债务重组协议规定，北方公司同意艾丽制衣公司以一台设备偿还债务。该设备的账面原值为 240 000 元，已提折旧为 50 000 元，未计提过减值准备，设备的公允价值为 180 000 元。艾丽制衣公司发生评估费用 2 000 元；北方公司当日收到抵债的设备，并发生安装成本 10 000 元。北方公司已为该项应收债权计提了 30 000 元的坏账准备。假定不考虑相关税费。

（1）艾丽制衣公司的账务处理。

① 计算固定资产清理损益：

固定资产清理损益 = 固定资产公允价值 - 固定资产账面价值 - 评估费

=180 000-（240 000-50 000）-2 000

=-12 000（元）

② 计算债务重组利得：

债务重组利得 = 应付账款账面余额 - 所转让产品的公允价值

=234 000-180 000=54 000（元）

③ 应作会计分录如下：

第一，将固定资产账面价值转入固定资产清理：

借：固定资产清理　190 000

　累计折旧　50 000

　贷：固定资产　240 000

第二，支付评估费：

借：固定资产清理　2 000

　贷：银行存款　2 000

第三，确认债务重组利得：

借：应付账款　234 000

　贷：固定资产清理　180 000

　　营业外收入——债务重组利得　54 000

第四，确认固定资产处置损失：

借：营业外支出——非流动资产处置损失　12 000

　贷：固定资产清理　12 000

（2）北方公司的账务处理：

① 计算债务重组损失：

债务重组损失 =（应收账款账面余额 - 已计提的坏账准备）- 受让资产的公允价值

=（234 000-30 000）-180 000=24 000（元）

② 应作会计分录如下：

第一，接受固定资产并交付安装时：

借：在建工程　180 000

　坏账准备　30 000

　营业外支出——债务重组损失　24 000

　贷：应收账款　234 000

第二，支付安装成本：

借：在建工程　10 000

　贷：银行存款　10 000

业务单据：

债务重组协议、固定资产验收单、转账支票存根、安装费发票第三，安装完毕：

借：固定资产 190 000

　　贷：在建工程 190 000

3. 以股票、债券等金融资产清偿债务

例 12-4

沿用例 12-1 的资料，假定经双方协商，债务重组协议规定，北方公司同意艾丽制衣公司以其持有的可供出售金融资产（股票）偿还债务。该资产的账面价值为 160 000 元，其中成本为 150 000 元，公允价值变动为 10 000 元；当日该资产的公允价值为 180 000 元。用于抵债的股票当日办理相关转让手续，北方公司将取得的股票作为交易性金融资产处理。北方公司已为该项应收债权计提了 30 000 元的坏账准备。假定不考虑相关税费。

业务单据：债务重组协议、股票过户申请表

（1）艾丽制衣公司的账务处理。

① 计算转让股票损益：

股票转让损益 = 股票的公允价值 − 股票的账面价值

　　=180 000−160 000=20 000（元）

② 计算债务重组利得：

债务重组利得 = 应付账款账面余额 − 股票的公允价值

　　=234 000−180 000=54 000（元）

③ 应作会计分录如下：

第一，确认债务重组利得：

借：应付账款 234 000

　　贷：可供出售金融资产——成本 150 000

　　　　　　——公允价值变动 10 000

　　　　营业外收入——债务重组利得 54 000

　　　　投资收益 20 000

第二，将可供出售金融资产的公允价值变动金额转出：

借：其他综合收益 10 000

　　贷：投资收益 10 000

业务单据：债务重组协议、股票交割单

（2）北方公司的账务处理。

① 计算债务重组损失：

债务重组损失 =（应收账款账面余额 − 已计提的坏账准备）− 受让股票的公允价值

　　=（234 000−30 000）−180 000=24 000（元）

② 应作会计分录如下：

借：交易性金融资产 180 000

　　坏账准备 30 000

　　营业外支出——债务重组损失 24 000

　　贷：应收账款 234 000

二、将债务转为资本

债务人应当在满足金融负债终止确认条件时，终止确认重组债务；将债权人放弃债权而享有股份的面值确认为股本（或者实收资本），股份的公允价值总额与股本（或者实收资本）之间的差额确认为资本公积；重组债务的账面价值与股份的公允价值之间的差额，记入“营业外收入——债务重组利得”账户。

债权人应当在满足金融资产终止确认条件时，终止确认重组债权；将享有股份的公允价值确认为对债务人的投资，并将重组债权的账面余额与股份的公允价值之间的差额，记入“营业外支出——债务重组损失”等账户。重组债权已计提减值准备的，应当先将上述差额冲减已计提的减值准备，冲减后仍有损失的，记入“营业外支出——债务重组损失”账户；冲减后减值准备仍有余额的，应予转回并抵减当期资产减值损失。

例 12-5

艾丽制衣公司 2014 年 7 月 1 日销售给太星公司一批服装，含税价格 500 000 元。按合同规定应于 2014 年 12 月 10 日前支付货款。由于太星公司发生财务困难，不能按合同规定期限支付货款，12 月 30 日进行债务重组。经双方协商，太星公司以其普通股偿还债务。假定普通股的面值为 1 元，太星公司以 140 000 股抵偿该项债务，股票每股市价为 3 元。股票登记手续已办理完毕，艾丽制衣公司将其作为长期股权投资处理。艾丽制衣公司对该项应收账款计提了 50 000 元的坏账准备。

（1）艾丽制衣公司的账务处理。

业务单据： 债务重组协议、投资协议、股票交割单

① 计算债务重组损失：

债务重组损失 =（应收账款账面余额 - 已计提的坏账准备）- 受让股权的公允价值

=（500 000-50 000）-420 000=30 000（元）

② 应作会计分录如下：

借：长期股权投资	420 000	
坏账准备	50 000	
营业外支出——债务重组损失	30 000	
贷：应收账款		500 000

（2）太星公司的账务处理。

业务单据： 债务重组协议、投资协议

① 计算债务重组利得：

债务重组利得 = 应付账款账面余额 - 股票的公允价值

=500 000-420 000=80 000（元）

② 应作会计分录如下：

借：应付账款	500 000	
贷：股本		140 000
资本公积		280 000
营业外收入——债务重组利得		80 000

三、修改其他债务条件

（一）不附或有条件的债务重组

不附或有条件的债务重组，债务人应将修改其他债务条件后债务的公允价值作为重组后债务的入账价值。重组债务的账面价值与重组后债务的入账价值之间的差额记入“营业外收入——债务重组利得”账户。

债权人应当将修改其他债务条件后的债权的公允价值作为重组后债权的账面价值，重组债权的账面余额与重组后债权的账面价值之间的差额，记入“营业外支出——债务重组损失”等账户。重组债权已计提减值准备的，应当先将上述差额冲减已计提的减值准备，冲减后仍有损失的，记入“营业外支出——债务重组损失”账户；冲减后减值准备仍有余额的，应予转回并抵减当期资产减值损失。

例 12-6

沿用例 12-5 的资料，经双方协商，艾丽制衣公司同意免去太星公司债务 80 000 元，并将债务偿还日期延长到 2015 年 3 月 1 日。重组协议从协议签订日起开始实施。艾丽制衣公司对该项应收账款计提了 50 000 元的坏账准备。

业务单据：
债务重组协议

（1）艾丽制衣公司的账务处理。

① 计算债务重组损失：

债务重组损失 =（应收账款账面余额 − 已计提的坏账准备）− 重组后应收账款的账面价值

=（500 000−50 000）−420 000=30 000（元）

② 应作会计分录如下：

借：应收账款——债务重组	420 000	
坏账准备	50 000	
营业外支出——债务重组损失	30 000	
贷：应收账款		500 000

业务单据：
债务重组协议

（2）太星公司的账务处理。

① 计算债务重组利得：

债务重组利得 = 应付账款账面余额 − 重组后应付账款的账面价值

=500 000−420 000=80 000（元）

② 应作会计分录如下：

借：应付账款	500 000	
贷：应付账款——债务重组		420 000
营业外收入——债务重组利得		80 000

（二）附或有条件的债务重组

附或有条件的债务重组，对于债务人而言，修改后的债务条款如涉及或有应付金额，且该或有应付金额符合或有事项中有关预计负债确认条件的，债务人应当将该或有应付金额确认为预计负债。重组债务的账面价值与重组后债务的入账价值和预计负债金额之和的差额，作为债务重组利得，计入营业外收入。

对债权人而言，修改后的债务条款中涉及或有应收金额的，不应当确认或有应收金额，不得将其计入重组后债权的账面价值。或有应收金额属于或有资产，或有资产不予确认。只有在或有应收金额实际发生时，才计入当期损益。

请注意：
或有应付金额，是指需要根据未来某种事项出现而发生的应付金额，而且该未来事项的出现具有不确定性；
或有应收金额，是指需要根据未来某种事项出现而发生的应收金额，而且该未来事项的出现具有不确定性。

例 12-7

艾丽制衣公司 2011 年 12 月 30 日应收东方商城货款 660 000 元，其中 60 000 元为累计应付利息，利率为 10%。由于东方商城发生财务困难，短期内不能支付货款，经双方协商于当日进行债务重组。艾丽制衣公司同意将债务本金减至 500 000 元，免去积欠利息，利率降为 6%，并将债务到期日延长至 2013 年 12 月 30 日，利息按年支付。但附有一条件：债务重组后，如果东方商城 2012 年或 2013 年有盈利，则盈利当年利率按 10% 计算，若无盈利，利率仍维持 6%。艾丽制衣公司对该项应收账款计提了 100 000 元的坏账准备。

债务重组时预计东方商城在 2012 年实现盈利的概率为 20%，在 2013 年实现盈利的概率为 80%。最终东方商城在 2012 年未实现盈利，在 2013 年实现盈利，并清偿重组后的债务。

（1）艾丽制衣公司的账务处理。

① 计算债务重组损失：

债务重组损失 =（应收账款账面余额 − 已计提的坏账准备）− 重组后应收账款的账面价值

=（660 000−100 000）−500 000=60 000（元）

② 应作会计分录如下：

业务单据：债务重组协议

2011 年：

借：应收账款——债务重组 500 000
　　坏账准备 100 000
　　营业外支出——债务重组损失 60 000
　　贷：应收账款 660 000

业务单据：进账单

2012 年：

借：银行存款 30 000
　　贷：财务费用 30 000

业务单据：进账单

2013 年：

借：银行存款 50 000
　　贷：财务费用 30 000
　　　　营业外支出——债务重组损失 20 000

借：银行存款 500 000
　　贷：应收账款——债务重组 500 000

（2）东方商城的账务处理。

① 计算债务重组利得：

债务重组利得 = 应付账款账面余额 − 重组后应付账款的账面价值 − 预计负债（2013 年利息）

= 660 000−500 000−20 000=140 000（元）

② 应作会计分录如下：

业务单据：
债务重组协议

2011 年：

借：应付账款 660 000

　　贷：应付账款——债务重组 500 000

　　　　预计负债——债务重组 20 000

　　　　营业外收入——债务重组利得 140 000

业务单据：
转账支票存根

2012 年：

借：财务费用 30 000

　　贷：银行存款 30 000

业务单据：
转账支票存根

2013 年：

借：财务费用 30 000

　　预计负债——债务重组 20 000

　　贷：银行存款 50 000

借：应付账款——债务重组 500 000

　　贷：银行存款 500 000

典型案例：
河北宝硕（600155）利用债务重组收益避免退市

习题试题：
债务重组的核算

议一议：
2015 年 1 月 1 日，建设银行应收九州公司的一笔贷款 500 万元到期，由于九州公司经营陷入困境，预计短期内无法偿还。当日，建设银行与九州公司协商达成协议：九州公司以现金 100 万元和公允价值为 400 万元的无形资产偿还。此协议属于债务重组吗?

四、以上三种方式的组合方式

以上三种方式的组合进行债务重组，债务人应当按以下顺序冲减重组债务的账面价值：

（1）支付的现金；

（2）转让非现金资产的公允价值；

（3）债权人享有股份的公允价值；

（4）按照前述“修改其他债务条件”的规定处理。

债权人应当按以下顺序冲减重组债权的账面余额：

（1）收到的现金；

（2）接受的非现金资产公允价值；

（3）债权人享有股份的公允价值；

（4）按照前述“修改其他债务条件”的规定处理。

第十三章

所有者权益的核算

本章知识点

所有者权益　资本公积　资本溢价　暂时性利得　暂时性损失　留存收益

本章技能点

投入资本的核算　资本公积的核算　其他综合收益的核算　留存收益的核算

本章知识导图

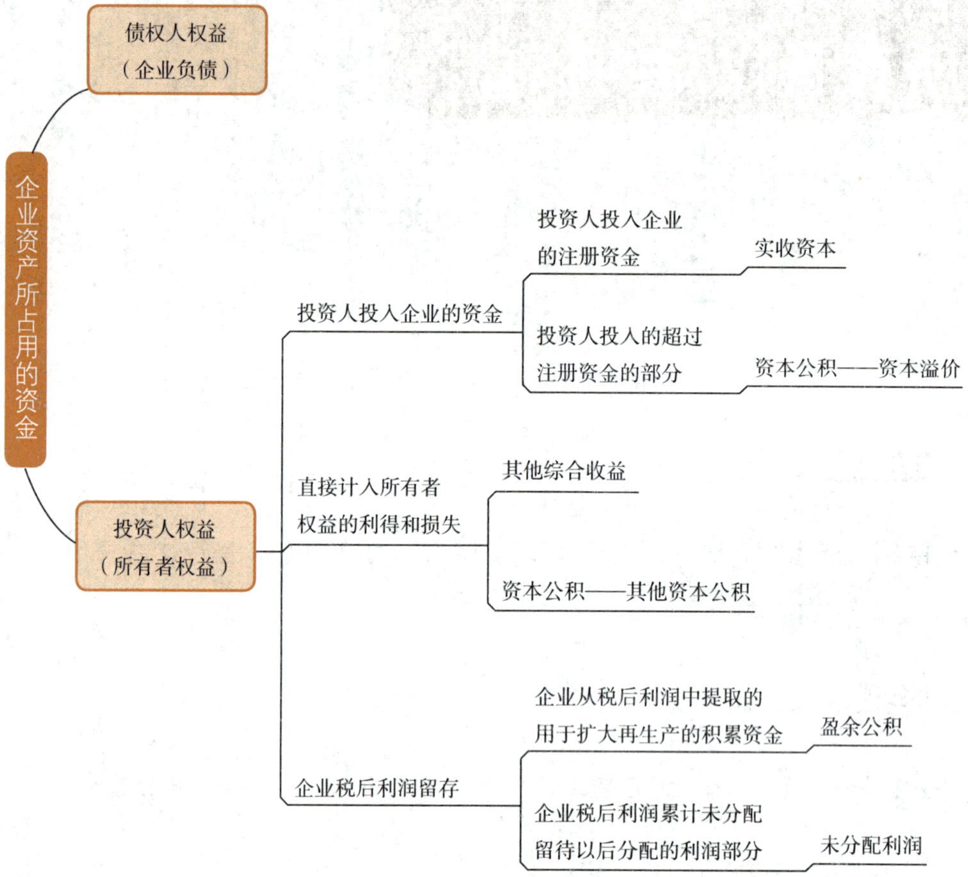
企业资产所占用的资金
债权人权益
（企业负债）
投资人权益
（所有者权益）
投资人投入企业的资金
投资人投入企业
的注册资金
实收资本
投资人投入的超过
注册资金的部分
资本公积——资本溢价
直接计入所有者
权益的利得和损失
其他综合收益
资本公积——其他资本公积
企业税后利润留存
企业从税后利润中提取的
用于扩大再生产的积累资金
盈余公积
企业税后利润累计未分配
留待以后分配的利润部分
未分配利润

引 例

刘涛大学毕业后决定自主创业。在父母的支持下，刘涛投资 60 万元注册成立了涛涛广告策划有限责任公司（简称涛涛广告公司）。经过两年的经营，涛涛广告公司经营业绩良好，两年共实现净利润 12 万元，其中 2 万元提取为盈余公积，用于积累发展资金，为了向父母表示感谢，刘涛从公司取回 3 万元给了父母。此时刘涛的同学李强辞职愿和刘涛共同办好广告公司，他们商定将公司注册资金扩大到 100 万元，刘涛占 60% 的股份，李强占 40% 的股份，李强以现金 50 万元向公司投入资金。

（1）为什么李强要投入 50 万元资金？

（2）李强投入的 50 万元应计入实收资本的是多少？

（3）在李强加入后，公司的所有者权益构成如何？

（1）刘涛在经过两年经营后实现 12 万元利润，其中提取的 2 万元盈余公积仍然属于公司，形成了所有者权益中的盈余公积金，3 万元为公司向投资人刘涛分配的利润，剩余 7 万元为公司的未分配利润，归投资人所有。因此，公司经营两年后，涛涛广告公司的所有者权益为 69 万元，李强要想在加入后在公司所有者权益中占 40% 的股份，至少应投资 46 万元 [（$69+x$）$\times 40\%=x$，$x=46$ 万元]。如果李强愿意为刘涛创业所付出的艰辛给予适当补偿，那么李强投入 50 万元也是合理的。

（2）涛涛广告公司原注册资金 60 万元，扩充后的注册资金 100 万元，李强的股份为 40%，因此，其在注册资金中金额应为 40 万元，投入的 50 万元中 40 万元计入实收资本，其余 10 万元计入资本公积。

（3）在李强加入后，公司的实收资本为 100 万元，资本公积为 10 万元，盈余公积为 2 万元，未分配利润为 7 万元，所有者权益合计 119 万元。

第一节　所有者权益概述

本节重点与难点：
所有者权益的构成

一、所有者权益的概念

所有者权益是指企业资产扣除负债后由所有者享有的剩余权益。公司的所有者权益又称为股东权益，其金额为资产减去负债后的余额。

所有者权益具有如下特征：

（1）所有者权益表明企业的产权关系，即企业归谁所有。

（2）所有者权益从数量上等于资产减去负债后的差额。

（3）影响所有者权益变动的因素有三：一是所有者增资或减资；二是企业实现税后利润或发生亏损；三是企业非日常活动形成的利得和发生的损失。

（4）所有者权益不需要偿还，即使在企业清算时，所有者权益也只有在清偿负债之后才按比例返还给投资人。

所有者权益包括实收资本（或者股本）、资本公积、其他综合收益、盈余公积和未分配利润等。所有者权益金额取决于资产和负债的计量，所有者权益项目应当列入资产负债表。

二、所有者权益的构成

企业所有者权益由所有者投入的资本、直接计入所有者权益的利得和损失、留存收益三部分组成。

（一）所有者投入的资本

企业要开展经营活动，必须有充足的资金作保证，这就需要通过一定的渠道筹集资金。企业对外筹资有两个渠道，即按出资者所拥有的权益的不同可分为权益性筹资和债务性筹资。权益性筹资是企业通过发行股票、直接吸收投资等方式向企业的所有者筹集生产经营所需资金。权益性筹资一般不用还本，因而称之为企业的自有资金、主权资金或权益资金。这部分资金即为所有者投入的资本。企业采用吸收自有资金的方式筹集资金，财务风险小，但付出的资金成本相对较高。债务性筹资是企业通过发行债券、向银行借款、融资租赁等方式筹集资金。企业采用债务性筹资方式筹集的资金，到期要归还本金和利息，因而财务风险比较大，但付出的资金成本较低。所以每一个企业在筹集资金时，往往同时运用权益性筹资和债务性筹资两个渠道。

（二）直接计入所有者权益的利得和损失

直接计入所有者权益的利得和损失，是指不应计入当期损益、会导致所有者权益发生增减变动的、与所有者投入资本或者向所有者分配利润无关的利得或者损失。

利得是指由企业非日常活动所形成的、会导致所有者权益增加的、与所有者投入资本无关的经济利益的流入。利得包括长期股权投资权益法核算时，被投资单位除净损益以外的所有者权益的增加，企业按持股比例应享有的份额；以权益结算的股份支付换取职工或其他方提供服务所确定的金额；将自用房地产或存货转换为采用公允价值模式计量的投资性房地产时因公允价值计量所产生的利得等；资产负债表日，可供出售金融资产的公允价值高于其账面余额的差额等。

损失是指由企业非日常活动所发生的、会导致所有者权益减少的、与向所有者分配利润无关的经济利益的流出。损失包括长期股权投资权益法核算时，被投资单位除净损益以外的所有者权益的减少，企业按持股比例应承担的份额；以权益结算的股份支付在行权日转出的利得；资产负债表日，可供出售金融资产的公允价值低于其账面余额的差额等。

企业在存续期间发生的利得和损失，如果为永久性的利得和损失，通过损益类账户计入当期损益，如果是暂时性利得和损失应计入所有者权益。

（三）留存收益

留存收益是指企业通过生产经营取得收益后按照规定留给企业用于扩大再生产或以后年度分配的利润，包括盈余公积和未分配利润两部分。

第二节　所有者投入资本的核算

本节重点与难点：
股份有限公司发行股票的核算

一、一般企业所有者投入资本的核算

企业接受投资者投入的资本，应按其在注册资本中所占的份额，记入“实收资本”账户。企业接受投资者的投资有多种方式，如可以接受投资者现金资产投资，也可以接受投资者非现金资产投资。

（一）企业接受现金资产投资的核算

企业收到投资者以现金投入的资本时，应当以实际收到或存入企业开户银行的金额作为实收资本入账，借记“库存现金”“银行存款”账户，贷记“实收资本”账户。对于实际收到或者存入企业开户银行的金额超过投资人在企业注册资本中所占份额的部分，应当记入“资本公积（资本溢价）账户。

例 13-1

艾丽制衣公司收到投资人甲公司投入公司的资金 35 万元存入银行，核定的其在注册资本中的份额为 30 万元。应作会计分录如下：

业务单据：
进账单收账通知、投资协议副本

借：银行存款	350 000	
贷：实收资本——甲公司		300 000
资本公积——资本溢价		50 000

（二）企业接受非现金资产投资的核算

企业收到投资者以非现金资产投入资本时，应按照投资合同或协议约定的价值作为非现金资产的入账价值，同时按照投资合同或协议约定的其在注册资本中所占的份额记入“实收资本”账户。如合同或协议约定的价值不公允，则按照公允价值作为非现金资产的入账价值，按照投资合同或协议约定的其在注册资本中所占的份额记入“实收资本”账户。在办理有关产权转移手续后，借

记“固定资产”“原材料”“无形资产”等账户，贷记“实收资本”账户。对于资产价值超过其在注册资本中所占份额的部分，应当记入“资本公积（资本溢价）”账户。

例 13-2

艾丽制衣公司收到投资人乙公司投入公司的设备一台，公允价值 50 万元，投资各方在协议中约定的价值也是 50 万元，已办理产权转移手续。应作会计分录如下：

业务单据：固定资产验收单、固定资产交接单、投资协议、资产评估报告

借：固定资产　　500 000

　　贷：实收资本——乙公司　　500 000

（三）企业接受外币资本投资的核算

外商投资企业在接受外币资本投资时，应将实际收到的外币款项等资产按照收到外商投入资本当日的即期汇率折算为记账本位币入账，同时按折合的金额记入“实收资本”账户。

例 13-3

艾丽制衣公司的记账本位币为人民币。2014 年 12 月 10 日，艾丽制衣公司与某外商签订了投资合同，2014 年 12 月 15 日收到外商投入资本 2 万美元，当日的即期汇率为 1 美元 =6.01 元人民币，假定投资合同约定的汇率为 1 美元 =6.02 元人民币。应作会计分录如下：

业务单据：电子转账支付凭证、投资协议

借：银行存款——美元户（20 000×6.01）　　120 200

　　贷：实收资本——外商资本　　120 200

二、股份有限公司发行股票的核算

股份有限公司，企业接受股东投入的资本，按照投资合同或协议约定的价值记入相应的资产账户，同时应按其在股本中所占的份额，记入“股本”账户。企业收到股东出资超过其在股本中所占份额的部分，作为股本溢价，记入“资本公积（股本溢价）”账户。

（一）平价发行股票的核算

发行股票是股份有限公司为筹集大量的自有资金而采用的方式。股份有限公司的全部资本由等额股份构成并通过发行股票筹集资本，股东以其所持股份对公司承担有限责任，公司以其全部资产对公司债务承担责任。我国有关法律规定，股份有限公司应当在核定的股本总额及核定的股份总额的范围内发行股票。股票的面值与股份总数的乘积即为公司股本，股本等于股份有限公司的注册资本。为了如实反映股份有限公司的股本情况，应设置“股本”账户进行核算。

平价发行股票是指股份有限公司按股票的面值发行股票。当公司发行股票收到现金等资产时，应按照实际收到的金额，借记“库存现金”“银行存款”等账户，按照票面值和核定股份总额的乘积计算的金额，贷记“股本”账户；股份有

限公司发行股票支付的手续费或佣金等发行费用，减去发行股票冻结期间产生的利息收入后的余额，依次冲减盈余公积和未分配利润。

例 13-4

艾丽制衣公司委托万能证券公司代理发行普通股 80 000 股，每股面值 100 元，经双方约定，按发行收入的 5% 收取手续费，发行收入总额为 800 万元，发行收入在冻结期间产生的利息收入为 8 000 元，艾丽制衣公司实际收到 760.8 万元存入银行（其中：证券公司代扣手续费 40 万元）。艾丽制衣公司“盈余公积”账户余额为 50 万元。则艾丽制衣公司应作会计分录如下：

借：银行存款	7 608 000	
盈余公积	392 000	
贷：股本		8 000 000

业务单据：
委托合同、招股说明书、电子转账凭证、收款收据、利息通知书

（二）溢价发行股票的核算

溢价发行股票是指股份有限公司按高于股票面值的价格发行股票。当公司发行股票收到现金等资产时，应按照实际收到的金额，借记“库存现金”“银行存款”等账户，按股票面值和核定股份总额的乘积计算的金额，贷记“股本”账户，多余部分贷记“资本公积（股本溢价）”账户；股份有限公司发行股票支付的手续费或佣金等发行费用，减去发行股票冻结期间产生的利息收入后的余额，首先冲抵溢价，溢价不足抵扣的部分冲减盈余公积和未分配利润。

例 13-5

承例 13-4，假定艾丽制衣公司在发行股票时，每股发行价为 120 元，股票发行收入总额 960 万元，万能证券公司代扣手续费 48 万元，发行收入在冻结期间产生的利息收入为 0.9 万元，艾丽制衣公司实际收到 912.9 万元存入银行。

业务单据：
委托合同、招股说明书、电子转账凭证、收款收据、利息通知书

则艾丽制衣公司应作会计分录如下：

借：银行存款	9 129 000	
贷：股本		8 000 000
资本公积——股本溢价		1 129 000

若艾丽制衣公司股票每股发行价为 105 元，则溢价收入 40 万元不足以抵扣 42 万元的手续费，超过的部分冲减盈余公积，若企业“盈余公积”账户余额不足，冲减未分配利润。

典型案例：
这个企业可以信赖吗？

三、实收资本（股本）减少的核算

企业减少实收资本（或股本，下同）的原因大体有两种：一是资本过剩；二是企业发生重大亏损而需要减少实收资本。企业因资本过剩而减资，一般要发还股款。有限责任公司和一般企业按照法定程序报经批准减少注册资本的，借记“实收资本”账户，贷记“库存现金”“银行存款”等账户。

股份有限公司由于采用的是发行股票的方式筹集股本，发还股款时，则要回购发行的股票，发行股票的价格与股票面值可能不同，回购股票的价格也可能与发行价格不同，会计处理较为复杂。股份有限公司因减少注册资本而回购本公司股份的，应按实际支付的金额，借记“库存股”账户，贷记“银行存款”等账户。注销库存股时，应按股票面值和注销股数计算的股票面值总额，借记“股本”账户，按注销库存股的账面余额，贷记“库存股”账户，按其差额冲减股票发行时原计入资本公积的溢价部分，借记“资本公积——股本溢价”账户，回购价格超过上述冲减“股本”及“资本公积——股本溢价”的部分，依次借记“盈余公积”“利润分配——未分配利润”等账户。如回购价格低于回购股份所对应的股本，所注销库存股的账面余额与所冲减股本的差额作为增加股本溢价处理，按回购股份所对应的股本面值，借记“股本”账户，按注销库存股的账面余额，贷记“库存股”账户，按其差额，贷记“资本公积——股本溢价”账户。

例 13-6

艾丽制衣公司截至 2014 年 12 月 31 日共发行股票 3 000 万股，股票面值为 1 元，“资本公积——股本溢价”为 600 万元，盈余公积为 400 万元。经股东大会批准，艾丽制衣公司于 2015 年 2 月 10 日以现金回购本公司股票 300 万股并注销。假定艾丽制衣公司按照每股 4 元回购股票，会计处理如下：

业务单据： 股东会议纪要、证券业务交割单

借：库存股	12 000 000	
贷：银行存款		12 000 000
借：股本	3 000 000	
资本公积——股本溢价	6 000 000	
盈余公积	3 000 000	
贷：库存股		12 000 000

假定艾丽制衣公司以每股 0.9 元回购股票，其他条件不变，艾丽制衣公司的账务处理如下：

借：库存股	2 700 000	
贷：银行存款		2 700 000
借：股本	3 000 000	
贷：库存股		2 700 000
资本公积——股本溢价		300 000

第三节　直接计入所有者权益的利得和损失的核算

本节重点与难点：
计入所有者权益的利得和损失的核算

一、直接计入所有者权益的利得

企业在经营活动中形成的利得分为两部分：一部分应计入所有者权益；另一部分应计入当期损益。若为永久性利得，则应计入当期损益；若为暂时性利得，则计入所有者权益。对于计入所有者权益的利得，企业应在“资本公积（其他资本公积）”和“其他综合收益”账户贷方核算。

（一）采用权益法核算的长期股权投资

投资企业对于被投资单位除净利润以外所有者权益增加，权益法核算下，投资企业应按照持股比例计算应享有的份额，调整长期股权投资的账面价值，同时增加资本公积（其他资本公积）或其他综合收益。

例 13-7

艾丽制衣公司持有乙企业 30% 的股份，当期乙企业因持有的可供出售金融资产公允价值变动计入其他综合收益的金额为 800 万元，则艾丽制衣公司确认应享有被投资单位所有者权益变动时作如下会计分录：

业务单据：
股权投资计算表

借：长期股权投资——其他综合收益　　2 400 000

　　贷：其他综合收益　　2 400 000

当处置采用权益法核算的长期股权投资时，应当将原计入资本公积的相应金额转入投资收益。

（二）以权益结算的股份支付

以权益结算的股份支付换取职工或其他方提供服务的，在等待期内每个资产负债表日，应当按照授予日权益工具的公允价值计入企业的成本费用，同时增加“资本公积——其他资本公积”。在行权日，应按实际行权的权益工具数量计算确定的金额，借记“资本公积（其他资本公积）”账户，按计入实收资本或股本的金额，贷记“实收资本”或“股本”账户，并将其差额记入“资本公积（股本溢价）”账户。

（三）存货或自用房地产转换为投资性房地产

将自用房地产或存货转换为采用公允价值模式计量的投资性房地产时，因公允价值计量所产生的利得应记入“其他综合收益”账户。企业将作为存货的房地产转换为投资性房地产的，应按其在转换日的公允价值，借记“投资性房地产（成本）”账户，原已计提存货跌价准备的，借记“存货跌价准备”账户，按其账面余额，贷记“开发产品”账户，按其公允价值大于账面余额的差额，贷记“其他综合收益”账户。

企业将自用的建筑物等转换为投资性房地产的，按其在转换日的公允价值，借记“投资性房地产（成本）”账户，按已计提的累计折旧等，借记“累计折旧”“固定资产减值准备”账户，按其账面余额，贷记“固定资产”账户，按其公允价值大于账面价值的差额，贷记“其他综合收益”账户。

例 13-8

艾丽制衣公司 2014 年 3 月 10 日与乙企业签订了租赁协议，将其购置的一栋商品房整体出租给乙企业使用，租赁期为 1 年，租赁期开始日为 2014 年 4 月 15 日。2014 年 4 月 15 日，该商品房的账面原价为 4 600 万元，已提折旧 100 万元，已计提的减值准备为 20 万元。转换后采用公允价值计价，4 月 15 日，该商品房的公允价值为 4 700 万元，则艾丽制衣公司应作会计分录如下：

业务单据：租赁协议、固定资产交接单、固定资产清理单

借：投资性房地产——成本	47 000 000	
固定资产减值准备	200 000	
累计折旧	1 000 000	
贷：固定资产		46 000 000
其他综合收益		2 200 000

例 13-9

2014 年 6 月，艾丽制衣公司打算搬迁至新办公楼，由于原办公楼处于商业繁华地段，公司准备将其出租，以赚取租金收入。2014 年 10 月，公司完成了搬迁工作，原办公楼停止使用。2014 年 12 月，公司与乙企业签订了租赁协议，将其原办公楼出租给乙企业使用，租赁期开始日为 2015 年 1 月 1 日，租赁期为 3 年。租赁开始日，公司应将自用房地产转换为投资性房地产。假设公司对出租的办公楼采用公允价值模式计量。2015 年 1 月 1 日，该办公楼的公允价值为 4 000 万元，其原价为 3 500 万元，已提折旧为 200 万元，计提的减值准备为 100 万元，则 2015 年 1 月 1 日，艾丽制衣公司应作会计分录如下：

业务单据：租赁协议、固定资产交接单、固定资产清理单

借：投资性房地产——成本	40 000 000	
累计折旧	2 000 000	
固定资产减值准备	1 000 000	
贷：固定资产		35 000 000
其他综合收益		8 000 000

（四）可供出售金融资产公允价值的变动

资产负债表日，可供出售金融资产的公允价值高于其账面余额的差额，借记“可供出售金融资产——公允价值变动”账户，贷记“其他综合收益”账户。若可供出售金融资产市价连续下跌，且下跌的原因不是市场的因素，而是企业自身经营不善所造成的，应计提减值准备。确定可供出售金融资产发生减值的，按应减记的金额，借记“资产减值损失”账户；按应从所有者转出的原计入资本公积的累计金额，贷记“其他综合收益”账户。对于已确认减值损失的可供出售金融资产，在随后会计期间内公允价值已上升且客观上与确认原减值损失事项有关的股票等权益工具投资，借记“可供出售金融资产——公允价值变动”账户，贷记

“其他综合收益”账户。

企业将持有至到期投资重分类为可供出售金融资产的，应在重分类日按其公允价值，借记“可供出售金融资产”账户；按其账面余额，贷记“持有至到期投资”账户；按其公允价值高于账面余额的差额，贷记“其他综合收益”账户。

出售可供出售金融资产的，应按实际收到的金额，借记“银行存款”账户；按其账面余额，贷记“可供出售金融资产（成本、公允价值变动、利息调整、应计利息）”账户；按原记入“其他综合收益”账户借方的公允价值下跌的累计变动额，贷记“其他综合收益”账户。

例 13-10

艾丽制衣公司于 2014 年 7 月 15 日从二级市场购入股票 100 万股，每股市价为 15 元，手续费 3 万元，初始确认为可供出售金融资产。

业务单据：交割单

（1）2014 年 7 月 15 日确认时：

借：可供出售金融资产——成本　　15 030 000

　　贷：银行存款　　15 030 000

（2）2014 年 12 月 31 日，该股票的市价为每股 16 元。则 2014 年 12 月 31 日，确认其公允价值变动时：

业务单据：证券价值计算表

借：可供出售金融资产——公允价值变动　　970 000

　　贷：其他综合收益　　970 000

（3）2015 年 2 月 1 日，艾丽制衣公司将该股票出售，售价为每股 13 元，另支付交易费用 1.3 万元。则 2015 年 2 月 1 日艾丽制衣公司的账务处理为：

业务单据：证券交易交割单

借：银行存款　　12 987 000

　　其他综合收益　　970 000

　　投资收益　　2 043 000

贷：可供出售金融资产——成本　　15 030 000

　　　　　　　　　　——公允价值变动　　970 000

本业务中，假设 2014 年 12 月 31 日，该股票的市价为每股 14 元。则 2014 年 12 月 31 日确认其公允价值变动时：

业务单据：证券价值计算表

借：其他综合收益　　1 030 000

　　贷：可供出售金融资产——公允价值变动　　1 030 000

2015 年 2 月 1 日，艾丽制衣公司将该股票出售，售价为每股 13 元，另支付交易费用 1.3 万元。则 2015 年 2 月 1 日乙公司的账务处理为：

业务单据：证券交易交割单

借：银行存款　　12 987 000

　　可供出售金融资产——公允价值变动　　1 030 000

　　投资收益　　2 043 000

　　贷：可供出售金融资产——成本　　15 030 000

　　　　其他综合收益　　1 030 000

二、直接计入所有者权益的损失

企业在经营活动中发生的损失分为两部分：一部分应冲减所有者权益；另一部分应计入当期损益。若为永久性的损失，则应计入当期损益，若为暂时性的损失，则冲减所有者权益。对于冲减所有者权益的损失，企业应在“资本公积——其他资本公积”和“其他综合收益”账户借方核算。

（一）采用权益法核算的长期股权投资

投资企业对于被投资单位除净亏损以外所有者权益的减少，权益法核算下，投资企业应按照持股比例计算应承担的份额，调整长期股权投资的账面价值，同时减少资本公积（其他资本公积）或其他综合收益。

例 13-11

业务单据：
证券价值计算表、权益变动说明

艾丽制衣公司持有乙企业 30% 的股份，当期乙企业因持有的可供出售金融资产公允价值下降冲减其他综合收益的金额为 100 万元，则艾丽制衣公司确认应承担被投资单位所有者权益变动的份额时：

借：其他综合收益　　300 000
　　贷：长期股权投资——其他综合收益　　300 000

采用权益法核算长期股权投资处置时，应将原计入其他综合收益相关金额转出，借记或者贷记“其他综合收益”账户，贷记或者借记“投资收益”账户。

例 13-12

艾丽制衣公司拥有 B 公司 40% 的股份，投资成本为 550 万元，2014 年 4 月 5 日，艾丽制衣公司将持有的 B 公司的股份全部出售，出售时账面反映该“长期股权投资（损益调整）”明细账贷方余额为 30 万元，“长期股权投资（其他权益变动）”明细账借方余额为 10 万元，长期股权投资减值准备余额为 30 万元，艾丽制衣公司出售该投资实际收到款项 600 万元，存入银行。

业务单据：
股权转让协议、收款通知、股权转让损益计算表

借：银行存款　　6 000 000
　　长期股权投资——损益调整　　300 000
　　长期股权投资减值准备　　300 000
　　贷：长期股权投资——其他权益变动　　100 000
　　　　长期股权投资——成本　　5 500 000
　　　　投资收益　　1 000 000

同时，结转原已记入“资本公积——其他资本公积”账户的相关金额。

借：资本公积——其他资本公积　　100 000
　　贷：投资收益　　100 000

若本例中“长期股权投资——其他权益变动”明细账为贷方余额为 10 万元，则应作会计分录如下：

借：投资收益　　100 000
　　贷：资本公积——其他资本公积　　100 000

（二）权益结算的股份支付

以权益结算的股份支付换取职工或其他方提供服务的，在行权日，应按实际行权的权益工具数量计算确定的金额，借记“资本公积——其他资本公积”账户；按计入实收资本或股本的金额，贷记“实收资本”或“股本”账户；按其差额，贷记“资本公积——资本溢价或股本溢价”账户。

（三）存货或自用房地产转换为投资性房地产

企业将作为存货的房地产和自用土地使用权或建筑物转换为采用公允价值模式计量的投资性房地产时，转换日的公允价值大于账面价值的部分，贷记“其他综合收益”，待该项投资性房地产处置时，再将原转换时贷记“其他综合收益”账户的部分转入其他业务成本，即借记“其他综合收益”账户，贷记“其他业务成本”账户。

（四）可供出售金融资产公允价值的变动

资产负债表日，可供出售金融资产的公允价值低于其账面余额的差额，借记“其他综合收益”账户，贷记“可供出售金融资产——其他综合收益”账户。

第四节 留存收益的核算

本节重点与难点：
留存收益的核算

一、留存收益概述

留存收益是指企业从历年实现的利润中提取或形成的留存于企业的内部积累，主要包括盈余公积和未分配利润两部分。

一般企业和股份有限公司的盈余公积主要包括法定盈余公积和任意盈余公积。外商投资企业还包括储备基金、企业发展基金；中外合作经营企业还包括利润归还投资。

（1）法定盈余公积，是指企业按照规定的比例从净利润中提取的盈余公积。法定盈余公积金按照净利润的10%提取，提取的法定盈余公积金累计额达到注册资本的50%以后，可以不再提取。

（2）任意盈余公积，是指企业经股东大会或类似机构批准按照规定的比例从净利润中提取的盈余公积。提取比例由企业投资者决议。国有企业可以将任意公积金与法定公积金合并提取。

企业提取的盈余公积主要用于以下几个方面：

① 弥补亏损。根据有关法规的规定，企业发生亏损，可以用发生亏损后五年内实现的税前利润来弥补，当发生的亏损在五年内仍不足弥补的，应使用以后

年度实现的所得税后利润弥补。在企业发生的亏损用所得税后利润仍不足弥补的情况下，可以用所提取的盈余公积来加以弥补。但是，用盈余公积弥补亏损应当由董事会提议，股东大会批准，或者由类似的机构批准。

② 转增资本（股本）。当企业提取的盈余公积累计达到注册资本的50%时，可不再提取，也可将盈余公积转增资本（股本），但必须经股东大会或类似机构批准。用盈余公积转增资本（股本）后，留存的盈余公积不得少于注册资本的25%。

企业提取的盈余公积，无论是用于弥补亏损，还是用于转增资本，只不过是在企业所有者权益内部作结构上的调整，比如企业以盈余公积弥补亏损时，实际是减少盈余公积留存的数额，以此抵补未弥补亏损的数额，并不引起企业所有者权益总额的变动；企业以盈余公积转增资本时，也只是减少盈余公积结存的数额，但同时增加企业实收资本或股本的数额，也并不引起所有者权益总额的变动。

③ 分派股利或利润。在特殊情况下，当企业累积的盈余公积比较多时，而未分配利润比较少时，为了维护企业形象，给投资者以合理的回报，对于符合规定条件的企业，也可以用盈余公积分派股票股利、现金股利或利润。

④ 扩大企业生产经营。盈余公积的用途，并不是指其实际占用形态，提取盈余公积也并不是单独将这部分资金从企业资金周转过程中抽出。企业盈余公积的结存数，实际只表现为企业所有者权益的组成部分，表明企业生产经营资金的一个来源而已。其形成的资金可能表现为一定的货币资金，也可能表现为一定的实物资产，如存货和固定资产等，随同企业的其他来源所形成的资金进行循环周转，用于企业的生产经营。

想一想：
留存收益包括哪些？留存收益的用途如何？

（3）未分配利润。未分配利润是企业实现的净利润经过弥补亏损、提取盈余公积和向投资者分配利润后留存在企业的、历年结存的利润，通常留待以后年度向投资者进行分配。

二、留存收益的核算

（一）盈余公积的核算

1. 盈余公积的提取

企业应设置“盈余公积”账户，核算企业从净利润中提取的盈余公积和盈余公积的使用情况。该账户下设“法定盈余公积”“任意盈余公积”明细账户。

企业按规定从净利润中提取法定盈余公积和任意盈余公积等时，应借记“利润分配（提取法定盈余公积、提取任意盈余公积）”账户，贷记“盈余公积（法定盈余公积、任意盈余公积）”账户。

2. 盈余公积的使用

（1）盈余公积转增资本：

借：盈余公积

　　贷：实收资本（股本）

业务单据：
公司董事会决议

（2）盈余公积弥补亏损：

借：盈余公积——法定盈余公积、任意盈余公积

　　贷：利润分配——盈余公积补亏

（3）盈余公积分配给股东的股票股利、现金股利：

借：盈余公积

　　贷：股本

　　　　应付股利

业务单据：公司董事会决议

业务单据：公司董事会决议、股东大会表决方案

习题试题：所有者权益核算

（二）未分配利润的形成

期末，企业应将各损益类账户的金额转入“本年利润”账户，结平各损益类账户，年度终了，应将本年收入和支出相抵后结出的本年实现的净利润，转入“利润分配”账户，借记“本年利润”账户，贷记“利润分配——未分配利润”账户；亏损作相反分录。

企业在年度终了实施利润分配并作相应的账务处理后，应将“利润分配”账户下的各有关明细账户的余额转入“利润分配——未分配利润”账户的借方。结转后，只有“未分配利润”明细账户有期末余额，若为贷方余额，反映企业历年来已经实现而尚未分配的利润，这部分利润属于投资人的权益，可留待以后年度分配给投资人；若为借方余额，反映企业历年来累计发生的未弥补的亏损。

例 13-13

艾丽制衣公司 2014 年度缴纳所得税后净利润为 210 万元，假设按规定提取 10% 的法定盈余公积，公司宣告向本公司股东分派现金股利 35 万元；向股东分派股利后提取任意盈余公积 20 万元。则公司应作会计分录如下：

借：本年利润　　2 100 000

　　贷：利润分配——未分配利润　　2 100 000

业务单据：无原始单据

提取 10% 的法定盈余公积时：

借：利润分配——提取法定盈余公积　　210 000

　　贷：盈余公积——法定盈余公积　　210 000

业务单据：盈余公积计提表

向股东分配股利时：

借：利润分配——应付现金股利　　350 000

　　贷：应付股利　　350 000

业务单据：股东大会通过的利润分配方案、股东利润分配计算表

提取任意盈余公积时：

借：利润分配——提取任意盈余公积　　200 000

　　贷：盈余公积——任意盈余公积　　200 000

业务单据：任意盈余公积计提表

年末，结平利润分配各明细账户时，公司应作会计分录如下：

借：利润分配——未分配利润　　760 000

业务单据：无原始单据

请注意：
利润分配明细账期末要进行结转，只有“未分配利润”明细账才可以有余额。

贷：利润分配——提取法定盈余公积　　210 000
　　　　　　——应付现金股利　　350 000
　　　　　　——提取任意盈余公积　　200 000

若该公司年初未分配利润为3万元，本年从“本年利润”账户转入的净利润为210万元，则该公司本年度的年末未分配利润为137万元（2 100 000+30 000−760 000=1 370 000），可留待以后年度向投资人分配，从而形成了所有者权益的一部分。

第十四章

收入的核算

本章知识点

收入的概念　销售商品收入的确认　风险和报酬　视同买断方式　收取手续费方式　劳务交易的结果能够可靠估计　完工程度　让渡资产使用权　建造合同　固定造价合同　成本加成合同　建造合同收入　建造合同成本　合同预计损失

本章技能点

一般商品销售的核算　视同买断代销的核算　收取手续费代销的核算　提供劳务收入的核算　让渡资产使用权收入的核算　建造合同的核算　工程成本的核算　工程结算的核算　工程收入和工程费用的核算　工程预计损失的核算

本章知识导图

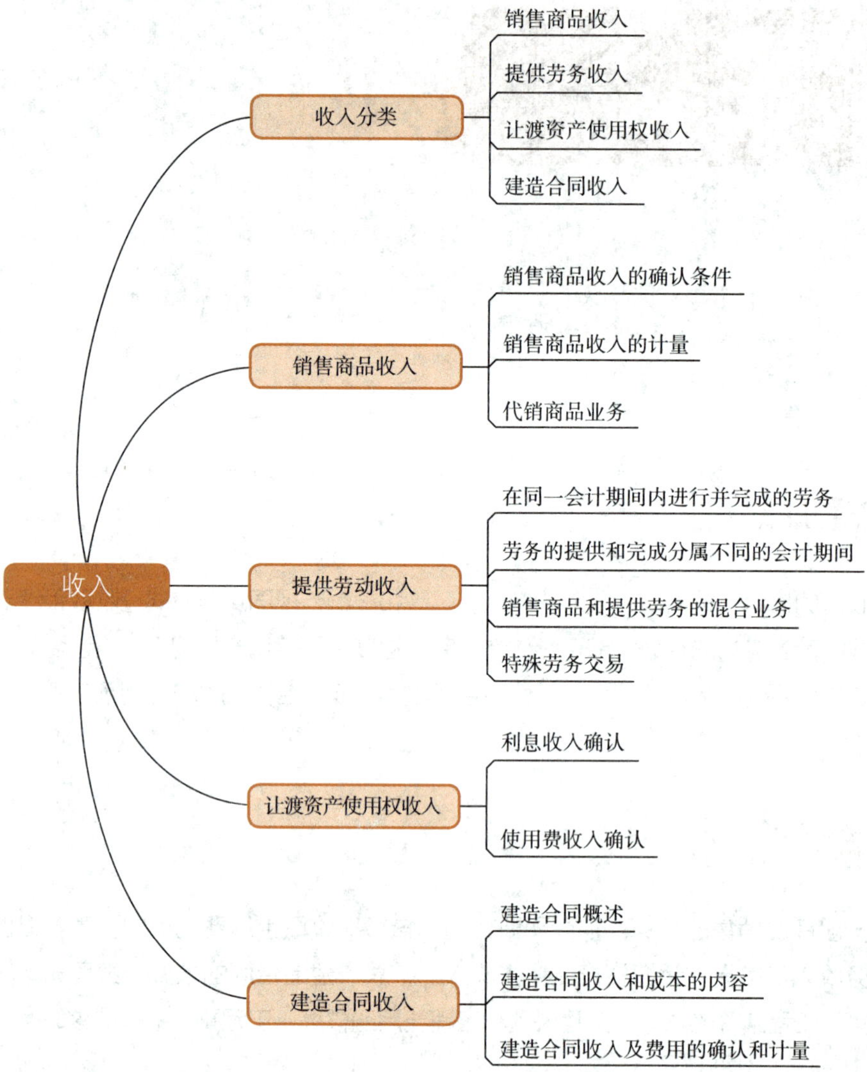
收入
收入分类
销售商品收入
提供劳务收入
让渡资产使用权收入
建造合同收入
销售商品收入
销售商品收入的确认条件
销售商品收入的计量
代销商品业务
提供劳动收入
在同一会计期间内进行并完成的劳务
劳务的提供和完成分属不同的会计期间
销售商品和提供劳务的混合业务
特殊劳务交易
让渡资产使用权收入
利息收入确认
使用费收入确认
建造合同收入
建造合同概述
建造合同收入和成本的内容
建造合同收入及费用的确认和计量

引　例

中鲁B青岛捕捞分公司于2007年6月30日，根据尚未到期的远期销售合同及内部出库单确认销售收入2 043万元。后因市场变化，直到当年年末该项合同仍未履行。导致当年利润虚增824万元。在2008年6月30日，又同样地根据尚未到期的远期销售合同及内部出库单确认销售收入772万元，虚增2002年上半年利润408万元。对此，中国证监会做出处罚决定，对当时的中鲁B董事长处以警告，并罚款5万元，对当时的财务主管等人处以警告，并罚款3万元。

会计上对收入的确认是有严格条件的。销售商品收入的确认需要同时具备五个条件。作出这样的规定，也是会计上谨慎性原则的需要。上述引例中中鲁B青岛捕捞分公司根据尚未到期的远期销售合同及内部出库单确认销售收入是不符合销售商品收入的确认条件的，违反了企业会计准则。当然，企业管理层允许这样做，肯定有背后利益的驱动。在会计实务中究竟按照什么标准来确认收入，需要根据交易的性质来确定。

第一节　收入概述

本节重点与难点：

收入按交易性质分类

一、收入的概念及特征

收入是企业在日常活动中形成的、会导致所有者权益增加的、与所有者投入资本无关的经济利益的总流入。

（一）收入的特征

（1）收入是企业日常活动中所产生的经济利益流入，而不是偶发交易、事项所产生。日常活动是指企业为完成其经营目标所从事的经常性活动以及与之相关的其他活动。

判断一项业务是否属于企业的日常活动，应注意以下三点：

第一，工业企业制造并销售产品、商业企业销售商品、保险公司签发保单、咨询公司提供咨询服务、软件企业为客户开发软件等，均属于企业为完成其经营目标所从事的经常性活动，由此产生的经济利益的总流入构成收入。

第二，工业企业转让无形资产使用权、出售原材料、对外投资（取得的利息收入、股利收入）等，属于与经常性活动相关的其他活动，由此产生的经济利益的总流入也构成收入。

第三，企业处置固定资产、无形资产等活动，不是企业为完成其经营目标所从事的经常性活动，也不属于与经常性活动相关的其他活动，由此产生的经济利益的总流入不构成收入，应当确认为营业外收入。

（2）收入可能引起资产增加或负债减少。

（3）收入能够导致所有者权益的增加。

（4）收入只包括属于本企业经济利益的流入，不包括为第三者或客户代收的款项，代收款项不会导致所有者权益的增加。

（二）收入与利得

利得是收入以外的其他收益，通常从偶发的经济业务中取得，属于那种不经过经营活动就能取得或不曾期望获得的收益，如固定资产处置的收入。利得也会导致所有者权益增加，但它是一种偶发的收益，不能称为收入。收入与利得的区别与联系见表 14-1。

表 14-1 收入与利得比较表

对比项目	相同点	不同点	
		来源	核算账户
收入	增加所有者权益	日常活动（经常性的）	主营业务收入、其他业务收入、投资收益等
利得	增加所有者权益	非日常活动（非经常性的）	营业外收入、资本公积、其他综合收益

二、收入的分类

（一）按交易性质进行分类

收入按交易的性质，分为销售商品收入、提供劳务收入和让渡资产使用权收入、建造合同收入等。

（1）销售商品收入，是指企业通过销售产品或商品而取得的收入。如制造企业销售产成品、半成品取得的收入，商品流通企业销售商品取得的收入，房地产经营商销售自行开发的房地产取得的收入。

（2）提供劳务收入，是指企业通过提供劳务作业而取得的收入。如制造企业提供工业性劳务作业取得的收入，商品流通企业提供代购代销劳务取得的收入等。

（3）让渡资产使用权收入，是指企业通过让渡资产使用权而取得的收入。如金融企业发放贷款取得的收入，企业让渡无形资产使用权取得的收入。

（4）建造合同收入，是指企业通过签订建造合同，并按合同要求为客户设计和建造房屋、道路、桥梁、水坝等建筑物以及船舶、飞机、大型机器设备等而取得的收入。

（二）按其在经营业务中所占比例分类

收入按其在经营业务中所占的比例，分为主营业务收入和其他业务收入。

（1）主营业务收入，是指企业通过主要经营业务所取得的收入。如制造企业以销售产成品、半成品和提供工业性劳务作业为主，商品流通企业以销售商品为主，旅游服务企业以门票收入、客房收入、餐饮收入为主等。主营业务收入在收入中占有较大的比重。

（2）其他业务收入，是指企业通过主要经营业务以外的其他经营活动取得的收入。如制造企业出租固定资产、出租无形资产、出租周转材料、销售不需用的原材料等实现的收入。其他业务收入在收入中所占的比重较低。

第二节 销售商品收入的核算

本节重点与难点：
融资性分期收款的销售收入确认

一、销售商品收入的确认条件

销售商品收入同时满足下列条件的，才能予以确认：一是企业已将商品所有权上的主要风险和报酬转移给购货方；二是企业既没有保留通常与所有权相联系的继续管理权，也没有对已售出的商品实施有效控制；三是收入的金额能够可靠计量；四是相关的经济利益很可能流入企业；五是相关的已发生或将发生的成本能够可靠地计量。

其中，商品包括企业为销售而生产的产品和为转售而购进的商品，企业销售的其他存货，如原材料、包装物等也视同商品。

（一）企业已将商品所有权上的主要风险和报酬转移给购货方

企业已将商品所有权上的主要风险和报酬转移给购货方，是指与商品所有权有关的风险和报酬同时转移。与商品所有权有关的风险，是指商品可能发生减值或毁损等形成的损失；与商品所有权有关的报酬，是指商品价值增值或通过使用商品等形成的经济利益。

判断企业是否已将商品所有权上的主要风险和报酬转移给购货方，应当关注交易的实质而不是形式，并结合所有权凭证的转移或实物的交付进行判断。如果与商品所有权相关的任何损失均不需要销货方承担，与商品所有权相关的任何经济利益也不归销货方所有，就意味着商品所有权上的主要风险和报酬转移给了购货方。

（1）通常情况下，转移了商品所有权凭证并交付了实物后，商品所有权上的主要风险和报酬随之转移，如大多数零售商品。

（2）某些情况下，转移了商品所有权凭证但未交付实物，商品所有权上的主要风险和报酬随之转移，这时企业只保留了次要的风险和报酬，如交款提货方式销售商品。有时已交付实物但未转移商品所有权凭证，商品所有权上的主要风险和报酬未随之转移，如采用支付手续费方式委托代销的商品。

例 14-1

艾丽制衣公司在销售商品时向顾客承诺，如果已售出的商品在 3 个月内因质量问题不符合要求，客户可以要求退货。根据以往的经验，该公司估计退货率为销售额的 1%。

本例说明，艾丽制衣公司对已售出的商品仍保留一定的风险，但由于退货率仅为销售额的 1%，表明该公司只保留了次要风险，因此可以认为商品所有权上的主要风险和报酬已经转移给了客户。

（二）企业既没有保留通常与所有权相联系的继续管理权，也没有对已售出的商品实施有效控制

如果商品售出后，企业仍保留与该商品所有权相联系的继续管理权，则说明此项销售商品交易没有完成，销售不成立，不应确认销售商品收入。同样地，如果商品出售后，企业仍可以对售出的商品实施有效控制，也说明此项销售商品不能成立，不应确认销售商品收入。

（三）收入的金额能够可靠计量

收入的金额能够可靠计量，是指收入的金额能够合理地估计。收入的金额不能够合理地估计就无法确认收入。企业商品销售价格通常能够确定，但由于商品销售过程中存在一些不确定因素，会使商品价格发生变动。在这种情况下，新的销售价格未确定前通常不应确认商品销售收入。

（四）相关的经济利益很可能流入企业

相关的经济利益很可能流入企业，是指销售商品价款收回的可能性大于不能收回的可能性，即销售商品价款收回的可能性超过 50%。

在判断销售商品价款能否收回时，应当结合以前和买方交往的经验、政府的有关政策，以及其他相关信息进行综合判断。例如，企业根据以前与买方交往的经验判断买方信誉较差，或销售时得知买方在另一项交易中发生了巨额亏损，资金周转十分困难，或在出口商品时不能肯定进口企业所在国政府是否允许将款项汇出等。在这些情况下，企业应推迟确认收入，直到这些不确定因素消除。

> **议一议：**
> 某电梯生产厂家与某大型超市签订了一份扶梯销售并附带安装的合同，电梯生产厂家已收取了全部货款，并将扶梯发送给了该超市。就该业务电梯生产厂家应该在什么时候确认扶梯销售收入？

在确定销售商品价款收回的可能性大小时，应当进行定性分析。通常情况下，企业销售的商品符合合同或协议要求，已将发票账单交付买方，买方承诺付款，就表明销售商品价款收回的可能性大于不能收回的可能性。如果企业判断销售商品价款不是很可能流入企业，应当提供确凿的证据。

（五）相关的已发生或将发生的成本能够可靠地计量

相关的已发生或将发生的成本能够可靠地计量，是指与销售商品有关的已发生或将发生的成本能够合理地估计。

根据收入和费用的配比原则，销售商品收入满足前四个条件时，相关的已发

生或将发生的成本通常能够合理地估计。如果相关的已发生或将发生的成本不能够合理地估计，企业不应确认收入，已收到的价款应确认为负债。

二、销售商品收入的计量

（一）初始计量

通常情况下，企业应当按照从购货方已收或应收的合同或协议价款确定商品销售收入金额，已收或应收的合同或协议价款显失公允的除外。

在某些情况下，合同或协议明确规定，销售商品需要延期收取价款（通常为 3 年以上），如分期收款销售商品，实质上具有融资性质，应当按照应收的合同或协议价款的公允价值确定收入金额（通常为合同或协议价款的现值）。应收的合同或协议价款与其公允价值之间的差额，应当在合同或协议期内，采用实际利率法进行摊销，冲减财务费用。在会计实务中，基于重要性原则，若采用实际利率法进行摊销与直线法进行摊销的结果相差不大时，也可以采用直线法进行摊销。其账务处理为：根据应收合同或协议价款，借记“长期应收款”账户，按应收合同或协议价款的公允价值（折现值），贷记“主营业务收入”账户，按其差额，贷记“未实现融资收益”账户。

例 14-2

2014 年 1 月 5 日，艾丽制衣公司向凯盛公司销售一批工作服，增值税发票上注明的销售价格为 30 万元，增值税税额为 51 000 元，产品已经发出，款项尚未收到，该批产品的成本为 18 万元，凯盛公司已将该批产品验收入库。

业务单据：产品出库单、增值税专用发票

艾丽制衣公司账务处理如下：

借：应收账款	351 000	
贷：主营业务收入		300 000
应交税费——应交增值税（销项税额）		51 000
借：主营业务成本	180 000	
贷：库存商品		180 000

例 14-3

艾丽制衣公司在 2009 年 1 月 1 日售出一套设备，协议约定采用分期收款方式，从销售当年年末分 5 年等额收款，每年年末收取 20 万元，合计 100 万元。如果购货方在销售成立之日支付货款，只需付 80 万元即可。假定增值税税额在销售日按 100 万元价款计算收取，税额为 17 万元。

应收金额的公允价值认定为 80 万元，与名义金额 100 万元相差较大，应采用公允价值计量。计算得出将名义金额折为当前售价的利率为 7.93%，相关数据计算如表 14-2 所示。

表 14-2 利息收益和已收本金计算表

单位：元

日期	未收本金 ①=①-③	未确认融资收益摊销 ②=①×7.93%	已收本金 ③=④-②	收现总额 ④
2009.1.1	800 000	0	0	0
2009.12.31	800 000	63 440	136 560	200 000
2010.12.31	663 440	52 611	147 389	200 000
2011.12.31	516 051	40 923	159 077	200 000
2012.12.31	356 974	28 308	171 692	200 000
2013.12.31	185 282	14 718*	185 282	200 000
合计		200 000	800 000	1 000 000

注：* 尾数调整。

业务单据：
产品出库单、增值税专用发票、利息收益和已收本金计算表、银行收账通知

根据表 14-2 的计算结果，艾丽制衣公司账务处理如下：

① 销售成立时（确认成本的会计处理略）：

借：长期应收款 1 000 000
　　银行存款 170 000
　　贷：主营业务收入 800 000
　　　　未实现融资收益 200 000
　　　　应交税费——应交增值税（销项税额） 170 000

② 第一年年末收取货款并确认融资收益（银行收账通知）：

借：银行存款 200 000
　　贷：长期应收款 200 000
借：未实现融资收益 63 440
　　贷：财务费用 63 440

③ 第二年年末至第四年年末会计处理略。

④ 第五年年末收取货款并确认剩余的融资收益：

借：银行存款 200 000
　　贷：长期应收款 200 000
借：未实现融资收益 14 718
　　贷：财务费用 14 718

（二）销售商品涉及商业折扣、现金折扣、销售折让的处理

（1）商业折扣，是指企业为促进商品销售而在商品标价的基础上给予的价格折扣。销售商品涉及商业折扣的，应当按照扣除商业折扣后的净额来确认销售商品金额。

（2）现金折扣，是指在商品销售收入金额确定的情况下，债权人为鼓励债务人在规定的期限内付款，而向债务人提供的债务扣除。也就是说，如债务人愿

意提早付款，则可以比合同约定的价款“少”付一部分。对此，会计核算中有两种处理方法：一是按净价法，即合同总价扣除现金折扣后的净额计量收入；二是按总价法，即合同总价全额计量收入。我国企业会计准则采用的是总价法，将实际发生的现金折扣计入财务费用。

例 14-4

艾丽制衣公司在 2014 年 5 月 1 日销售一批商品，增值税专用发票注明的售价为 1 万元，增值税税额 1 700 元。企业为了提早收回货款而在合同中规定符合现金折扣的条件为 2/10，1/20，n/30。假定计算现金折扣时不影响增值税税额，艾丽制衣公司的账务处理如下：

业务单据：产品出库单、增值税专用发票、银行收账通知、折扣审批单等

① 销售实现时，按销售总价确认收入：

借：应收账款　11 700
　贷：主营业务收入　10 000
　　应交税费——应交增值税（销项税额）　1 700

② 如果 5 月 9 日付清货款，则按售价 1 万元的 2% 享受 200 元的现金折扣，艾丽制衣公司实际收到货款 11 500 元。

借：银行存款　11 500
　财务费用　200
　贷：应收账款　11 700

③ 如果 5 月 18 日买方付清货款，则应享受现金折扣 100 元，艾丽制衣公司实际收到货款 11 600 元。

借：银行存款　11 600
　财务费用　100
　贷：应收账款　11 700

④ 如果购货方在 5 月底才付款，则应按全额付款。

借：银行存款　11 700
　贷：应收账款　11 700

（3）销售折让，是企业售出商品的质量不合格等原因而在售价上给予的减让。销售行为在先，购货方要求减让在后。而且通常销售折让发生在销售收入已确认之后，因此，销售折让发生时，应直接冲减当期商品销售收入。需要注意的是，涉及资产负债表日后事项的销售折让，应按资产负债表日后事项的准则处理。

例 14-5

艾丽制衣公司于 2014 年 5 月 31 日向凯盛公司销售一批商品，增值税专用发票上注明的金额为 4 万元，增值税税额为 6 800 元。同年 6 月 2 日凯盛公司在验收过程中发现商品质量不合格，要求在价格上给予 5% 的折让。假定艾丽制衣公司在销售发生时已确认销售收入，款项尚未收到，发生的销售折让允许扣减当期增值税税额，不考虑其他

因素，艾丽制衣公司的账务处理如下：

业务单据：增值税专用发票等

（1）5 月 31 日销售实现时：

借：应收账款 46 800

贷：主营业务收入 40 000

应交税费——应交增值税（销项税额） 6 800

业务单据：进货退出及索取折让证明单、红字增值税专用发票

（2）6 月 2 日发生销售折让时：

借：主营业务收入 2 000

应交税费——应交增值税（销项税额） 340

贷：应收账款 2 340

业务单据：银行收账通知等

（3）实际收到款项时：

借：银行存款 44 460

贷：应收账款 44 460

（三）销售退回

销售退回，是指企业售出的商品，由于质量等不符合要求而发生的退货。企业发生的销售退回应分别不同情况进行处理：

（1）未确认收入的已发出商品的退回，只需将已记入“发出商品”账户的商品成本转回到“库存商品”账户，采用计划成本或售价核算的，应按计划成本或售价记入“库存商品”账户，并计算产品成本差异或商品进销差价。

（2）已确认收入的销售商品退回，一般直接冲减退回当月的销售收入，同时冲减销售成本。如果该项销售退回已发生现金折扣，应同时调整相关财务费用的金额；如果该项退回允许扣减增值税税额，应同时调整“应交增值税（销项税额）”的金额。

（3）如果已确认收入的销售商品退回属于资产负债表日后事项，应当按照资产负债表日后事项的准则处理。

例 14-6

艾丽制衣公司 2014 年 11 月 20 日销售一批商品，售价为 50 000 元，增值税税额为 8 500 元，成本为 26 000 元。合同规定的现金折扣条件为 2/10，1/20，n/30。买方于 11 月 28 日付款，享受现金折扣 1 000 元。

业务单据：进货退出及索取折让证明单、红字增值税专用发票、转账支票存根、退回产品验收入库单

如果销售退回发生在 2014 年 12 月，艾丽制衣公司相应的账务处理如下：

借：主营业务收入 50 000

应交税费——应交增值税（销项税额） 8 500

贷：银行存款 57 500

财务费用 1 000

借：库存商品 26 000

贷：主营业务成本 26 000

三、代销商品业务

代销商品有两种方式：视同买断和收取手续费方式。

（一）视同买断方式

它是指由委托方和受托方签订协议，委托方按协议价收取所代销商品的货款，实际售价可由受托方自定，实际售价与协议价之间的差额归受托方所有的销售方式。

如果受托方在代销商品后，无论是否能够卖出、是否获利，均与委托方无关，那么这种销售在本质上是商品所有权上的风险和报酬已经转移给了受托方，因此委托方在交付商品时即确认销售收入；受托方作购进商品处理，在其将商品销售后应按实际售价确认销售收入，并向委托方开具代销清单。

如果委托方和受托方之间的协议明确标明，受托方可将未能售出的代销商品退还给委托方，或受托方因代销商品出现亏损时，可要求委托方补偿，那么这种代销在本质上是商品所有权上的风险和报酬并未转移给受托方，委托方在交付代销商品时不确认收入，受托方在收到代销商品时也不作购进处理。待受托方将商品销售后，按实际售价确认销售收入，并向委托方开具代销清单，委托方收到代销清单时，再确认本企业销售收入。

例 14-7

艾丽制衣公司委托百盛商场销售甲商品 100 件，协议规定受托方可将未能售出的代销商品退还给委托方，每件售价 50 元，该商品成本每件 30 元，增值税税率 17%。艾丽制衣公司收到百盛商场开来的代销清单时开具增值税发票，发票上注明：售价 5 000 元，增值税 850 元。百盛商场实际销售时开具的增值税发票上注明：售价 6 000 元，增值税为 1 020 元。

（1）艾丽制衣公司的会计分录如下：

① 艾丽制衣公司将甲商品交付百盛商场时

借：发出商品——甲商品（百盛商场） 3 000

　　贷：库存商品——甲商品 3 000

业务单据：产品出库单

② 收到代销清单时

借：应收账款——百盛商场 5 850

　　贷：主营业务收入 5 000

　　　　应交税费——应交增值税（销项税额） 850

业务单据：受托方交来的代销清单、增值税专用发票

借：主营业务成本 3 000

　　贷：发出商品——甲商品（百盛商场） 3 000

业务单据：产品出库单

③ 收到百盛商场汇来的货款 5 850 元时

借：银行存款 5 850

　　贷：应收账款——百盛商场 5 850

业务单据：银行进账单等

（2）百盛商场的会计分录如下。

业务单据：代销商品入库单

① 收到甲商品时：

借：受托代销商品——甲商品（艾丽制衣公司）　　5 000

　　贷：受托代销商品款——艾丽制衣公司　　5 000

业务单据：受托方开具的增值税专用发票、银行进账单

② 实际销售商品，收到货款及增值税时：

借：银行存款　　7 020

　　贷：主营业务收入　　6 000

　　　　应交税费——应交增值税（销项税额）　　1 020

业务单据：代销商品出库单

同时结转已销受托代销商品的成本：

借：主营业务成本　　5 000

　　贷：受托代销商品——甲商品（艾丽制衣公司）　　5 000

业务单据：向艾丽制衣公司开具的代销清单，并收到艾丽制衣公司开具的增值税专用发票

③ 受托代销商品销售后：

借：受托代销商品款——艾丽制衣公司　　5 000

　　应交税费——应交增值税（进项税额）　　850

　　贷：应付账款——艾丽制衣公司　　5 850

④ 按合同、协议价将款项 5 850 元付给艾丽制衣公司：

业务单据：转账支票存根

借：应付账款——艾丽制衣公司　　5 850

　　贷：银行存款　　5 850

（二）收取手续费方式

它是指受托方根据所代销的商品数量向委托方收取手续费的销售方式。这种代销方式与视同买断方式相比，主要特点是，受托方通常应按照委托方的价格销售，并向委托方开具代销清单时，确认收入；受托方在商品销售后，按应收取的手续费确认劳务收入。

例 14-8

假如例 14-7 中，百盛商场按每件 50 元的价格销售给顾客。艾丽制衣公司按售价的 10% 支付百盛商场手续费。百盛商场实际销售时，即向买方开出一张增值税专用发票，发票上注明：甲商品售价 5 000 元，增值税税额 850 元。艾丽制衣公司收到百盛商场交来的代销清单时，向百盛商场开具一张相同金额的增值税专用发票。

（1）艾丽制衣公司作如下会计分录。

业务单据：商品出库单

① 将甲商品交付百盛商场时：

借：发出商品——甲商品（百盛商场）　　3 000

　　贷：库存商品——甲商品　　3 000

② 收到代销清单时，向百盛商场开具增值税专用发票（100 件全部售出）时：

借：应收账款——百盛商场　　5 850

　　贷：主营业务收入　　5 000

　　　　应交税费——应交增值税（销项税额）　　850

同时结转已销代销商品的成本：

借：主营业务成本　3 000

　　贷：发出商品——甲商品（百盛商场）　3 000

③ 计算并结转手续费用：

借：销售费用　500

　　贷：应收账款——百盛商场　500

④ 收到百盛商场汇来的代销货款净额：

借：银行存款　5 350

　　贷：应收账款——百盛商场　5 350

（2）百盛商场作如下会计分录。

① 收到甲商品时：

借：受托代销商品——甲商品（艾丽制衣公司）　5 000

　　贷：受托代销商品款——艾丽制衣公司　5 000

② 实际销售商品后：

借：银行存款　5 850

　　贷：应付账款——艾丽制衣公司　5 000

　　　　应交税费——应交增值税（销项税额）　850

③ 百盛商场向艾丽制衣公司开具代销清单，并收到艾丽制衣公司开具的增值税专用发票时，因为应付的货款已入账，需要将应支付的增值税进项税额入账。

借：应交税费——应交增值税（进项税额）　850

　　贷：应付账款——艾丽制衣公司　850

同时，注销受托代销商品款和受托代销商品：

借：受托代销商品款——艾丽制衣公司　5 000

　　贷：受托代销商品——甲商品（艾丽制衣公司）　5 000

④ 归还企业货款并计算代销手续费：

借：应付账款——艾丽制衣公司　5 850

　　贷：银行存款　5 350

　　　　主营业务收入　500

业务单据：商品出库单

业务单据：受托方开具的费用发票

业务单据：银行收账通知

业务单据：受托商品入库单

业务单据：向顾客开具增值税专用发票

业务单据：手续费结算单、转账支票存根、费用发票

第三节　提供劳务收入的核算

本节重点与难点：跨期完成劳务的核算

公司提供劳务的种类很多，如旅游、运输、饮食、广告、咨询、代理、培训、产品安装等。有的劳务一次就能完成，且一般为现金交易，如饮食、理发、

照相等；有的劳务需要花费一段较长的时间才能完成，如安装、旅游、培训、远洋运输等。公司提供劳务收入的会计处理因劳务完成时间的不同而不同。

公司对外提供劳务所实现的收入以及结转的相关成本，如属于公司的主营业务，应通过“主营业务收入”“主营业务成本”等账户核算；如属于主营业务以外的其他经营活动，应通过“其他业务收入”“其他业务成本”等账户核算。公司对外提供劳务发生的支出一般先通过“劳务成本”账户予以归集，待确认为费用时，再由“劳务成本”账户转入“主营业务成本”或“其他业务成本”账户。

一、在同一会计期间内进行并完成的劳务

对于一次就能搞定的劳务，或在同一会计期间内进行并完成的劳务，应在提供劳务交易完成时确认收入，确认的金额一般为从接受劳务方已收或应收的合同或协议价款，确认原则可参照销售商品收入的确认原则。

对于一次就能完成的劳务，公司应在提供劳务完成时按所确定的收入金额，借记“应收账款”“银行存款”等账户，贷记“主营业务收入”等账户；同时，按提供劳务所发生的相关支出，借记“主营业务成本”等账户，贷记“银行存款”等账户。

对于持续一段时间但在同一会计期间内进行并完成的劳务，公司应在为提供劳务发生相关支出时，借记“劳务成本”账户，贷记“银行存款”“应付职工薪酬”“原材料”等账户。劳务完成确认劳务收入时，按确定的收入金额，借记“应收账款”“银行存款”等账户，贷记“主营业务收入”等账户；同时，结转相关劳务成本，借记“主营业务成本”等账户，贷记“劳务成本”账户。

二、劳务的提供和完成分属不同的会计期间

（一）提供劳务交易结果能够可靠估计

如果劳务的提供和完成分属不同的会计期间，且公司在资产负债表日提供劳务交易的结果能够可靠估计的，应采用完工百分比法确认提供劳务收入。

1. 提供劳务交易结果能够可靠估计的条件

同时满足以下条件的，应当认定为提供劳务交易的结果能够可靠估计。

（1）收入的金额能够可靠地计量。收入的金额能够可靠地计量，是指提供劳务收入的总额能够合理地估计。通常情况下，企业应当按照从接受劳务方已收或应收的合同或协议价款确定提供劳务收入总额。随着劳务的不断提供，可能会根据实际情况调整已收或应收的合同或协议价款，此时，企业应及时调整提供劳务收入总额。

（2）相关的经济利益很可能流入企业。相关的经济利益很可能流入企业，是指提供劳务收入总额收回的可能性大于不能收回的可能性。企业在确定劳务收入总额能否收回时，应当结合接受劳务方的信誉、以往的经验以及相关的合同条

款等因素，进行综合判断。

企业在确定提供劳务收入总额收回的可能性时，应当进行定性分析。通常情况下，企业提供的劳务符合合同或协议要求，接受劳务方承诺付款，就表明提供劳务收入总额收回的可能性大于不能收回的可能性。如果企业判断提供劳务收入总额不是很可能流入企业，应当提供确凿证据。

（3）交易的完工程度能够可靠地确定。交易的完工程度能够可靠地确定，是指交易的完工程度能够合理地估计。企业确定提供劳务交易的完工程度，可以选用下列方法：

① 已完工作的测量，是由专业测量师对已经提供的劳务进行测量，并按一定的方法计算确定提供劳务交易的完工程度。

② 已提供的劳务占应提供劳务总量的比例，这种方法主要以劳务量为标准确定提供劳务交易的完工程度。

③ 已经发生的成本占估计总成本的比例，这种方法主要以成本为标准确定提供劳务交易的完工程度。

（4）交易中已发生和将发生的成本能够合理地计量。企业应当建立完善的内部成本核算制度来提供每期发生的成本，并对完成剩余劳务将要发生的成本作出科学、合理的估计。同时应随着劳务的不断提供或外部情况的不断变化，随时对将要发生的成本进行修订。

2. 完工百分比法的具体应用

完工百分比法，是指按照提供劳务交易的完工进度确认收入和费用的方法。在这种方法下，确认提供劳务收入金额能够提供各个会计期间关于提供劳务交易及其业绩的有用信息。

企业应当在资产负债表日，根据下列公式确认本期提供劳务收入和费用。计算公式如下：

$$\text{本期确认的收入} = \text{劳务总收入} \times \text{本期末止劳务的完工进度} - \text{以前期间累计已确认的收入}$$

$$\text{本期确认的费用} = \text{预计劳务总成本} \times \text{本期末止劳务的完工进度} - \text{以前期间累计已确认的费用}$$

采用完工百分比法确认劳务收入及相关的费用时，对于预收的款项，应借记“银行存款”账户，贷记“预收账款或应收账款”账户；对于所发生的成本项目支出，借记“劳务成本”账户，贷记“银行存款”“应付职工薪酬”等账户；确认本期的劳务收入时，按确定的劳务收入金额借记“预收账款”或“应收账款”账户，贷记“主营业务收入”等账户；确认本期的费用时，按确定的金额借记“主营业务成本”等账户，贷记“劳务成本”账户。

例 14-9

泰森科技公司 2013 年 10 月 1 日与一家医院签订一项合同，为其开发一套软件，工期大约5个月，合同总收入（含税）40万元。至2013年12月31日，泰森科技公司已发生成本22万元（假定均为开发人员薪酬），预收账款25万元。泰森科技公司预计开发软件还将发生成本8万元。至当年底，经专业测量师测量，该软件的完工程度为60%。假定泰森科技公司按季度编制财务报表，不考虑其他因素。其账务处理如下：

2013年12月31日确认提供劳务收入=40×60%-0=24（万元）

2013年12月31日确认提供劳务成本=（22+8）×60%-0=18（万元）

业务单据：工资费用分配汇总表

实际发生劳务成本时：

借：劳务成本　　220 000

　　贷：应付职工薪酬　　220 000

业务单据：银行进账单、预收劳务费收据

预收劳务款项时：

借：银行存款　　250 000

　　贷：预收账款　　250 000

业务单据：劳务完工进度表

2013年12月31日确认提供劳务收入，并结转成本：

借：预收账款　　240 000

　　贷：主营业务收入　　226 415

　　　　应交税费——应交增值税（销项税额）　　13 585

借：主营业务成本　　180 000

　　贷：劳务成本　　180 000

（二）提供劳务交易结果不能可靠估计

当在资产负债表日，提供劳务交易的结果不能可靠估计的，企业不能采用完工百分比法确认提供劳务收入。此时，企业应当分别下列情况作出处理：

（1）已经发生的劳务成本预计能够得到补偿的，将已发生的成本金额确认为提供劳务收入，并按相同金额结转成本。这种情况下，企业应按已发生的劳务成本金额，借记“应收账款”“预收账款”等账户，贷记“主营业务收入”账户；同时，借记“主营业务成本”账户，贷记“劳务成本”账户。

（2）已发生的劳务成本只能得到部分补偿的，应将能够得到补偿的劳务成本金额确认为收入，并按已经发生的劳务成本结转成本。在这种情况下，企业按能够得到补偿的劳务成本金额，借记“应收账款”“预收账款”等账户，贷记“主营业务收入”账户；同时，借记“主营业务成本”账户，贷记“劳务成本”账户。

（3）已发生的劳务成本预计全部不能得到补偿的，则不应确认提供劳务收入，但应将已发生的劳务成本确认为当期费用。在这种情况下，企业应按已发生的劳务成本金额，借记“主营业务成本”账户，贷记“劳务成本”账户。

例14-10

2013年8月25日，凯盛公司接受乙公司委托，为其培训一批学员，培训期为6个月，2013年9月1日开学。协议规定，乙公司应向凯盛公司支付的培训费总额为12万元，分三次等额支付，第一次在开学时预付，第二次在2013年12月31日支付，第三次在培训结束时支付。2013年9月1日，乙公司预付培训费4万元。2013年12月31日，乙公司未能如约支付第二次培训费，凯盛公司了解到乙公司发生了财务困难，后两次培训费能否收回难以确定。截至2013年12月31日，凯盛公司实际发生培训支出3万元，其中培训人员薪酬25 000元，以银行存款支付其他费用5 000元。凯盛公司的有关会计处理如下：

（1）2013年9月1日，收到乙公司预付的培训费：

借：银行存款 40 000
　　贷：预收账款——乙公司 40 000

> 业务单据：银行进账单、预收劳务费收据

（2）确认实际发生的培训支出：

借：劳务成本 25 000
　　贷：应付职工薪酬 25 000

借：劳务成本 5 000
　　贷：银行存款 5 000

> 业务单据：工资费用分配汇总表、转账支票存根

（3）2013年12月31日，确认提供劳务收入并结转成本：

借：预收账款 30 000
　　贷：主营业务收入 30 000

借：主营业务成本 30 000
　　贷：劳务成本 30 000

> 业务单据：劳务收入、劳务成本结转计算表

假定上例中，截至2013年12月31日实际发生的培训支出为5万元，其他条件不变，则凯盛公司在2013年12月31日确认提供劳务收入并结转成本时，应作如下会计处理：

借：预收账款 40 000
　　贷：主营业务收入 40 000

借：主营业务成本 50 000
　　贷：劳务成本 50 000

> 请注意：如果劳务交易结果不能可靠估计，本期确认的收入等于能够得到补偿的劳务成本（不能得到补偿的不确认收入）；本期确认的费用等于实际发生的费用。

三、销售商品和提供劳务的混合业务

（1）企业与其他企业签订的合同或协议包括销售商品和提供劳务的，销售商品部分和提供劳务部分能够区分且能单独计算的，应当将销售商品的部分作为销售商品处理，将提供劳务的部分作为提供劳务处理。

（2）销售商品部分和提供劳务部分不能区分，或虽能区分但不能单独计算的，应当将销售商品部分和提供劳务部分全部作为销售商品处理。

四、特殊劳务交易

下列提供劳务满足收入确认条件的，应按规定确认收入：

（1）安装费，在资产负债表日根据安装的完工进度确认收入。安装工作是

销售商品附带条件的，安装费在确认商品销售实现时确认收入。

（2）宣传媒介的收费，在相关的广告或商业行为开始出现于公众面前时确认收入。广告的制作费，在资产负债表日根据制作广告的完工进度确认收入。

（3）为特定客户开发软件的收费，在资产负债表日根据开发的完工进度确认收入。

（4）包括在商品售价内可区分的服务费，在提供服务的期间内分期确认收入。

（5）艺术表演、招待宴会和特殊活动的收费，在相关活动发生时确认收入。收费涉及几项活动的，预收的款项应合理分配给每项活动，分别确认收入。

（6）申请入会费和会员费只允许取得会籍，所有其他服务或商品提供都要另行收费的，在款项收回不存在重大不确定性时，确认收入。申请入会费和会员费能使会员在会员期内得到各种服务或商品，或低于非会员的价格向会员提供商品和劳务的，在整个受益期内分期确认收入。

（7）属于提供设备和其他有形资产的特许权费，在交付资产或转移资产所有权时确认收入；属于提供初始及后续服务的特许权费，在相关劳务活动发生时确认收入。

（8）长期为客户提供重复的劳务而收取的劳务费，在相关劳务活动发生时确认收入。

例 14-11

唐久公司与乙公司签订协议，唐久公司允许乙公司经营其连锁店。协议约定，唐久公司共向乙公司收取特许权费 600 000 元，其中提供家具、柜台等收费 200 000 元，这些家具、柜台成本为 180 000 元；提供初始服务，如帮助选址、培训人员、融资、广告等收费 300 000 元，共发生成本 200 000 元（其中，140 000 元为人员薪酬，60 000 元为支付的广告费用）；提供后续服务收费 100 000 元，发生成本 50 000 元（均为人员薪酬）。协议签订当日，乙公司一次性付清所有款项。假定不考虑其他因素，唐久公司的账务处理如下。

业务单据：银行进账单、特许权使用费收据

① 收到款项时：

借：银行存款　　600 000

　　贷：预收账款　　600 000

业务单据：销售发票、商品出库单

② 确认家具、柜台的特许权费收入并结转成本时：

借：预收账款　　200 000

　　贷：主营业务收入　　200 000

借：主营业务成本　　180 000

　　贷：库存商品　　180 000

业务单据：工资费用分配汇总表、转账支票存根、提供初始劳务完成情况表

③ 提供初始服务时：

借：劳务成本　　200 000

　　贷：应付职工薪酬　　140 000

　　银行存款　　60 000

借：预收账款　　300 000

　　贷：主营业务收入　　300 000

借：主营业务成本　　200 000

　　贷：劳务成本　　200 000

④ 提供后续服务时：

借：劳务成本　　50 000

　　贷：应付职工薪酬　　50 000

借：预收账款　　100 000

　　贷：主营业务收入　　100 000

借：主营业务成本　　50 000

　　贷：劳务成本　　50 000

业务单据：

工资费用分配汇总表、提供后续劳务完成情况表

第四节　让渡资产使用权收入的核算

本节重点与难点：

使用费收入的确认

让渡资产使用权收入主要包括两类，即利息收入和使用费收入。企业对外出租资产收取的租金、进行债券投资收取的利息、进行股权投资取得的股利，也属于让渡资产使用权形成的收入。

让渡资产使用权收入同时满足下列条件的，才能予以确认：一是相关的经济利益很可能流入企业；二是收入的金额能够可靠计量。

一、利息收入

企业应在资产负债表日，按照他人使用本企业货币资金的时间和实际利率计算确定利息收入金额。按计算确定的利息收入金额，借记“应收利息”“长期借款”“银行存款”等账户，贷记“利息收入”“其他业务收入”等账户。

二、使用费收入

使用费收入应当按照有关合同约定的收费时间和方法计算确定。不同的使用费收入，收费时间和方法不同。有一次性收取一笔固定费用的，如一次收取 10 年的场地使用费；也有在合同或协议规定的有效期内分期等额收取的；还有分期不等额收取的，如按资产使用方每期销售额的百分比收取使用费等。

如果合同或协议规定一次性收取使用费，且不提供后续服务的，应当视同销

售该项资产，一次性确认收入；提供后续服务的，应在合同或协议规定的有效期内分期确认收入。

如果合同或协议规定分期收取使用费的，应按合同或协议规定的收款时间和金额或规定的收费方法计算确定的金额分期确认收入。

例 14-12

艾丽制衣公司向丙公司转让其商品的商标使用权，约定丙公司每年年末按销售收入的 10% 支付使用费，使用期 5 年。第一年丙公司实现销售收入（含税）600 000 元，第二年丙公司实现销售收入（含税）900 000 元。假定艾丽制衣公司均于每年年末收到使用费，不考虑其他因素，该公司账务处理如下：

业务单据：商标使用费收入计算表、转让商标使用权发票、银行进账单

第一年年末确认使用费收入时：

借：银行存款	60 000	
贷：其他业务收入		56 604
应交税费——应交增值税（销项税额）		3 396

第二年年末确认使用费收入时：

借：银行存款	90 000	
贷：其他业务收入		84 906
应交税费——应交增值税（销项税额）		5 094

本节重点与难点：建造合同收入的确认与计量

第五节 建造合同收入的核算

一、建造合同概述

（一）建造合同定义和特点

1. 建造合同的定义

建造合同，是指为建造一项或数项在设计、技术、功能、最终用途等方面密切相关的资产而订立的合同。合同的甲方称为客户，乙方称为建造承包商。其中，所建造的资产主要有房屋、道路、桥梁、水坝等建筑物，以及船舶、飞机、大型机械设备等。

2. 建造合同的特点

建筑安装企业和生产飞机、船舶、大型机器设备等产品的工业制造企业，其生产经营活动、经营方式不同于一般工商企业，因此建造合同不同于一般的材料采购合同和劳务合同，而是有其自身的特点，主要表现为：

（1）先有买主（即客户），后有标的（即资产），建造资产的造价在签订合

同时已经确定。

（2）资产的建设期长，一般都要跨越一个会计年度，有的长达数年。

（3）所建造的资产体积大、造价高。

（4）建造合同一般为不可取消的合同。

（二）建造合同的分类

建造合同分为两类：一类是固定造价合同；另一类是成本加成合同。

（1）固定造价合同是指按固定的合同价或固定单价确定工程价款的建造合同。例如，某建筑承包商与一客户签订一项建造一栋办公大楼的建造合同，合同规定建造该大楼的总造价 3 000 万元。该合同即为固定造价合同。

（2）成本加成合同是指以合同允许或其他方式议定的成本为基础，加上该成本的一定比例或定额费用确定工程价款的建造合同。例如，建造承包商与一客户签订一项建造一台设备的建造合同，双方约定以建造该设备的实际成本为基础，合同价款以实际成本加成 2% 计算确定。该合同就属于成本加成合同。

固定造价合同与成本加成合同的主要区别在于风险的承担者不同。前者的主要风险由建造承包方承担，后者的风险主要由发包方承担。

二、建造合同收入和成本的内容

（一）建造合同收入

建造合同收入包括合同中规定的初始收入和因合同变更、索赔、奖励等形成的收入。

（1）建造合同的初始收入，即建造承包商与客户在双方签订的合同中最初商定的合同总金额。它构成了合同收入的基本内容。

（2）因合同变更、索赔、奖励等形成的收入。这部分收入不构成双方在签订合同时已在合同中商定的合同总金额（即初始收入），而是在执行合同过程中由于合同变更、索赔、奖励等原因而形成的追加收入。建造承包商不能随意确认这部分收入，只有在符合确认条件时，才能构成合同总收入。

合同变更是指客户为改变合同规定的作业内容而提出的调整。合同变更款同时满足下列条件的，才能构成合同收入：① 客户能够认可因变更而增加的收入；② 该收入能够可靠地计量。

例 14–13

某建造承包商与客户签订了一项建造图书馆的合同，建设期 3 年。第二年，客户要求将原设计中采用的铝合金门窗改为采用塑钢门窗，并同意增加合同造价 50 万元。

本例中建造承包商可在第二年将因合同变更而增加的收入 50 万元确认为合同收入的组成部分；假如建造承包商认为此项变更应增加造价 50 万元，但双方最终只达成增加造价 40 万元的协议，则只能将 40 万元认定为合同收入的组成部分。

索赔款是指因客户或第三方的原因造成的、向客户或第三方收取的用以补偿不包括在合同造价中成本的款项。索赔款同时满足下列条件的，才能构成合同收入：① 根据谈判情况，预计对方能够同意该项索赔；② 对方同意接受的金额能够可靠地计量。

例 14-14

某建造承包商与一家煤炭企业签订了一份金额为 1 000 万元的建造合同，建造一座电站。合同规定的建设期为一年半。在该合同执行过程中，客户因自身的原因要求提前一个月竣工而导致成本增加。为此，该建造承包商要求客户支付索赔款 90 万元。

本例中，建造合同的初始收入为 1 000 万元。如果谈判的结果是，客户同意支付索赔款 90 万元，则因索赔而增加的收入 90 万元应确认为合同收入的组成部分，即该项建造合同的总收入应为 1 090 万元。假如客户只同意支付 50 万元的索赔款，则只能将 50 万元计入合同总收入，则该建造合同的总收入为 1 050 万元。

如果本例中所建电站提前 40 天完工，客户同意向建造承包商支付提前竣工奖 100 万元，则该建造合同总收入为 1 100 万元。

（二）建造合同成本

建造合同成本包括从签订合同开始至合同完成止所发生的、与执行合同有关的直接和间接费用。这里所说的“直接费用”是指为完成合同所发生的、可以直接计入合同成本核算对象的各项费用支出；“间接费用”是指为完成合同所发生的不宜直接归属于合同成本核算对象而应分配计入有关合同成本核算对象的各项费用支出。与合同有关的零星收益，即在合同执行过程中取得的非经常性的零星收益，如完成合同后处置残余物质取得的收益，不应计入合同收入而应冲减合同成本。

（1）直接费用的组成。合同的直接费用包括四项内容：耗用的材料费用、耗用的人工费用、耗用的机械费用和其他直接费用。直接费用在发生时直接计入合同成本。

耗用的材料费用，主要包括施工生产过程中耗用的构成工程实体或有助于形成工程实体的原材料、辅助材料、构配件、零件、半成品的成本和周转材料的摊销及租赁费用。周转材料是指企业在施工过程中能够多次使用并可基本保持原来的实物形态而逐渐转移其价值的材料，如施工中使用的模板、挡板和脚手架等。

耗用的人工费用，主要包括从事工程建造人员的工资、奖金、津贴、补贴、职工福利费等职工薪酬。

耗用的机械使用费，主要包括施工生产过程中使用自有施工机械所发生的机械使用费、租用外单位施工机械支付的租赁费和施工机械的安装、拆卸和进出场费。

其他直接费用，是指在施工过程中发生的除上述三项直接费用以外的其他可以直接计入合同成本核算对象的费用支出，主要包括有关的设计和技术援助费用、施工现场材料的二次搬用费、生产工具和用具使用费、检验试验费、工程定位复测费、场地清理费用等。

（2）间接费用的组成。间接费用主要包括临时设施摊销费用和企业下属的施工单位、生产单位为组织和管理施工生产活动所发生的费用，如管理人员薪酬、劳动保护费、固定资产折旧费及修理费、物料消耗、取暖费、水电费、办公费、差旅费、财产保险费、工程保修费、排污费等。其中，“施工单位”是指建筑安装企业的施工队、项目经理部等；“生产单位”是指船舶、飞机、大型机械设备等制造企业的生产车间。这些单位可能同时组织实施几项合同，其发生的费用应由这几项合同的成本共同负担。实务中，间接费用的分配方法主要有人工费用比例法、直接费用比例法等。

建造承包商为筹集生产经营所需资金而发生的借款费用，符合资本化条件的，计入合同成本；不符合资本化条件的，计入当期财务费用。建造承包商因订立合同而发生的差旅费、投标费等有关费用能够单独区分和可靠计量且合同很可能订立的，应当予以归集，待取得合同时计入合同成本；未满足上述条件的，应当直接计入当期损益。

三、建造合同收入和合同费用的确认与计量

建造合同收入及费用的确认和计量，应当根据建造合同的结果能否可靠估计，分别采用不同的方法进行会计处理。

（一）建造合同的结果能够可靠地估计

在资产负债表日，建造合同的结果能够可靠地估计的，应当根据完工百分比法确认合同收入和费用。完工百分比法是根据合同完工进度确认合同收入和费用的方法。

1. 建造合同的结果能够可靠地估计的标准

固定造价合同的结果能够可靠地估计，是指同时满足下列条件：

① 合同总收入能够可靠地计量；② 与合同有关的经济利益很可能流入企业；③ 实际发生的合同成本能够清楚地区分和可靠地计量；④ 合同完工进度和为完成合同尚需发生的成本能够可靠地确定。

成本加成合同的结果能够可靠地估计的认定标准：① 与合同相关的经济利益很可能流入企业；② 实际发生的合同成本能够清楚地区分和可靠地计量。

2. 确定完工进度的三种方法

① 合同完工进度可以按累计实际发生的合同成本占合同预计总成本的比例；

② 已经完成的合同工作量占合同预计总工作量的比例；

③ 无法以上述两种方法确定的情况下，由专业人员实际测定完工进度。

3. 完工百分比法在建造合同中的应用

确定了建造合同的完工进度后，就可以根据完工百分比法确认和计量当期的合同收入和费用，可按下列公式计算（公式中的完工进度指累计完工进度）：

$$\text{当期确认的合同收入} = \text{合同总收入} \times \text{完工进度} - \text{以前期间累计已确认的收入}$$

$$\text{当期确认的合同费用} = \text{合同预计总成本} \times \text{完工进度} - \text{以前期间累计已确认的费用}$$

当期确认的合同毛利 = 当期确认的合同收入 − 当期确认的合同费用

值得注意的是，计算最后一年的合同收入和合同费用应采用倒挤的方式处理，以免出现误差。

例 14–15

山西建筑公司签订一项总金额为 2 000 万元的固定造价合同，承建一座桥梁。合同完工进度按照累计实际发生的合同成本占合同预计总成本的比例确定。工程已于 2012 年 7 月开工，预计 2014 年 9 月完工。最初，预计工程总成本为 1 800 万元，到 2013 年，由于材料价格上涨等因素调整了预计总成本，预计工程总成本达 2 100 万元。该项工程于 2014 年 6 月提前 3 个月完成了建造合同，客户同意支付奖励款 300 万元。建造该项工程的其他有关资料，见表 14–3。

表 14–3 合同成本及价款有关资料

单位：万元

项目	2012 年	2013 年	2014 年
累计实际发生	630	1 575	2 080
预计完成合同尚需发生成本	1 170	525	—
结算合同价款	900	900	500
实际收到价款	850	860	590

根据以上资料，山西建筑公司对建造合同的有关会计处理如下（为方便起见，下列会计处理均按汇总金额登记）。

（1）2012 年的会计处理。

业务单据：工程成本分配表

① 登记实际发生的合同成本：

借：工程施工——合同成本　　6 300 000

　　贷：原材料、应付职工薪酬、机械作业等　　6 300 000

业务单据：合同价款结算表

② 登记已结算的合同价款：

借：应收账款　　9 000 000

　　贷：工程结算　　9 000 000

业务单据：银行进账单收账通知联

③ 登记实际收到的合同价款：

借：银行存款　　8 500 000

　　贷：应收账款　　8 500 000

业务单据：合同收入、合同毛利、合同费用计算表

④ 确认当年的收入和费用并登记入账：

2012 年的完工进度 =630÷（630+1 170）×100%=35%

2012 年确认的合同收入 =2 000×35%=700（万元）

2012 年确认的合同费用 =（630+1 170）×35%=630（万元）

2012 年确认的毛利 =700−630=70（万元）

借：主营业务成本　　6 300 000

　工程施工——合同毛利　　700 000

　　贷：主营业务收入　　7 000 000

（2）2013 年的会计处理。

① 登记实际发生的合同成本：

2013 年发生的合同成本 =1 575−630=945（万元）

借：工程施工——合同成本　　9 450 000

　　贷：原材料、应付职工薪酬、机械作业等　　9 450 000

② 登记已结算的合同价款：

借：应收账款　　9 000 000

　　贷：工程结算　　9 000 000

③ 登记实际收到的合同价款：

借：银行存款　　8 600 000

　　贷：应收账款　　8 600 000

④ 确认当年的收入和费用并登记入账：

2013 年的完工进度 =1 575÷（1 575+525）×100%=75%

2013 确认的合同收入 =2 000×75%−700=800（万元）

2013 年确认的合同费用 =（1 575+525）×75%−630=945（万元）

2013 年确认的毛利 =800−945=−145（万元）

2013 年确认的合同预计损失 =（1 575+525−2 000）×（1−75%）=25（万元）

借：主营业务成本　　9 450 000

　　贷：主营业务收入　　8 000 000

　　　　工程施工——合同毛利　　1 450 000

同时作如下会计处理：

借：资产减值损失　　250 000

　　贷：存货跌价准备　　250 000

业务单据：存货跌价准备计算表

（3）2014 年的会计处理。

① 登记实际发生的合同成本：

2014 年发生的合同成本 =2 080−1 575=505（万元）

借：工程施工——合同成本　　5 050 000

　　贷：原材料、应付职工薪酬、机械作业等　　5 050 000

② 登记已结算的合同价款：

借：应收账款　　5 000 000

　　贷：工程结算　　5 000 000

③ 登记实际收到的合同价款：

借：银行存款　　5 900 000

　贷：应收账款　　5 900 000

④ 确认当年的收入和费用并登记入账：

2014 年确认的合同收入 =（2 000+300）-（700+800）=800（万元）

2014 年确认的合同费用 =2 080-（630+945）=505（万元）

2014 年确认的毛利 =800-505=295（万元）

借：主营业务成本　　5 050 000

　工程施工——合同毛利　　2 950 000

　贷：主营业务收入　　8 000 000

⑤ 2014 年项目完工，应以“存货跌价准备”账户相关余额冲减主营业务成本，同时，将“工程施工”账户的余额与“工程结算”账户的余额对冲。

借：存货跌价准备　　250 000

　贷：主营业务成本　　250 000

借：工程结算　　23 000 000

　贷：工程施工——合同成本　　20 800 000

　　　　——合同毛利　　2 200 000

请注意：
应用完工百分比法确认合同收入和费用的条件

（二）建造合同的结果不能可靠估计

如果建造合同的结果不能可靠估计，则不采用完工百分比法确认合同收入和费用，而应区分以下两种情况进行会计处理：① 合同成本能够收回的，合同收入应根据能够收回的实际合同成本加以确认，合同成本在其发生的当期确认为费用；② 合同成本不可能收回的，应当在发生时，立即确认为合同费用，不确认合同收入。

例 14-16

山西建筑公司与其另一客户签订了一项总金额为 120 万元的建造合同。第一年实际发生工程成本 50 万元，双方均能履行合同规定的义务，但建筑公司在年末时对该项合同的完工进度无法可靠确定。

本例中，该公司不能采用完工百分比法确认合同收入。由于客户能够履行合同，当年发生的成本均能收回，所以公司可将当年发生的成本金额同时确认为当年的收入和费用，当年不确认利润。其账务处理如下：

业务单据：
合同收入、合同毛利、合同费用计算表

借：主营业务成本　　500 000

　贷：主营业务收入　　500 000

如果该公司当年与客户只办理价款结算 30 万元，其余款项可能收不回来。在这种情况下，该公司只能将 30 万元确认为当年的收入，50 万元应确认为当年的费用。其账务处理如下：

借：主营业务成本　　500 000

　贷：主营业务收入　　300 000

工程施工——合同毛利 200 000

如果使建造合同的结果不能可靠估计的不确定因素消失，就不应该按上述方法确认合同收入和费用，而应转为按照完工百分比法确认合同收入和费用。

例 14-17

沿用例 14-16，如果到第二年，完工进度无法可靠确定的因素消除。第二年实际发生的成本为 30 万元，预计为完成合同尚需发生的成本为 20 万元，则企业第二年应当计算合同收入和费用如下：

第二年合同完工进度 =（50+30）÷（50+30+20）=80%

第二年确认的合同收入 =120×80%-30=66（万元）

第二年确认的合同费用 =（50+30+20）×80%-50=30（万元）

第二年确认的合同毛利 =66-30=36（万元）

根据以上计算结果，账务处理如下：

借：主营业务成本 300 000
　　工程施工——合同毛利 360 000
　　贷：主营业务收入 660 000

（三）合同预计损失的处理

建造承包商正在建造的资产，类似于工业企业的在产品，性质上属于建造承包商的存货，期末应当对其进行减值测试。如果建造合同的预计总成本超过合同收入，则形成合同预计损失，应提取损失准备，并确认为当期费用。合同完工时，将已提取的损失准备冲减合同费用。

例 14-18

山西建筑公司签订了一项总金额为 120 万元的固定造价合同，为其客户建造地下仓库。最初预计总成本为 100 万元。第一年实际发生的成本为 70 万元。年末预计为完成合同尚需发生的成本为 55 万元。该合同的结果能够可靠估计。该公司在第一年年末应进行如下账务处理：

第一年合同完工进度 =70÷（70+55）=56%

第一年确认的合同收入 =120×56%=67.2（万元）

第一年确认的合同费用 =（70+55）×56%=70（万元）

第一年确认的合同毛利 =67.2-70=-2.8（万元）

第一年预计的合同损失 =［（70+55）-120］×（1-56%）=2.2（万元）

根据以上计算结果，进行如下会计处理：

借：主营业务成本 700 000
　　贷：主营业务收入 672 000
　　　　工程施工——合同毛利 28 000

借：资产减值损失 22 000
　　贷：存货跌价准备 22 000

业务单据：
合同收入、合同毛利、合同费用计算表、存货跌价准备计算表

习题试题：
收入的核算

请注意：
建造合同预计损失的处理是通过计提存货跌价准备来进行的。当施工过程中出现建造合同的预计总成本超过合同总收入，就要预计合同损失。

第十五章

费用的核算

本章知识点

成本与费用的区别　管理费用　销售费用　财务费用　永久性差异　暂时性差异　应付税款法　纳税影响会计法　资产负债表债务法　资产的计税基础　负债的计税基础　应纳税暂时性差异　可抵扣暂时性差异　递延所得税资产　递延所得税负债

本章技能点

管理费用的核算　销售费用的核算　财务费用的核算　永久性差异的确定　暂时性差异的确定　资产负债表债务法　资产计税基础的确定　负债计税基础的确定　应纳税暂时性差异　可抵扣暂时性差异的确认　递延所得税资产的核算　递延所得税负债的核算

本章知识导图

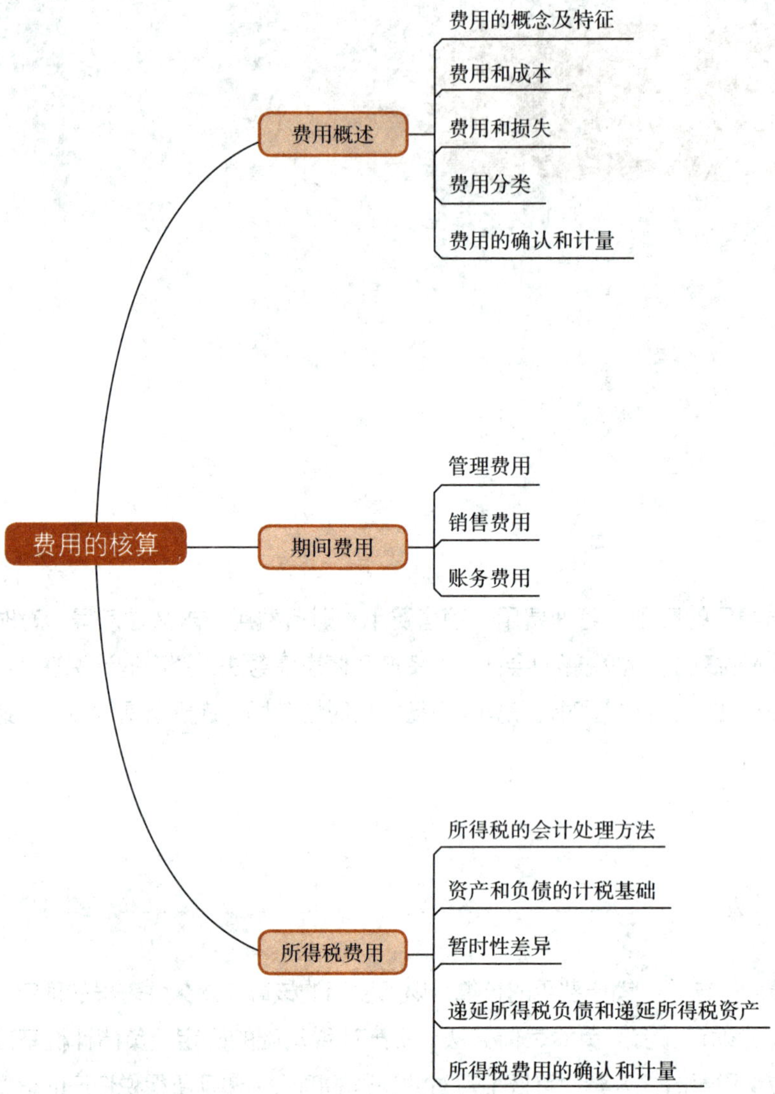
费用的核算
费用概述
费用的概念及特征
费用和成本
费用和损失
费用分类
费用的确认和计量
期间费用
管理费用
销售费用
账务费用
所得税费用
所得税的会计处理方法
资产和负债的计税基础
暂时性差异
递延所得税负债和递延所得税资产
所得税费用的确认和计量

引　例

全球最大的垃圾处理公司——美国废物管理公司，曾在1989—1996年长达7年时间内，利用费用的确认来进行会计舞弊，使公司一度陷入丑闻困境之中。在1989—1996年的7年间，废物管理公司将本应计入财务费用的1.92亿美元利息支出继续资本化为在建工程或固定资产。除此之外，废物管理公司还将系统开发费用、管理费用、财产保险费用资本化，计入了在建工程和固定资产的价值。

费用是与收入相配比的，费用的发生，会使企业利润减少。企业将发生的费用计入在建工程和固定资产的价值，会导致利润的虚增和资产价值的高估。相反，如果企业将购置的资产计入费用，会导致少计利润，少计资产价值。因此，《企业会计准则》对费用的确认，也有严格的规定。

第一节　费用概述

本节重点与难点：

费用、成本、损失三者区别

一、费用的概念及特征

费用是指企业日常活动中发生的、会导致所有者权益减少的、与向所有者分配利润无关的经济利益的总流出。费用具有以下两个基本特征：

一是，费用最终会减少企业的资源；

二是，费用会减少企业的所有者权益。

二、费用和成本

虽然费用和成本的发生都是货币资金的付出或其他资产的耗费，但是成本并不等于费用。费用是相对于收入而言的，当这些支出和耗费与当期收入相配比时，即计入当期损益时，才能成为当期的费用。期间费用就是指，当它们发生时，不能与某一种类的收入相配比，只能与相应期间的收入相配比；成本是指企业为生产产品、提供劳务而发生的各种耗费，这种耗费通常按一定的对象加以归集，形成产品成本或某一项目的成本。因此，成本是耗费的对象化。当成本对象被销售后，相应的对象化的耗费（即相应的成本）就转为与其收入相配比的费用。而从某一会计期间看，在计算利润时，成本不能被收入直接抵减，除非成本对象被销售。而期间费用则被相应期间的收入直接抵减，作为当期收益的减除项目。由此可以看出，站在利润表的角度，企业的营业成本、营业税金及附加、期间费用和所得税费用等都属于费用项目。

三、费用和损失

损失是指企业非日常活动所发生的、会导致所有者权益减少的、与向所有者分配利润无关的经济利益的流出。费用和损失的发生虽然都会减少企业的所有者权益总额，但损失不等于费用。费用与损失的联系和区别见表15-1。

表15-1 费用与损失比较表

对比 项目	相同点	不同点	
		来源	核算账户
费用	减少所有者权益	日常活动（经常性的）	销售费用、管理费用、财务费用等
损失	减少所有者权益	非日常活动（非经常性的）	营业外支出、资本公积

议一议：生产企业的主营业务成本是指已销产品的成本。它包括哪些耗费项目？

在会计工作实务中，人们习惯上把按成本对象归集的耗费和期间费用统称为费用。这种笼统的说法，混淆了成本和费用的区别。

四、费用分类和账户设置

费用通常分为营业成本、期间费用及相关税费，见表15-2。

表15-2 费用分类及账户设置比较

比较项 分类及账户设置		定义	内容简要
营业成本	主营业务成本	确认销售产品、商品等主营业务收入时应结转的成本	已销产品或商品的成本
	其他业务成本	确认除主营业务活动以外的其他经营活动产生的收入时，应结转的成本	销售材料的成本、出租固定资产的累计折旧
期间费用	管理费用	企业行政管理部门为组织和管理生产经营活动而发生的各种费用	公司经费、董事会费、咨询费、业务招待费、相关税费、无形资产摊销等
	销售费用	企业销售商品等过程中发生的各项费用，包括专设的销售机构的经营费用	展览费、广告费、销售运费、独立销售机构人员薪酬和折旧费等
	财务费用	企业为筹集生产经营所需资金等而发生的筹资费用	利息收支、金融机构手续费、汇兑损益（不含可以资本化的利息费用）
相关税费	营业税金及附加	企业在经营活动中发生的相关税费（不包括增值税和直接计入管理费用的税费）	营业税、消费税、资源税、土地增值税、城市维护建设税和教育费附加
	所得税费用	企业应负担的所得税费用	当期所得税和递延所得税

五、费用的确认和计量

为了取得一定的收入，企业在经营过程中必然要发生各种各样的支出。这些支出有的构成本期费用，有的并不形成本期费用。究竟哪些支出形成本期的费用呢？这将涉及费用确认的原则和标准。

（一）费用的确认原则

（1）划分收益性支出与资本；

（2）权责发生制原则；

（3）配比原则。

（二）费用确认的标准

费用只有在经济利益很可能流出从而导致企业资产减少或负债增加且经济利益的流出额能够可靠计量时才能予以确认。确认费用一般有如下三个标准：

（1）企业为生产产品、提供劳务等发生的可归属于产品成本、劳务成本等的费用，应当在确认产品销售收入、劳务收入等时，将已销售产品、已提供劳务的成本计入当期损益。

（2）企业发生的支出不产生经济利益的，或者即使能够产生经济利益但不符合或者不再符合资产确认条件的，应当在发生时确认为费用，计入当期损益。例如，无形资产的摊销和保险费的分摊；再如，有些费用不能提供明确的未来利益，并且对这些费用加以分摊也没有意义，这时，这些费用应直接作为当期费用予以确认，如广告费。

（3）企业发生的交易或者事项导致其承担了一项负债而又不确认为一项资产的，应当在发生时确认为费用，计入当期损益。比如，企业对外担保发生诉讼且法院尚未判决，应在确认费用的同时，确认一项预计负债。

（三）费用的计量

（1）有明确的市场价格是费用计量的首要标准。当现金支出即费用的发生，此时，市场价格就成了所发生费用的恰当计量属性。

（2）对固定资产等，在使用过程中曾因某些原因进行重置，那么其折旧费等应基于重置成本计提。

（3）对于先于现金支出而发生的费用，由于实际交易尚未发生，没有市场价格可以计量，往往采用预计值确认入账。常见的业务有预计借款利息、预计产品保证费等。

由于主营业务成本和其他业务成本的确认，已体现在第十四章收入的核算中。营业税金及附加的确认，已体现在第十章流动负债的核算（应交税费的核算）中，所以本章费用的具体核算主要讲期间费用和所得税费用的核算。

第二节 期间费用的核算

本节重点与难点：
如何对管理费用进行有效分类

一、期间费用的特点

期间费用的特点是，与产品的产量、产品的制造过程无直接关系，容易确定其发生的期间，而难以判断其应归属的产品，因而不能列入产品制造成本。由于当期的期间费用是全额从当期损益中扣除的，因而其发生额不会影响下一个会计期间。期间费用包括管理费用、销售费用和财务费用。

二、管理费用的核算

（一）管理费用的概念及内容

管理费用是指企业为组织和管理生产经营活动而发生的各种费用，包括企业的董事会和行政管理部门在企业的经营管理中发生的，或应当由企业统一负担的各项费用，具体如下。

1. 企业行政管理部门方面的费用

（1）公司经费：是指直接在企业行政管理部门发生的行政管理部门职工薪酬、差旅费、办公费、业务招待费、折旧费、修理费、物料消耗、低值易耗品摊销以及其他公司经费。

（2）工会经费：是指按管理人员工资总额（扣除按规定标准发放的住房补贴）的一定比例计提并拨交给工会使用的经费。按管理人员工资总额计提的工会经费，只是工会经费的一部分。该部分工会经费在计提时，应计入管理费用。

2. 用于企业直接管理之外的费用

（1）董事会费：是指企业董事会或最高权力机构及其成员为执行职能而发生的各项费用，包括成员津贴、差旅费、会议费等。

（2）聘请中介机构费：是指企业聘请会计师事务所进行查账、验资、资产评估等发生的费用。

（3）咨询费（含顾问费）：是指企业向咨询机构进行科技、经营咨询支付的费用，如聘请经济技术顾问、法律顾问等支付的费用。

（4）诉讼费：是指企业因起诉或应诉而发生的各项费用。

（5）税费：是指企业按规定缴纳的房产税、车船税、土地使用税、印花税、矿产资源补偿费等。

3. 提供生产技术条件的费用

（1）排污费：是指企业按规定缴纳的排污费用。

（2）绿化费：是指企业区域内零星绿化费。

（3）技术转让费：是指企业使用非专利技术而支付的费用。

（4）不符合资本化条件的研究与开发费：是指企业研究开发新产品、新技术、新工艺而发生的新产品设计费、工艺规程制定费、设备调试费、原材料和新产品的试验费、技术图书资料费、未纳入国家计划的中间试验费、研究人员工资、研究设备的折旧，与新产品试制、技术研究有关的其他经费，委托其他单位进行科研试制的费用以及试制失败损失等。

（5）无形资产摊销费。

（6）长期待摊费用的摊销：是指企业对分摊期限在1年以上的各项费用在费用项目的受益期限内分期平均摊销，如在租赁期限与租赁资产尚可使用年限两者孰短的期限内平均摊销的租入固定资产改良支出以及其他长期待摊费用的摊销。

（7）企业与固定资产有关的后续支出，包括固定资产发生的日常修理费、大修理费、更新改造支出、房屋的装修费用等，没有满足固定资产准则规定的固定资产确认条件的，也应计入管理费用。

请注意：

企业独立的销售机构发生的固定资产日常修理费、大修理费、更新改造支出、房屋的装修费用等，没有满足资本化条件的，应当计入销售费用。

（二）管理费用的主要账务处理

为了反映企业发生的各项管理费用，应设置“管理费用”账户，并应按管理费用项目设置明细账户。该账户用来核算管理费用发生及转销情况。该账户属于损益类账户，其借方登记发生的各项管理费用；贷方登记期末转入“本年利润”账户的管理费用数额，结转后该账户无余额。

管理费用的主要账务处理如下：

（1）企业筹建期间内发生的开办费，包括人员工资、办公费、培训费、差旅费、印刷费、注册登记费等，借记“管理费用”账户，贷记“库存现金”“银行存款”等账户。

（2）计提行政管理部门人员的职工薪酬，借记“管理费用”账户，贷记“应付职工薪酬”账户。

（3）发生办公费、修理费、水电费、业务招待费、聘请中介机构费、咨询费、诉讼费、技术转让费、研究费用时，借记“管理费用”账户，贷记“银行存款”“研发支出”等账户。

（4）行政管理部门计提的固定资产折旧，借记“管理费用”账户，贷记“累计折旧”账户。

（5）按规定计算确定应交房产税、车船税、土地使用税、矿产资源补偿费的金额后，借记“管理费用”账户，贷记“应交税费”等账户。企业支付的印花税应计入管理费用，但不通过“应交税费”账户核算。

例 15-1

艾丽制衣公司2014年6月发生如下有关管理费用业务：

（1）6月5日聘请法律顾问，以现金支付咨询费700元。应作会计分录如下：

借：管理费用　　700

　　贷：库存现金　　700

业务单据：咨询费发票

（2）6月10日以现金支付业务招待费500元。作会计分录如下：

业务单据：
餐费等发票

借：管理费用　　500

　　贷：库存现金　　500

（3）6 月 30 日按规定计提管理部门人员工会经费 1 000 元。应作会计分录如下：

业务单据：
职工薪酬费用分配表

借：管理费用　　1 000

　　贷：应付职工薪酬　　1 000

（4）6 月 30 日计算确定上半年应缴纳土地使用税 5 000 元，房产税 8 000 元，同时以现金购入印花税票 400 元。应作如下会计分录：

业务单据：
土地使用税、房产税计算表、印花税发票

借：管理费用　　13 400

　　贷：应交税费——应交土地使用税　　5 000

　　　　　　　　——应交房产税　　8 000

　　　　库存现金　　400

三、销售费用的核算

（一）销售费用的概念及内容

销售费用是指企业在销售商品和材料、提供劳务的过程中发生的各项费用，以及为销售本企业商品而专设的销售机构（含销售网点、售后服务网点等）的经营费用。销售费用一般包括以下三个方面内容：

1. 产品自销费用

产品自销费用包括应由本企业负担的保险费、包装费、运输费、装卸费。

2. 产品促销费用

为了扩大本企业商品的销售而发生的促销费用包括展览费、广告费、经营租赁费（为扩大销售而租用的柜台、设备等的费用）、销售服务费用（提供预计产品质量保证损失、商品维修等售后服务以及其他类似项目的费用）。

3. 销售部门的费用

销售部门的费用一般指为销售本企业商品而专设的销售机构的职工薪酬、业务费、折旧费等经营费用。

（二）销售费用的主要账务处理

企业应设置“销售费用”账户，该账户应按费用项目进行明细核算。

该账户的借方反映企业发生的各项销售费用，贷方反映企业转入“本年利润”账户的销售费用；借方发生额转入“本年利润”账户后，期末应无余额。

销售费用的主要账务处理如下：

（1）企业在销售过程中发生的保险费、包装费、运输费、装卸费等费用，借记“销售费用”账户，贷记“库存现金”“银行存款”账户。

（2）企业发生的为销售本企业商品而专设的销售机构的职工薪酬、业务费等经营费用，借记“销售费用”账户，贷记“应付职工薪酬”“银行存款”“累计折旧”等账户。

例 15-2

艾丽制衣公司 2014 年 3 月以银行存款支付产品广告费 5 万元，展览费 1 万元。根据有关凭证，作如下会计分录：

借：销售费用——广告费　　50 000

　　　　　　——展览费　　10 000

　贷：银行存款　　60 000

业务单据：
转账支票存根、广告费发票等

四、财务费用的核算

（一）财务费用的概念及内容

财务费用是指企业为筹集生产经营资金而发生的费用，包括利息净支出（减利息收入后的支出）、汇兑净损失（减汇兑收益后的损失）、金融机构手续费、企业发生的现金折扣或收到的现金折扣等。具体项目内容如下：

（1）利息净支出：指企业短期借款利息、长期借款利息、票据贴现利息、应付债券利息、长期应付引进国外设备款利息等利息支出（除资本化的利息外）减去银行存款等的利息收入后的净额。

（2）汇兑净损失：指企业因向银行结售或购入外汇而产生的银行买入、卖出价与记账所采用的汇率之间的差额，以及月度（季度、年度）终了，各种外币账户外币期末余额按照期末汇率折合的人民币与原账面人民币之间的差额等。

（3）相关的手续费：指发行债券所需支付的手续费（须资本化的手续费除外）、开出汇票的银行手续费、调剂外汇手续费等，但不包括发行股票所支付的手续费等。

请注意：
应当资本化的借款费用，要计入相应资产的价值之中，不能计入财务费用。

（4）企业发生的现金折扣或收到的现金折扣等。

（5）其他财务费用，如融资租入固定资产发生的融资租赁费等。

（二）财务费用的主要账务处理

财务费用的核算是通过“财务费用”账户进行的。该账户应按财务费用的项目设置明细账户。企业发生各项财务费用时，借记该账户，贷记“银行存款”“应付利息”等账户；企业发生利息收入、汇兑收益时，借记“银行存款”等账户，贷记该账户。月终，“财务费用”账户的余额结转到“本年利润”账户后无余额。

为构建或生产满足资本化条件的资产而发生的应予资本化的借款费用，在“在建工程”等账户核算，不在本账户核算。

例 15-3

艾丽制衣公司 2014 年 3 月份接到银行转来的结息通知，一季度借款扣利息 5 000 元，银行存款得利息 1 000 元。公司应作如下分录：

借：财务费用——利息支出　　5 000

　贷：银行存款　　5 000

借：银行存款　　1 000

　贷：财务费用——利息收入　　1 000

业务单据：
银行结息单据

本节重点与难点：
暂时性差异的分类

第三节 所得税费用的核算

一、所得税会计概述

《企业会计准则》和《中华人民共和国企业所得税法》是基于不同目的、遵循不同原则分别制定的，二者在资产与负债的计量标准、收入与费用的确认原则等方面存在着一定的分歧，导致企业在一定期间内按企业会计准则的要求确认的会计利润往往不等于按税法规定计算的应纳税所得额。针对会计利润和应纳税所得额之间存在的差异如何进行会计处理，就产生了所得税会计。

（一）会计利润与应纳税所得额之间的差异

会计利润是会计准则的要求，采用一定的会计程序与方法确定的所得税前利润总额。应纳税所得额是按照所得税法的要求，以一定期间应税收入减除税法准予扣除的项目后计算的应税所得。由于二者的确定依据和目的不同，因此，它们之间存在一定的差异。这种差异按其性质可分为永久性差异和暂时性差异。

1. 永久性差异

永久性差异是指某一会计期间，由于会计准则和税法在计算收益、费用或损失时的口径不同所产生的税前会计利润与应纳税所得额之间的差异。例如，企业购买国债取得的利息收入，在会计核算上作为投资收益，计入当期利润表，但根据税法规定不属于应税收入，不计入应纳税所得额。再如，对于企业支付的违法经营罚款、税收滞纳金等，在会计上和所得税法上也采取了截然不同的处理方法。永久性差异的特点是在本期发生，不会在以后期间转回。

2. 暂时性差异

暂时性差异是指资产、负债的账面价值与其计税基础不同产生的差异，该差异的存在将影响未来期间的应纳税所得额。例如，按照企业会计准则的规定，交易性金融资产期末应以公允价值计量，公允价值的变动损益计入当期损益；但按照税法规定，交易性金融资产在持有期间公允价值变动不计入应纳税所得额，待处置交易性金融资产时，按实际取得成本从处置收入中扣除，即交易金融资产的计税基础是初始投资成本，由此产生了交易性金融资产的账面价值与其计税基础之间的差异。暂时性差异的特点是发生于某一会计期间，但在以后期间内能够转回。

（二）所得税的会计处理方法

1. 应付税款法

应付税款法，是指企业不确认暂时性差异对所得税的影响金额，按照当期计算的应交所得税确认当期所得税费用的方法。在这种方法下，当期确认的所得税费用等于当期应交所得税。

应付税款法的会计处理比较简便，但不符合权责发生制原则。因此，我国会计准则不允许采用这种方法。

2. 纳税影响会计法

纳税影响会计法，是指企业确认暂时性差异对所得税的影响金额，按照当期应交所得税和暂时性差异对所得税影响金额的合计数确认所得税费用的方法。

采用纳税影响会计法又有递延法和债务法之分，而债务法具体又分为利润表债务法和资产负债表债务法。我国现行企业会计准则只允许采用资产负债表债务法进行所得税的会计处理。

3. 我国所得税会计处理的方法——资产负债表债务法

我国所得税会计处理采用资产负债表债务法。资产负债表债务法是从资产负债表出发，通过比较资产负债表上列示的资产、负债按照企业会计准则规定确定的账面价值与按税法规定确定的计税基础，对于两者之间的差额分别应纳税暂时性差异和可抵扣暂时性差异，确认相关的递延所得税负债与递延所得税资产，并在此基础上确定每一期间利润表中的所得税费用。

（三）资产负债表债务法的基本核算程序

在资产负债表债务法下，企业一般应于资产负债表日进行所得税的相关会计处理。如果发生企业合并等特殊交易或事项，则应在确认所取得的资产、负债的同时，确认相关的所得税影响。其基本核算程序如下：

1. 确定资产和负债的账面价值

资产、负债的账面价值，是指企业按照会计准则的相关规定对资产、负债进行会计处理后得出的在资产负债表中应列示的金额。它们的账面价值可根据有关账簿的记录确定。例如，会计期末，企业应收账款的账面余额为100万元，企业对应收账款计提了5万元的坏账准备，则应收账款在资产负债表中应列示的金额为95万元，即应收账款的账面价值为95万元。

2. 确定资产和负债的计税基础

资产和负债的计税基础按照企业会计准则中对于资产和负债计税基础的确定方法，以适用的税收法规为基础，确定资产负债表中有关资产、负债项目的计税基础。

3. 确定递延所得税

比较资产、负债的账面价值与其计税基础，对于两者之间存在差异的，分析其性质，除企业会计准则中规定的特殊情况外，分别按照应纳税暂时性差异和适用税率确定递延所得税负债的期末余额，按照可抵扣暂时性差异和适用税率确定递延所得税资产的期末余额，并与递延所得税负债和递延所得税资产的期初余额进行比较，确定当期应予进一步确认或应予转回的递延所得税负债和递延所得税资产的金额，同时，将二者的差额作为利润表中所得税费用的一个组成部分——递延所得税。

请注意：
从以上资产负债表债务法的基本核算程序可以看出，所得税会计的关键问题之一是确定资产和负债的计税基础。

4. 确认当期应交所得税

按照现行税法规定计算确定当期应纳税所得额，以应纳税所得额乘以适用的所得税税率计算确定当期应交所得税，同时作为利润表中所得税费用的另一个组成部分——当期所得税。

5. 确定所得税费用

利润表中的所得税费用包括当期所得税和递延所得税两个组成部分。企业在计算确定了当期所得税和递延所得税后，将两者之和（或之差）作为利润表中的所得税费用。

二、资产和负债的计税基础

（一）资产的计税基础

资产的计税基础，是指企业收回资产账面价值的过程中，计算应纳税所得额时按照税法规定可以自应税经济利益中抵扣的金额，即某一项资产在未来期间计税时可以税前扣除的金额。

通常情况下，企业为取得某项资产实际支付的成本在未来期间准予税前扣除，因此资产在初始确认时，其取得成本（即入账价值）与计税基础一般是相同的，也即资产的计税基础一般为资产的取得成本。

资产在持有期间进行后续计量的过程中，因企业会计准则的规定与税法不同，会导致资产的账面价值与其计税基础之间产生差异。如固定资产和无形资产等非流动资产在某一资产负债表日的计税基础，是指其取得成本扣除按照税法规定已在以前期间税前扣除的累计折旧额或累计摊销额后的金额。现就有关资产项目计税基础分述如下：

1. 固定资产

固定资产取得时其入账价值一般等于计税基础。但固定资产在持有期间进行后续计量时会发生如下的变化：

账面价值 = 成本 − 累计折旧 − 固定资产减值准备

计税基础 = 成本 − 按照税法规定已在以前期间从税前扣除的累计折旧

固定资产在会计与税收处理上的差异主要来自于折旧方法、折旧年限的不同以及固定资产减值准备的提取。

（1）折旧方法、折旧年限不同产生的差异。企业会计准则规定，企业应当根据与固定资产有关的经济利益的预期实现方式合理选择折旧方法，可供选择的折旧方法有：年限平均法、工作量法、双倍余额递减法、年数总和法。税法一般会规定固定资产的折旧方法，除某些按照规定可以加速折旧的情况外，基本上可以税前扣除的是按照直线法计提的折旧。另外，税法还会规定每一类固定资产的最低折旧年限，而会计处理时按照企业会计准则的规定，折旧年限是由企业按照固定资产能够为企业带来经济利益的期限估计确定的。

如果企业采用的折旧方法、折旧年限与税法规定不同，将导致固定资产账面价值与其计税基础之间的差异。

例 15-4

2012 年 12 月 25 日，凯盛公司购入一套环保设备，实际成本为 800 万元，预计使用年限为 8 年，预计净残值为 0，采用年限平均法计提折旧，未计提减值准备，假定税法对折旧年限和净残值的规定与会计相同，但可采用加速折旧法计提折旧并于税前扣除，凯盛公司计税时采用双倍余额递减法计列折旧费用。2013 年 12 月 31 日，该公司确定的该项固定资产账面价值和计税基础如下：

业务单据：资产账面价值与计税基础计算表

设备的账面价值 =800-800÷8=700（万元）

设备的计税基础 =800-800×25%=600（万元）

该项固定资产账面价值 700 万元与其计税基础 600 万元之间产生了 100 万元的差额，该项差额将于未来期间计入企业的应纳税所得额，产生未来期间应交所得税的义务，属于应纳税暂时性差异。

上例中，假定税法规定的最短折旧年限为 10 年，并要求采用年限平均法计提折旧，其他条件不变，则 2013 年 12 月 31 日，凯盛公司确定的该项固定资产账面价值和计税基础如下：

设备的账面价值 =800-800÷8=700（万元）

设备的计税基础 =800-800÷10=720（万元）

该项固定资产账面价值 700 万元与其计税基础 720 万元之间产生了 20 万元的差额，该项差额将于未来期间减少企业的应纳税所得额和相应的应交所得税，属于可抵扣暂时性差异。

（2）计提固定资产减值准备产生的差异。持有固定资产的期间内，在对固定资产计提了减值准备以后，其账面价值下降，但所计提的减值准备不允许税前扣除，即计税基础不会随资产减值准备的提取而发生变化，由此导致固定资产的账面价值与其计税基础的差异。

例 15-5

艾丽制衣公司于 2011 年 12 月 25 日购入一套生产设备，实际成本为 200 万元，预计使用年限为 8 年，预计净残值为 0，采用年限平均法计提折旧。假定税法对该类设备规定的最短折旧年限为 5 年，净残值和折旧方法的规定与会计相同，该公司在计税时，按税法规定的最短折旧年限计列折旧费用。2013 年 12 月 31 日，该公司估计该设备的可收回金额为 100 万元。2013 年 12 月 31 日，艾丽制衣公司确定的该项固定资产账面价值和计税基础如下：

业务单据：资产账面价值与计税基础计算表

设备的账面净值 =200-200÷8×2=150（万元）

计提的减值准备 =150-100=50（万元）

设备的账面价值 =150-50=100（万元）

设备的计税基础 =200-200÷5×2=120（万元）

该固定资产账面价值 100 万元与其计税基础 120 万元之间产生了 20 万元的差额，该差额将于未来期间减少企业的应纳税所得额和相应的应交所得税，属于可抵扣暂时性差异。需要注意的是，折旧年限不同导致账面价值高于计税基础 30 万元（150-120），计提固定资产减值准备导致账面价值低于计税基础 50 万元，两者合计导致账面价值低于计税基础 20 万元。

2. 无形资产

除内部研究开发形成的无形资产以外，以其他方式取得的无形资产，初始确认时其入账价值与税法规定的计税基础之间一般不存在差异。无形资产的账面价值与其计税基础的差异主要产生于内部研究开发形成的无形资产、使用寿命不确定的无形资产和计提无形资产减值准备。

（1）对于内部研究开发形成的无形资产，一般情况下初始确认时按照会计准则规定的成本与其计税基础是相同的，但对于享受税收优惠的研发支出，其研究开发费用的税前扣除税法另有规定。税法规定，企业为开发新技术、新产品、新工艺发生的研究开发费用，未形成无形资产计入当期损益的，在按照规定据实扣除基础上，按照研究开发费用的 50% 加计扣除；形成无形资产的，按照无形资产成本的 150% 计算每期摊销额。由此产生了无形资产在初始确认时账面价值与其计税基础的差异。但由于该无形资产的确认不是产生于合并交易，同时在确认时既不影响会计利润，也不影响应纳税所得额，按照会计准则的规定，不确认该项暂时性差异的所得税影响。

例 15-6

艾丽制衣公司 2013 年度为开发新技术而发生研究开发支出 1 500 万元，其中研究阶段支出 400 万元，开发阶段符合资本化条件前发生的支出为 300 万元。符合资本化条件后至达到预定用途前发生的支出为 800 万元。假定艾丽制衣公司内部研究开发形成的该项无形资产在 2013 年 12 月 31 日已达到预定用途，并从 2014 年度起开始摊销。

根据上述资料，艾丽制衣公司 2013 年度发生的研究开发支出中，按照会计准则规定应予费用化的金额为 700 万元、形成无形资产成本的金额为 800 万元，即该无形资产在初始确认时的账面价值为 800 万元；按照税法规定，可在当期税前扣除的金额为 1 050 万元（700×150%），所形成的无形资产在未来期间可予税前扣除的金额为 1 200 万元（800×150%），即其初始确认时的计税基础为 1 200 万元，由此形成了暂时性差异 400 万元（1 200-800）。由于该项暂时性差异是在无形资产初始确认时形成的，在确认无形资产时既不影响会计利润，也不影响应纳税所得额，因此，不确认该项暂时性差异的所得税影响。

（2）使用寿命不确定的无形资产导致的差异。会计准则规定，无形资产在取得之后，应根据其使用寿命是否确定，分为使用寿命有限的无形资产和使用寿命不确定的无形资产两类。对于使用寿命不确定的无形资产，不要求摊销，但持有期间每年应进行减值测试。税法中没有界定使用寿命不确定的无形资产，要求所有无形资产的成本均应按一定期限进行摊销。对于使用寿命不确定的无形资产，会计处理时不予摊销，但计税时按照税法规定确定的摊销额允许税前扣除，从而导致该类无形资产在后续计量时账面价值与其计税基础之间产生差异。

例 15-7

2013 年 1 月 1 日，艾丽制衣公司以 200 万元的成本取得一项无形资产（商标权），由于无法合理预计其使用寿命，将其划分为使用寿命不确定的无形资产。2013 年 12 月 31 日，该公司对该项无形资产进行了减值测试，结果表明未发生减值。假定税法规定，该无形资产应采用直线法按 10 年进行摊销，摊销金额允许税前扣除。2013 年 12 月 31 日，该公司确定的该项无形资产的账面价值和计税基础如下：

业务单据：资产账面价值与计税基础计算表

无形资产的账面价值 =200（万元）

无形资产的计税基础 =200-200÷10=180（万元）

该项无形资产的账面价值 200 万元与其计税基础 180 万元之间产生了 20 万元的差额，该项差额将于未来期间计入企业的应纳税所得额，产生未来期间应交所得税的义务，属于应纳税暂时性差异。

（3）计提无形资产减值准备导致的差异。会计准则规定，企业在持有无形资产期间，如果无形资产发生了减值，应当对无形资产计提减值准备，减记无形资产的账面价值；而根据税法的规定，企业计提的资产减值准备在发生实质性损失前不允许税前扣除，即无形资产的计税基础不会随减值准备的提取发生变化，由此导致无形资产的账面价值与其计税基础之间产生差异。

例 15-8

2011 年 1 月 1 日，艾丽制衣公司购入一项专利权，实际成本为 600 万元，预计使用年限为 10 年，采用直线法分期摊销。假定税法有关使用年限、摊销方法的规定与会计相同。2013 年 12 月 31 日，该公司估计该专利权的可收回金额为 300 万元。2013 年 12 月 31 日，该公司确定的该项无形资产账面价值和计税基础如下：

专利权的账面净值 =600-600÷100×3=420（万元）

计提的减值准备 =420-300=120（万元）

专利权的账面价值 =420-120=300（万元）

专利权计税基础 =600-600÷10×3=420（万元）

该项无形资产的账面价值 300 万元与其计税基础 420 万元之间产生了 120 万元的差额，该项差额将于未来期间减少企业的应纳税所得额和相应的应交所得税，属于可抵扣暂时性差异。

3. 以公允价值进行后续计量的资产

会计准则规定，以公允价值进行后续计量的资产，如以公允价值计量且其变动计入当期损益的金融资产、可供出售金融资产、采取公允价值模式进行后续计量的投资性房地产等，某一会计期间的账面价值为该时点的公允价值。税法规定，企业以公允价值进行后续计量的金融资产、金融负债以及投资性房地产等，持有期间公允价值的变动不计入应纳税所得额，在实际处置或结算时，处置取得的价款扣除其历史成本或以历史成本为基础确定的处置成本后的差额计入处置或结算期间的应纳税所得额。因此，根据税法的规定企业以公允价值进行的后续计量的资产在持有期间计税时不考虑公允价值的变动，其计税基础仍为取得成本，由此导致在公允价值发生变动的情况下，该类资产的账面价值与其计税基础之间产生差异。

例 15-9

2013 年 9 月 20 日，艾丽制衣公司从公开市场购入 A 公司股票 200 万股并划分为交易性金融资产，支付购买价款（不含交易税费）180 万元。2013 年 12 月 31 日，该股票的市价为 150 万元。

本例中，艾丽制衣公司股票的期末市价为 150 万元，则该项交易性金融资产在 2013 年 12 月 31 日的账面价值为 150 万元，按照税法规定，该项交易性金融资产在 2013 年 12 月 31 日的计税基础仍为 180 万元。由此导致该项交易性金融资产的账面价值 150 万元与其计税基础 180 万元之间产生 30 万元的差额，该项差额将于未来期间减少企业的应纳税所得额和相应的应交所得税，属于可抵扣暂时性差异。

4. 其他资产

企业持有的其他资产，如采用权益法核算的长期股权投资、存货及其他计提了减值准备的资产等，因会计准则规定与税法规定不同，均可能造成其账面价值与其计税基础之间存在差异。

（1）采用权益法核算的长期股权投资。长期股权投资采用权益法进行核算时，其账面价值会随着初始投资成本的调整、投资收益的确认、获得现金股利、应享有被投资单位其他权益变动的确认而发生相应的变动，但税法中并没有权益法的概念，税法要求长期股权投资在处置时按照取得投资时确定的实际投资成本予以扣除，即长期股权投资的计税基础为实际投资成本，由此导致了长期股权投资的账面价值与其计税基础之间产生差异。需要注意的是，对于采用权益法核算的长期股权投资，其账面价值与计税基础不同产生的差异是否需要确认相关的所得税影响，应当考虑持有该投资的意图：如果企业准备长期持有，一般情况下不确认相关的所得税影响；如果企业改变持有意图拟近期对外出售，均应确认相关的所得税影响。

（2）存货及其他计提了减值准备的资产。企业的存货等资产计提了减值准备后，账面价值会随之下降，而税法规定企业计提的资产减值准备在发生实质性损失之前不允许税前扣除，即其计税基础不会因减值准备的提取而发生变化，由此导致相关资产在计提了减值准备之后账面价值与其计税基础之间产生差异。

例 15-10

2013 年 12 月 31 日，艾丽制衣公司库存 A 材料的账面余额为 100 万元，经减值测试，确定 A 材料的可变现净值为 90 万元。假定 A 材料在此之前从未计提过存货跌价准备。

本例中，A 材料因期末可变现净值低于成本，应计提存货跌价准备 10 万元（100-90），计提存货跌价准备之后，A 材料的账面价值为 90 万元，而 A 材料的计税基础不会因计提存货跌价准备而发生变化，即其计税基础仍为 100 万元。A 材料的账面价值 90 万元与其计税基础 100 万元之间产生了 10 万元的差额，该项差额将于未来期间减少企业的应纳税所得额和相应的应交所得税，属于可抵扣暂时性差异。

例 15-11

2013 年 12 月 31 日，艾丽制衣公司应收账款的账面余额为 500 万元，该公司期末对应收账款计提了 50 万元的坏账准备。假定该公司期初应收账款及坏账准备的余额均为 0。税法规定，不符合国务院财政、税务主管部门规定的各项资产减值准备不允许税前扣除。

本例中，该应收账款 2013 年 12 月 31 日的账面价值为 450 万元（500-50），计税基础为 500 万元，账面价值与计税基础之间产生了 50 万元的差额，该差额将于应收账款发生实质性损失时，减少企业的应纳税所得额和相应的应交所得税，属于可抵扣暂时性差异。

（二）负债的计税基础

负债的计税基础，是指负债的账面价值减去未来期间计算应纳税所得额时按照税法规定可予抵扣的金额。用公式表示如下：

负债的计税基础 = 账面价值 - 未来期间按照税法规定可予税前抵扣的金额

在通常情况下，负债的确认与偿还不会影响企业的损益，也不会影响企业的应纳税所得额，未来期间计算应纳税所得额时按照税法规定可予抵扣的金额为 0，因此，负债的计税基础一般等于账面价值。但是，在某些情况下，负债的确认可能会影响企业的损益，进而影响不同期间的应纳税所得额，导致其计税基础与账面价值之间产生差额，比如按照会计准则规定确认的某些预计负债等。

1. 因提供产品售后服务等原因确认的预计负债

按照会计准则的规定，企业因提供产品售后服务而预计将会发生的支出，在满足预计负债确认条件时，应于销售商品当期确认预计负债，同时确认相关的费用。如果税法规定，与产品售后服务相关的支出应于发生时税前扣除，则该类事项产生的预计负债在期末的计税基础为其账面价值与未来期间可予税前扣除的金额之间的差额，在发生的相关支出全部准予税前扣除的情况下，其计税基础为 0；如果税法规定对于相关的支出按照权责发生制原则确定税前扣除时，则预计负债的计税基础等于账面价值。因其他事项确认的预计负债，应按照税法规定的计税原则确定其计税基础。

如果某些事项所确认的预计负债、相关支出无论是否实际发生，税法均不允许税前扣除，未来期间按照税法规定可税前扣除的金额为 0，则其账面价值等于计税基础。

例 15-12

凯盛公司 2013 年因对销售的产品承诺提供 3 年的保修服务，当年度利润表中确认了 200 万元的销售费用，同时确认为预计负债，当年未发生任何支出。假定按照税法规定，与产品售后服务相关的费用在实际发生时允许税前扣除。

本例中，该项预计负债在凯盛公司 2013 年 12 月 31 日资产负债表中的账面价值为 200 万元，由于与产品售后服务相关的费用在实际发生时均允许税前扣除，因而该项预计负债的计税基础为 0，即：

预计负债的计税基础 = 账面价值 - 未来期间按照税法规定可予税前扣除的金额

=200-200=0

该预计负债的账面价值 200 万元与其计税基础 0 之间产生了 200 万元的差额，该项差额将于未来期间减少企业的应纳税所得额和相应的应交所得税，属于可抵扣暂时性差异。

2. 预收账款

企业预收客户的款项，因不符合会计准则规定的收入确认条件，会计上将其确认为负债。税法中对于收入的确认原则一般与会计规定相同，即一般情况下对预收账款的处理是，计税基础等于账面价值。

但对于长期工程合同，税法上有条件地选择现金收付制确认收入，计入收款当期应纳税所得额，则该预收款项的计税基础为 0，因为该预收款项在产生时已经计算缴纳了所得税，未来期间计算应纳税所得额时可全额税前扣除。

例 15-13

2013 年 12 月 20 日，山西建筑公司收到一笔长期工程合同预付款，金额为 80 万元，因不符合收入确认条件而作为预收账款入账。假定按照税法规定，该款项应计入收款当期应纳税所得额计算缴纳所得税。

本例中，该预收账款在山西建筑公司 2013 年 12 月 31 日资产负债表中的账面价值为 80 万元。由于该预收款项在产生时已经按税法规定计算缴纳了所得税，未来期间按照会计准则规定确认收入时不再计入应纳税所得额，即未来期间计算应纳税所得额时可予税前扣除的金额为 80 万元，因而该项预收账款的计税基础为 0，即：

预收账款的计税基础 = 账面价值 - 未来期间按照税法规定可予税前扣除的金额

=80-80=0

该预收账款的账面价值 80 万元与其计税基础 0 之间产生了 80 万元的差额，该项差额将于未来期间减少企业的应纳税所得额和相应的应交所得税，属于可抵扣暂时性差异。

三、暂时性差异

暂时性差异是指资产、负债的账面价值与其计税基础不同产生的差额。按照暂时性差异对未来期间应纳税所得额的不同影响，分为应纳税暂时性差异和可抵扣暂时性差异。

（一）应纳税暂时性差异

应纳税暂时性差异，是指在确定未来收回资产或清偿负债期间的应纳税所得额时，将导致产生应税金额的暂时性差异。应纳税暂时性差异在未来期间转回时，会增加转回期间的应纳税所得额和相应的应交所得税，从而导致经济利益流出企业，因而在其产生当期，除会计准则明确规定可不确认递延所得税负债的特殊情况以外，均应确认相关的递延所得税负债。在下列情况下，将产生应纳税暂时性差异。

1. 资产的账面价值大于其计税基础

资产的账面价值代表的是企业在持续使用或最终出售该项资产时将取得的经济利益的总额，而计税基础代表的是资产在未来期间可予税前扣除的金额。资产的账面价值大于其计税基础，表明该项资产未来期间产生的经济利益不能全部税前抵扣，两者之间的差额需要缴税，从而产生应纳税暂时性差异。例如，一项交易性金融资产的账面价值为 500 万元，计税基础为 400 万元，两者之间的差额会造成未来处置交易性金融资产期间应纳税所得额增加 100 万元，从而增加该期间应交所得税 25 万元（100 × 25%）。在该项暂时性差异产生当期，应确认递延所得税负债 25 万元（假定不考虑递延所得税负债期初余额）。

2. 负债的账面价值小于其计税基础

负债的账面价值为企业预计在未来期间清偿该项负债时的经济利益流出，而其计税基础代表的是账面价值在扣除税法规定未来期间允许税前扣除的金额之后的差额。负债的账面价值与其计税基础不同产生的暂时性差异，本质上是税法规定就该项负债相关的费用支出在未来期间可以税前扣除的金额，即：

负债产生的暂时性差异 = 账面价值 − 计税基础

= 账面价值 −（账面价值 − 未来期间计税时按照税法规定可予税前扣除的金额）

= 未来期间计税时按照税法规定可予税前扣除的金额

负债的账面价值小于其计税基础，就意味着该项负债在未来期间可予税前扣除的金额为负数，即应在未来期间应纳税所得额的基础上进一步调整增加应纳税所得额和相应的应交所得税，产生应纳税暂时性差异。

（二）可抵扣暂时性差异

可抵扣暂时性差异是指在确定未来收回资产或清偿负债期间的应纳税所得额时，将导致产生可抵扣金额的暂时性差异。可抵扣暂时性差异在未来期间转回时会减少转回期间的应纳税所得额和相应的应交所得税，从而导致经济利益流入企业，因而在其产生当期，符合确认条件时，应确认相关的递延所得税资产。在下列情况下，将产生可抵扣暂时性差异。

1. 资产的账面价值小于其计税基础

资产的账面价值小于其计税基础，意味着资产在未来期间产生的经济利益小于按照税法规定允许税前抵扣的金额，两者之间的差额可以减少企业在未来期间的应纳税所得额，从而减少未来期间的应交所得税，产生可抵扣暂时性差异。例如，一项交易性金融资产的账面价值为 500 万元，计税基础为 600 万元，两者之间的差额可以从未来处置交易性金融资产期间的应纳税所得额中扣除，减少该期间的应纳税所得额 100 万元，并相应地减少该期间的应交所得税 25 万元（100×25%）。在该项暂时性差异产生当期，符合确认条件时，应确认递延所得税资产 25 万元（假定不考虑递延所得税资产的期初余额）。

2. 负债的账面价值大于其计税基础

负债的账面价值大于其计税基础，就意味着该项负债在未来期间可予税前抵扣的金额为正数，即未来期间按照税法规定与该项负债相关的全部或部分支出可以自未来应税经济利益中扣除，从而减少未来期间的应纳税所得额和相应的应交所得税，产生可抵扣暂时性差异。例如，企业因对销售的产品承诺提供 3 年的保修服务，在销售当期确认了 200 万元的预计负债，该预计负债的账面价值为 200 万元，计税基础为 0，账面价值大于其计税基础的差额 200 万元按税法规定可以在未来期间实际发生保修费用时从税前扣除，从而减少未来期间的应纳税所得额和相应的应交所得税。在该项暂时性差异发生当期，符合确认条件时，应确认相关的递延所得税资产。

（三）特殊项目产生的暂时性差异

1. 未作为资产、负债确认的项目产生的暂时性差异

某些交易或事项发生以后，因不符合资产、负债确认条件而未确认为资产负债表中的资产或负债，但按照税法规定能够确定其计税基础的，其账面价值 0 与其计税基础之间的差异也构成暂时性差异。例如，按照会计准则的规定，企业发生的广告费和业务宣传费支出在发生时应全部计入当期损益，不形成资产负债表中的资产。根据税法规定，企业发生的符合条件的广告费和业务宣传费支出，除国务院财政、税务主管部门另有规定外，不超过当年销售（营业）收入 15% 的部分，准予扣除；超过部分，准予在以后纳税年度结转扣除。由于按照会计准则的规定，该类支出不构成资产，即其账面价值为 0，而按照税法规定，可以按照超过当年销售（营业）收入的 15% 的部分确定其计税基础，从而形成暂时性差异。

例 15–14

艾丽制衣公司在 2013 年发生广告费支出 800 万元，实现销售收入 5 000 万元。

本例中，按照会计准则的规定，广告费支出发生时应全部计入当期损益，不体现为资产，即其账面价值为 0；但按照税法规定，当期未予税前扣除的 50 万元（800−5 000×15%）可以向以后年度结转扣除，即其计税基础为 50 万元。该项资产的账面价值 0 与其计税基础 50 万元之间产生了 50 万元暂时性差异，该暂时性差异在未来期间可减少企业的应纳税所得额，为可抵扣暂时性差异，符合确认条件时，应确认相关的递延所得税资产。

2. 可抵扣亏损及税款抵减产生的暂时性差异

按照税法规定可以结转以后年度的未弥补亏损及税款抵减，虽不是因资产、负债的账面价值与其计税基础不同产生的，但与可抵扣暂时性差异具有同样的作用，均能够减少未来期间的应纳税所得额和相应的应交所得税，应视同可抵扣暂时性差异，在符合确认条件的情况下，确认与其相关的递延所得税资产。

例 15-15

凯盛公司于 2010 年发生经营亏损 2 000 万元，按照税法规定，该亏损准予向以后年度结转，用以后年度的所得弥补，但结转年限最长不得超过 5 年。凯盛公司预计未来 5 年期间能够产生足够的应纳税所得额弥补该亏损。

本例中，该经营亏损虽不是资产、负债的账面价值与其计税基础不同产生的，但可以减少未来 5 年期间的应纳税所得额 2 000 万元，应视同可抵扣暂时性差异。在企业预计未来 5 年期间能够产生足够的应纳税所得额利用该项可抵扣亏损时，应确认相关的递延所得税资产。

四、递延所得税负债和递延所得税资产的核算

资产负债表日，企业应通过比较资产、负债的账面价值与计税基础，确定应纳税暂时性差异和可抵扣暂时性差异，进而按照会计准则规定的原则确认相关的递延所得税负债和递延所得税资产。

（一）递延所得税负债的确认和计量

应纳税暂时性差异在转回期间对所得税的影响金额构成一项未来的纳税义务，应确认为一项负债，即递延所得税负债产生于应纳税暂时性差异。

1. 递延所得税负债的确认原则

为了充分反映交易或事项发生后引起的未来期间纳税义务，除会计准则中明确规定可不确认递延所得税负债的情况以外，企业对于所有的应纳税暂时性差异均应确认相关的递延所得税负债。

例 15-16

2009 年 12 月 25 日，艾丽制衣公司购入一套生产设备，实际成本为 75 万元，预计使用年限为 5 年，预计净残值为 0，采用年限平均法计提折旧，未计提减值准备。假定税法对折旧年限和净残值的规定与会计相同，因该设备符合税法规定征收优惠条件，计税时允许采用加速折旧法计提折旧，该公司在计税时按年数总和法计提折旧费用。除该项固定资产因折旧方法不同导致的会计与税收之间的差异外，不存在其他与税收的差异，此前，该公司递延所得税资产和递延所得税负债均无余额。艾丽制衣公司适用的所得税税率为 25%。

根据以上资料，该公司有关递延所得税的确认情况见表 15-3。

表 15-3 递延所得税确认情况表

单位：元

项目	2010 年	2011 年	2012 年	2013 年	2014 年
实际成本	750 000	750 000	750 000	750 000	750 000
累计会计折旧	150 000	300 000	450 000	600 000	750 000
账面价值	600 000	450 000	300 000	150 000	0
累计计税折旧	250 000	450 000	600 000	700 000	750 000
计税基础	500 000	300 000	150 000	50 000	0
应纳税暂时性差异	100 000	150 000	150 000	100 000	0
适用税率	25%	25%	25%	25%	25%
递延所得税负债余额	25 000	37 500	37 500	25 000	0

业务单据：递延所得税确认情况表

根据表 15-3 的资料，艾丽制衣公司各年资产负债日确认递延所得税负债的会计处理如下：

（1）2010 年 12 月 31 日：

借：所得税费用　　25 000

　　贷：递延所得税负债　　25 000

（2）2011 年 12 月 31 日：

2011 年资产负债表日，递延所得税负债期末余额应为 37 500 元，由于递延所得税负债期初余额为 25 000 元，因而本期应进一步确认递延所得税负债 12 500 元（37 500-25 000）。

借：所得税费用　　12 500

　　贷：递延所得税负债　　12 500

（3）2012 年 12 月 31 日：

2012 年资产负债表日，递延所得税负债期末余额应为 37 500 元，由于递延所得税负债期初余额 37 500 元，因而本期不需要确认递延所得税负债。

（4）2013 年 12 月 31 日：

2013 年资产负债表日，递延所得税负债期末余额应为 25 000 元，由于递延所得税负债期初余额为 37 500 元，因而本期应转回原已确认的递延所得税负债 12 500 元（37 500-25 000）。

借：递延所得税负债　　12 500

　　贷：所得税费用　　12 500

（5）2014 年 12 月 31 日，递延所得税负债的期末余额应为 0，递延所得税负债的期初余额为 25 000 元，本期应将递延所得税负债账面余额全部转回。

借：递延所得税负债　　25 000

　　贷：所得税费用　　25 000

2. 递延所得税负债的计量

资产负债表日，递延所得税负债应当根据税法规定，按照与其清偿该负债期间的适用税率计量，即递延所得税负债应以相关应纳税差异转回期间的适用税率计量。无论应纳税暂时性差异的转回期间如何，相关的递延所得税负债均不要求折现。

（二）递延所得税资产的确认和计量

可抵扣暂时性差异在转回期间将减少企业的应纳税所得额和应交所得税导致经济利益流入企业，因而在其产生期间，其所得税影响金额应确认为一项资产，即递延所得税资产产生于可抵扣暂时性差异。

1. 递延所得税资产的确认原则

资产、负债的账面价值与其计税基础不同产生可抵扣暂时性差异的，在估计未来期间能够取得足够的应纳税所得额用以利用该可抵扣暂时性差异时，应当以很可能取得用来抵扣可抵扣暂时性差异的应纳税所得额为限，确认相关的递延所得税资产。

（1）递延所得税资产的确认应以未来期间可能取得的应纳税所得额为限。在可抵扣暂时性差异转回的未来期间内，如果企业无法产生足够的应纳税所得额用以抵减可抵扣暂时性差异的影响，使得与递延所得税资产相关的经济利益无法实现的，该部分递延所得税资产不应确认；如果企业有明确的证据表明在可抵扣暂时性差异转回的未来期间能够产生足够的应纳税所得额，以利用可抵扣暂时性差异，则应以很可能取得的应纳税所得额为限，确认相关的递延所得税资产。

（2）与子公司、联营企业、合营企业的投资相关的可抵扣暂时性差异（主要产生于权益法下按照持股比例确认投资损失、对长期股权投资计提减值准备等情况），同时满足下列条件的，应当确认相关的递延所得税资产：① 暂时性差异在可预见的未来很可能转回；② 未来很可能获得用来抵扣可抵扣暂时性差异的应纳税所得额。

（3）按照税法规定可以结转以后年度的未弥补亏损和税款抵减，应视同可抵扣暂时性差异处理。在预计可利用可弥补亏损或税款抵减的未来期间内能够取得足够的应纳税所得额时，应当以很可能取得的应纳税所得额为限，确认相应的递延所得税资产。

例 15-17

金龙公司在开始正常生产经营活动之前（2013 年前）发生了 90 万元的筹建费用，该费用在发生时已计入当期损益，按照税法规定，企业在筹建期间发生的费用，允许在开始正常生产经营活动之后 3 年内分期计入应纳税所得额。

该项费用支出因按照企业会计准则规定在发生时已计入当期损益，不体现为资产负债表中的资产，即如果将其视为资产，其账面价值为 0。

按照税法规定，该费用可以在开始正常的生产经营活动后分 3 年分期计入应纳税所得额，假定企业在 2013 年开始了正常生产经营活动，当期税前扣除了 30 万元，则与该笔费用相关，其于未来期间可税前扣除的金额为 60 万元，即其在 2013 年 12 月 31 日的计税基础为 60 万元。

该项资产的账面价值 0 与其计税基础 60 万元之间产生了 60 万元的暂时性差异，该暂时性差异在未来期间可减少企业的应纳税所得额，为可抵扣暂时性差异，符合相关确认条件时，应确认相关的递延所得税资产。

例 15-18

沿用例 15-17，假定该企业在开始生产经营当期，除筹建费用的会计处理与税务处理存在差异外，不存在其他会计和税收之间的差异。

对于筹建期费用在资产负债表中列示的账面价值 0 与其计税基础 60 万元之间产生的 60 万元可抵扣暂时性差异，假定该企业适用的所得税税率为 25%，估计未来期间能够产生足够的应纳税所得额以利用该可抵扣暂时性差异。则企业应确认相关的递延所得税资产：

业务单据：递延所得税确认情况表

借：递延所得税资产　　150 000
　贷：所得税费用　　150 000

例 15-19

艾丽制衣公司在 2010 年至 2013 年间每年应税收益分别为：-100 万元、40 万元、20 万元、50 万元，适用税率始终为 25%，假设无其他暂时性差异。2010 年发生亏损时，按照税法规定，该亏损可用于抵减以后 5 个年度的应纳税所得额，预计公司未来 5 年期间内能够产生足够的应纳税所得额利用该经营亏损。

该经营亏损虽不是因比较资产、负债的账面价值与其计税基础产生的，但从其性质上来看可以减少未来期间的应纳税所得额和应交所得税，属于可抵扣暂时性差异。在企业预计未来期间能够产生足够的应纳税所得额利用该可抵扣亏损时，应确认相关的递延所得税资产。

业务单据：当期所得税和亏损弥补确认递延所得税资产计算表

（1）2010 年资产负债表日：

借：递延所得税资产　　250 000
　贷：所得税费用　　250 000

（2）2011 年资产负债表日：

借：所得税费用　　100 000
　贷：递延所得税资产　　100 000

（3）2012 年资产负债表日：

借：所得税费用　　50 000
　贷：递延所得税资产　　50 000

（4）2013 年资产负债表日：

借：所得税费用　　125 000
　贷：递延所得税资产　　100 000
　　应交税费——应交所得税　　25 000

2. 递延所得税资产的计量

（1）资产负债表日，确认递延所得税资产时，应按可抵扣暂时性差异的转回期间适用的所得税税率计量。无论可抵扣暂时性差异转回期间如何，递延所得税资产均不予折现。

（2）递延所得税资产账面价值的复核。资产负债表日，企业应当对递延所得税资产的账面价值进行复核。如果未来期间很可能无法取得足够的应纳税所得额用以利用递延所得税资产的利益，应当减记递延所得税资产的账面价值（减记递延所得税资产账面的同时，一般应增加当期的所得税费用）。递延所得税资产的账面价值减记以后，以后期间根据新的环境和情况判断能够产生足够的应纳税所得额利用可抵扣暂时性差异，使得递延所得税资产包含的经济利益能够实现的，应相应恢复递延所得税资产的账面价值。

议一议：
在通常情况下，确认递延所得税负债或递延所得税资产时，对应的账户是“所得税费用”。但对特殊交易或事项，如因企业持有可供出售金融资产而确认递延所得税资产或负债时，对应的账户是什么？

（三）特殊交易或事项中涉及的递延所得税的确认

在通常情况下，确认递延所得税负债或递延所得税资产的同时，相关的所得税的影响一般应作为利润表中所得税费用的组成部分。但某些特定交易或事项产生的暂时性差异，在确认递延所得税负债或递延所得税资产的同时，相关的所得税影响不构成利润表中的所得税费用，如直接计入所有者权益的交易或事项产生的递延所得税、企业合并中产生的递延所得税等。由于这种情况不涉及所得税费用的确认，所以此处不举例赘述。

（四）适用税率变动时对已确认递延所得税项目的调整

递延所得税负债和递延所得税资产的金额代表的是有关应纳税暂时性差异或可抵扣性暂时性差异于未来期间转回时，导致企业应交所得税金额的增加或减少的情况。因税收法规的变化，导致企业在某一会计期间适用的所得税税率发生变动的，按照债务法的核算要求，企业应对已确认的递延所得税负债和递延所得税资产按照新的税率进行重新计量，调整原已确认的递延所得税负债及递延所得税资产金额。

除直接计入所用者权益的交易或事项产生的递延所得税负债及递延所得税资产，相关的调整金额应计入所有者权益以外，其他情况下因税率变动产生的递延所得税负债及递延所得税资产金额，应确认为税率变动当期的所得税费用（或收益）。

五、所得税费用的确认和计量

所得税会计的主要目的之一是确定当期应交所得税以及利润表中的所得税费用。在资产负债表债务法下，利润表中的所得税费用由当期所得税和递延所得税两部分组成。

（一）当期所得税

当期所得税，是指企业按照税法规定计算确定的针对当期发生的交易和事项，应交纳给税务部门的所得税金额，即应交所得税，应以适用的税收法规为基础计算确定。即：

当期所得税＝当期应交所得税

企业在确定当期所得税时，对于当期发生的交易或事项，会计处理与税收处理不同的，应在会计利润的基础上，按照适用税收法规的要求进行调整，计算出当期应纳税所得额，按照应纳税所得额与适用所得税税率计算确定当期应交所得税。

（二）递延所得税

递延所得税，是指按照企业会计准则规定应予确认的递延所得税资产和递延所得税负债在期末应有的金额相对于原已确认金额之间的差额，即递延所得税资产及递延所得税负债的当期发生额，但不包括直接计入所有者权益的交易或事项及企业合并的所得税影响。用公式表示为：

递延所得税＝当期递延所得税负债的增加＋当期递延所得税资产的减少－当期递延所得税负债的减少－当期递延所得税资产的增加

即，

递延所得税＝（期末递延所得税负债－期初递延所得税负债）－（期末递延所得税资产－期初递延所得税资产）

其中：

期末递延所得税负债＝期末应纳税暂时性差异×适用税率

期末递延所得税资产＝期末可抵扣暂时性差异×适用税率

值得注意的是，如果某项交易或事项按照企业会计准则规定应计入所有者权益，由该交易或事项产生的递延所得税资产或递延所得税负债及其变化亦应计入所有者权益，不构成利润表中的递延所得税费用（或收益）。

（三）所得税费用

利润表中的所得税费用由两个部分组成：当期所得税和递延所得税。即：

所得税费用＝当期所得税＋递延所得税

例 15-20

艾丽制衣公司适用的所得税税率为 25%，2012 年度按照税法规定计算的应交所得税为 1 200 万元。年末，通过比较资产、负债的账面价值与其计税基础，确定应纳税暂时性差异为 2 000 万元，可抵扣暂时性差异为 1 500 万元。假定该公司不存在可抵扣亏损和税款抵减，预计在未来期间能够产生足够的应纳税所得额用以抵扣可抵扣暂时性差异。

根据上述资料，在下列不同假定情况下，该公司 2012 年年末有关所得税的会计处理如下：

业务单据： 当期所得税和递延所得税计算表

（1）假定该公司的递延所得税资产和递延所得税负债均无期初余额：

当期确认的递延所得税负债＝2 000×25%=500（万元）

当期确认的递延所得税资产＝1 500×25%=375（万元）

当期确认的递延所得税 =500-375=125（万元）

当期确认的所得税费用 =1 200+125=1 325（万元）

借：所得税费用　　13 250 000

　　递延所得税资产　　3 750 000

　　贷：应交税费——应交所得税　　12 000 000

　　　　递延所得税负债　　5 000 000

（2）假定递延所得税资产期初账面余额为 300 万元，递延所得税负债期初账面余额为 450 万元。

当期确认的递延所得税负债 =500-450=50（万元）

当期确认的递延所得税资产 =375-300=75（万元）

当期确认的递延所得税 =50-75=-25（万元）

当期确认的所得税费用 =1 200-25=1 175（万元）

借：所得税费用　　11 750 000

　　递延所得税资产　　750 000

　　贷：应交税费——应交所得税　　12 000 000

　　　　递延所得税负债　　500 000

（3）假定递延所得税资产期初账面余额为 500 万元，递延所得税负债期初账面余额为 550 万元。

当期确认的递延所得税负债 =500-550=-50（万元）

当期确认的递延所得税资产 =375-500=-125（万元）

当期确认的递延所得税 =-50-（-125）=75（万元）

当期确认的所得税费用 =1 200+75=1 275（万元）

借：所得税费用　　12 750 000

　　递延所得税负债　　500 000

　　贷：应交税费——应交所得税　　12 000 000

　　　　递延所得税资产　　1 250 000

（4）假定递延所得税资产期初账面余额为 300 万元，递延所得税负债期初账面余额为 600 万元。

当期确认的递延所得税负债 =500-600=-100（万元）

当期确认的递延所得税资产 =375-300=75（万元）

当期确认的递延所得税 =-100-75=-175（万元）

当期确认的所得税费用 =1 200-175=1 025（万元）

借：所得税费用　　10 250 000

　　递延所得税资产　　750 000

　　递延所得税负债　　1 000 000

　　贷：应交税费——应交所得税　　12 000 000

（5）假定递延所得税资产期初账面余额为 450 万元，递延所得税负债期初账面余额为 400 万元。

当期确认的递延所得税负债 =500-400=100（万元）

当期确认的递延所得税资产 =375-450=-75（万元）

当期确认的递延所得税 =100-（-75）=175（万元）

当期确认的所得税费用 =1 200+175=1 375（万元）

借：所得税费用　　13 750 000

　　贷：应交税费——应交所得税　　12 000 000

　　　　递延所得税资产　　750 000

　　　　递延所得税负债　　1 000 000

例 15-21

2013 年度，艾丽制衣公司利润表中的利润总额为 5 500 万元，该公司适用的所得税税率为 25%。2013 年 1 月 1 日，该公司资产、负债的账面价值与其计税基础存在差异的项目见表 15-4。

表 15-4　资产、负债账面价值与计税基础比较表

单位：万元

项目	账面价值	计税基础	差异	
			应纳税暂时性差异	可抵扣暂时性差异
交易性金融资产	3 000	2 300	700	
存货	9 000	9 300		300
固定资产	6 500	5 860	640	
无形资产	2 500	2 700		200
预计负债	300	0		300
总计	—	—	1 340	800

2013 年度，该公司发生下列存在差别的交易或事项：

（1）本年度会计计提的固定资产折旧费用为 560 万元，按照税法规定允许税前扣除的折旧费用为 720 万元；

（2）向关联企业捐赠现金 500 万元，按税法规定，不允许税前扣除；

（3）期末确认交易性金融资产公允价值变动收益 300 万元；

（4）违反环保法规定支付罚款 260 万元；

（5）期末计提存货跌价准备 200 万元。

2013 年 12 月 31 日，该公司资产、负债的账面价值与其计税基础存在差异的项目，见表 15-5。

表 15-5　　资产、负债账面价值与计税基础比较表

单位：万元

项目	账面价值	计税基础	差异	
			应纳税暂时性差异	可抵扣暂时性差异
交易性金融资产	5 000	4 000	1 000	
存货	8 000	8 500		500
固定资产	6 000	5 200	800	
无形资产	3 400	3 600		200
预计负债	300	0		300
总计	—	—	1 800	1 000

假定该公司不存在可抵扣亏损和税款抵减，预计在未来期间能够产生足够的应纳税所得额用以抵扣可抵扣暂时性差异。该公司有关当期所得税、递延所得税以及递延所得税负债、递延所得税资产的会计处理如下：

业务单据：当期所得税和递延所得税计算表

（1）计算确定当期所得税：

应纳税所得额 =5 500-（720-560）+500-300+260+200=6 000（万元）

应交所得税 =6 000×25%=1 500（万元）

（2）计算确定递延所得税：

当期确认的递延所得税负债 =（1 800-1 340）×25%=115（万元）

当期确认的递延所得税资产 =（1 000-800）×25%=50（万元）

当期确认的递延所得税 =115-50=65（万元）

当期确认的所得税费用 =1 500+65=1 565（万元）

习题试题：费用的核算

编制确认所得税的会计分录：

借：所得税费用　　15 650 000

　　递延所得税资产　　500 000

　　贷：应交税费——应交所得税　　15 000 000

　　　　递延所得税负债　　1 150 000

第十六章

利润的核算

本章知识点

利润　营业利润　利润总额　净利润　营业外收入　营业外支出　账结法
表结法　盈余公积补亏

本章技能点

营业外收入的核算　营业外支出的核算　利润分配的核算

本章知识导图

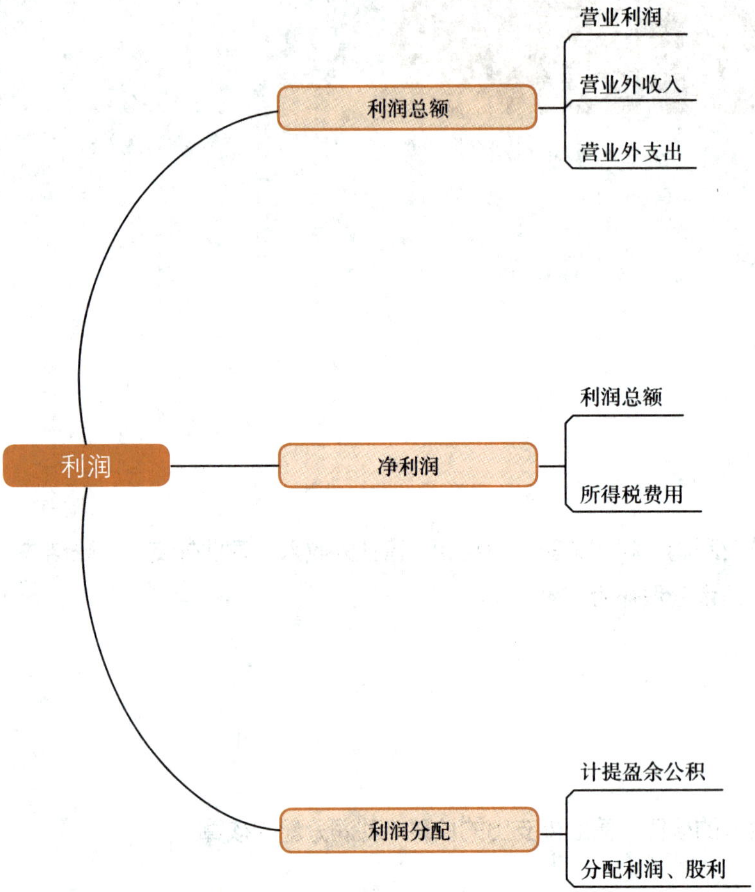

引　例

2013 年 12 月 31 日，某公司期末结转前，各损益类账户余额如下：

账户名称	结账前余额（元）
主营业务收入	447 500（贷）
主营业务成本	339 400（借）
营业税金及附加	5 474（借）
其他业务收入	12 000（贷）
其他业务成本	10 000（借）
投资收益	8 000（贷）
管理费用	15 450（借）
财务费用	13 240（借）
销售费用	1 200（借）
营业外收入	3 000（贷）
营业外支出	2 000（借）

（1）如何进行年末的结账与转账工作？

（2）如何计算本年利润总额？

（3）如何计算结转应交所得税？（假定无纳税调整项）

（4）如何计算本年所得税后的利润（净利润）？

（5）假定 2013 年 12 月 31 日，公司年初未分配利润为 130 000 元。2013 年 12 月 31 日，公司按 10% 提取法定盈余公积，宣告分给投资者现金股利 20 000 元。计算该公司当年未分配利润及截止到当年年末的累计未分配利润。

（1）① 结转各收益类账户余额：将各收益类账户余额转入“本年利润”账户贷方。

借：主营业务收入	447 500	
其他业务收入	12 000	
投资收益	8 000	
营业外收入	3 000	
贷：本年利润		470 500

② 结转各支出类账户余额：将各支出类账户余额转入“本年利润”账户借方。

借：本年利润	386 764	
贷：主营业务成本		339 400
营业税金及附加		5 474
销售费用		1 200
管理费用		15 450
财务费用		13 240
其他业务成本		10 000
营业外支出		2 000

（2）本期实现利润总额 =470 500−386 764=83 736（元）

（3）本月应纳所得税 =83 736×25%=20 934（元）

（4）本年净利润 =83 736−20 934=62 802（元）

（5）① 提取法定盈余公积：

62 802×10%=6 280.2（元）

② 宣告分给投资者利润：20 000 元。

③ 该公司 2013 年未分配利润为：

62 802−6 280.2−20 000=36 521.8（元）

（6）该公司当年累计未分配利润为：

130 000+36 521.8=166 521.8（元）

本节重点与难点：

利润的构成

第一节 利润实现的核算

一、利润的构成

利润是指企业在一定会计期间的经营成果。利润包括收入减去费用后的净额、直接计入当期利润的利得和损失。

一定会计期间内生产经营活动所获得的各项收入抵减各项支出，相抵后若为正数，则表示盈利；若为负数，则表示亏损。

企业的利润（或亏损）总额，包括营业利润、营业外收支净额等内容，有关计算公式如下：

利润总额（或亏损总额）= 营业利润 + 营业外收入 − 营业外支出

营业利润 = 营业收入 − 营业成本 − 营业税金及附加 − 销售费用 − 管理费用 − 财务费用 − 资产减值损失 ± 公允价值变动损益 ± 投资收益

其中：

营业收入 = 主营业务收入 + 其他业务收入

营业成本 = 主营业务成本 + 其他业务成本

企业的净利润为利润总额减去所得税费用后的余额，其计算公式为：

净利润 = 利润总额 − 所得税费用

二、营业外收支的核算

（一）营业外收支的内容

营业外收支是指企业发生的与其生产经营活动无直接关系的各项收入和各项

支出。

营业外收入主要包括非流动资产处置利得、非货币性资产交换利得、债务重组利得、政府补助、盘盈利得、捐赠利得等。其中，政府补助是指企业从政府无偿取得货币性资产或非货币性资产，但不包括政府作为企业所有者投入的资本。政府包括各级政府及其所属机构，国际类似组织也在此范围之内。

营业外支出主要包括非流动资产处置损失、非货币性资产交换损失、债务重组损失、捐赠支出、非常损失、盘亏损失等。

（二）营业外收支的核算

1. 营业外收入的核算

企业应单独设置“营业外收入”账户，核算企业发生的各项营业外收入。期末，应将其余额转入“本年利润”账户，结转后该账户无余额。该账户可按营业外收入项目进行明细核算。

（1）企业确认处置非流动资产利得，应借记“固定资产清理”等账户，贷记“营业外收入”等账户。

（2）非货币性资产交换利得、债务重组利得，按非货币性资产交换业务、债务重组业务核算，借记“固定资产清理”“应付账款”等账户，贷记“营业外收入”账户。

（3）确认的政府补助利得，分别与资产相关的政府补助和与收益相关的政府补助进行核算。

① 与资产相关的政府补助，是指企业取得的、用于购建或以其他方式形成长期资产的政府补助。企业取得与资产相关的政府补助，不能直接确认为当期损益，应当确认为递延收益，自相关资产达到预定可使用状态时起，在该资产使用寿命内平均分配，分次计入以后各期的损益（营业外收入）。即取得与资产相关的政府补助时，借记“银行存款”“其他应收款”等账户，贷记“递延收益”账户；在相关资产使用寿命内分配递延收益，借记“递延收益”账户，贷记“营业外收入”账户。

相关资产在使用寿命结束前被出售、转让、报废或发生毁损的，应将尚未分配的递延收益余额一次性转入资产处置当期的损益（营业外收入），借记“递延收益”账户，贷记“营业外收入”账户。

② 与收益相关的政府补助，是指除与资产相关的政府补助之外的政府补助。与收益相关的政府补助，用于补偿企业以后期间的相关费用或损失的，取得时确认为递延收益，在确认相关费用的期间计入当期损益（营业外收入），即取得与收益相关的政府补助，用于补偿企业以后期间相关费用或损失的，按收到或应收的金额，借记“银行存款”“其他应收款”等账户，贷记“递延收益”账户；在发生相关费用或损失的未来期间，按应补偿的金额，借记“递延收益”账户，贷记“营业外收入”账户。用于补偿企业已发生的相关费用或损失的，

按收到或应收的金额，借记“银行存款”“其他应收款”等账户，贷记“营业外收入”账户。

（4）取得盘盈利得、捐赠利得时，借记有关资产账户，贷记“营业外收入”账户。

例 16-1

业务单据：固定资产清理明细单

艾丽制衣公司 2013 年 3 月份发生如下营业外收入业务：

（1）结转清理固定资产的净收益 1 100 元。作如下会计分录：

借：固定资产清理　　1 100

　贷：营业外收入——固定资产清理　　1 100

业务单据：银行收款通知单

（2）接到银行转来的收款通知，托收的货款 13 000 元已到，同时收到对方逾期付款的滞纳金 290 元。

借：银行存款　　13 290

　贷：应收账款　　13 000

　　营业外收入——罚款净收入　　290

业务单据：银行收款通知单、政府补助申请书

（3）收到政府补助 32 万元，用于弥补未来期间将发生的损失。

借：银行存款　　320 000

　贷：递延收益　　320 000

业务单据：政府补助分配表

（4）分配与资产相关的政府补助 2.5 万元。

借：递延收益　　25 000

　贷：营业外收入——政府补助　　25 000

（5）月末，将营业外收入转入“本年利润”账户。

借：营业外收入　　26 390

　贷：本年利润　　26 390

2. 营业外支出的核算

企业应单独设置“营业外支出”账户，核算企业发生的各项营业外支出。期末，应将其余额转入“本年利润”账户，结转后该账户无余额。该账户可按支出项目进行明细核算。

（1）企业确认处置非流动资产损失，借记“营业外支出”账户，贷记“固定资产清理”“无形资产”等账户。

（2）非货币性资产交换损失、债务重组损失，按非货币性资产交换业务、债务重组业务核算，借记“营业外支出”账户，贷记“固定资产清理”“应收账款”等账户。

（3）发生捐赠支出时，借记“营业外支出”账户，贷记“银行存款”等账户。

（4）盘亏、毁损的资产发生的净损失，按管理权限报经批准后，借记“营业外支出”账户，贷记“待处理财产损溢”账户。

例 16-2

艾丽制衣公司 2013 年 3 月份发生如下营业外支出业务：

（1）在财产清查中盘亏未使用设备一台，原价 4 万元，已提折旧 3.1 万元，已计提固定资产减值准备 4 000 元，经查，系未办理手续而进行了报废，经批准，作为营业外支出列支。作如下会计分录。

业务单据：财产清查盈亏报告单

上报待批时：

借：待处理财产损溢——待处理固定资产损溢　5 000
　　累计折旧　31 000
　　固定资产减值准备　4 000
　　贷：固定资产　40 000

批准转账时：

业务单据：单位财务会议决议

借：营业外支出——固定资产盘亏　5 000
　　贷：待处理财产损溢——待处理固定资产损溢　5 000

（2）结转出售固定资产发生的损失 300 元。作如下会计分录：

业务单据：固定资产清理明细单

借：营业外支出——处理固定资产净损失　300
　　贷：固定资产清理　300

（3）以银行存款捐助灾区 10 000 元。作如下会计分录：

业务单据：捐款证明书、银行付款通知联

借：营业外支出——公益救济性捐赠　10 000
　　贷：银行存款　10 000

月末，结转“营业外支出”账户。

借：本年利润　15 300
　　贷：营业外支出　15 300

三、利润的结转

企业利润的结转有表结法和账结法两种方法。

（一）表结法

表结法是企业在年终决算以外的月末、年末计算本期利润和本年累计利润时，将全部损益类账户的余额按“利润表”填制的要求，填入“利润表”的各项目中，在表中计算出本期利润和本年累计利润。由于在这种方法下每月月末不将损益类账户的期末余额转入“本年利润”账户，因而各损益类账户的期末余额反映本月末止的本年累计余额，这种方法的具体做法是：

首先，将各损益类账户的月末余额按“利润表”的填制要求，填入“利润表”“本年累计”栏下的各项目中，通过“利润表”计算出至本月末的本年累计利润。

然后，再用“本年累计”栏的各项目金额减去相对应的上月“利润表”中“本年累计”栏的各项目金额，计算出本月的各损益项目金额和利润额。

由于 1 月是当年的第一个月份，无上月，因而是直接将各损益类账户的月末余额填入“利润表”的“本月数”和“本年累计”栏。

采用表结法，由于各月月末不结转本年利润，只有在年末才将所有损益类账户的余额转入“本年利润”账户，因而，各损益类账户的月末余额表示累计的收入或费用，“本年利润”账户 1—11 月末不作任何记录。年末时，应使用“账结法”将全部损益类账户结转到“本年利润”账户，通过“本年利润”账户结出本年度利润。

年末结转本年利润时，借记所有收入类账户，贷记“本年利润”账户；借记“本年利润”账户，贷记所有费用类账户。年末，损益类账户没有余额，“本年利润”账户的贷方余额表示全年累计实现的净利润，借方余额表示全年累计发生的净亏损。

采用表结法，各月末的累计净利润或净亏损不能在账面上直接得到反映，需要在损益表中结算，但由于平时不必结转本年利润，能够简化核算工作。

（二）账结法

这种方法是指企业在每个会计期末（月末、季末、年末）将全部损益类账户（除“以前年度损益调整”外）的余额转入“本年利润”账户，通过“本年利润”账户结出当期利润和本年累计利润。

“本年利润”账户，从用途上讲属于财务成果类账户，用于核算企业在本年度实现的利润或亏损。其贷方登记各项收入，借方登记各项费用与支出，借贷相抵后的余额如果在贷方表示盈利，如果在借方表示亏损。在年度中间尚未分配利润时，应将其填列在“资产负债表”的“所有者权益”项目下，从这个意义上讲它是所有者权益性质的账户。年度终了时，还应将其余额全部转入“利润分配——未分配利润”账户，转账后该账户无余额。

期末结转各损益类账户时，借记所有收入类账户，贷记“本年利润”账户；借记“本年利润”账户，贷记所有费用类账户。经过上述结转后，各损益类账户期末均没有余额，“本年利润”账户的贷方余额表示年度内累计实现的净利润，借方余额表示年度内累计发生的净亏损。

采用账结法，账面上能够直接反映各月末累计实现的净利润和累计发生的净亏损，但每月结转本年利润的工作量较大。

例 16-3

艾丽制衣公司 2013 年 1 月至 11 月均采用表结法计算利润，年末，各损益类账户的期末余额如下：

账户名称	借方（贷方）
主营业务收入	16 505 000（贷）
主营业务成本	12 550 000（借）
营业税金及附加	475 750（借）
其他业务收入	51 000（贷）
其他业务成本	46 250（借）

销售费用	75 000（借）
管理费用	67 000（借）
财务费用	53 000（借）
投资收益	120 000（贷）
营业外收入	32 000（贷）
营业外支出	51 000（借）
所得税费用	1 320 000（借）

年末，根据上述资料编制会计分录如下：

（1）结转增加利润的各损益类账户：

借：主营业务收入	16 505 000	
其他业务收入	51 000	
投资收益	120 000	
营业外收入	32 000	
贷：本年利润		16 708 000

（2）结转减少利润的各损益类账户：

借：本年利润	14 638 000	
贷：主营业务成本		12 550 000
营业税金及附加		475 750
其他业务成本		46 250
销售费用		75 000
管理费用		67 000
财务费用		53 000
营业外支出		51 000
所得税费用		1 320 000

（3）将"本年利润"账户余额转入"利润分配——未分配利润"账户：

借：本年利润	2 070 000	
贷：利润分配——未分配利润		2 070 000

第二节　利润分配的核算

本节重点与难点：
利润分配的核算

一、利润分配的一般程序

利润分配是企业根据国家规定和投资者的决议、公司章程，对企业所得税后净利润所进行的分配。企业本年实现的净利润，加上年初未分配利润（或减去年初未弥补亏损）的余额，为可供分配的利润。可供分配的利润，应首先提取法定盈余公积。可供分配的利润减去提取的法定盈余公积后，为可供投资者分配的利润。可供投资者分配的利润，按照下列顺序分配：

（1）应付优先股股利，是指企业按照利润分配方案分配给优先股股东的现金股利。

（2）提取任意盈余公积，是指企业按规定提取的任意盈余公积。

（3）应付普通股股利，是指企业按照利润分配方案分配给普通股股东的现金股利，包括分配给投资者的利润。

（4）转作资本或股本的普通股股利，是指企业按照利润分配方案以分派股票股利的形式转作的资本（或股本），包括企业以利润转增的资本。

可供投资者分配的利润，经过上述分配后为未分配利润（或未弥补亏损）。未分配利润可留待以后年度进行分配。企业如发生亏损，可以按规定由以后年度利润进行弥补。

企业未分配的利润（或未弥补的亏损）应当在资产负债表的所有者权益项目中单独反映。

外商投资企业应当按照法律、行政法规的规定提取储备基金、企业发展基金、职工奖励基金等，中外合作经营企业按规定在合作期内以利润归还投资，以及国有工业企业按规定以利润补充的流动资本，从可供分配的利润中扣除。

二、利润分配的核算

（一）账户设置

企业的利润分配是通过“利润分配”账户进行的，它是“本年利润”账户的调整账户。其借方反映分配到各个方面的利润，如提取法定盈余公积和应付股利等，贷方反映本年利润的结转及用盈余公积弥补的亏损等。期末余额如果在借方，表示历年积存的未弥补的亏损；如果在贷方，则表示历年积存的未分配利润。

为了详细地反映企业利润的分配情况，“利润分配”账户应按利润分配的去向设置以下 6 个明细账户：

（1）提取法定盈余公积；

（2）提取任意盈余公积；

（3）应付现金股利或利润；

（4）转作股本的股利；

（5）未分配利润；

（6）盈余公积补亏。

企业如有其他用途分配，也可以设置相应的明细账户。

年末终了，应将“利润分配”所有各明细账户的余额全部转入“未分配利润”明细账户，结转后，其他各明细账户无余额。

（二）利润分配的核算

（1）年度终了，企业应将本年度实现的净利润，自“本年利润”账户转入“利润分配（未分配利润）”账户，借记“本年利润”账户，贷记“利润分配（未分配利润）”账户，为净亏损的作相反的会计分录；同时，将“利润分配”账户所属其他明细账户的余额转入“利润分配（未分配利润）”明细账户。结转后，“利润分配”账户除“未分配利润”明细账户外，其他明细账户均无余额。

（2）企业按规定提取的盈余公积，借记“利润分配（提取法定盈余公积或提取任意盈余公积）”账户，贷记“盈余公积——法定盈余公积或任意盈余公积”账户。

外商投资企业按照法律、行政法规的规定提取的储备基金、企业发展基金、职工奖励基金等，借记“利润分配（提取储备基金、提取企业发展基金、提取职工奖励及福利基金）”账户，贷记“盈余公积——储备基金、企业发展基金”“应付职工薪酬”等账户。

（3）经企业股东大会或类似机构审议批准的利润分配方案、宣告分配的现金股利或利润，在实际支付前，形成企业的负债，应将其记入应付股利的贷方。借记“利润分配（应付现金股利或利润）”账户，贷记“应付股利”账户。但是，如果属于企业董事会或类似机构通过的利润分配方案中拟分配的现金股利或利润，则不应确认为负债，也不影响所有者权益总额，应在报表附注中进行披露。

想一想：
企业利润总额、净利润是如何形成的？按规定净利润是如何进行分配的？

（4）经企业股东大会或类似机构决议，分配给股东的股票股利，应在办妥增资手续后，借记“利润分配（转作股本的股利）”账户，贷记“股本”账户。

（5）用盈余公积弥补亏损，借记“盈余公积——法定盈余公积或任意盈余公积）”账户，贷记“利润分配（盈余公积补亏）”账户。

例 16-4

艾丽制衣公司 2014 年实现净利润 100 万元，按规定从税后利润中提取 10% 的法定盈余公积，并根据股东大会决议，分派优先股股利 5 万元，提取任意盈余公积 3 万元，分派普通股现金股利 20 万元。根据上述业务，可作如下会计分录：

业务单据：
股利分配计算表

（1）结转本年利润：

借：本年利润　　1 000 000

　　贷：利润分配——未分配利润　　1 000 000

（2）提取法定盈余公积：

借：利润分配——提取法定盈余公积　　100 000

　　贷：盈余公积——法定盈余公积　　100 000

（3）分配股利：

借：利润分配——应付现金股利或利润　　250 000

——提取任意盈余公积　　30 000

贷：应付股利——优先股股利　　50 000

——普通股股利　　200 000

盈余公积——任意盈余公积　　30 000

（4）结转利润分配账户中的明细账户：

借：利润分配——未分配利润　　380 000

贷：利润分配——提取法定盈余公积　　100 000

——应付现金股利或利润　　250 000

——提取任意盈余公积　　30 000

结转后，“未分配利润”明细账户余额为贷方 62 万元（100−38），“利润分配”其他明细账户无余额。

例 16-5

艾丽制衣公司 2013 年年末各项损益结转后，“本年利润”账户的期末余额为借方余额 8 万元，即当年亏损 8 万元。

典型案例：这个企业形成多少利润？利润是如何进行分配的？

则将“本年利润”账户转入“利润分配——未分配利润”账户：

借：利润分配——未分配利润　　80 000

贷：本年利润　　80 000

三、弥补亏损的核算

企业经营中发生的亏损，应由企业自行解决。弥补亏损的渠道大体有三条：一是用以后年度税前利润弥补。按照规定，企业发生亏损，可以用以后年度实现的利润进行弥补，但弥补期限不得超过五年；二是用以后年度税后利润弥补。超过了税收规定的税前利润弥补期限，未弥补的以前年度亏损可用所得税后的利润弥补；三是用盈余公积弥补。

（一）盈余公积补亏的核算

例 16-6

艾丽制衣公司 2013 年年末结转各项损益后，“本年利润”账户的期末余额为借方余额 12 万元，即当年发生亏损 12 万元。

（1）将“本年利润”账户转入“利润分配——未分配利润”账户：

借：利润分配——未分配利润　　120 000

贷：本年利润　　120 000

（2）经股东大会决定，动用法定盈余公积补亏 12 万元。

业务单据：公司董事会议决议

借：盈余公积——法定盈余公积　　120 000

贷：利润分配——盈余公积补亏　　120 000

（3）为维护公司信誉，在无利润可分的情况下，动用任意盈余公积分配普通股股利

5 万元。

借：盈余公积——任意盈余公积 50 000

贷：应付股利——应付普通股股利 50 000

（4）将“利润分配”各明细账户的余额全部转入“未分配利润”明细账户。

借：利润分配——盈余公积补亏 120 000

贷：利润分配——未分配利润 120 000

假如 2013 年 12 月 31 日以前，“利润分配——未分配利润”账户有借方余额 8 万元，通过上述处理后，该账户仍维持原来余额不变。即，本年新出现借方发生额 12 万元，贷方发生额 12 万元，相抵后仍是原借方余额 8 万元。说明本年新发生的 12 万元亏损是用盈余公积弥补了，分派的 5 万元股利也是动用的盈余公积。

业务单据：
公司董事会议决议

（二）用利润补亏

企业发生了亏损，如同实现净利润一样，均从“本年利润”账户转入“利润分配——未分配利润”账户。结转后，“利润分配——未分配利润”的借方余额，即为未弥补的亏损。若第二年实现了净利润，用同样的方法自“本年利润”账户转入“利润分配——未分配利润”账户，结转后，自然抵减了上年转来的借方余额，即弥补了亏损，无须作专门的会计分录。这里还应注意，无论是税前利润补亏，还是税后利润补亏，会计处理方法都一样，区别在于企业申报缴纳所得税时，前者可以作为应纳税所得额的调整数，而后者则不能。

例 16-7

假设艾丽制衣公司 2012 年发生亏损 15 万元。年度终了，作会计分录如下：

借：利润分配——未分配利润 150 000

贷：本年利润 150 000

2013 年艾丽制衣公司又实现净利润 20 万元。年度终了，作会计分录如下：

借：本年利润 200 000

贷：利润分配——未分配利润 200 000

“未分配利润”明细账户的余额为：－150 000+200 000=50 000（元）

请注意：
本年利润账户期末要进行结转，利润分配各明细账户期末也要进行结转。结转后，“本年利润”账户、“利润分配”各明细账户均无余额，只有“未分配利润”明细账户有余额

第十七章

财务会计报告

本章知识点

财务会计报告　资产负债表　利润表　现金流量表　所有者权益变动表

本章技能点

资产负债表编制　利润表编制　现金流量表编制　所有者权益变动表编制

本章知识导图

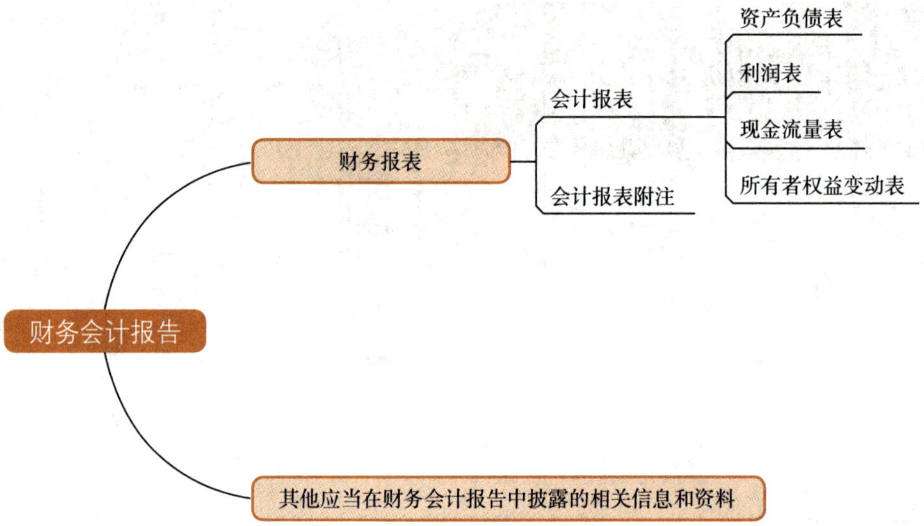
财务会计报告
财务报表
会计报表
资产负债表
利润表
现金流量表
所有者权益变动表
会计报表附注
其他应当在财务会计报告中披露的相关信息和资料

引　例

艾丽制衣公司结束了2014年的生产经营活动，该公司的管理者、投资者、债权人、税务部门、审计部门等信息使用者想全面、综合地了解一下公司的基本财务状况及经营成果等信息，把脉一下公司的健康状况，看是否“超重”——欠银行和供应商太多的钱？是否“贫血”——账面上的现金是否过低？“新陈代谢”是否正常——存货和应收账款周转是否过慢？那么，作为艾丽制衣公司的财务人员应向相关信息使用者提供哪些他们所需要的信息？信息的提供应遵循什么标准与要求？采用什么方法进行相关信息的编制与报送？又如何能保证信息的质量？公司如何按照有关会计规范向相关信息使用者提供客观、及时、有用的会计信息？

艾丽制衣公司为满足相关信息使用者的需求，须对外提供反映公司某一特定日期财务状况和某一会计期间经营成果、现金流量等会计信息的文件，即财务会计报告。公司应按照我国会计准则的相关规范，根据有关总账账户和明细账账户分析编制资产负债表、利润表、现金流量表、所有者权益变动表等会计报表及会计报表附注，从而全面、综合地反映公司的财务状况和经营成果，以满足相关信息使用者作出相关预测决策的需要。

第一节　财务会计报告概述

本节重点与难点：

财务会计报告的概念及构成

一、财务会计报告的概念、内容和意义

（一）财务会计报告的概念及内容

财务会计报告是会计主体单位会计核算工作的结果，是提供会计信息的一种重要手段。财务会计报告是指企业对外提供的反映企业某一特定日期的财务状况和某一会计期间的经营成果、现金流量等会计信息的文件。

财务报表与其他财务报告都是用来表述并传递有关一个企业的有用信息的手段，其中财务报表是财务表述和传递的主要手段，是财务会计报告的中心。最有用的信息应当是由财务报表提供的。财务报表是对企业财务状况、经营成果和现金流量的结构性表述。财务报表分为会计报表及其附注两个部分，它们共同组成财务报表的整体。

会计报表是财务会计报告的主要内容，是以统一的货币计量单位，主要运用表格形式依据账簿记录及其他有关资料进行编制，总括反映企业经济活动的书面

请注意：
财务报表上述组成部分具有同等的重要程度

文件。

会计报表附注是为了便于会计报表使用者理解会计报表的内容而对会计报表的编制基础、编制依据、编制原则和方法及主要项目等所作的解释。它是对会计报表的补充说明，是财务报表不可或缺的组成部分。报表使用者了解企业的财务状况、经营成果和现金流量，应当全面阅读附注。

根据《企业会计准则第 30 号——财务报表列报》的规定，附注应当按照一定的结构进行系统、合理的排列和分类，有顺序地披露信息。企业应当按照如下顺序披露有关内容：

1. 企业的基本情况

（1）企业注册地、组织形式和总部地址。

（2）企业的业务性质和主要经营活动。

（3）母公司以及集团最终母公司的名称。

（4）财务报告的批准报出者和财务报告批准报出日，或者以签字人及其签字日期为准。

（5）营业期限有限的企业，还应当披露有关其营业期限的信息。

2. 财务报表的编制基础

企业应根据会计准则的规定判断企业是否持续经营，并披露财务报表是否以持续经营为基础。

3. 遵循企业会计准则的声明

企业应当声明编制的财务报表符合企业会计准则的要求，真实、公允地反映了企业的财务状况、经营成果和现金流量等有关信息。

4. 重要会计政策和会计估计

重要会计政策的说明，企业应当披露采用的重要会计政策，并结合企业的具体实际披露其重要会计政策的确定依据和财务报表项目的计量基础。

重要会计估计的说明，企业应当披露重要会计估计，并结合企业的具体实际披露其会计估计所采用的关键假设和不确定因素等。

5. 会计政策和会计估计变更以及差错更正的说明

企业应当按照《企业会计准则第 28 号——会计政策、会计估计变更和差错更正》的规定，披露会计政策和会计估计变更以及差错更正的情况。

6. 报表重要项目的说明

企业应当按照资产负债表、利润表、现金流量表、所有者权益变动表及其项目列示的顺序，对报表重要项目的说明采用文字和数字描述相结合的方式进行披露。报表重要项目的明细金额合计，应当与报表项目金额相衔接。

企业应当在附注中披露如下信息：

（1）费用按照性质分类的利润表补充资料，可将费用分为耗用的原材料、职工薪酬费用、折旧费用、摊销费用等。

（2）关于其他综合收益各项目的信息：

第一，其他综合收益各项目及其所得税影响；

第二，其他综合收益各项目原计入其他综合收益、当期转出计入当期损益的金额；

第三，其他综合收益各项目的期初和期末余额及其调节情况。

（3）终止经营的收入、费用、利润总额、所得税费用和净利润，以及归属于母公司所有者的终止经营利润。

（4）在资产负债表日后、财务报告批准报出日前提议或宣布发放的股利总额和每股股利金额（或向投资者分配的利润总额）。

7. 或有和承诺事项、资产负债表日后非调整事项、关联方关系及其交易等需要说明的事项

8. 有助于财务报表使用者评价企业管理资本的目标、政策及程序的信息

9. 其他事项

其他应当在财务会计报告中披露的相关信息和资料是对会计报表进行分析、评价，对单位未来做出估计、判断的书面文件，主要说明企业的基本生产经营情况、利润实现和利润分配情况，对企业的生产经营有重大影响的其他事项等。

> 请注意：
> 附注应当披露财务报表的编制基础，相关信息应当与资产负债表、利润表、现金流量表和所有者权益变动表等报表中列示的项目相互参照

（二）财务会计报告的意义

在企业日常会计核算中，原始凭证提供详细的会计信息，通过记账凭证进行归纳整理，再将各项经济业务序时地、分类地登记在会计账簿中，通过账簿记录反映企业的财务状况和经营业绩。账簿记录虽然比会计凭证反映的信息更加条理化、系统化，但这些会计信息资料数量较多，仍然不够集中。企业的管理者、投资者、债权人和政府有关部门以及其他与企业有利益关系的单位和个人，不能通过账簿记录对企业情况进行概括了解。这就需要对账簿记录的会计信息资料通过财务会计报告加以分类调整、汇总、概括，为有关方面提供所需的会计信息。

编制财务会计报告的意义主要有：

1. 财务会计报告提供的经济信息是企业加强和改善经营管理的重要依据

财务会计报告通过一定表格及附注的形式，将企业生产经营的全面情况，特别是财务收支方面的情况，进行收集、整理，将分散的信息加工成系统的信息资料，传递给企业内部经营管理部门。企业内部经营管理部门通过财务会计报告，可以全面、系统、总括地了解企业生产经营活动情况、财务情况和经营成果，检查、分析财务成本计划和有关方针政策的执行情况，能够及时地发现经营活动中存在的问题，迅速作出决策，采取有效的措施，改善生产经营管理；同时也可以利用财务会计报告提供的信息，为未来的经营计划和经营方针提供准确的依据，促使企业计划和经营方针更为合理、科学。

2. 财务会计报告提供的经济信息是国家经济管理部门进行宏观调控和管理的依据

财务会计报告将企业生产经营情况和财务方面的信息提供给政府经济管理部门，政府部门可以利用财务会计报告所提供的财务信息，及时掌握各企业的经济情况和管理情况，便于对企业的生产经营情况进行检查分析。如国家财政部门可以利用企业报送的财务会计报告，监督、检查企业是否合理、节约地使用资金，监督、检查企业的财务管理情况；银行可以利用财务会计报告提供的情况，监督银行借贷资金的使用，促使企业提高资金使用效果；税务部门通过阅读企业的财务会计报告，了解税收的申报及征收情况。国家宏观经济管理部门还可以通过对企业的财务会计报告提供的资料进行汇总，分析和考核国民经济的总体运行情况，从中发现国民经济运行中存在的问题，对宏观经济运行作出准确的决策，为政府进行国民经济宏观调节和控制提供依据。国家有关部门还可以通过会计报告所提供的信息，检查和评价各项政策的制定是否科学、合理，为有关部门制定和修订政策提供依据。

随着经济的发展，企业筹资、投资活动日益频繁，企业与社会上各方面的经济联系越来越密切，在企业的外部形成了由投资者、债权人组成的与企业有着经济利益关系的集团。债权人、投资者一般不直接参与企业的生产经营活动，不能直接从中获得其所需要的信息，为了进行投资等方面的决策，需要通过对企业经济业务核算报告的分析，了解企业的财务状况及生产经营情况，分析企业偿债能力和盈利能力，并对企业的财务状况作出准确的判断，作为投资、信贷、融资等决策的依据；同时，一些投资者还需要通过会计报告提供的信息，了解企业的情况，监督企业的生产经营管理，保护自身的合法权益。

请注意：

在编制财务报表的过程中，企业管理层应当利用所有可获得的信息来评价企业自报告期末起至少12个月的持续经营能力。评价结果表明对持续经营能力产生重大怀疑的，企业应当在附注中披露导致对持续经营能力产生重大怀疑的因素以及企业拟采取的改善措施

二、财务报表列报的基本要求

（一）依据各项会计准则确认和计量的结果编制财务报表

企业应当根据实际发生的交易和事项，遵循《企业会计准则——基本准则》、各项具体会计准则及解释的规定进行确认和计量，并在此基础上编制财务报表。

企业应当在附注中对这一情况作出声明，只有遵循了企业会计准则的所有规定时，财务报表才应当被称为“遵循了企业会计准则”。同时，企业不应以在附注中披露代替对交易和事项的确认和计量。

此外，如果按照各项会计准则规定披露的信息不足以让报表使用者了解特定交易或事项对企业财务状况、经营成果和现金流量的影响时，企业还应当披露其他必要的信息。

（二）列报基础

企业应当以持续经营为基础编制财务报表。在编制财务报表的过程中，企业

管理层应当全面评估企业的持续经营能力。企业在评估持续经营能力时应结合考虑企业的具体情况。

企业如果存在以下情况之一，则通常表明其处于非持续经营状态：① 企业已在当期进行清算或停止营业；② 企业已经正式决定在下一个会计期间进行清算或停止营业；③ 企业已确定在当期或下一个会计期间没有其他可供选择的方案而将被迫进行清算或停止营业。在非持续经营情况下，企业应当在附注中声明财务报表未以持续经营为基础列报、披露未以持续经营为基础的原因以及财务报表的编制基础。

（三）权责发生制

企业除现金流量表按照收付实现制编制外，应当按照权责发生制编制其他财务报表。在采用权责发生制会计的情况下，当项目符合基本准则中财务报表要素的定义和确认标准时，企业就应当确认相应的资产、负债、所有者权益、收入和费用，并在财务报表中加以反映。

（四）列报的一致性

财务报表项目的列报应当在各个会计期间保持一致，不得随意变更。这一要求不仅只针对财务报表中的项目名称，还包括财务报表项目的分类、排列顺序等方面。

在下列情况下，企业可以变更财务报表项目的列报：① 会计准则要求改变财务报表项目的列报；② 企业经营业务的性质发生重大变化或对企业经营影响较大的交易和事项发生后，变更财务报表项目的列报能够提供更可靠、更相关的会计信息。企业变更财务报表项目列报的，应当根据会计准则的有关规定提供列报的比较信息。

（五）依据重要性原则单独或汇总列报项目

重要性是指在合理预期下，如果财务报表某项目的省略或错报会影响使用者据此作出经济决策的，则该项目就具有重要性。

项目在财务报表中是单独列报还是汇总列报，应当依据重要性原则来判断。总的原则是，如果某项目单个看不具有重要性，则可将其与其他项目汇总列报；如具有重要性，则应当单独列报。企业应当遵循如下具体规定：

（1）性质和功能不同的项目，一般应当在财务报表中单独列报，但是不具有重要性的项目可以汇总列报。

（2）性质或功能类似的项目，一般可以汇总列报，但是对其具有重要性的类别应当单独列报。

（3）项目单独列报的原则不仅适用于报表，还适用于附注。某些项目的重要性程度不足以在资产负债表、利润表、现金流量表或所有者权益变动表中单独列示，但对附注却具有重要性，在这种情况下应当在附注中单独披露。

（4）会计准则规定在财务报表中单独列报的项目，企业应当单独列报。

请注意：

重要性应当根据企业所处的具体环境，从项目的性质和金额两方面予以判断，且对各项目重要性的判断标准一经确定，不得随意变更

（六）财务报表项目金额间的相互抵销

财务报表项目应当以总额列报，资产和负债、收入和费用、直接计入当期利润的利得项目和损失项目的金额不能相互抵销，即不得以净额列报，但企业会计准则另有规定的除外。

准则规定，以下三种情况不属于抵销：

（1）一组类似交易形成的利得和损失以净额列示的，不属于抵销。

（2）资产和负债项目按扣除备抵项目后的净额列示，不属于抵销。

（3）非日常活动产生的利得和损失，以同一交易形成的收益扣减相关费用后的净额列示更能反映交易实质的，不属于抵销。

典型案例：
美国安然公司财务会计报告披露造假对我们的启示

（七）比较信息的列报

企业在列报当期财务报表时，至少应当提供所有列报项目上一个可比会计期间的比较数据，以及与理解当期财务报表相关的说明。这一要求适用于财务报表的所有组成部分，既适用于四张报表，也适用于附注。

通常情况下，企业列报所有列报项目上一个可比会计期间的比较数据，至少包括两期各报表及相关附注。

企业根据准则规定确需变更财务报表项目列报的，应当至少对可比期间的数据按照当期的列报要求进行调整，并在附注中披露调整的原因和性质以及调整的各项目金额。但对可比期间比较数据进行调整不切实可行的，则企业应当在附注中披露不能调整的原因以及假设金额重分类可能进行的调整的性质。

请注意：
在财务报表中单独列报的项目，应当单独列报。其他会计准则规定单独列报的项目，应当增加单独列报项目

（八）财务报表表首的列报要求

企业在财务报表的显著位置应当至少披露下列基本信息：

（1）编报企业的名称。

（2）对资产负债表而言，应当披露资产负债表日；对利润表、现金流量表、所有者权益变动表而言，应当披露报表涵盖的会计期间。

（3）货币名称和单位。

（4）财务报表是合并财务报表的，应当予以说明。

（九）报告期间

企业至少应当按年编制财务报表。如果企业在编制年度财务报表时，年度财务报表涵盖的期间短于一年的，应当披露年度财务报表的实际涵盖期间及其短于一年的原因，并应当说明由此引起财务报表项目与比较数据不具可比性这一事实。

三、财务会计报告的编制要求

编制财务会计报告的基本目的是向信息使用者提供有关财务方面的信息资料，保证财务会计报告提供的信息能及时、准确、完整地反映企业的财务状况和

经营成果。因此，编制财务会计报告的基本要求就是便于理解、真实可靠、相关可比、全面完整和编报及时。

（一）便于理解

可理解性是指财务会计报告应清晰明了、通俗易懂，提供使用者可以理解与掌握的信息。如果提供的财务会计报告晦涩难懂、不可理解，使用者就不能作出准确的判断，所提供的财务会计报告也就毫无用途。当然，这一要求是建立在财务会计报告使用者具有一定阅读能力的基础之上。

（二）真实可靠

会计是一个信息系统，如实反映企业的经营活动和财务状况是信息的基本要求。因此，财务会计报告所提供的信息必须真实可靠，便于使用者根据所提供的财务信息作出决策。如果所提供的财务信息不真实，甚至提供虚假的信息资料，这样的财务会计报告不仅不能发挥其应有的作用，反而会由于错误的信息，导致信息使用者不能作出正确的结论，甚至作出相反结论，使其决策失误。

（三）相关可比

相关可比是指财务会计报告提供的信息必须与使用者的决策需要相关联并具有可比性。如果财务会计报告提供的信息资料能够让使用者了解企业过去、现在或未来事项的影响及其变化趋势，并为使用者提供有关的可比信息，则可认为财务会计报告提供的财务信息相关可比。

请注意：
我国《企业财务会计报告条例》规定，企业对外提供的财务报表应当依次编定页数，加具封面，装订成册，加盖公章。封面上应当注明：企业名称、企业统一代码、组织形式、地址、报表所属年度或者月份、报出日期，并由企业负责人和主管会计工作的负责人、会计机构负责人（会计主管人员）签名并盖章；设置总会计师的企业，还应当由总会计师签名并盖章

（四）全面完整

财务会计报告应当全面反映企业的财务状况和经营成果，反映企业经营活动的全貌。只有全面反映企业的财务情况，提供完整的会计信息资料，才能满足各方面对财务信息资料的需要。为了保证财务会计报告的全面完整，企业在编制财务会计报告时，应该按照规定的种类、格式和内容进行编报，不得漏编漏报。企业某些重要的会计事项，应当在会计报表附注中进行说明。

（五）编报及时

信息的特征具有时效性。财务会计报告只有及时编制和报送，才能有利于信息需求者使用。否则，即使是最真实、可靠的信息对于使用者来说，也是没有任何价值的。特别是在社会主义市场经济条件下，市场瞬息万变，要求企业根据市场供求的变化情况，及时调整生产经营活动，使企业在竞争中立于不败之地。如果不能及时得到有关信息，则难于对市场的变化情况作出及时反应，企业在市场竞争中将会处于被动地位。

本节重点与难点：
资产负债表的概念、结构及编制

第二节 资产负债表

一、资产负债表的概念与结构

（一）资产负债表的概念

资产负债表，又称财务状况表，是指反映企业在某一特定日期的财务状况的会计报表，即反映企业某一特定日期所拥有或控制的经济资源、所承担的现时义务和所有者对净资产的要求权的会计报表。它是根据“资产 = 负债 + 所有者权益（或股东权益）”这一会计等式的基本原理，按照一定分类标准和顺序，将企业一定日期的资产、负债、所有者权益各项目予以适当排列编制而成的。它能够提供企业在某一特定日期资产、负债和所有者权益的全貌，通过资产负债表所列示的相关内容有助于分析、评价并预测企业的财务弹性、资本结构及偿债能力。此外，通过资产负债表和利润表有关指标的结合分析，有助于评价、预测企业的获利能力和发展前景。

（二）资产负债表的结构

账证表：
资产负债表

想一想：
企业是如何提供比较资产负债表的？

在我国，资产负债表按账户式反映，即报表分为左方和右方，左方列示资产各项目，反映全部资产的分布及存在形态；右方列示负债和所有者权益各项目，反映全部负债和所有者权益的内容及构成情况。通过账户式资产负债表，反映资产、负债和所有者权益之间的内在关系，并达到资产负债表左方和右方平衡，即资产各项目的合计等于负债和所有者权益各项目的合计。同时，资产负债表还提供年初余额和期末余额的比较资料。

我国资产负债表的基本格式见表 17-3。

（三）资产负债表项目的列示

资产和负债应当分别流动资产和非流动资产、流动负债和非流动负债列示。

1. 资产项目的列示

满足下列条件之一的资产，应当归类为流动资产：① 预计在一个正常营业周期中变现、出售或耗用。正常营业周期，通常是指企业从购买用于加工的资产起至实现现金或现金等价物的期间。正常营业周期不能确定的，应当以一年（12 个月）作为正常营业周期。② 主要为交易目的而持有。③ 预计在资产负债表日起一年内（含一年，下同）变现。④ 自资产负债表日起一年内，交换其他资产或清偿负债的能力不受限制的现金或现金等价物。

流动资产以外的资产应当归类为非流动资产，并按其性质分类列示。

2. 负债项目的列示

满足下列条件之一的负债，应当归类为流动负债：① 预计在一个正常营业周期中清偿；② 主要为交易目的而持有；③ 自资产负债表日起一年内到期应予清偿；④ 企业无权自主地将清偿推迟至资产负债表日后一年以上。

流动负债以外的负债应当归类为非流动负债。

对于在资产负债表日起一年内到期的负债，企业预计能够自主地将清偿义务展期至资产负债表日后一年以上的，应当归类为非流动负债；不能自主地将清偿义务展期的，即使在资产负债表日后、财务报告批准报出日前同意签订了重新安排清偿计划协议，该项负债仍归类为流动负债。

企业在资产负债表日或之前违反了长期借款协议，导致贷款人可随时要求清偿的负债，应当归类为流动负债。贷款人在资产负债表日或之前同意提供在资产负债表日后一年以上的宽限期，企业能够在此期限内改正违约行为，且贷款人不能要求随时清偿，该项负债应当归类为非流动负债。

二、资产负债表的编制方法

资产负债表各项目数据的来源，是通过有关账簿记录及备查记录取得的。有的项目直接根据总账账户余额填列；有的项目根据若干个总账账户余额合计数填列；有的项目直接根据明细账户余额填列；有的项目根据总账账户和明细账户的余额分析填列；还有的项目，是根据总账账户与其备抵账户抵销后的净额填列。这里主要介绍一般企业资产负债表的编制方法。

> 请注意：
> 《企业财务会计报告条例》规定：年度、半年度会计报表至少应当反映两个年度或者相关两个期间的比较数据。也就是说，企业需要提供比较资产负债表，所以，资产负债表各项目需要分为“年初余额”和“期末余额”两栏分别填列。

（一）“年初余额”的填列方法

本表“年初余额”栏内各项目数字，应根据上年年末资产负债表“期末余额”栏内所列数字填列。如果本年度资产负债表规定的各个项目的名称和内容同上年度不相一致，应对上年年末资产负债表各项目的名称和数字按照本年度的规定进行调整，填入本表“年初余额”栏内。

（二）“期末余额”各项目的内容和填列方法

（1）“货币资金”项目，反映企业库存现金、银行结算户存款、外埠存款、银行汇票存款、银行本票存款、信用卡存款、信用证保证金存款、存出投资款等的合计数。本项目应根据“库存现金”“银行存款”“其他货币资金”账户的期末余额合计填列。

（2）“以公允价值计量且其变动计入当期损益的金融资产”项目，反映企业为交易目的所持有的债券投资、股票投资、基金投资等交易性金融资产的公允价值以及企业持有的直接指定为以公允价值计量且其变动计入当期损益的金融资产。本项目应根据“交易性金融资产”账户的期末余额直接填列。

（3）“应收票据”项目，反映企业收到的未到期也未向银行贴现的应收票据，减去已计提的坏账准备后的净额，包括商业承兑汇票和银行承兑汇票。本项目应根据“应收票据”账户的期末余额减去“坏账准备”账户中有关应收票据计提的坏账准备期末余额后的金额填列。已向银行贴现（不附追索权）和已背书转让的应收票据不包括在本项目内。

（4）“应收账款”项目，反映企业因销售商品、产品和提供劳务等而应向购买单位收取的各种款项，减去已计提的坏账准备后的净额。本项目应根据“应收账款”账户所属各明细账户的期末借方余额和“预收账款”账户所属各明细账户的期末借方余额合计，减去“坏账准备”账户中有关应收账款计提的坏账准备期末余额后的金额填列。如“应收账款”账户所属明细账户期末有贷方余额，应在本表“预收账款”项目内填列。

（5）“预付账款”项目，反映企业按照合同规定预付的款项，减去已计提的坏账准备后的净额。本项目应根据“预付账款”账户所属各明细账户的期末借方余额和“应付账款”账户所属各明细账户的期末借方余额合计，减去“坏账准备”账户中有关预付账款计提的坏账准备期末余额后的金额填列。如“预付账款”账户所属有关明细账户期末有贷方余额的，应在本表“应付账款”项目内填列。

（6）“应收利息”项目，反映企业交易性金融资产、持有至到期投资、可供出售金融资产等应收取的利息。企业购入的一次还本付息的持有至到期投资期间取得的利息，不包括在本项目内。本项目应根据“应收利息”账户的期末余额填列。

（7）“应收股利”项目，反映企业应收取的现金股利和应收取其他单位分配的利润。本项目应根据“应收股利”账户的期末余额填列。

（8）“其他应收款”项目，反映企业对其他单位和个人的应收和暂付的款项，减去已计提的坏账准备后的净额。本项目应根据“其他应收款”账户的期末余额，减去“坏账准备”账户中有关其他应收款计提的坏账准备期末余额后的金额填列。

（9）“存货”项目，反映企业期末在库、在途和在加工中的各项存货的可变现净值，包括各种材料、商品、在产品、半成品、周转材料、发出商品等。本项目应根据“原材料”“材料采购”“周转材料”“库存商品”“发出商品”“委托加工物资”“受托代销商品”“生产成本”等账户的期末余额合计，减去“受托代销商品款”“存货跌价准备”账户期末余额后的金额填列。材料采用计划成本核算，以及库存商品采用计划成本或售价核算的企业，还应按加或减材料成本差异、商品进销差价后的金额填列。

（10）“一年内到期的非流动资产”项目，反映企业核算的非流动资产在资产负债表日转化为流动资产的金额。本项目应根据相关的非流动资产账户期末余额分析填列。

（11）“其他流动资产”项目，反映企业除以上流动资产项目外的其他流动资产，本项目应根据有关账户的期末余额填列。如其他流动资产价值较大的，应在会计报表附注中披露其内容和金额。

（12）“可供出售金融资产”项目，反映企业持有的初始确认时即被指定为可供出售的非衍生金融资产的公允价值。本项目应根据“可供出售金融资产”

账户的期末余额，减去“可供出售金融资产减值准备”账户期末余额后的金额填列。

（13）“持有至到期投资”项目，反映企业持有的到期日固定、回收金额固定或可确定，且企业有明确意图和能力持有至到期的非衍生金融资产的摊余成本。本项目应根据“持有至到期投资”账户的期末余额，减去“持有至到期投资减值准备”账户期末余额后的金额填列。

（14）“长期应收款”项目，反映企业融资租赁产生的应收款项、采用递延方式具有融资性质的销售商品和提供劳务等产生的应收款项，减去已计提的坏账准备后的净额。本项目应根据“长期应收款”账户的期末余额，减去相应的“未实现融资收益”账户和“坏账准备”账户中有关长期应收款计提的坏账准备期末余额后的金额填列。

（15）“长期股权投资”项目，反映企业对被投资单位实施控制或施加重大影响的权益性投资，以及对其合营企业的权益性投资。本项目应根据“长期股权投资”账户的期末余额，减去“长期股权投资减值准备”账户期末余额后的金额填列。

（16）“投资性房地产”项目，反映企业为赚取租金或资本增值，或两者兼有而持有的房地产的成本或公允价值，包括已出租的土地使用权、持有并准备增值后转让的土地使用权及已出租的建筑物等。本项目应根据“投资性房地产”账户的期末余额，减去“投资性房地产累计折旧（摊销）”“投资性房地产减值准备”账户期末余额后的金额填列。

（17）“固定资产”项目，反映企业的各种固定资产可收回金额。融资租入的固定资产也包括在内。本项目应根据“固定资产”账户的期末余额，减去“累计折旧”和“固定资产减值准备”账户期末余额后的金额填列。

（18）“在建工程”项目，反映企业期末各项未完工程的实际支出，包括交付安装的设备价值，未完建筑安装工程已经耗用的材料、工资和费用支出，已经建筑安装完毕但尚未交付使用的工程等的可收回金额。本项目应根据“在建工程”账户的期末余额，减去“在建工程减值准备”账户期末余额后的金额填列。

（19）“工程物资”项目，反映企业为在建工程准备的各种物资的成本，包括工程用材料、尚未安装的设备以及为生产准备的工器具等。本项目应根据“工程物资”账户的期末余额，减去“工程物资减值准备”账户期末余额后的金额填列。

（20）“固定资产清理”项目，反映企业因出售、报废、毁损、对外投资、非货币性资产交换、债务重组等原因转出的固定资产的价值以及在清理过程中发生的费用等。本项目应根据“固定资产清理”账户的期末借方余额填列；如“固定资产清理”账户期末为贷方余额，以“-”号填列。

（21）“生产性生物资产”项目，反映企业为产出农产品、提供劳务或出租等目的而持有的生产性生物资产，包括经济林、薪碳林、产畜和役畜等。本项目应根据“生产性生物资产”账户的期末余额，减去“生产性生物资产减值准备”账户期末余额后的金额填列。

（22）“油气资产”项目，反映企业（石油天然气开采）持有的矿区权益和油气井及相关设施。本项目应根据“油气资产”账户的期末余额，减去“累计折耗”和“油气资产减值准备”账户期末余额后的金额填列。

（23）“无形资产”项目，反映企业持有的各项无形资产。本项目应根据“无形资产”账户的期末余额，减去“累计摊销”和“无形资产减值准备”账户期末余额后的金额填列。

（24）“开发支出”项目，反映企业进行研究与开发无形资产过程中发生的各项支出。本项目应根据“研发支出”账户中所属的“资本化支出”明细账户期末余额填列。

（25）“商誉”项目，反映企业在合并中形成的商誉的价值。本项目应根据“商誉”账户的期末余额，减去“商誉减值准备”账户期末余额后的金额填列。

（26）“长期待摊费用”项目，反映企业尚未摊销的摊销期限在 1 年以上的各种费用，如以经营租赁方式租入固定资产改良支出等。本项目应根据“长期待摊费用”账户的期末余额，减去将于一年内（含一年）摊销的数额之后的金额填列。

（27）“递延所得税资产”项目，反映企业确认的可抵扣暂时性差异产生的递延所得税资产。本项目应根据“递延所得税资产”账户的期末借方余额填列。

（28）“其他非流动资产”项目，反映企业除以上资产以外的其他长期资产。本项目应根据有关账户的期末余额填列。如其他长期资产价值较大的，应在会计报表附注中披露其内容和金额。

（29）“短期借款”项目，反映企业向银行或其他金融机构等借入的期限在 1 年期以下（含 1 年）的借款。本项目应根据“短期借款”账户的期末余额填列。

（30）“以公允价值计量且其变动计入当期损益的金融负债”项目，反映企业承担的交易性金融负债的公允价值以及企业持有的直接指定为以公允价值计量且其变动计入当期损益的金融负债。本项目根据“交易性金融负债”账户的期末余额填列。

（31）“应付票据”项目，反映企业为了抵付货款等而开出、承兑的尚未到期付款的应付票据，包括银行承兑汇票和商业承兑汇票。本项目应根据“应付票据”账户的期末余额填列。

（32）“应付账款”项目，反映企业购买原材料、商品和接受劳务供应等而应付给供应单位的款项。本项目应根据“应付账款”账户所属各有关明细账户的期末贷方余额和“预付账款”账户所属各有关明细账户的期末贷方余额合计填列。

（33）“预收账款”项目，反映企业按合同规定预收的款项。本项目应根据“预收账款”账户所属各有关明细账户的期末贷方余额和“应收账款”账户所属各有关明细账户的期末贷方余额合计填列。

（34）“应付职工薪酬”项目，反映企业为获得职工提供的服务或解除劳动关系而给予的各种形式的报酬或补偿。本项目应根据“应付职工薪酬”账户期末贷方余额填列。如“应付职工薪酬”账户期末为借方余额，以“-”号填列。

（35）“应交税费”项目，反映企业期末未交、多交的各种税费。本项目应根据“应交税费”账户的期末贷方余额填列；如“应交税费”账户期末为借方余额，以“-”号填列。

（36）“应付利息”项目，反映企业按照合同约定应付未付的利息。本项目应根据“应付利息”账户的期末余额填列。

（37）“应付股利”项目，反映企业应付未付的现金股利或利润。本项目应根据“应付股利”账户的期末余额填列。

（38）“其他应付款”项目，反映企业所有应付和暂收其他单位和个人的款项。本项目应根据“其他应付款”账户的期末余额填列。

（39）“一年内到期的非流动负债”项目，反映企业核算的非流动负债在资产负债表日转化为流动负债。本项目应根据相关的非流动负债账户期末余额分析填列。

（40）“其他流动负债”项目，反映企业除以上流动负债以外的其他流动负债。本项目应根据有关账户的期末余额填列。

（41）“长期借款”项目，反映企业借入尚未归还的 1 年期以上（不含 1 年）的借款。本项目应根据“长期借款”账户的期末余额填列。

（42）“应付债券”项目，反映企业发行的尚未偿还的各种长期债券。本项目应根据“应付债券”账户的期末余额填列。

（43）“长期应付款”项目，反映企业除长期借款和应付债券以外的其他各种长期应付款。本项目应根据“长期应付款”账户的期末余额，减去“未确认融资费用”账户期末余额后的金额填列。

（44）“专项应付款”项目，反映企业尚未转销的各种专项应付款。本项目应根据“专项应付款”账户的期末余额填列。

（45）“预计负债”项目，反映企业已确认尚未支付的预计负债。本项目应根据“预计负债”账户的期末余额填列。

（46）“递延所得税负债”项目，反映企业已确认的应纳税时间性差异产生的递延所得税负债。本项目应根据“递延所得税负债”账户的期末余额填列。

（47）“其他非流动负债”项目，反映企业除以上非流动负债项目以外的其他非流动负债。本项目应根据有关账户的期末余额填列，如其他非流动负债价值较大的，应在会计报表附注中披露其内容和金额。

上述非流动负债各项目中将于 1 年内（含 1 年）到期的非流动负债，应在“1 年内到期的非流动负债”项目内单独反映。上述非流动负债各项目均应根据有关账户期末余额减去将于1年内（含1年）到期的非流动负债后的金额填列。

（48）“实收资本（或股本）”项目，反映企业各投资者实际投入的资本（或股本）总额。本项目应根据“实收资本”（或“股本”）账户的期末余额填列。

（49）“资本公积”项目，反映企业资本公积的期末余额。本项目应根据“资本公积”账户的期末余额填列。

（50）“库存股”项目，反映企业持有尚未转让或注销的本公司股份金额。本项目根据“库存股”账户的期末余额填列。

（51）“其他综合收益”项目，反映企业根据会计准则规定未在当期损益中确认的各项利得和损失的期末余额。本项目应根据“其他综合收益”账户的期末余额填列。

（52）“盈余公积”项目，反映企业盈余公积的期末余额。本项目应根据“盈余公积”账户的期末余额填列。

（53）“未分配利润”项目，反映企业尚未分配的利润。本项目应根据“本年利润”账户和“利润分配”账户的余额计算填列。未弥补的亏损，在本项目内以“-”号填列。

（三）资产负债表编制举例

例 17-1

佳润有限责任公司为增值税一般纳税人，有关资料如下：

1. 佳润有限责任公司2014年1月1日有关账户的余额如表17-1所示。

表 17-1 科目余额表

单位：元

账户名称	借方余额	账户名称	贷方余额
库存现金	3 600	短期借款	600 000
银行存款	4 740 400	应付票据	400 000
交易性金融资产	170 000	应付账款	1900 000
应收票据	600 000	其他应付款	120 000
应收账款	600 000	应付职工薪酬	45 600
其他应收款	10 000	应交税费	1 000
坏账准备	-18 400	应付股利	0
应收股利	12 000	应付利息	15 000
原材料	540 000	长期借款	840 000
周转材料	424 000	股本	10 000 000
库存商品	800 000	盈余公积	1 310 000
存货跌价准备	0	利润分配	

续表

账户名称	借方余额	账户名称	贷方余额
长期股权投资	400 000	未分配利润	280 000
固定资产	6 550 000		
累计折旧	−5 180 000		
工程物资	140 000		
在建工程	5 060 000		
无形资产	460 000		
长期待摊费用	200 000		
合计	15 511 600	合计	15 511 600

注：坏账准备是针对应收账款计提的；应收账款所属明细账均为借方余额；应付账款所属明细账均为贷方余额。

2. 佳润有限责任公司 2014 年发生下列经济业务。

（1）公司出售交易性金融资产，收到银行存款 138 000 元，该笔交易性金融资产的账面余额为 130 000 元。该交易性金融资产原来没有公允价值变动。

（2）将一张将要到期的面值为 600 000 元的银行承兑汇票，连同解讫通知和进账单交银行办理转账，银行盖章后退回进账单一联。款项银行已收妥。

（3）从银行提取现金 45 600 元，用于发放职工工资。

（4）结算并支付职工薪酬，其中生产工人工资 29 640 元，车间管理人员工资 9 120 元，行政管理人员工资 6 840 元。

（5）收到应收账款 120 000 元，存入银行。

（6）收到应收现金股利 12 000 元（按成本法核算，该公司及其投资企业所得税税率均为 25%），已存入银行。

（7）销售一批产品，售价为 1 000 000 元，收取的增值税为 170 000 元，该产品成本为 540 000 元，价款尚未收到。

（8）购入一批原材料，价款 500 000 元，应支付的可抵扣增值税税额 85 000 元，款项一半用银行存款支付，另一半开出银行承兑汇票。材料已入库。

（9）基本生产领用原材料 440 000 元，领用低值易耗品 100 000 元（一次摊销）。

（10）用银行存款 400 000 元投资另一家企业，获得该企业 55%有表决权股份，该项投资准备长期持有。

（11）购入一设备，价款 1 940 000 元，支付的增值税 329 800 元（不可抵扣），包装费、运杂费共计 6 200 元。设备价款、包装费和运杂费均以银行存款支付。

（12）计提车间应负担的折旧费用 360 000 元，公司应负担的折旧费用 80 000 元。

（13）购入一批工程物资准备建造房屋，价款 400 000 元，支付的增值税 68 000 元（不可抵扣）。款项用银行存款支付。

（14）工程领用一批工程物资 220 000 元，该工程应付职工薪酬 159 600 元，缴纳耕地占用税 20 000 元。

（15）完成对原有生产线的更新改造，该项目累计支出 860 000 元。工程竣工已交付使用。

（16）出售一库房，收到款项 80 000 元，该库房账面余额 150 000 元，已提折旧 60 000 元。

（17）企业归还短期借款本金 300 000 元，利息 15 000 元（已计提）。

（18）从银行借入 5 年期借款 1 200 000 元，已存入银行账户，该项借款用于购建固定资产。

（19）提取应计入本期损益的借款利息共 12 000 元，其中短期借款利息 3 000 元，长期借款利息 9 000 元。

（20）用银行存款支付广告费 100 000 元。

（21）摊销无形资产 40 000 元，缴纳印花税 6 000 元，支付基本生产车间固定资产修理费 90 000 元。

（22）计算并结转本期完工产品成本 938 760 元。公司没有期初在产品，本期生产的产品全部完工入库。

（23）年末计提应收账款的坏账准备 5 000 元。

（24）年末计提存货跌价准备 20 000 元。

（25）本期产品销售应缴纳的城建税及教育费附加为 1 700 元。

（26）用银行存款缴纳增值税 85 000 元，城建税及教育费附加 1 700 元。

（27）将各损益类账户结转本年利润。

（28）计算并结转应交所得税（所得税税率为 25%）30 365 元。

（29）提取法定盈余公积 7 234.50 元，向投资者分配股利 43 910.98 元。

（30）将利润分配各账户的余额转入“未分配利润”明细账户，结转本年净利润 72 345 元。

3. 要求：根据上述资料编制会计分录。

（1）借：银行存款	138 000	
贷：交易性金融资产		130 000
投资收益		8 000
（2）借：银行存款	600 000	
贷：应收票据		600 000
（3）借：库存现金	45 600	
贷：银行存款		45 600
（4）借：生产成本	29 640	
制造费用	9 120	
管理费用	6 840	

贷：应付职工薪酬　45 600
借：应付职工薪酬　45 600
贷：库存现金　45 600
（5）借：银行存款　120 000
贷：应收账款　120 000
（6）借：银行存款　12 000
贷：应收股利　12 000
（7）借：应收账款　1 170 000
贷：主营业务收入　1 000 000
应交税费——应交增值税（销项税额）　170 000
借：主营业务成本　540 000
贷：库存商品　540 000
（8）借：原材料　500 000
应交税费——应交增值税（进项税额）　85 000
贷：银行存款　292 500
应付票据　292 500
（9）借：生产成本　440 000
贷：原材料　440 000
借：制造费用　100 000
贷：周转材料　100 000
（10）借：长期股权投资　400 000
贷：银行存款　400 000
（11）借：固定资产　2 276 000
贷：银行存款　2 276 000
（12）借：制造费用　360 000
管理费用　80 000
贷：累计折旧　440 000
（13）借：工程物资　468 000
贷：银行存款　468 000
（14）借：在建工程　399 600
贷：工程物资　220 000
应付职工薪酬　159 600
银行存款　20 000
（15）借：固定资产　860 000
贷：在建工程　860 000
（16）借：固定资产清理　90 000

累计折旧 60 000
贷：固定资产 150 000
借：银行存款 80 000
贷：固定资产清理 80 000
借：营业外支出 10 000
贷：固定资产清理 10 000
（17）借：短期借款 300 000
应付利息 15 000
贷：银行存款 315 000
（18）借：银行存款 1 200 000
贷：长期借款 1 200 000
（19）借：财务费用 12 000
贷：应付利息 12 000
（20）借：销售费用 100 000
贷：银行存款 100 000
（21）借：管理费用 40 000
贷：累计摊销 40 000
借：管理费用 96 000
贷：银行存款 96 000
（22）借：生产成本 469 120
贷：制造费用 469 120
借：库存商品 938 760
贷：生产成本 938 760
（23）借：资产减值损失 5 000
贷：坏账准备 5 000
（24）借：资产减值损失 20 000
贷：存货跌价准备 20 000
（25）借：营业税金及附加 1 700
贷：应交税费——教育费附加 1 700
（26）借：应交税费——应交增值税（已交税金） 85 000
——教育费附加 1 700
贷：银行存款 86 700
（27）借：主营业务收入 1 000 000
投资收益 8 000
贷：本年利润 1 008 000
借：本年利润 911 540

贷：主营业务成本 540 000

营业税金及附加 1 700

销售费用 100 000

管理费用 222 840

财务费用 12 000

资产减值损失 25 000

营业外支出 10 000

（28）本年应交所得税：96 460×25%=24 115（元）

借：所得税费用 24 115

递延所得税资产 6 250

贷：应交税费——应交所得税 30 365

借：本年利润 24 115

贷：所得税费用 24 115

（29）本年应提法定盈余公积：72 345×10%=7 234.50（元）

借：利润分配——提取法定盈余公积 7 234.50

贷：盈余公积——法定盈余公积 7 234.50

向投资者分配股利 43 910.98 元。

借：利润分配——应付股利 43 910.98

贷：应付股利 43 910.98

（30）借：本年利润 72 345

贷：利润分配——未分配利润 72 345

借：利润分配——未分配利润 51 145.48

贷：利润分配——提取法定盈余公积 7 234.50

——应付股利 43 910.98

4. 佳润有限责任公司 2014 年 12 月 31 日有关账户的余额如表 17-2 所示。

表 17-2 科目余额表

单位：元

账户名称	借方余额	账户名称	贷方余额
库存现金	3 600	短期借款	300 000
银行存款	2 790 600	应付票据	692 500
交易性金融资产	40 000	应付账款	1 900 000
应收票据	0	其他应付款	120 000
应收股利	0	应付职工薪酬	205 200
应收账款	1 650 000	应交税费	31 365
其他应收款	10 000	应付股利	43 910.98
坏账准备	-23 400	应付利息	12 000

续表

账户名称	借方余额	账户名称	贷方余额
原材料	600 000	长期借款	2 040 000
周转材料	324 000	股本	10 000 000
库存商品	1 198 760	盈余公积	1 317 234.50
存货跌价准备	−20 000	利润分配	
长期股权投资	800 000	未分配利润	301 199.52
固定资产	9 536 000		
累计折旧	−5 560 000		
工程物资	388 000		
在建工程	4 599 600		
无形资产	460 000		
累计摊销	−40 000		
长期待摊费用	200 000		
递延所得税资产	6 250		
合计	16 963 410	合计	16 963 410

5. 编制佳润有限责任公司 2014 年年末资产负债表，见表 17−3。

表 17−3 资产负债表 会企 01 表

编制单位：艾丽制衣公司 2014 年 12 月 31 日 单位：元

资产	期末余额	年初余额	负债和所有者权益（或股东权益）	期末余额	年初余额
流动资产：			流动负债：		
货币资金	2 794 200	4 744 000	短期借款	300 000	600 000
以公允价值计量且其变动计入当期损益的金融资产	40 000	170 000	以公允价值计量且其变动计入当期损益的金融负债		
应收票据	0	600 000	应付票据	692 500	400 000
应收账款	1 626 600	581 600	应付账款	1 900 000	1 900 000
预付款项			预收款项		
应收利息			应付职工薪酬	205 200	45 600
应收股利	0	12 000	应交税费	31 365	1 000
其他应收款	10 000	10 000	应付利息	12 000	15 000
存货	2 102 760	1 764 000	应付股利	43 910.98	
一年内到期的非流动资产			其他应付款	120 000	120 000
其他流动资产			一年内到期的非流动负债		
流动资产合计	6 573 560	7 881 600	其他流动负债		
非流动资产			流动负债合计	3 304 975.98	3 081 600

续表

资产	期末余额	年初余额	负债和所有者权益（或股东权益）	期末余额	年初余额
可供出售金融资产			非流动负债：		
持有至到期投资			长期借款	2 040 000	840 000
长期应收款			应付债券		
长期股权投资	800 000	400 000	长期应付款		
投资性房地产			专项应付款		
固定资产	3 976 000	1 370 000	预计负债		
			递延收益		
在建工程	4 599 600	5 060 000	递延所得税负债		
工程物资	388 000	140 000	其他非流动负债		
固定资产清理			非流动负债合计	2 040 000	840 000
生产性生物资产			负债合计	5 344 975.98	3 921 600
油气资产			所有者权益（或股东权益）：		
无形资产	420 000	460 000	实收资本（或股本）	10 000 000	10 000 000
开发支出			资本公积		
商誉			减：库存股		
			其他综合收益		
长期待摊费用	200 000	200 000	盈余公积	1 317 234.50	1 310 000
递延所得税资产	6 250		未分配利润	301 199.52	280 000
其他非流动资产			所有者权益（或股东权益）合计	11 618 434.02	11 590 000
非流动资产合计	10 389 850	7 630 000			
资产总计	16 963 410	15 511 600	负债和所有者权益（或股东权益）总计	16 963 410	15 511 600

第三节 利润表

本节重点与难点：利润表的概念、结构及编制

一、利润表的概念、内容与结构

（一）利润表的概念

利润表是反映企业一定会计期间经营成果的会计报表。利润表把一定会计期间的收入与同期相关的费用、成本进行配比，计算出企业当期的净利润。通过利润表反映的收入、成本与费用，能够反映企业经营的业绩和管理者的经营能力；

通过利润表的分析，可以评价企业的获利能力，预测企业的经营前途及利润增减趋势。这些都为报表的使用者在评估投资价值、考核管理工作、掌握信用价值等方面提供了重要的财务信息。

（二）利润表的内容

在利润表中，费用应当按照功能分类，分为从事经营业务发生的成本、管理费用、销售费用和财务费用等。根据我国企业会计准则的规定，企业利润表主要包括以下内容。

1. 营业收入

营业收入由主营业务收入和其他业务收入组成。

2. 营业利润

营业收入减去营业成本（主营业务成本和其他业务成本）、营业税金及附加、销售费用、管理费用、财务费用、资产减值损失，加上公允价值变动收益、投资收益，即为营业利润。

3. 利润总额

营业利润加上营业外收入，减去营业外支出，即为利润总额。

4. 净利润

利润总额减去所得税费用，即为净利润。

5. 其他综合收益的税后净额

该项目反映企业根据企业会计准则规定未在当期损益中确认的各项利得和损失扣除所得税影响后的净额，包括：以后不能重分类进损益的其他综合收益和以后将重分类进损益的其他综合收益。

账证表：
利润表

6. 综合收益总额

该项目反映净利润和其他综合收益扣除所得税影响后的净额相加后的合计金额。

7. 每股收益

该项目包括基本每股收益和稀释每股收益两项指标。

请注意：
多步式利润表反映出了营业利润、利润总额、净利润的各项要素的情况，有助于使用者从不同利润类别中了解企业经营成果的不同来源，便于对企业生产经营情况进行分析，有利于不同企业之间进行比较，更重要的是利用多步式利润表有利于预测企业今后的盈利能力。

（三）利润表的结构

利润表的格式主要有单步式利润表和多步式利润表两种。单步式利润表是将当期各项收入汇总，然后将各项费用汇总，一次扣减计算出当期损益。多步式利润表是从营业收入开始，依次分步计算出营业利润、利润总额及净利润。在我国，企业利润表采用的基本上是多步式格式。

利润表的基本格式见表 17-5。

二、利润表的编制方法

（一）利润表各栏反映情况

1.“本期金额”栏

该栏反映各项目的本期实际发生数。如果上年度利润表的项目名称和内容与本年度利润表不相一致，应对上年度利润表项目的名称和数字按本年度的规定进行调整，填入报表的“上期金额”栏。

2.“上期金额”栏

该栏反映各项目的上年同期实际发生数。

（二）利润表各项目内容及编制方法

（1）“营业收入”项目，反映企业从事经营业务所取得的收入总额。本项目应根据“主营业务收入”和“其他业务收入”账户的发生额分析填列。

（2）“营业成本”项目，反映企业从事经营业务发生的实际成本。本项目应根据“主营业务成本”和“其他业务成本”账户的发生额分析填列。

（3）“营业税金及附加”项目，反映企业从事经营业务应负担的营业税、消费税、城市维护建设税、资源税、土地增值税和教育费附加等。本项目应根据“营业税金及附加”账户的发生额分析填列。

（4）“销售费用”项目，反映企业在销售商品和材料、提供劳务的过程中发生的各种费用。本项目应根据“销售费用”账户的发生额分析填列。

（5）“管理费用”项目，反映企业为组织和管理企业生产经营所发生的管理费用。本项目应根据“管理费用”账户的发生额分析填列。

（6）“财务费用”项目，反映企业为筹集生产经营所需资金等而发生的筹资费用。本项目应根据“财务费用”账户的发生额分析填列。

（7）“资产减值损失”项目，反映企业计提各项资产减值准备所形成的损失。本项目应根据“资产减值损失”账户的发生额分析填列。

（8）“公允价值变动收益”项目，反映企业交易性金融资产、交易性金融负债、采用公允价值模式计量的投资性房地产、衍生工具、套期保值业务等公允价值变动形成的应计入当期损益的利得或损失。本项目应根据“公允价值变动损益”账户分析填列；如为公允价值变动损失，以“–”号填列。

（9）“投资收益”项目，反映企业确认的投资收益或投资损失。本项目应根据“投资收益”账户的发生额分析填列；如为投资损失，以“–”号填列。

（10）“营业外收入”项目和“营业外支出”项目，反映企业发生的与其生产经营无直接关系的各项收入和支出。这两个项目应分别根据“营业外收入”账户和“营业外支出”账户的发生额分析填列。

（11）“利润总额”项目，反映企业实现的利润总额。如为亏损总额，以“–”号填列。

（12）“所得税费用”项目，反映企业确认的应从当期利润中扣除的所得税费用。本项目应根据“所得税费用”账户的发生额分析填列。

（13）“净利润”项目，反映企业实现的净利润。如为净亏损，以“–”号填列。

（14）“其他综合收益的税后净额”项目，反映根据企业会计准则规定未在损益中确认的各项利得和损失扣除所得税影响后的净额。

其他综合收益项目应当根据其他相关会计准则的规定分为下列两类列报：

① 以后会计期间不能重分类进损益的其他综合收益项目，主要包括重新计量设定受益计划净负债或净资产导致的变动、按照权益法核算的在被投资单位以后会计期间不能重分类进损益的其他综合收益中所享有的份额等。

② 以后会计期间在满足规定条件时将重分类进损益的其他综合收益项目，主要包括按照权益法核算的在被投资单位以后会计期间在满足规定条件时将重分类进损益的其他综合收益中所享有的份额、可供出售金融资产公允价值变动形成的利得或损失、持有至到期投资重分类为可供出售金融资产形成的利得或损失、现金流量套期工具产生的利得或损失中属于有效套期的部分、外币财务报表折算差额等。

议一议：资产负债表和利润表的勾稽关系如何?

（15）“综合收益总额”项目。综合收益，是指企业在某一期间除与所有者以其所有者身份进行的交易之外的其他交易或事项所引起的所有者权益变动。综合收益总额项目反映净利润和其他综合收益扣除所得税影响后的净额相加后的合计金额。

（16）“每股收益”项目，反映普通股或潜在普通股已公开交易的企业以及正处于公开发行普通股或潜在普通股过程中的企业应当在利润表中分别列示基本每股收益和稀释每股收益。

① 基本每股收益。基本每股收益仅考虑当期实际发行在外的普通股股份，按照归属于普通股股东的当期净利润除以当期实际发行在外普通股的加权平均数计算确定。

计算基本每股收益时，分子为归属于普通股股东的当期净利润，即企业当期实现的可供普通股股东分配的净利润或应由普通股股东分担的净亏损金额。发生亏损的企业，每股收益以负数列示。

计算基本每股收益时，分母为当期发行在外普通股的算术平均数，即期初发行在外普通股股数根据当期新发行或回购的普通股股数乘以其发行在外的时间权重计算的股数进行调整后的数量。

$$\text{发行在外普通股加权平均数}=\text{期初发行在外普通股股数}+\text{当期发行在外普通股股数}\times\text{已发行时间}\div\text{报告期时间}-\text{当期回购普通股}\times\text{已回购时间}\div\text{报告期时间}$$

已发行时间、报告期时间和已回购时间一般按天数计算；在不影响计算结果合理性的前提下，也可以采用简化的计算方法。

正大公司2013年期初发行在外的普通股为20 000万股；4月1日新发行普通股6 000万股；12月1日回购普通股3 000万股，以备将来奖励职工之用。该公司当年度实现净利润为5 000万元。

计算该公司基本每股收益时，发行在外普通股加权平均数为：

20 000×12÷12+6 000×9÷12−3 000×1÷12=24 250（万股）

或者　20 000×3÷12+26 000×8÷12+23 000×1÷12=24 250（万股）

基本每股收益 =5 000÷24 250=0.206（元）

② 稀释每股收益。企业存在稀释性潜在普通股的，应当根据其影响分别调整归属于普通股股东的当期净利润以及发行在外普通股的加权平均数，并据以计算稀释每股收益。

计算稀释每股收益时，假设潜在普通股在当期期初已经全部转化为普通股，如果潜在普通股为当期发行的，则假设在发行日就全部转换为普通股，据此计算稀释每股收益。

潜在普通股是指赋予其持有者在报告期或以后期间享有取得普通股权利的一种金融工具或其他合同。目前我国企业发行的潜在普通股主要有可转换公司债券、认股权证、股份期权等。稀释性潜在普通股，是指假设当期转换为普通股会减少每股收益的潜在普通股。

（三）利润表编制举例

例 17-2

根据例 17-1 中佳润有限责任公司的有关资料编制利润表。

1. 佳润有限责任公司 2014 年损益类账户的发生额见表 17-4。

表 17-4　损益类账户发生额

单位：元

账户名称	借方发生额	贷方发生额
主营业务收入		1 000 000
主营业务成本	540 000	
营业税金及附加	1 700	
销售费用	100 000	
管理费用	222 840	
财务费用	12 000	
资产减值损失	25 000	
投资收益		8 000
营业外收入	0	
营业外支出	10 000	
所得税费用	24 115	

2. 编制佳润有限责任公司 2014 年利润表见表 17-5。

表 17-5 利 润 表 会企 02 表

编制单位：佳润有限责任公司 2014 年 单位：元

项目	本期金额	上期金额（略）
一、营业收入	1 000 000	
减：营业成本	540 000	
营业税金及附加	1 700	
销售费用	100 000	
管理费用	222 840	
财务费用	12 000	
资产减值损失	25 000	
加：公允价值变动收益（损失以“-”号填列）	0	
投资收益（损失以“-”号填列）	8 000	
其中：对联营企业和合营企业的投资收益	0	
二、营业利润（亏损以“-”号填列）	106 460	
加：营业外收入	0	
其中：非流动资产处置利得	0	
减：营业外支出	10 000	
其中：非流动资产处置损失	10 000	
三、利润总额（亏损总额以“-”号填列）	96 460	
减：所得税费用	24 115	
四、净利润（净亏损以“-”号填列）	72 345	
五、其他综合收益的税后净额	0	
（一）以后不能重分类进损益的其他综合收益	0	
1. 重新计量设定受益计划净负债或净资产的变动	0	
2. 权益法下在被投资单位不能重分类进损益的其他综合收益中享有的份额	0	
……	0	
（二）以后将重分类进损益的其他综合收益	0	
1. 权益法下在被投资单位以后将重分类进损益的其他综合收益中享有的份额	0	
2. 可供出售金融资产公允价值变动损益	0	
3. 持有至到期投资重分类为可供出售金融资产损益	0	
4. 现金流量套期损益的有效部分	0	
5. 外币财务报表折算差额	0	
……		
六、综合收益总额	72 345	
七、每股收益	（略）	
（一）基本每股收益		
（二）稀释每股收益		

第四节　现金流量表

本节重点与难点：
现金流量表的概念、结构及编制

一、现金流量表的概念

现金流量表，是指反映企业在一定会计期间现金和现金等价物的流入和流出的报表。通过现金流量表提供的信息，报表使用者可以了解和评价企业获得现金和现金等价物的能力，并据以预测企业未来现金流量。

（一）现金的概念

现金流量表是以现金为基础编制的，这里所指的现金是指企业库存现金以及可以随时用于支付的存款，具体包括：

（1）库存现金，是指企业持有可随时用于支付的现金数额，即与会计核算中“库存现金”账户所包括的内容一致。

（2）银行存款，是指企业存放在银行或其他金融机构可以随时用于支付的存款，即与会计核算中“银行存款”账户所包括的内容基本一致。区别在于：如果存在银行或其他金融机构的款项中不能随时用于支付的存款，如不能随时支取的定期存款，不作为现金流量表中的现金，但提前通知银行或其他金融机构便可支取的定期存款，则包括在现金流量表中的现金概念中。

（3）其他货币资金，是指企业存放在银行有特定用途的资金，如外埠存款、银行汇票存款、银行本票存款、信用证保证资金、信用卡存款等。

（4）现金等价物，是指企业持有的期限短、流动性强、易于转换为已知金额现金、价值变动风险很小的投资。期限短，一般是指从购买日起 3 个月内到期。现金等价物通常包括 3 个月内到期的债券投资等。权益性投资变现的金额通常不确定，因而不属于现金等价物。企业应当根据具体情况，确定现金等价物的范围，一经确定不得随意变更。

（二）现金流量的概念及分类

现金流量，是指企业一定会计期间内现金流入和流出的数量。衡量企业经营状况是否良好、是否有足够的现金偿还债务、资产的变现能力等，现金流量是非常重要的指标。现金流量表应按照企业经济业务发生的性质将企业一定期间内产生的现金流量划分为以下三类：

1. 经营活动产生的现金流量

经营活动，是指企业投资活动和筹资活动以外的所有交易和事项，包括销售商品或提供劳务、购买商品或接受劳务、收到的税费返还、支付职工薪酬、支付广告费用、支付各项税费等。通过经营活动产生的现金流量，可以说明企业的经营活动对现金流入和流出的影响程度，判断企业在不动用对外筹得资金的情况下，是否足以维持生产经营、偿还债务、支付股利、对外投资等。

2. 投资活动产生的现金流量

投资活动，是指企业长期资产购建和不包括在现金等价物范围内的投资及其处置活动。编制现金流量表所指的“投资”既包括对外投资，又包括长期资产的购建和处置，即取得和收回权益性投资、购买和收回债权性投资、购建和处置固定资产、无形资产和其他长期资产等。投资活动产生的现金流量中不包括作为现金等价物的投资，作为现金等价物的投资属于现金自身的增减变动，如购买还有1个月到期的债券等，都属于现金内部各项目转换，不会影响现金流量净额的变动。通过投资活动产生的现金流量，可以分析企业通过投资获取现金流量的能力，以及投资活动对企业现金流量净额的影响程度。

3. 筹资活动产生的现金流量

筹资活动，是指导致企业资本及债务规模和构成发生变化的活动，包括吸收权益性资本、发行债券、借入资金、支付股利、偿还债务等。通过筹资活动产生的现金流量，可以分析企业筹资的能力，判断筹资活动对企业现金流量净额的影响程度。

企业编制现金流量表进行现金流量分类时，对于未特别指明的现金流量，应当按照现金流量的分类方法和重要性原则，判断某项交易或事项所产生的现金流量应当归属的类别和项目，对于重要的现金流入或流出项目应当单独反映。

（三）影响现金流量的因素

企业日常经营业务是影响现金流量的重要因素，但并不是所有的经营业务都影响现金流量。影响或不影响现金流量的因素主要包括：

（1）现金各项目之间的增减变动，不会影响现金流量净额的变动，如从银行提取现金、将现金存入银行、用现金购买2个月到期的债券等，均属于现金各项目之间内部资金转换，不会使现金流量增加或减少。

（2）非现金各项目之间的增减变动，也不会影响现金流量净额的变动，如用固定资产清偿债务、用原材料对外投资、用存货清偿债务、用固定资产对外投资等，均属于非现金各项目之间的增减变动，不涉及现金的收支，不会使现金流量增加或减少。

（3）现金各项目与非现金各项目之间的增减变动，会影响现金流量净额的变动，如用现金购买原材料、用现金对外投资、收回长期债券等，均涉及现金各项目与非现金各项目之间的增减变动，这些变动会引起现金流入或现金流出。现金流量表主要反映现金各项目与非现金各项目之间的增减变动情况对现金流量净额的影响，非现金各项目之间的增减变动虽然不影响现金流量净额，但属于重要的投资和筹资活动，在现金流量表的附注中反映。

二、现金流量表的作用

现金流量表的作用主要表现在以下几个方面：

（一）现金流量表能够说明企业一定期间内现金流入和流出的原因

现金流量表将经营活动、投资活动和筹集活动产生的现金流量，按类别分流入和流出项目进行反映，能够清晰地说明现金从哪里来，又流到哪里去，即反映现金流入、流出的原因，这些信息是资产负债表和利润表所不能提供的。

（二）现金流量表能够说明企业的偿债能力和支付股利的能力

资产负债表和利润表虽然在一定程度上能说明企业的偿债能力和支付股利的能力。但是在某些情况下，企业一定时期内获得的利润并不代表企业真正的偿债或支付能力；还有的企业利润表上反映的经营业绩并不可观，但却有足够的偿付能力。产生以上情况的原因，其中之一就是会计核算中所含的估计因素。而现金流量表完全以现金的收支为基础，消除了估计因素所产生的影响，因此能够使投资者和债权人了解企业真实的获取现金的能力和现金的偿付能力，从而增强投资者的投资信心和债权人收回债权的信心。

（三）现金流量表有助于分析企业未来获取现金的能力

现金流量表中经营活动现金净流量本质上代表了企业自我创造现金的能力。因此，经营活动现金净流入占总来源的比率越高，企业的财务基础越稳固，在未来企业内外部环境比较稳定或趋好情况下，未来的现金净流入也就越有保证。投资、筹资活动现金净流量代表企业运用资金、筹集资金、获得现金的能力，但筹资现金流入，却意味着未来偿还时的现金流出。此外，通过对现金流量表经营活动现金流量与本期净利润差异及其原因的分析，还可更合理地预测未来的现金流量，这是因为按权责发生制或配比原则计入当期收入或费用的业务，有些虽不反映为当期现金流量，但却意味着未来会产生现金流入或流出。

（四）现金流量表是连接资产负债表和利润表的桥梁与纽带

资产负债表能够提供企业某一特定日期静态的财务状况，如货币资金年初、年末余额，通过比较可得出增减数，但资产负债表并不能反映财务状况变动的原因；利润表能够提供企业一定期间净利润的构成情况，但不能反映净利润与现金流入、流出的关系。而现金流量表能够提供一定时期现金流入和流出的动态信息，表明企业在报告期内由经营活动、投资活动和筹资活动获得多少现金，获得的现金是如何运用的，从而能够说明资产、负债、净资产的变动原因，对资产负债表和利润表起到连接和补充说明的作用。

（五）现金流量表能够提供不涉及现金的投资和筹资活动的信息

现金流量表除了反映与现金有关的投资和筹资活动外，还通过补充资料方式提供不涉及现金的投资和筹资活动方面的信息，便于财务报表使用者全面了解和分析企业的投资和筹资活动。

三、现金流量表的内容与结构

（一）经营活动产生的现金流量

1.“销售商品、提供劳务收到的现金”项目

该项目反映企业销售商品、提供劳务实际收到的现金（含销售收入和向购买者收取的增值税销项税额），包括本期销售商品、提供劳务收到的现金，以及前期销售和前期提供劳务本期收到的现金和本期预收的账款，减去本期退回本期销售的商品和前期销售本期退回的商品支付的现金。企业销售材料和代购代销业务收到的现金，也在本项目反映。本项目可以根据“库存现金”“银行存款”“应收账款”“应收票据”“预收账款”“主营业务收入”“其他业务收入”等账户的记录分析填列。

2.“收到的税费返还”项目

该项目反映企业收到返还的各种税费，如收到的增值税、消费税、营业税、关税、所得税、教育费附加返还等。本项目可以根据“库存现金”“银行存款”“营业外收入”“其他应收款”等账户的记录分析填列。

3.“收到的其他与经营活动有关的现金”项目

该项目反映企业除了上述各项目外，收到的其他与经营活动有关的现金流入，如罚款、流动资产损失中由个人赔偿的现金、经营租赁租金等。若某项其他与经营活动有关的现金流入金额较大，应单列项目反映。本项目可以根据“库存现金”“银行存款”“营业外收入”等账户的记录分析填列。

4.“购买商品、接受劳务支付的现金”项目

该项目反映企业购买材料、商品、接受劳务实际支付的现金（包括增值税进项税额），包括本期购入材料、商品、接受劳务支付的现金，以及本期支付前期购入商品、接受劳务的未付款项和本期预付款项，减去本期发生的购货退回收到的现金。企业代购代销业务支付的现金，也在本项目反映。本项目可以根据“库存现金”“银行存款”“应付账款”“应付票据”“主营业务成本”“其他业务成本”等账户的记录分析填列。

5.“支付给职工以及为职工支付的现金”项目

该项目反映企业实际支付给职工，以及为职工支付的现金，包括本期实际支付给职工的工资、奖金、各种津贴和补贴等，以及为职工支付的其他费用。代扣代缴的职工个人所得税，也在本项目反映。本项目不包括支付的离退休人员的各项费用和支付给在建工程人员的工资等。企业支付给离退休人员的各项费用，包括支付的统筹退休金以及未参加统筹的退休人员的费用，在“支付的其他与经营活动有关的现金”项目中反映；支付给在建工程人员等的工资，在“购建固定资产、无形资产和其他长期资产所支付的现金”项目反映。本项目可以根据“应付职工薪酬”“库存现金”“银行存款”等账户的记录分析填列。

企业为职工支付的养老、失业等社会保险基金、补充养老保险、住房公积金、支付给职工的住房困难补助，以及企业支付给职工或为职工支付的其他福利费用等，应按职工的工作性质和服务对象，分别在本项目和“购建固定资产、无形资产和其他长期资产所支付的现金”项目反映。

6.“支付的各项税费”项目

该项目反映企业按规定支付的各种税费，包括本期发生并支付的税费，以及本期支付以前各期发生的税费和本期预交的税费，包括所得税、增值税、营业税、消费税、印花税、房产税、土地增值税、车船税、教育费附加、矿产资源补偿费等，但不包括计入固定资产价值、实际支付的耕地占用税等，也不包括本期退回的增值税、所得税。本期退回的增值税、所得税在“收到的税费返还”项目反映。本项目可以根据“应交税费”“库存现金”“银行存款”等账户的记录分析填列。

7.“支付的其他与经营活动有关的现金”项目

该项目反映企业除上述各项目外，支付的其他与经营活动有关的现金，如罚款支出、支付的差旅费、业务招待费现金支出、支付的保险费、经营租赁支付的租金等。若其他与经营活动有关的现金流出金额较大，应单列项目反映。本项目可以根据“库存现金”“银行存款”“管理费用”“营业外支出”等账户的记录分析填列。

（二）投资活动产生的现金流量

1.“收回投资所收到的现金”项目

该项目反映企业出售、转让或到期收回除现金等价物以外的对其他企业的权益工具、债务工具和合营中的权益投资收到的现金。收回债务工具实现的投资收益、处置子公司及其他营业单位收到的现金净额不包括在本项目内。本项目可以根据“可供出售金融资产”“持有至到期投资”“长期股权投资”“库存现金”“银行存款”等账户的记录分析填列。

2.“取得投资收益所收到的现金”项目

该项目反映企业除现金等价物以外的对其他企业的权益工具、债务工具和合营中的权益投资分回的现金股利和利息等，不包括股票股利。本项目可以根据“库存现金”“银行存款”“投资收益”等账户的记录分析填列。

3.“处置固定资产、无形资产和其他长期资产收回的现金净额”项目

该项目反映企业出售、报废固定资产、无形资产和其他长期资产收到的现金（包括因资产毁损收到的保险赔偿款），减去为处置这些资产而支付的有关费用后的净额。如所收回的现金净额为负数，则应在“支付其他与投资活动有关的现金”项目反映。本项目可以根据“固定资产清理”“库存现金”“银行存款”等账户的记录分析填列。

4.“处置子公司及其他营业单位收到的现金净额”项目

该项目反映企业处置子公司及其他营业单位所取得的现金，减去相关处置费

用以及子公司及其他营业单位持有的现金和现金等价物后的净额。本项目可以根据“长期股权投资”“银行存款”“库存现金”等账户的记录分析填列。

5.“收到的其他与投资活动有关的现金”项目

该项目反映企业除了上述各项目以外，收到的其他与投资活动有关的现金流入。若其他与投资活动有关的现金流入金额较大，应单列项目反映。本项目可以根据“应收股利”“应收利息”“银行存款”“库存现金”等账户的记录分析填列。

6.“购建固定资产、无形资产和其他长期资产所支付的现金”项目

该项目反映企业购买、建造固定资产，取得无形资产和其他长期资产实际支付的现金，以及用现金支付的在建工程和无形资产负担的职工薪酬，不包括为购建固定资产而发生的借款利息资本化的部分，以及融资租入固定资产支付的租赁费。企业支付的借款利息和融资租入固定资产支付的租赁费，在筹资活动产生的现金流量中反映。本项目可以根据“固定资产”“在建工程”“无形资产”“库存现金”“银行存款”等账户的记录分析填列。

7.“投资支付的现金”项目

该项目反映企业取得除现金等价物以外的对其他企业的权益工具、债务工具和合营中的权益投资所支付的现金，以及支付的佣金、手续费等交易费用，但取得子公司及其他营业单位支付的现金净额除外。本项目可以根据“可供出售金融资产”“持有至到期投资”“长期股权投资”“库存现金”“银行存款”等账户的记录分析填列。

8.“取得子公司及其他营业单位支付的现金净额”项目

该项目反映企业购买子公司及其他营业单位购买出价中以现金支付的部分，减去子公司及其他营业单位持有的现金和现金等价物后的净额。本项目可以根据“长期股权投资”“库存现金”“银行存款”等账户的记录分析填列。

9.“支付的其他与投资活动有关的现金”项目

该项目反映企业除了上述各项目以外，支付的其他与投资活动有关的现金流出，如企业购买股票时实际支付的价款中包含的已宣告而尚未领取的现金股利，购买债券时支付的价款中包含的已到期尚未领取的债券利息等。若某项与投资活动有关的现金流出金额较大，应单列项目反映。本项目可以根据“应收股利”“应收利息”“银行存款”“库存现金”等账户的记录分析填列。

（三）筹资活动产生的现金流量

1.“吸收投资收到的现金”项目

该项目反映企业以发行股票、债券等方式筹集资金实际收到款项，减去直接支付的佣金、手续费、宣传费、咨询费、印刷费等发行费用后的净额。本项目可以根据“实收资本（或股本）”“库存现金”“银行存款”等账户的记录分析填列。

2.“取得借款收到的现金”项目

该项目反映企业举借各种短期、长期借款所收到的现金。本项目可以根据

“短期借款”“长期借款”“库存现金”“银行存款”等账户的记录分析填列。

3.“收到其他与筹资活动有关的现金”项目

该项目反映企业除上述各项目外，收到的其他与筹资活动有关的现金流入，如接受现金捐赠等。若某项其他与筹资活动有关的现金流入金额较大，应单列项目反映。本项目可以根据“银行存款”“库存现金”、“营业外收入”等账户的记录分析填列。

4.“偿还债务支付的现金”项目

该项目反映企业偿还债务本金所支付的现金，包括偿还金融企业的借款本金、偿还债券本金等。企业支付的借款利息、债券利息，在“分配股利、利润或偿付利息所支付的现金”项目反映，不包括在本项目内。本项目可以根据“短期借款”“长期借款”“应付债券”“库存现金”“银行存款”等账户的记录分析填列。

5.“分配股利、利润或偿付利息支付的现金”项目

该项目反映企业实际支付的现金股利，支付给其他投资单位的利润以及支付的借款利息、债券利息等。本项目可以根据“应付股利”“财务费用”“长期借款”“库存现金”“银行存款”等账户的记录分析填列。

6.“支付其他与筹资活动有关的现金”项目

该项目反映企业除了上述各项目外，支付的其他与筹资活动有关的现金流出，如捐赠现金支出、融资租入固定资产支付的租赁费等。若某项其他与筹资活动有关的现金流出如金额较大，应单列项目反映。本项目可以根据“营业外支出”“长期应付款”“银行存款”“库存现金”等账户的记录分析填列。

（四）汇率变动对现金及现金等价物的影响

该项目反映企业外币现金流量及境外子公司的现金流量折算为人民币时，所采用的现金流量发生日的即期汇率或按照系统合理的方法确定的、与现金流量发生日即期汇率近似汇率折算的人民币金额与“现金及现金等价物净增加额”中的外币现金净增加额按期末汇率折算的人民币金额之间的差额。

在编制现金流量表时，可逐笔计算外币业务发生的汇率变动对现金的影响，也可不必逐笔计算而采用简化的计算方法，即通过现金流量表补充资料中“现金及现金等价物净增加额”数额与现金流量表中“经营活动产生的现金流量净额”“投资活动产生的现金流量净额”“筹资活动产生的现金流量净额”三项之和比较，其差额即为“汇率变动对现金及现金等价物的影响”项目的金额。

（五）现金流量表补充资料

1. 将净利润调节为经营活动的现金流量

（1）资产减值准备。该项目反映企业本期实际计提的各项资产减值准备。本项目可以根据“资产减值损失”账户的记录分析填列。

（2）固定资产折旧、油气资产折耗、生产性生物资产折旧。该项目反映企业本期累计计提的固定资产折旧、油气资产折耗、生产性生物资产折旧。本项目可以根据“累计折旧”“累计折耗”等账户的贷方发生额分析填列。

（3）无形资产摊销。该项目反映企业本期累计摊入成本费用的无形资产价值。本项目可以根据“累计摊销”账户的贷方发生额分析填列。

（4）长期待摊费用摊销。该项目反映企业本期累计摊入成本费用的长期待摊费用。本项目可以根据“长期待摊费用”账户的贷方发生额分析填列。

（5）处置固定资产、无形资产和其他长期资产的损失情况。该项目反映企业本期处置固定资产、无形资产和其他长期资产发生的净损失（或净收益）。如为净收益，以“-”号填列。本项目可以根据“营业外收入”“营业外支出”等账户所属有关明细账户的记录分析填列。

（6）固定资产报废损失。该项目反映企业本期固定资产报废净损失。本项目可以根据“营业外支出”“营业外收入”账户所属有关明细账账户的记录分析填列。

（7）公允价值变动损失。该项目反映企业持有的交易性金融资产、交易性金融负债、采用公允价值模式计量的投资性房地产等公允价值变动形成的净损失。如为净收益以“-”号填列。本项目可以根据“公允价值变动损益”账户所属明细账户的记录分析填列。

（8）财务费用。该项目反映企业本期发生的属于投资活动或筹资活动的财务费用。本项目可以根据“财务费用”账户的本期借方发生额分析填列；如为收益，以“-”号填列。

（9）投资损失。该项目反映企业对外投资实际发生的投资损失减去收益后的净损失。本项目可以根据利润表“投资收益”项目的数字填列；如为投资收益，以“-”号填列。

（10）递延所得税资产减少。该项目反映企业资产负债表“递延所得税资产”项目的期初余额与期末余额的差额。本项目可以根据“递延所得税资产”账户发生额分析填列。

（11）递延所得税负债增加。该项目反映企业资产负债表“递延所得税负债”项目的期初余额与期末余额的差额。本项目可以根据“递延所得税负债”账户发生额分析填列。

（12）存货的减少。该项目反映企业资产负债表“存货”项目的期初与期末余额的差额。期末数大于期初数的差额，以“-”号填列。

（13）经营性应收项目的减少。该项目反映企业本期经营性应收项目（包括应收账款、应收票据、预付账款、长期应收款和其他应收款等经营性应收项目中与经营活动有关的部分及应收的增值税销项税额等）的期初与期末余额的差额。期末数大于期初数的差额，以“-”号填列。

（14）经营性应付项目的增加。该项目反映企业本期经营性应付项目（包括应付账款、应付票据、预收账款、应付职工薪酬、应交税费、其他应付款等经营性应付项目中与经营活动有关的部分以及应付的增值税进项税额等）的期初与期末余额的差额。期末数小于期初数的差额，以“-”号填列。

2. 不涉及现金收支的重大投资和筹资活动

该项目反映企业一定期间内影响资产或负债但不形成该期现金收支的所有重大投资和筹资活动的信息。不涉及现金收支的重大投资和筹资活动主要有以下几项：

（1）“债务转为资本”项目，反映企业本期转为资本的债务金额。

（2）“一年内到期的可转换公司债券”项目，反映企业一年内到期的可转换公司债券的本息。

（3）“融资租入固定资产”项目，反映企业本期融资租入固定资产的最低租赁付款额扣除应分期计入利息费用的未确认融资费用后的净额。

账证表：
现金流量表

3. 现金和现金等价物净变动情况

该项目反映企业一定会计期间现金及现金等价物的期末余额减去期初余额后的净增加额（或净减少额），是对现金流量表中“现金及现金等价物净增加额”项目的补充说明。该项目的金额应与现金流量表“现金及现金等价物净增加额”项目的金额核对相符。

议一议：
现金流量表主表与补充资料之间的关系如何？现金流量表与资产负债表和利润表之间的勾稽关系又如何？

现金流量表的基本格式见表17-6。

四、现金流量表的编制方法

在具体编制现金流量表时，企业可根据业务量的大小及复杂程度，采用工作底稿法、T形账户法，或直接根据有关账户的记录分析填列。

（一）工作底稿法

工作底稿法是以工作底稿为手段，以利润表和资产负债表数据为基础，结合有关账户的记录，对现金流量表的每一项目进行分析并编制调整分录，从而编制出现金流量表的一种方法。在直接法下，整个工作底稿纵向分成三段，第一段是资产负债表项目，其中又分为借方项目和贷方项目两部分；第二段是利润表项目；第三段是现金流量表项目。工作底稿横向分为五栏，在资产负债表部分，第一栏是项目栏，填列资产负债表各项目名称；第二栏是期初数，用来填列资产负债表项目的期初数；第三栏是调整分录的借方；第四栏是调整分录的贷方；第五栏是期末数，用来填列资产负债表项目的期末数。在利润表和现金流量表部分，第一栏也是项目栏，用来填列利润表和现金流量表项目名称；第二栏空置不填；第三、第四栏分别是调整分录的借方和贷方；第五栏是本期数，根据这一栏的数字可直接编制正式的现金流量表。

采用工作底稿法编制现金流量表的步骤：

第一步，将资产负债表的期初数和期末数过入工作底稿的期初数栏和期末数栏。

第二步，对当期业务进行分析并编制调整分录。调整分录大体有这样几类：第一类涉及利润表中的收入、成本和费用项目以及资产负债表中的资产、负债及所有者权益项目，通过调整，将权责发生制下的收入、费用转换为现金基础；第二类是涉及资产负债表和现金流量表中的投资、筹资项目，反映投资和筹资活动的现金流量；第三类是涉及利润表和现金流量表中的投资和筹资项目，目的是将利润表中有关投资和筹资方面的收入和费用列入现金流量表投资、筹资现金流量中去。此外，还有一些调整分录并不涉及现金收支，只是为了核对资产负债表项目的期末、期初变动数。

在调整分录中，有关现金和现金等价物的事项，并不直接借记或贷记现金，而是分别记入“经营活动产生的现金流量”“投资活动产生的现金流量”“筹资活动产生的现金流量”有关项目，借记表明现金流入，贷记表明现金流出。

第三步，将调整分录过入工作底稿中的相应部分。

第四步，核对调整分录，借贷合计应当相等，资产负债表项目期初数加减调整分录中的借贷金额以后，应当等于期末数。

第五步，根据工作底稿中的现金流量表项目部分编制正式的现金流量表。

（二）T 形账户法

T 形账户法，就是以 T 形账户为手段，以利润表和资产负债表数据为基础，结合有关账户的记录，对现金流量表的每一项目进行分析并编制调整分录，从而编制出现金流量表的一种方法。

采用 T 形账户法编制现金流量表的程序如下：

第一步，为所有的非现金项目（包括资产负债表项目和利润表项目）分别开设 T 形账户，并将各自的期末、期初变动数过入各该账户；

第二步，开设一个大的“现金及现金等价物”T 形账户，每边分为经营活动、投资活动和筹资活动三个部分，左边记现金流入，右边记现金流出。与其他账户一样，过入期末、期初变动数。

第三步，以利润表项目为基础，结合资产负债表分析每一个非现金项目的增减变动，并据此编制调整分录。

第四步，将调整分录过入各 T 形账户，并进行核对，该账户借贷相抵后的余额与原先过入的期末、期初变动数应当一致。

第五步，根据大的“现金及现金等价物”T 形账户编制正式的现金流量表。

请注意：
除现金流量表按照收付实现制原则编制外，企业应当按照权责发生制原则编制财务报表。

（三）分析填列法

分析填列法是直接根据资产负债表、利润表和有关明细账户的记录，分析计算出现金流量表各项目的金额，并据以编制现金流量表的一种方法。

（四）现金流量表编制举例

例 17-3

根据例 17-1、例 17-2 的资料，采用分析填列的方法，编制佳润有限责任公司 2014 年度的现金流量表。

1. 佳润有限责任公司 2014 年度现金流量表各项目金额，分析确定如下。

（1）销售商品、提供劳务收到的现金

= 主营业务收入 + 应交税费（应交增值税——销项税额）+（应收账款年初余额 - 应收账款期末余额）+（应收票据年初余额 - 应收票据期末余额）- 当期计提的坏账准备

=1 000 000+170 000+（581 600-1 626 600）+（600 000-0）-5 000

=720 000（元）

（2）购买商品、接受劳务支付的现金

= 主营业务成本 + 应交税费（应交增值税——进项税额）-（存货年初余额 - 存货期末余额）+（应付账款年初余额 - 应付账款期末余额）+（应付票据年初余额 - 应付票据期末余额）- 当期列入生产成本、制造费用的职工薪酬 - 当期列入生产成本、制造费用的折旧费 + 当期计提的存货跌价准备

=540 000+85 000-（1 764 000-2 102 760）+（1 900 000-1 900 000）+（400 000-692 500）-38 760-360 000+20 000

=292 500（元）

（3）支付给职工以及为职工支付的现金

= 生产成本、制造费用、管理费用中职工薪酬 +（应付职工薪酬年初余额 - 应付职工薪酬期末余额）-[应付职工薪酬（在建工程）年初余额 - 应付职工薪酬（在建工程）期末余额]

=45 600+（45 600-205 200）-（0-159 600）=45 600（元）

（4）支付的各项税费

= 当期所得税费用 + 营业税金及附加 + 应交税费（应交增值税——已交税金）-（应交所得税期末余额 - 应交所得税年初余额）+ 支付印花税

=24 115+1 700+85 000-（24 115-0）+6 000=92 700（元）

（5）支付其他与经营活动有关的现金

= 其他管理费用 + 销售费用

=90 000+100 000=190 000（元）

（6）收回投资收到的现金

= 交易性金融资产贷方发生额 + 与交易性金融资产一起收回的投资收益

=130 000+8 000

=138 000（元）

（7）取得投资收益收到的现金 = 收到的股息收入 =12 000（元）

（8）处置固定资产收回的现金净额 =80 000（元）

（9）购建固定资产支付的现金

= 用现金购买的固定资产、工程物资 + 支付给在建工程人员的薪酬 + 支付的耕地占用税

=（2 276 000+468 000）+0+20 000=2 764 000（元）

（10）投资支付的现金 =400 000（元）

（11）取得借款收到的现金 =1 200 000（元）

（12）偿还债务支付的现金 =300 000（元）

（13）偿还利息支付的现金 =15 000（元）

2．根据上述数据，编制现金流量表（见表 17-6）及补充资料（见表 17-7）。

表 17-6 现金流量表 会企 03 表

编制单位：佳润有限责任公司 2014 年 单位：元

项目	本期金额	上期金额
一、经营活动产生的现金流量：		（略）
销售商品、提供劳务收到的现金	720 000	
收到的税费返还		
收到的其他与经营活动有关的现金		
经营活动现金流入小计	720 000	
购买商品、接受劳务支付的现金	292 500	
支付给职工以及为职工支付的现金	45 600	
支付的各项税费	92 700	
支付其他与经营活动有关的现金	190 000	
经营活动现金流出小计	620 800	
经营活动产生的现金流量净额	99 200	
二、投资活动产生的现金流量：		
收回投资收到的现金	138 000	
取得投资收益收到的现金	12 000	
处置固定资产、无形资产和其他长期资产收回的现金净额	80 000	
处置子公司及其他营业单位收到的现金净额		
收到其他与投资活动有关的现金		
投资活动现金流入小计	230 000	
购建固定资产、无形资产和其他长期资产支付的现金	2 764 000	
投资支付的现金	400 000	
取得子公司及其他营业单位支付的现金净额		
支付其他与投资 活动有关的现金		
投资活动现金流出小计	3 164 000	
投资活动产生的现金流量净额	−2 934 000	
三、筹资活动产生的现金流量：		
吸收投资收到的现金		
借款收到的现金	1 200 000	
收到其他与投资活动有关的现金		
筹资活动现金流入小计	1 200 000	
偿还债务支付的现金	300 000	
分配股利、利润或偿付利息支付的现金	15 000	
支付其他与筹资活动有关的现金		

续表

项目	本期金额	上期金额
筹资活动现金流出小计	315 000	
筹资活动产生现金流量净额	885 000	
四、汇率变动对现金及现金等价物的影响		
五、现金及现金等价物净增加额	−1 949 800	
加：期初现金及现金等价物余额	4 744 000	
六、期末现金及现金等价物余额	2 794 200	

表 17-7　现金流量表补充资料

项目	金额	
1. 将净利润调节为经营活动现金流量：		
净利润	72 345	
加：资产减值准备	25 000	
固定资产折旧、油气资产折耗、生产性生物资产折旧	440 000	
无形资产摊销	40 000	
长期待摊费用摊销		
处置固定资产、无形资产和其他长期资产的损失（收益以“-”号填列）	10 000	
固定资产报废损失（收益以“-”号填列）		
公允价值变动损失（收益以“-”号填列）		
财务费用（收益以“-”号填列）	12 000	
投资损失（收益以“-”号填列）	−8 000	
递延所得税资产减少（增加以“-”号填列）	−6 250	
递延所得税负债增加（减少以“-”号填列）		
存货的减少（增加以“-”号填列）	−358 760	
经营性应收项目的减少（增加以“-”号填列）	−450 000	
经营性应付项目的增加（减少以“-”号填列）	322 865	
其他		
经营活动产生的现金流量净额	99 200	
2. 不涉及现金收支的重大投资和筹资活动		
债务转为资本		
一年内到期的可转换公司债券		
融资租入固定资产		
3. 现金及现金等价物净增加情况：		
现金的期末余额	2 794 200	
减：现金的期初余额	4 744 000	
加：现金等价物的期末余额	0	
减：现金等价物的期初余额	0	
现金及现金等价物净增加额	−1 949 800	

本节重点与难点：
所有者权益变动表的概念、结构及编制

第五节 所有者权益变动表

一、所有者权益变动表的概念

所有者权益变动表，是指反映构成所有者权益各组成部分当期增减变动情况的报表。对于综合收益和与所有者（或股东，下同）的资本交易导致的所有者权益的变动，应当分别列示。

所有者权益增减变动表全面反映了企业的股东权益在年度内的变化情况，便于会计信息使用者深入分析企业股东权益的增减变化情况，并进而对企业的资本保值、增值情况作出正确判断，从而提供对决策有用的信息。

账证表：
所有者权益变动表

二、所有者权益变动表的内容及结构

企业应当反映所有者权益各组成部分的期初和期末余额及其调节情况。具体表现为企业应当以矩阵的形式列示所有者权益变动表：一方面，列示导致所有者权益变动的交易或事项，按所有者权益变动的来源对一定时期所有者权益变动情况进行全面反映；另一方面，按照所有者权益各组成部分（包括实收资本、资本公积、其他综合收益、盈余公积、未分配利润、库存股等）及其总额列示相关交易或事项对所有者权益的影响。具体内容见一般企业所有者权益变动表的格式表17-8。

请注意：
综合收益和与所有者（或股东，下同）的资本交易导致的所有者权益的变动，应当分别列示。与所有者的资本交易，是指企业与所有者以其所有者身份进行的、导致企业所有者权益变动的交易。

三、所有者权益变动表的编制方法

企业应当根据所有者权益类科目和损益类有关科目的发生额分析填列所有者权益变动表“本年金额”栏，具体包括如下情况：

（一）“上年年末余额”项目

应根据上年资产负债表中“实收资本（或股本）”“资本公积”“其他综合收益”“盈余公积”“未分配利润”等项目的年末余额填列。

（二）“会计政策变更”和“前期差错更正”项目

应根据“盈余公积”“利润分配”“以前年度损益调整”等科目的发生额分析填列，并在“上年年末余额”的基础上调整得出“本年年末余额”项目。

（三）“本年增减变动额”项目

该项目具体包括以下内容：

（1）“综合收益总额”项目，反映企业当年的综合收益总额，应根据当年利润表中“其他综合收益的税后净额”和“净利润”项目填列，并对应列在“其他综合收益”和“未分配利润”栏。

（2）“所有者投入和减少资本”项目，反映企业当年所有者投入的资本和减少的资本，其中：

“所有者投入资本”项目，反映企业接受投资者投入形成的实收资本（或股本）和资本公积，应根据“实收资本”“资本公积”等科目的发生额分析填列，并对应列在“实收资本”和“资本公积”栏。

“股份支付计入所有者权益的金额”项目，反映企业处于等待期中的权益结算的股份支付当年计入资本公积的金额，应根据“资本公积”科目所属的“其他资本公积”二级科目的发生额分析填列，并对应列在“资本公积”栏。

（3）“利润分配”下各项目，反映当年对所有者（或股东）分配的利润（或股利）金额和按照规定提取的盈余公积金额，并对应列在“未分配利润”和“盈余公积”栏。其中：

“提取盈余公积”项目，反映企业按照规定提取的盈余公积，应根据“盈余公积”“利润分配”科目的发生额分析填列。

“对所有者（或股东）的分配”项目，反映对所有者（或股东）分配的利润（或股利）金额，应根据“利润分配”科目的发生额分析填列。

（4）“所有者权益内部结转”下各项目，反映不影响当年所有者权益总额的所有者权益各组成部分之间当年的增减变动，包括资本公积转增资本（或股本）、盈余公积转增资本（或股本）、盈余公积弥补亏损等。其中：

“资本公积转增资本（或股本）”项目，反映企业以资本公积转增资本或股本的金额，应根据“实收资本”“资本公积”等科目的发生额分析填列。

习题试题：
财务会计报告

“盈余公积转增资本（或股本）”项目，反映企业以盈余公积转增资本或股本的金额，应根据“实收资本”“盈余公积”等科目的发生额分析填列。

“盈余公积弥补亏损”项目，反映企业以盈余公积弥补亏损的金额，应根据“盈余公积”“利润分配”等科目的发生额分析填列。

企业应当根据上年度所有者权益变动表“本年金额”栏内所列数字填列本年度“上年金额”栏内各项数字。如果上年度所有者权益变动表规定的项目的名称和内容同本年度不一致，应对上年度所有者权益变动表相关项目的名称和金额按本年度的规定进行调整，填入所有者权益变动表“上年金额”栏内。

议一议：
所有者权益变动表与资产负债表、利润表之间的关系？

（四）所有者权益变动表编制举例

例 17-4

根据例 17-1、例 17-2 的资料，佳润有限责任公司编制 2014 年的所有者权益变动表，见表 17-8。

表 17-8

所有者权益变动表

会企 04 表

编制单位：佳润有限责任公司　　2014 年度　　单位：元

项目	本年金额							上年金额						
	实收资本（股本）	资本公积	减：库存股	其他综合收益	盈余公积	未分配利润	所有者权益合计	实收资本（股本）	资本公积	减：库存股	其他综合收益	盈余公积	未分配利润	所有者权益合计
一、上年年末余额	10 000 000				1 310 000	280 000	11 590 000							
加：会计政策变更														
前期差错更正														
二、本年年初余额	10 000 000				1 310 000	280 000	11 590 000							
三、本年增减变动金额（减少以“-”号填列）														
（一）综合收益总额						72 345	72 345							
（二）所有者投入和减少资本														
1. 所有者投入资本														
2. 股份支付计入所有者权益的金额														
3. 其他														
（三）利润分配														
1. 提取盈余公积					7 234.50	- 7 234.50	0							
2. 对所有者（或股东）的分配						- 43 910.98	- 43 910.98							
3. 其他														
（四）所有者权益内部结转														
1. 资本公积转增资本（或股本）														
2. 盈余公积转增资本（或股本）														
3. 盈余公积弥补亏损														
4. 其他														
四、本年年末余额	10 000 000				1 317 234.50	301 199.52	11 618 434.02							

参考文献

[1] 中华人民共和国财政部. 企业会计准则 [M]. 北京：经济科学出版社，2006.

[2] 财政部会计司. 企业会计准则讲解 [M]. 北京：人民出版社，2010.

[3] 财政部会计司. 企业会计准则及应用指南 [M]. 北京：中国财政经济出版社，2014.

[4] 中国注册会计师协会. 会计 [M]. 北京：经济科学出版社，2014.

资源服务提示

方式一：Abook

访问 http://abook.hep.com.cn/41495；输入数字课程用户名（见封底明码）、密码；点击“进入课程”，可学习数字课程的相关资源。账号自登录之日起一年内有效，过期作废。

方式二：共享课

访问国家精品开放课程共享平台——爱课程网（http://www.icourses.cn），以前未在本网站注册的用户，请先注册。用户登录后，在“资源共享课”频道搜索本书对应课程“企业经济业务核算”进行在线学习。用户可以在爱课程网主页或扫描本页右边提供的二维码下载“爱课程”移动客户端，通过该客户端在线学习本书对应课程的教学视频。

资源服务电子邮箱：songchen@hep.com.cn　　咨询电话：(010) 58581854

高教社高职会计研讨 QQ 群：229393181